Heinrich Schweizer-Sidler, Leo Meyer

Elementar- und Formenlehre der lateinischen Sprache für Schulen

Heinrich Schweizer-Sidler, Leo Meyer

Elementar- und Formenlehre der lateinischen Sprache für Schulen

ISBN/EAN: 9783743314573

Hergestellt in Europa, USA, Kanada, Australien, Japan

Cover: Foto ©Paul-Georg Meister /pixelio.de

Manufactured and distributed by brebook publishing software
(www.brebook.com)

Heinrich Schweizer-Sidler, Leo Meyer

Elementar- und Formenlehre der lateinischen Sprache für Schulen

Elementar- und Formenlehre

der

Lateinischen Sprache

für Schulen.

Bearbeitet

von

Dr. Heinrich Schweizer-Sidler,
Professor am Gymnasium und an der Universität zu Zürich.

Halle,
Verlag der Buchhandlung des Waisenhauses.
1869.

Vorwort.

Schon vor längerer Zeit äußerte der verehrte Herr Verleger dieses Büchleins gegen uns den angelegentlichen Wunsch, daß wir für seinen Verlag eine kurze lateinische Grammatik, zunächst wenigstens eine lateinische Elementar- und Formenlehre entwerfen möchten, in welcher die Ergebnisse der historischen Sprachforschung für Schulen verwertet wären. Wenn wir mit der Zusage zögerten, so hatte das seinen Grund nicht etwa in dem Zweifel daran, ob es gut gethan sei, schon beim lateinischen Elementarunterrichte solche Ergebnisse zu verwenden, sofern das nur mit Einsicht und Tact geschieht; denn schon seit zwanzig Jahren kämpfen wir dafür, daß auch hier statt des Truges und Scheines möglichst die Wahrheit Platz greife, und bei langjährigem Unterrichte in den untersten Gymnasialclassen hatten wir ja die bestimmte Erfahrung gemacht, daß überdies auf diesem Wege das der Schule gemeiniglich gesteckte Ziel schneller und sicherer erreicht werde. Das Zögern hatte seinen Grund lediglich darin, daß schon einige Werke, unter denen wir namentlich die lateinische Schulgrammatik unseres verehrten Collegen Dr. J. Frei hervorheben, existierten, in welchen mindestens ganz wesentliche Resultate einer wissenschaftlichen Sprachforschung Eingang und schulmäßige Darstellung gefunden haben. So mußte es uns vorkommen, daß wir die uns außerordentlich karg zugemessene Mußezeit vielleicht besser andern noch nicht gethanen Arbeiten zuwendeten. Wenn wir schließlich doch ein Jawort abgaben, so lag das an der entschiedenen Erklärung des Herrn Verlegers jedesfalls ein Werkchen der Art unter seinen Verlagsartikeln haben zu wollen, an der Meinung, daß bei der Allgemeinheit des Lateinlernens wol auch mehrere Lehrmittel ähnlicher Beschaffenheit neben einander bestehen können, an der hoffentlich nicht anmaßenden Ansicht, daß wir nach dem Charakter unserer Studien und unserer Berufsstellung immerhin noch etwas

Besonderes, was nicht ohne Wert sei, geben könnten. Von ähnlichen Principien ausgehende Lehrbücher, welche während des Druckes des unsrigen erschienen sind, konnten uns nicht mehr abhalten den Druck fortgehen zu lassen; ob das recht gethan war, wissen wir nicht, da wir erst nach der Herausgabe unserer Schrift jene Arbeiten zur Hand nehmen werden.

Ueber die methodische Verwendung des hier niedergelegten Stoffes erwarte man für einmal außer den im Drucke liegenden Andeutungen keine weitere Anleitung; jüngere Lehrer mögen aber unsere Bitte, sich darüber bei Grotefend, Mager, Frei und in früher von uns veröffentlichten Abhandlungen umzusehen, freundlich aufnehmen.

Zu wie großem Danke für die Sachen wir Ritschl, Corssen, Bücheler, Neue u. A. verpflichtet sind, das muß jeder Kundige bald sehen; manche Bemerkung verdanken wir auch unserm einstigen Schüler und nunmehrigem lieben Freunde Thomann, welcher nach allen Richtungen innige Theilname an diesem Werkchen bekundet hat; endlich dürfen wir der gefälligen Mithilfe des Herrn Dr. Delbrück in Halle an der Correctur und durch einzelne gute Winke nicht vergessen. Daß das Büchlein nicht vollkommen ist, wissen wir wol und werden für Beurtheilungen, welche auf die Sache gehen, ein offenes Ohr haben, während wir Recensionen, welche die Empirie lobpreisen, nicht beachten dürfen. Wir bedauern schon jetzt Ritschels neueste Schrift und Weihrichs commentatio de gradibus comparationis nicht mehr haben benutzen zu können.

Findet die Elementar- und Formenlehre gute Aufname, so wird nach nicht zu langer Zeit von andern oder von uns, oder von mehrern zusammen eine Syntax folgen, in welcher die neuen Errungenschaften gewissenhaft verwertet werden.

Schließlich bitten wir noch um sofortige Verbesserung der auf Seite 138 verzeichneten Druckfehler, welche sich nebst andern unbedeutendern und einigen Unebenheiten in der deutschen Orthographie trotz aller Fürsorge eingeschlichen haben.

Zürich, am 1. Juni 1869.

Dr. H. Schweizer-Sidler.

Einleitung.

1. **Lateinisch**, eigentlich **Latīnisch**, heißt die in diesem Buche behandelte Sprache als Sprache des Stammes der italischen **Lătīnī**.

Die Lătīnī haben ihren Namen erhalten von Lătium, „Fläche, Ebene," und es ist die Ebene gemeint, welche zwischen dem linken Ufer der Tiber, den Vorbergen des Apennin, den Albanerbergen und dem Meere liegt. Nur für die Zeit ihrer höchsten Entwickelung in der Litteratur dürfte diese Sprache die Sprache der **Römer** oder die **römische** heißen.

Die nächsten Schwestern des Lateinischen (in welchem selbst einige Mundarten, Faliskisch, Pränestinisch u. s. f. mehr oder minder deutlich hervortreten) und in **wesentlichen** Eigenthümlichkeiten mit ihm übereinstimmend sind die **umbrisch-sabellischen** Sprachen, d. i. die Sprachen der **Umbrer**, der **Samniten** (**oskisch**) und der aus denselben abgezweigten kleinern Völker. Diese mittelitalischen und nach Südwesten sich ausbreitenden Stämme stehen, soweit uns erkennbar, in scharfem Gegensatze gegen die nördlichen **Etrusker** und die im Südosten angesessenen **Messapier**; füglich wird zunächst auch das **Keltische** in Oberitalien von ihnen getrennt.

2. Die alten Sprachen Mittelitaliens, eigentlich nur Dialekte Einer Sprache, bilden einen Zweig des mächtigen **indogermanischen Sprachstammes**, dessen äußerste Glieder das (**ârische**) **Indische** im Osten von Asien, das **Keltische**, nach früherer Kenntniß das **Germanische**, im Westen Europas sind. Demnach steht das **Lateinische** in engster Verwandtschaft mit dem **Umbrisch-Sabellischen** und gehört in eine Gattung mit dem **Arischen** in **Ostindien** (Vedensprache, Sanskrit, arisch-indische Dialekte), dem **Persischen** oder **Iranischen** (Baktrisch im Avesta, Altpersisch in den Keilinschriften, iranische Dialekte), dem **Armenischen**, dem **Griechischen**, dem **Illyrischen**, dem **Litauisch-Slavischen**, dem **Germanischen** und dem **Keltischen**. Um das Lateinische wissenschaftlich aufzufassen, d. h. um es möglichst in seinem eigensten Wesen zu erkennen, müssen zunächst die Dialekte Mittelitaliens, dann die übrigen indogermanischen Sprachen zu Rate gezogen werden.

3. Für die **indogermanischen** Sprachen überhaupt ist charakteristisch vollständige Scheidung von **Stoff** und **Form** (von **stofflichen**, **nennenden** Wurzeln und dem **Ausdruck der Beziehungen**, **deutenden** Wurzeln), von **Nomen** und **Verbum**, eine treffliche Gliederung aller **Satzverhältnisse**. Vgl. Steinthal, Charakteristik der hauptsächlichsten Typen des Sprachbaues, Berlin 1860.

4. Gegenüber dem Griechischen, mit welchem die mittelitalischen Sprachen häufig in nähere Beziehung gebracht werden, zeigen dieselben namentlich folgende Eigenthümlichkeiten: sie besitzen einen charakteristischen Consonanten f, welcher nicht mit φ zusammenfällt; die eigentlichen aspiratae (affricatae) sind im Italischen zertrümmert und an deren Stelle sind entweder, zumal im Anlaute, die Spiranten f oder h, oder, zumal im Inlaute, die weichen momentanen Laute

g, d, b getreten. Dagegen haben die Italer die den Griechen ungenehmen Hauchers, v, j reichlich erhalten, wenn auch nicht ohne einzelne Verluste. Für die Gestalt der italischen Wörter und Beugungsformen ist von dem mächtigsten Einflusse die wol erst allmählich erfolgte Wendung und Zurückziehung des Tones, wodurch namentlich die ursprünglich auslautenden Vokale für immer gelitten haben, während in der classischen Zeit, mindestens im Lateinischen und Oskischen, die ursprünglich schließenden oder nach Abwerfung von Vokalauslaut auslautend gewordenen Consonanten minder gefährdet waren als im Griechischen. Die italische Declination ist reicher als diejenige der Schwestersprache an lebendigen Casus, hat aber von den Numeri den poetischen Dualis nur in todten Spuren erhalten. In der italischen Conjugation fehlt das Augment, und sie ist zu umfangreicherer Zusammensetzung mit einem Verbum des „Seins" gezwungen; an der Stelle des griechischen Mediopassivums erscheint hier eine auch anderswo spürbare mit dem allgemeinsten pronomen reflexivum gebildete Form; endlich sind Supinum und Gerundium gegenüber dem Griechischen den italischen Sprachen eigenthümlich.

5. Wenn so gegenüber dem Griechischen die italischen Sprachen ein Ganzes ausmachen, so zeigt seinerseits das Lateinische auch wieder gegenüber dem Umbrisch-Sabellischen größere, und zeigen die Mundarten des letztern unter sich kleinere Verschiedenheiten. So erscheint p statt des alten k (qu) im Umbrisch-Sabellischen häufiger, und besonders im Zahlworte und Pronomen, die Spirans f hat hier noch ein größeres Gebiet; die demonstrativen Pronomina sind anders gestaltet, und auch in der Declination und Conjugation zeigt sich bei im Ganzen durchaus gemeinsamem Charakter vereinzelt Abweichendes. Die umbrisch-sabellischen Dialekte unter sich unterscheiden sich wesentlich nur in der lautlichen Form. (Mommsen, röm. Geschichte I.[4] S. 13 ff.)

6. Aber das Lateinische hat auch als solches eine Geschichte, welche sich als besonders wichtig herausstellt auf dem lexikalischen und syntaktischen Gebiete. Für die Laute und Formen haben wir zunächst zwei umfassende Zeiträume zu scheiden: den archaischen, dessen Gebilde uns oft die Volkssprache erhalten hat, und den Zeitraum der Classicität, welcher durch die Thätigkeit von Dichtern, auch in ihrer Eigenschaft als Grammatiker, und unter unverkennbarem Einflusse des Griechischen vorbereitet ward. Den Höhepunkt einer historischen Entwickelung der formalen Seite der Sprache bezeichnet uns etwa Quintilian (Ritschl). Innerhalb des archaischen und classischen Zeitraums sind bei genauerer Behandlung wieder verschiedene Stufen zu scheiden, und die Classicität ward bald in manigfacher Weise durchbrochen. (Vgl. Ritschl's akademische Schriften, Corssen, Aussprache, Vokalismus und Betonung, 2. Aufl. 1868, Schuchardt, Vokalismus des Vulgärlateins.)

7. Quellen der lateinischen Grammatik sind: 1) die auf verschiedenartigem festem Materiale oder durch zuverlässige handschriftliche Tradition uns erhaltenen Inschriften; 2) die Nachrichten der Nationalgrammatiker; 3) die schriftlich erhaltenen Zeugen der römischen Litteratur in derjenigen Form, wie sie die ältesten und besten Handschriften uns liefern; 4) die metrische Composition der verschiedenen Dichtungen, durch welche wir nicht bloß über die Prosodie unterrichtet werden. Diese Quellen sind theilweise erst in neuerer Zeit entdeckt, theilweise erst in den letzten Jahrzehnten genauer untersucht und methodisch ausgebeutet worden. Epochemachend sind hier die Arbeiten von Bücheler, Corssen, Fleckeisen, Halm, Keil, Lachmann, Mommsen, Ritschl u. a.

Grammatik.

§. 1. Die Grammatik zerfällt in drei Hauptteile: 1) in die Lehre von den Elementen des Worts (Laute [sammt ihren Zeichen] und Silben) — Lautlehre; 2) in die Lehre von den Formen der Wörter — Formenlehre; 3) in die Lehre von der Verwendung der Wörter und Wortformen im Satze — Satzlehre (Syntax).

I.

Lautlehre.

A. Alphabet. Lautzeichen.

§. 2. Die sämmtlichen italischen Alphabete sind griechischen Ursprungs. Die verschiedenen Formen des griechischen Alphabets sind verschiedene Fortbildungen des phönikischen.

Dasjenige griechische Alphabet, welches einerseits dem etruskisch-umbrisch-sabellischen, anderseits dem lateinisch-faliskischen zu Grunde liegt, aber den Latinern und Etruskern zu verschiedenen Zeiten und von verschiedenen Orten aus zugeführt wurde, ist das chalkidische der griechischen Colonien in Campanien.

Das lateinische Alphabet besteht von Anfang an aus 21 Buchstaben:

A B C D E F Z H I K L M N O P Q R S T V X.

Die Halbvokale v und j ermangeln besonderer Zeichen; ihre Zeichen fallen mit denjenigen für die nahe verwandten Vokale u und i zusammen. Die media C (weicher Gutturallaut) und die tenuis K (harter Gutturallaut) wurden allmählich ungefähr gleichlautend, und es wurde so das zweite dieser Zeichen unnütz. Sehen wir von nicht durchgedrungenen Grammatikersatzungen ab, so hat sich K nur in einigen sehr alten Wörtern und zwar meist in deren abgekürzter Schreibung erhalten, in KAL (endae) erster Tag des Monates, K(aeso) u. s. f., während C z. B. in C(aius), Cn(aeus) noch den weichern Ton bezeichnet. Nachdem aber die Media im Unterschiede von der Tenuis sich wieder herausgehoben hatte, erforderte sie ein neues Zeichen, welches, ein leicht modificiertes C (G), im sechsten Jahrhundert an die Stelle des nutzlos gewordenen Z gesetzt worden ist. Erst gegen Ende der Republik wurden die griechischen Laute und Lautzeichen Y und Z am Schlusse des Alphabets aufgenommen und in Fremdwörtern verwendet, während früher in den latinisierten Fremdwörtern griechisches Y durch u, zuweilen durch i, griechisches Z durch s wieder gegeben worden waren.*) Kurze Zeit vorher finden wir die griechischen aspiratae tenues als CH, TH, PH in Rom eingeführt und auch jetzt nur selten in lateinischen Wörtern, wie pulcher gebraucht. Die ursprünglich griechischen Zeichen für aspiratae

*) Z war schon ein Zeichen des lateinischen Alphabets gewesen, ist aber als solches für uns nur noch auf Münzen der St. Cosa vorhanden. Y erscheint unter den lateinischen Lautzeichen einige Jahrzehnte früher als das wieder eingeführte Z.

tenues dienen in Latium als Zahlzeichen, wie CIↃ d. i. ↀ für 1000, ⊙ d. i. ϑ für 100 (später C), eine zweite Form desselben ⊗ für 10, ⊥ ⊥ ∟ (im Gegensatze gegen ↆ l) d. i. X für 50. Das Bedürfniß die langen Vokale von den gleichartigen kurzen zu unterscheiden rief verschiedene Versuche hervor, von denen aber keiner nachhaltig ins Leben übergegangen ist. Der Dichter Accius (620—680) setzte dafür die schon vorher nicht ungebräuchliche und auch anderwärts als in Itälien angewendete Verdoppelung der Zeichen für ā, ē, ū (nicht für ō) theoretisch fest, schrieb aber für ī EI. Etwas später diente zu diesem Zwecke der sogenannte apex (/ \ I) und für ī außer und neben EI das sogen. I longum. Dieses und II dienten gegen Ende der Republik auch zum Ausdrucke des halbvokalischen j zwischen zwei Vokalen, I longum in der Kaiserzeit ebenso für anlautendes j. Das Zeichen : für ein vor s ausgefallenes n scheint nie häufig gewesen zu sein, und die vom Kaiser Claudius eingeführten zum Theil nicht unzweckmäßigen Buchstaben sind bald wieder abgekommen.

Neben dem oben dargestellten Alphabete entwickelte sich allmählich die kleinere Cursivschrift, und nun entstand ein klarer Unterschied zwischen Majuskel und Minuskel (große Anfangsbuchstaben neben kleinen). Die Majuskel brauchen wir jetzt in Eigennamen und, doch nicht immer, im Anfange eines Satzes nach dem Punktzeichen. Außerdem bezeichnen wir oft zu schulmäßigen Zwecken die Länge der Vokale mit ¯, (unrichtig auch mit dem Zeichen des Circumflexes ^), die Kürze mit ˘ und deuten mit übergesetzten ¨ an, daß zwei mit einander verbundene Vokale nicht als Diphthonge (Mischlaute) zu sprechen seien; lēx, pătĕr, āër.

Das heute gebrauchte lateinische Alphabet ist:

A B C D E F G H I J K L M N O P Q R S T U V X Y Z
a b c d e f g h i j k l m n o p q r s t u v x y z.

B. Die Laute und ihre Aussprache.

§. 3. Uebersicht der echt lateinischen Laute nach den Organen (Sprachwerkzeugen) und der Qualität (Art); (Schleicher, Compendium der indogermanischen Sprachen. 2. Aufl. S. 79.)

	Consonanten (Mitlauter)						Vokale (Selbstlauter) und Diphthonge (Doppellauter).		
	Momentane Laute.		Dauerlaute (Spiranten).		Nasale.	R-Laute (liquidae).			
	harte (tenues)	weiche (mediae)	harte (tenues)	weiche (mediae)					
guttur.	c, q, k	g	h	—	n		ă ā	ĕ, ē, ăĭ (ae), ei	ŏ, ō, au
palat.	—	—	—	j	—				ou, oi (oe)
lingu.	—	—	—	—	—	r, l			ui
dent.	t	d	s	(s)	n		ĭ ī		eu
labiales.	p	b	f	v	m		ŭ ū		

gutturāles = Kehllaute; palatales = Gaumenlaute; linguales = Zungenlaute; dentales = Zahnlaute; labiales = Lippenlaute.

§. 4. Für die Aussprache der Vokale ist wesentlich die richtige Hervorhebung von Kürze und Länge, also hŏmo, bĕne, Athēniēnsis u. s. f. Für die ursprünglich klaren Diphthonge ae, oe hat sich bei uns eine Aussprache festgesetzt, durch welche sie einem einlautigen ä, ö gleich kommen.

Von den Gutturalen wurde c bis ins siebente Jahrhundert nach Christus auch vor e, i, ae, oe, y als gutturale tenuis k gesprochen, viel früher muß ci, wenn ihm noch ein Vokal folgte, dem zi ähnlich geklungen haben (so in audăcia u. s. f.); qu (auf das vor u statt c stehende q: qură u. s. f. ist hier keine Rücksicht genommen) ist weder ein Doppelconsonant noch eine Silbe, sondern lautet gleich c mit labialem vokalischem Nachklange. In derselben Weise ist u in gu, su (lingua, suāvis) aufzufassen. H muß anlautend und inlautend in der Regel sehr schwach gelautet haben, da es einzeln ganz verschwindet: anser Gans, vgl. mit χήν, ĕrus Herr, vgl. mit χείρ und hērēs, nēmo niemand aus nĕ hŏmo, letzteres alt für hŏmo. T muß theilweise schon früh vor ĭ mit weiter folgendem Vokale in lat. Wörtern eine dem deutschen z ähnliche Aussprache angenommen haben (so in jūstĭtia), welche bei vorhergehendem x, s, t unterbleibt: mixtio (Mischung), hostia (Opferthier), Attius (ein Eigenname), und auch in der alten passivischen Infinitivendung — ier (nītier = nītī sich stemmen) nicht stattfinden soll. S lautete scharf im Anlaute, inlautend nach und vor Consonanten, seltener zwischen zwei Vokalen: mīser, causa, in manchen Fällen auch im Auslaute: lŭpōs. F lautet gleich dem deutschen f, v aber gleich dem deutschen w.

Im Allgemeinen gilt das Gesetz, daß der Unterschied von media und tenuis im Auslaut bei vorausgehendem Vokale geringer ist als im Anlaute und Inlaute; daher ob für op, gr. ἐπί, in der Kaiserzeit illut für illud, quot für quod, at für ad u. s. f.

C. Die wesentlichsten Lautgesetze.

I. Vokale.

§. 5. Auch im Lateinischen finden sich noch Spuren von einer solchen Steigerung der Vokale, welche die Bildung grammatischer Formen begleitete, demnach vorzüglich bedeutsam werden konnte, wie in tĕgo, tŏga; nĕcis des Verderbens, Todes, nŏceo; — dīcus sagend, dīcis causa zum Scheine, dīco; dŭcis des Führers, dūco. Auf diese Weise sind manche Diphthonge entstanden, z. B. in caedo neben scindo, augeo neben* ugeo, vīgĕo, alt vĕgĕo „bin kräftig, eig. gedrungen", loidus, loedus alt für lūdus u. s. f. Dieser Zulaut ist lebendiger im Griechischen und Deutschen.

§. 6. Zur Erkenntniß bloß lautlich gebliebener mit durch den Accent bedingter Schwächung der einfachen Vokale ist wesentlich die Kenntniß des Gewichtes derselben, welches absteigend durch folgende Reihe bestimmt wird: a, o, u, e, i. Wo demnach Vokalschwächung eintritt, wird ă zunächst zu ŏ, ŏ zu ŭ oder ĕ, ĕ zu ĭ. Vgl. die Endung des Genitives Singul. dritter Decl. „Des Fußes“ hieß ursprünglich: păd-as, dann pĕd-ŏs, pĕd-ŭs, pĕd-ĕs, endlich pĕd-īs; ŏpŭs altlat. ŏpŏs u. ä. Nur in einzelnen bestimmten Fällen vertritt ĕ ein ursprünglicheres ī, wie im Auslaut in turpĕ schimpflich, St. turpi, im Accus. Sing. cīvem, St. cīvi u. s. f. Eine (in den meisten *griechischen* Dialekten *durchgeführte*) Schwächung ist es auch, wenn latein. ursprüngliches oder unursprüngliches u in gewissen Fällen nach i hinneigt, wie in den Wörtern lĭbet neben lŭbet (W. lŭb), linter neben lunter, in der Superlativendung — tĭmus (für — tămas) neben tŭmus.

§. 7. *Lange Vokale* sind nicht selten durch Zusammenziehung, ō, ū, ī, in früherer Zeit ē, ganz selten ā durch Verdichtung von Diphthongen entstanden: Clōdius (ein Eigenname) neben Claudius, lōtus neben lautus (gewaschen) von lăvĕre, plōstrum neben plaustrum, glōria für glauria (urspr. cravasja vgl. κλέϝος) — besonders vor Zahnlauten; ū in ūnus, mūnus, lūdo für oenus, moenus, loedo, in pūblicus, nūntius für POVPLICVS, NOVNTIVS, ī im Nominativus und Dativus Plur. der O stämme aus oi, oe, im Dativus und Abl. Plur. der A stämme aus ai, ae, also servi (Sklaven) für servoi u. s. f. Das Lateinische ist demnach sehr geneigt Diphthonge allmählich zu einfachen Längen zu verdichten.

§. 8. Die Diphthonge sind entweder durch *Zulaut* (s. §. 5) entstanden oder durch das Zusammensprechen einst selbständig nebeneinander gesprochener oder nur durch schwache Consonanten getrennter Vokale: so familiae für familiāī, familiāī, u͡i in hu͡ic, cu͡i, außerdem nur in hu͡i! e͡u in der classischen Sprache in neuter neutiquam, (in der ältern Sprache noch nicht), in nē͡u = neve, seu = sive, ceu für ceve, außerdem nur in den Interjectionen heus! eu!, ei in de͡inde u. ä., außerdem in ei! — oe in oboedio für obovidio (Wurzel av, vgl. auscultare, auris).

§. 9. Die Vokale kürzen sich, schwächen sich, fallen weg, namentlich im Auslaute, der regelmäßig accentlos ist, und bei Ausdehnung der Formen durch Reduplication, Wortbildung, Zusammensetzung. Grad und Art der Schwächung, wie Ausfall und Abfall sind oft durch die umgebenden Consonanten, zumal durch folgendes l, r, m bestimmt und bedingt. So ist der lange Stammvokal der nominalen Astämme allmählich zu ă geworden (fābulă); ein ŏ der Ostämme ist allmählich abgefallen in pŭĕr, pulcer; ein ī (ĕ) der Istämme in ănĭmăl, cĕler, in Quĭrīs für altes Quĭrītis u. ä. Nebeneinander stehen perīcŭlum, perīclum, īnfĕrā, īnfrā. In den engen Zusammensetzungen mit Präpositionen gehen in den Verben ă und ĕ in *offenen*, d. h. vokalisch schließenden Silben, wo nicht andere Lautgesetze entgegenstehen, meist in ĭ, ă in *geschlossenen* in ĕ über: făcio, perfĭcio, perfectum, aber fĕro, perfĕro (wegen des folgenden r), tango, contingo (wegen ng); ae wird in denselben Fällen in der classischen Sprache zu ī, quaero, requīro, au zu ō, ū plaudere, explōdere, claudere, exclūdere. Der Vokal fällt aus in surgo für surrigo, subrigo, pergo für perrĭgo, wie in der classischen Sprache auch in den nicht präpositionalen Zusammensetzungen pūrgo für altes pūrĭgo, jūrgo für altes jūrĭgo u. ä. Gekürzt und geschwächt ist ū, einst OV, in pējĕro, auch perjĕro für perjūro. In reduplicierten Nominal- und Verbalformen finden sich ähnliche Vorgänge: cădo, cĕcīdī, părio, pĕpĕrī, caedo, cĕcīdī, cĭcindēla.

Anm. Archaisch ist die Schwächung von ă in ŭ in dērŭpere für späteres derĭpere u. ä., während diese Schwächung in ŭ die gewöhnliche ist, wo ă vor lt, ls etc. zu stehen kommt: sătio, desultum u. s. f. In ĕ schwächt sich ă in defĕtīgo, depĕciscor.

Wo in verschiedenen Zeiträumen oder in einer und derselben Zeit langer und kurzer Vokal unter sich wechseln, da ist der kurze der später entwickelte, so in ŭbĭ̄ mĭhĭ̄, tĭbĭ̄ etc.

§. 10. Unmittelbares Zusammentreffen von Vokalen bewirkt oft Zusammenziehung derselben oder Ausfall des einen Lautes, oder übt Einfluß auf deren Gestaltung. Das Lateinische hat besonders eine natürliche Scheu vor dem Zusammentreffen der flüssigen uu, ii, (ebenso der halbvokalischen v und j mit u, i: vu, ji), wo nicht der ursprünglich verschiedene Charakter des einen dieser Vokale nachwirkte, wie in pĕtīī, pĕrīī, exīī, filiī u. s. f. Für dīī tritt demnach meist dĕī oder dī, für īī („diejenigen") ĕī oder ī, für dējicio dĕ̄icio u. s. f., für ii in pietas u. ä. immer ie ein. Streitig ist der Grund der Erscheinung, daß bis gegen die Mitte des ersten Jahrhunderts nach Chr. der Genetivus Singularis von Substantivstämmen auf ĭŏ mit einfachem ī auslautet: fīlī, St. fīlio, consīlī, St. consilio. Statt uu, vu heißt es in der ältern Zeit uo, vo, für quu steht quo oder cu: assīdŭŏs, accrvŏs, ĕquŏs oder ĕcŭs, quom oder cum (Conj.).

§. 11. Auch Assimilation, d. h. Anähnlichung ist auf vokalischem Gebiete wirksam, theilweise Assimilation bei unmittelbar auf einanderstoßenden Vokalen, vollständige unter Vokalen verschiedener Silben. Nach ersterer tritt statt der erwarteten ia, io, iu, eine Form mit e ein in ĕăm „dieselbe" und „ich gehe" ĕŏ, ĕunt, mĕus; von letzterer zeugen sĭmĭlis für sĕmŭlis, consĭlĭum für consŭlium, sŏbŏles für sŭbŏles u. a. Eher Dissimilation ist es, wenn sich nach i, e, ein ursprüngliches o länger erhält: fīlĭŏlus, mallĕŏlus. (Vgl. §. 10.)

§. 12. Viel seltener als der Ausfall von Vokalen findet sich im Lateinischen Vokalzusatz, der sich nach den umgebenden Consonanten richtet und meist in ursprünglich griechischen Wörtern erscheint in der Weise, daß im ältern Latein zwischen c-m, ch-m, c-n, ch-n, c-l, m-n, t-r ein Hülfsvokal tritt: Alcŭmēna, drachŭma, cŭcīnus = cycnus, tĕchīna, Amucŭlae, mīna für mna, gumīnasium = gymnasium, Casentĕra für Cassandra; zwischen l und p im lateinischen volup „willkommen." Sehr häufig ist der Hilfsvokal e vor einem nach Consonanten auslautenden r: pulcer, ācer u. s. f.

II. Consonanten.

§. 13. 1. Einzelne.

Vereinzelt findet sich auch allein stehende tenuis in media erweicht im Anlaute und Inlaute; im Inlaute zwischen Vokalen oder flüssigen oder Nasallauten und Vokalen (über das Schwanken im Auslaute §. 4.). So in gurgŭlio neben curculio, gubernare neben κυβερνᾶν, nĕgōtium für necotium (nec „nicht", verschieden von neque), nūgae, naugae für naucae von nux, trīgintā für tricinta, pingere neben ποικίλος, pūblicus für pūplicus, quadrāgintā etc. für quatraginta etc.

B ist im Anlaute oft aus du (dv) hervorgegangen, in bellum, bis u. s. f.; inlautend häufig für härteres f, so in den Adjectiven auf ber: sălūber, cĕlĕber und in vielen andern Bildungen und einzelnen Wörtern.

V ist nicht selten anlautend und inlautend Ueberbleibsel eines gv, das sich zum Theile aus einfachem g entwickelt hat: vīvere=gvigvere, vŏrare für gvŏraro (neben gŭla), brĕvis, griechisch βραχύς.

D geht in einzelnen Fällen in r oder l über, wie in mĕrīdiēs für medīdies, lăcrŭma neben altem dacrŭma, lēvir Schwager neben δαήρ.

Sehr ausgedehnt ist der Uebergang von s in tönendes r zwischen zwei Vokalen und vor v, m, n im Inlaute, und nach Vokalen im Auslaute, während nie umgekehrt r in s übergeht. ĕro für ĕso (esjo); gĕnĕrĭs für gĕnĕsĭs, ămŏr für amōs, mājŏr für mājōs, audiŏr für audiōs u. s. w.

R und späteres L wechseln nicht selten innerhalb von Bildungen aus derselben Wurzel oder in derselben Ableitungssilbe. So in vŏrare neben gŭla, nach bestimmtem Gesetze um der Dissimilation willen in den Ableitungen auf — āris und — ālis: fămiliaris, singularis, virginalis u. ä.

§. 14. 2. Doppelte gleiche Consonanten sind theils aus zwei verschiedenen Lauten durch Assimilation entstanden, wie ss aus st, rs; ll aus lj, lt, ln u. s. f. (vgl. §. 17 ff.), theils scheinen sie nur die starke Aussprache eines einfachen Consonanten ausdrücken zu sollen. Doppelt geschrieben wurden die geminierten Laute überhaupt erst seit Ennius (gegen Ende des sechsten Jahrhunderts der Stadt.)

§. 15. Wegfall von einfachen Consonanten findet nicht selten statt im Auslaute. Immer weggeblieben ist in der classischen Sprache das d des abl. sing., das d der Adverbia auf ē und das d des Imperativs, alt pŏpŭlōd, făcĭlŭmēd, estōd; s ist weggeblieben in ille neben ollus, ipse u. s. f. Im Inlaute schwindet etwa h, v, s; h auch anlautend: nēmo für nehĕmo, praeda für praehĕda, mănĭbiae oder mănŭbiae s. manuhibiae, amāsti s. amāvisti, praes s. praeves, pl. praevīdes, diēi für diēsi, Cĕreālis für Ceresalis, vēr für vĕsĕr, anser für hanser. Das consonantische i vokalisiert sich nach Ausfall eines folgenden Vokals und fließt mit i in eine Länge zusammen in bīgae Zweigespann für bijŭgae, quadrīgae für quadrijugae. Aehnlich v, sobald ein Consonant unmittelbar anstößt: nauta für nāvita, cautum für căvitum. Silbenausfall des Wohllautes wegen in consuētūdo für consuetitudo, vĕnēfĭcium für veneniĭcium, lăpĭcīda für lapidicida.

§ 16. Treffen mehrere Consonanten, sei es nach Vokalausfall, sei es ohne solchen zusammen, so gilt das allgemeine Gesetz, daß die mediae (die weichen Verschlußlaute) und h vor den tenues (harten Verschlußlauten) in die tenues ihres Organes übergehen: lēx für leg-s; lēc-tum von lĕgere, vec-tum von vĕh-ere, nūp-si, nūp-tum von nūb-ere. Schreibungen wie urbs sind rein etymologisch.

§. 17. Wichtig für die Erkenntniß der Wortformation ist die Frage, welche Lautgruppen im Lateinischen anlautend, auslautend und inlautend möglich, welche Verbindungen zwar möglich, aber minder beliebt seien. Wesentlich ist hier der Satz, daß im Auslaute kein geminierter Laut und nicht zwei momentane Consonanten stehen dürfen und daß diese ebensowenig im latein. Anlaut vorkommen.

A. Gruppen mit beginnendem C-Laute.

Anlautend nur: CL, CR: claudo, crēdo für cred-do, ich schenke Vertrauen. Bisweilen ist hier C in G erweicht: glōria neben clūo, inclūtus, grăcĭlis neben altem crăcentes = gracilēs; oder auch ganz abgestoßen: lūdo für clūdo, laus für claus, rīdeo für crideo, — CN im Anlaute ursprüngl. griechischer Wörter öfters in GN erweicht, stößt im echt lateinischen Anlaute sein C ab: nīdor, wie auch CV in văpor; auslautend nur CS = X: lēx, rēx.

Inlautend: CC häufig in Bildungen wie bacca u. ä. CL wird GL in nēglēgo. CM ist unlateinisch, wird GM oder verliert die Gutturalis: segmentum; līmus schräg, līmen, līmes, vgl. lĭc-īnus, ob- līquus, lūmen für lucmen, tēmo für tecmo. Von CN ist C ausgeworfen in vānus für vac-nus. Statt CR findet sich vereinzelt rr in serra für sec-ra. CT ist nicht selten, wird aber doch einerseits in t vereinfacht in sētius, invītus, anderseits zu x: fīxus u. ä. — XC = CSC ist sowol im einfachen Worte als in der Zusammensetzung unbeliebt: misceo für micsceo, disco für dicsco, sescenti für sexcenti. Von XD wird X ausgeworfen in sēdecim u. ä. XF findet sich einzeln geschrieben in exfōdio u. s. f. neben gewöhnlichem ecfodio, effodio. Von XJ, XL, XM, XN, XN fällt X aus: sējūgis; tēla für* texla, subtīlis, ala für* axula,* axla, aula ōla „Topf" für* auxula; subtēmen für subtexmen, sēmestris für sexmestris; sēni für sexni; sēvir. XT ist nicht selten geschwächt, z. B. in Sēstius neben Sextius, mistum neben mixtum.

B. Gruppen mit beginnendem G-Laute

kommen im Auslaute nicht vor, im Anlaute GN meist nur in der ältern Sprache: gnātus, gnāvus, gnaevus, Gnaeus; GR und GL sind nicht selten, aber zuweilen erst aus CR, CL entstanden (s. unter C). So auch in congruere. Von anlautendem GL fällt G weg in lāc (alt lacte), und von GV immer: vīvere, vŏrare.

Im Inlaute ist assimiliertes G (gg) häufig. Von GD fiel im Inlaute g in nūdus für nugdus, von GL in pīla v. pangere. GN ist nicht selten: āgnus māgnus u. ä; ebenso GR; aber GM kommt assimiliert vor oder wird bisweilen zu m vereinfacht: neben agmen, exāmen für exagmen, contāmen für contagmen, flāmen für flagmen, aber flamma für flagma; stĭmulus für stĭgmulus. Besonders zerstörend wirkte auf vorhergehendes G ein theilweise erst nachentwickeltes V und consonantisch gewordenes I: vivere, brĕvis für brĕgvis, lĕvis für lĕgvis, frŭor für fruvor, frugvor; ājo für agio (vgl. ădăgium, cōgito, nĕgo) mājor für magior, meio für migio. Hier wie auch in einigen frühern Fällen ist auf die Dehnung des Vokales zu achten. H geht nach dem oben §. 16. dargelegten Gesetze vor T und S in c über: tractus, vexare.

C. Gruppen mit beginnendem T-Laute.

Im Anlaut ist TR nicht selten, während von TL T abgeworfen wird: lātus „getragen“ neben tollo, wie denn TL auch im Inlaute unbeliebt ist. Im Auslaute geht TS durch SS in S über: cōs für cot-s, pĕdēs, abiēs, Quīrīs für Quirit-s, Arpīnās, damnās für damnats, damnatus. TN ward erst SN, dann NN in penna, pesna für petna. TR ist in DR erweicht in quadrāgintā, quadriduum etc.; vereinzelt assimiliert es sich in parricīda. TS gieng durch ss mit Dehnung des vorhergehenden Vokales in s über in mīsi, vīso für (vi)-vit-so, (veraltete Desiderativform). TSP und TST für dsp und dst gehen in SP, ST über in astāre, aspīcio u. s. f. TT sei es ursprünglich, sei es aus dt entstanden, verwandelt sich regelmäßig in st und geht dann oft weiter in ss oder in s mit vorausgehendem verlängertem Vokale über: infestus, confestim, fessus, gressus, quassus, cassus (v. cădo) und cāsus. TTR wird STR in claustrum, castrum für scattrum, scadtrum von W. scad decken.

D. Gruppen mit beginnendem D-Laute.

Im Anlaut ist DR selten und verliert in der Regel D; răcēmus für dracemus. Von DJ bleibt nur J übrig: Jovis. Anlautendes DV wird in der classischen Zeit entweder b: bis, bellum, oder es fällt d (vīgintī) oder v (dis) weg. — Im Inlaut assimilieren sich DC, DQV in cc, cqu: accedere, quicquam; esca zeigt sc statt dc, hoc für hod-ce Ausfall von d, DL wird LL: grallae für gradlae u. ä. DM ist in m vereinfacht in rāmus = radmus (vgl. rādius). DN wird NN: mercennarius, Herennius, oder N mit Verlängerung des Vokales: fīnis. DV wird d in suādeo süß sein „rathen,“ während in demselben Wortstamm v allein übrig bleibt in suāvis für suādvis.

E. Gruppen mit beginnendem N.

NS im Auslaute ist häufig für NTS: amans, mons etc., NT in den Verbalendungen, NC in hunc u. s. f für hunce. Inlautendes NC bleibt mit gutturalem N, ist in ecce assimiliert. NCT verliert sein C in quīntus. NG ist nicht selten; kommt N in der Zusammensetzung vor GN zu stehen, so fällt es aus: cōgnōsco, ignārus; und in cōnītor, cōnīveo ist vor dem zweiten n auch der Consonant g geschwunden. N in NL assimiliert sich: corolla u. ä. NCN wird einfaches N: quīni. NT ist oft in NS übergegangen: mānsum. Consequent stellt sich ursprüngliches NST und NTT als NS dar in pīnsum von Wurzel pi(n)s, cēnsum von Wurzel ce(n)s; dēfēnsum, sēnsim; doch einzeln ist NTT vereinfacht zu NT: contentus von contendere, vŏluntas u. s. f. Vor J, S, V muß N von con- sehr weich gesprochen worden sein und wurde oft nicht geschrieben: cōīcio für conjicio, conicio, cojunx für conjunx, tŏtiēs neben totiens, cūrās für curans, coventio, classisch cōntio. — cŏhortor hat nicht n, sondern m verloren.

F. Gruppen mit beginnendem S.

Im Auslaute ST in est. Anlautend sind häufig, wenn auch gar nicht immer als solche ursprünglich SC, SP, ST: scando, sperno, sto, und mit weiterem R: scrūtor, sprētum, struo; mit l: splendeo. Aber auch diese Gruppen sind der Zerstörung ausgesetzt: s fehlt in căreo, căveo, tŏrus, taurus, tĕgo, truncus, parco, pŏpulari; c in sirpea. STL ist anlautend und inlautend unbeliebt: st fiel ab in lātus breit für stlatus, stratus (zu trennen von lătus Seite,

Lätium für plätus, Plätium) in löcus, lis. SP fiel vor L in lien für splien. ST ist im Inlaute SS in der Superlativendung issimus. SL, SN, SR finden sich im classischen Latein weder anlautend noch inlautend. Standen diese Laute im Anlaute ursprünglich beisammen oder kommen sie im Inlaute durch die Wortbildung aneinander, so muß S schwinden, wobei außer in deutlichen Ableitungen von Substantivstämmen auf -us Vokaldehnung eintritt: nūrus f. snūrus, nervus f. snervus, cēna f. cesna (scesna); pōno f. posno, doch veternus f. vetusnus; Rōma f. Srōma, Srouma (auf Inschriften ROMA) quālum, pīlum, corpūlentus f. quaslum u. f. f. Dasselbe gilt für SF, SM: fides, *σφίδη*, fallo, *σφάλλω*, mirus f. smirus, mĕmor f. smĕmor, smesmor v. W. smar, rēmus f. rĕsmus, dūmus f. dusmus. In committere f. cosmittere ist Assimilation, in carmen rm f. sm; SV findet sich anlautend in suāvis, suādeo, wirft aber in sāvium neben suavium sein v ab. Mit Einfluß auf den folgenden Laut ist v geschwunden in sŏror, sŏpor, somnus, sōpio, sūdor, und s inlautend in r verwandelt in Minerva. SD hat sein s verloren in nīdus, īdem; daß SS, entstanden aus DT, ST, TT nach langen Vokalen oft einfach geschrieben wurde, darüber unter T: aussus, ausus, ēsum, haesum, causa (f. caus-ta) u. f. f.

G. Gruppen mit R oder L beginnend.

Im Auslaute findet sich RS für RTS, RDS in mors f. morts, mortis, concors u. ä., während RCS = RX bleibt: arx f. arcis (fers ist zusammengezogen aus fĕrĭs). Im Inlaute stoßen RCS, RCT das mittlere C aus, und T geht dann nicht selten selbst in S über: sparsum, sparsi, ursus (*ἄρκτος*), sartum, fartum, tortum. RDT, RTT werden RS: morsum f. morstum. RG assimiliert sich ausnamsweise in närräre für gnärigäre. Von RJ verschwindet der erste Laut mit Verlängerung des Vokales in pējĕro neben seltenem perjero, zuweilen erscheint auch pējūrus neben perjūrus. RL assimiliert sich zu LL in polliceri u. ä. RN wird RR in garrire. RS kann sich vorwärts oder rückwärts assimilieren, ersteres in russum f. rursum, rūsum, prōsa, letzteres in terreo, torreo, horreo. RSC verliert sein R in poscere, tesca, compescere (für compercscere vgl. parca), wie in der Regel auch RST: tostum, pestis. S fiel in hirtus aus. RT ist in RR assimiliert in den Superlativformen auf -errimus. Ausnamsweise schwindet r vor t: sempiternus, häufiger vor D, pēdere f. perdere, *πέρδω*. Für LCS (LX) gelten dieselben Gesetze wie für RCS, für LCT wie für RCT. LGM, LCM verliert G, C: fulmen, fulmentum f. fulcmentum von fulcire. LJ assimiliert sich in LL in fallere u. ä., LN in vellus, LS in vellem, LT in mellis und in den sechs Superlativen auf -illimus. LV ist sonst, wie RV beliebt, doch zu ll geworden in dem alten sollus, fellis v. fel u. a.

H. Gruppen mit beginnendem P-Laute.

Im Anlaut findet sich PL in Plautus, plaudere u. a. Von PL fiel P ab in lactus (vgl. lex Laetoria neben Plaetoria), lātus „Seite" (*πλατύς*), lunter oder linter (*πλέω*). Im Auslaute ist nicht selten PS für P-S u. B-S (dieses meist bs geschrieben.) Inlautend ist PL in BL erweicht in pūblicus, Publicola. PM verlor sein P in rūmentum = abruptio, ămes f. ăpmes; BM sein B in glŏmus, ŏmittere f. obm. u. a. PN wurde zu MN in somnus, wie BN in Samnium. PS, ursprünglich und für BS, ist nicht selten, aber BS (PS), wie BT (PT) zu SS geworden in jussi, jussum. Von PSP für BSP ist der erste

Laut ausgeworfen in asportare u. s. f., von PST in ostendere u. s. f. neben abstinēre. In proximus scheint der Dissimilation wegen ps zu x geworden zu sein. PT in Bildungen ist häufig und so beliebt, daß es nach einem Nasal auch erscheint, wo es sich etymologisch nicht rechtfertigen läßt — temptare, pedetemptim u. s. f. —

I. Gruppen mit beginnendem M.

M vor Gutturalen in engem Anschlusse geht in gutturales n über, z. B. hunc, vor Zahnlauten in n, mit t und s kann es durch p vermittelt werden, assimiliert sich aber dem s in pressi, pressum für premsi, premsum.

K. Gruppen mit beginnendem V.

VR stand ursprünglich im Anlaut von rōs, rīgare; VL in lăqueus. Statt eines VS, VT im Inlaut erscheint CS (X) CT in vīxi, vīctum, strūxi, strūctum etc., aber hier liegt gv zu Grunde.

§. 18. Beliebt ist im Lateinischen die Versetzung von R, wodurch viele Fälle mit anlautendem CR u. ä. vermieden werden: bardus *βραδύς*, caro *κρέας*, cerno *κρίνω*, circus *κρίκος*, corcodilus *κροκόδειλος*, porro f. protro, tertius *τρίτος* u. a.

§. 19. Verhalten der Präpositionen in innigem Anschlusse an Verba und Nomina Vorherrschend ist das Streben nach Assimilation; Nichtassimilation ist meist nur Theorie gewisser Grammatiker. Beliebt ist die Assimilation von d vor c u. t: accuso, attingo, aber zur Zeit der Republik ad tribuo (getrennt). Vor p wird d (t) zu p: appārēre. Vor f und s, besonders vor letzterm ist Nichtassimilation häufiger. (Ueber asto, aspicio siehe §. 17. C.)

Com vor Lippenbuchstaben erhalten, mit con u. co wechselnd auch vor v. Vor l u. r dringt die Assimilation von n in con erst später durch, in der republik. Zeit conrigere, conlocare. Dasselbe gilt für das ursprüngliche n von in, das auch vor Lippenbuchstaben oft bleibt: imponere und inponere. Vor Vokalen bleibt com in comitium, comĕdere; meist aber verstummt dessen m vor Vokal und h: coarguo, coëo, cōmo verschmolzen aus co-ĭmo, cohortor.

Circum folgt, nur nicht in gleichem Umfange, demselben Gesetze wie com. Das r von inter, per, por (für port) wird folgendem l bald assimiliert, bald nicht: perlĕgo, perlīgo, pellīgo.

Von einer Anzal von Präpositionen gibt es vollere und kürzere Formen. So erscheinen meistens nur noch vor Vokalen die ursprünglichen prōd, rĕd, sēd; prodeo, redeo, seditio. In rettuli, rettudi aber und in reppuli, repperi (alt reccidi) sind die Doppellaute Ueberreste einstiger Reduplication f. rep(ĕ)puli u. s. f.

Schließendes s ist nicht bloß euphonisch, sondern alte Bildung in abs (f. aps), obs (f. ops), subs (f. sups), ex, denen wir dis und trans anschließen. Die ersten vier stehen nur vor tenues, und zwischenstehendes b geht dabei nicht selten unter, vgl. §. 17. Fängt das Grundwort mit sp, st u. s. f. an, so wird nicht selten nur Ein s geschrieben: expecto, extinguo, obstinātus. Ex steht auch vor Vokal und h; vor f hat sich ec früh assimiliert: effōdio und ecfōdio. Ab stellt sich ein vor l, r, n, h und vor Vokalen, ā erscheint vor m, v und vor f der Wurzel fu: āfui, āfōre; au vertritt ab in aufĕro, aufugio. Das s von trans kann auch vor weichen Consonanten, vor

Nasalen, vor l, j, v bleiben, oder es fällt vor diesen Lauten sammt n aus: transdo, trado; dis bleibt vor den tenues; vor den mediae, vor den Nasalen und vor l, r, v verliert sich s, wol nach vorausgegangener Assimilation mit Ersatzdehnung (dī): dimminuo, dīminuo. Vor j kann s bleiben, wird aber einzeln dī (dijudicare); auch dissicere findet sich geschrieben; vor f findet immer Assimilation statt: diffīdere; vor Vokalen und h wird s zu r: dīrīmere; diribēre für ursprüngliches dishibere; aber dishiascere.

§. 20. Silbenabtheilung. Die Silbe kann bestehen aus einem Vokale, oder Vokal und vorausgehendem oder schließendem Consonanten, oder der Vokal ist von einzelnen oder mehrern Consonanten eingeschlossen. Für die Silbenabtheilung mehrsilbiger Wörter sind zu unterscheiden:

a) Formen, welche ein untheilbares Ganzes bilden oder zu bilden scheinen;

b) deutlich trennbare Zusammensetzungen.

Hauptgesetze für die erstern sind: α) folgt auf einen Vokal ein einfacher Consonant, so beginnt damit die nächste Silbe: a-go, rŏ-sa; β) folgen dem Vokale mehrere Consonanten, so beginnt mit diesen die nächste Silbe, sofern damit ein griechisches oder lateinisches Wort anlauten kann, oder wenn die Laute mutae cum liquidis sind. Deutliche und unverstümmelte Zusammensetzungen werden nach ihren Bestandtheilen geschieden: de-pōno, post-eā, aber vae-neo, se-muncia, ma-gnanimus.

Prosodie.

§. 21. *Προσῳδία* bezeichnet im Alterthum sowol die Betonung (und deren Zeichen), als die Quantität, das Maß der Silben. Mag bei der Bildung der Sprache der Ton das Maß mitbedingt haben, so steht doch für die Zeit der litterarischen Periode des Lateinischen im Ganzen der Satz fest, daß die Quantität durchaus selbständige Geltung habe und theilweise ihrerseits den Accent beherrsche.

§. 22. Die dichterische und litterarische Bearbeitung der Sprache hat ein bestimmtes Quantitätsverhältniß begründet, welches an sich in dieser Schärfe nicht in der Sprache liegt. In der Metrik und Grammatik nehmen wir ein einfaches und ein doppeltes Maß (Größe von Einem Zeittheile [mŏra] und von zwei Zeittheilen), Kürze und Länge an, und bezeichnen erstere mit ˘, letztere mit –. Silben, welche bald lang, bald kurz lauten, heißen zweizeitige (ancipites) ⏓.

§. 23. Die Vokale sind theils an und für sich lang (naturā) — lange Vokale und Diphthonge —, theils bilden sie eine Länge durch Position, d. h. durch die Stellung des Vokales vor zwei oder mehrern in bestimmter Weise beschaffenen Consonanten.

§. 24. Vgl. §. 5 ff. Die langen Vokale und Diphthonge beruhen auf bestimmten uns nicht mehr immer erkennbaren Bildungs- und Lautgesetzen: 1) ist die Länge bedingt durch die Wortbildung und Flexion: fāris, fātum neben făteor, nōtus neben nŏta, lābi neben lăbare, dūco neben dŭcis von dux, dīco neben indĭcis des Anzeigers, fūgi neben fŭgio, lēgi neben lĕgo, vīci neben pervĭcax, pācis neben păciscor; sēdēs neben sĕdĕo, aedes Tempel, Feuerstätte von einer W. idh; in den Endungen im dativus, ablativus sing. und plur. der zweiten Declination, im ablat. sing. und plur. der ersten; im nomin. accus. plur. der dritten und vierten u. s. f., in der Conjugation in der ersten Person Sing. des Perfects, ursprünglich auch in der dritten; in den Endungen -bām, -bās u. s. f.

Anm. Manche der langen Vokale in der Flexion sind es durch Zusammenrückung, wie īs aus a͡is, o͡is u. s. f.

2) entstehen Längen und Diphthonge nicht selten aus Zusammenziehung zweier zusammentreffender Vokale: prōles f. prooles, cōps f. coops, cōpia, cōmo f. co-imo, bīgae f. bijugae.

3) ist langer Vokal Ersatz für ausgefallene Consonanten: dīvīsus f. divissus, vīso f. visso, rēmus f. resmus, pōno f. posno, dīruo f. dirruo, īlico f. in loco u. ä., auch nicht selten im Wortschlusse, in einsilbigen: pēs f. pĕds, pār f. păr-s, bei vorhergehendem i in mehrsilbigen: pariēs f. pariets. Manche Fälle sind unbestimmt, weil es unsicher ist, ob der Vokal an sich lang war, so in līmus für liemus u. a.

Anm. Wenn in den einen Wortformen derselben Wurzel der Vokal kurz, in den andern lang erscheint, so ist das im Innern des Wortes in den meisten Fällen in der Wirkung des Gesetzes der Vokalsteigerung begründet: fīdes, fīdo; zweitens liegt der Grund in der Versetzung des Accentes, wie denn diese in gesicherten Beispielen auch die Aufhebung der durch zwei gleiche Consonanten gebildeten Position bewirken kann: mōles f. mog-les, aber mŏlestus; drittens entsteht eine solche Länge durch Zusammenziehung und Verlust von Consonanten: hūmanus, humnānus, hŏmnanus, hŏminanus. — Die Kürzung einer ursprünglichen Länge ist nicht selten Folge der allgemeinen sprachlichen Entwicklung, so besonders in den Vokalen der letzten Silbe, in den Vokalen des zweiten Theiles eines Compositums u. s. f. Vgl. die Endung ŏ in der Conjugation, ĕ des Abl. der dritten Declination, milĕs u. ä., die Endsilben, in welchen auf ursprünglich langen Vokal die Consonanten r, t folgen: ardŏr Hitze, accūsăt. Einfluß des Rhythmus zeigt sich in den ursprünglich im Auslaut lang gemessenen Wörtern mălĕ, bĕnĕ, căvĕ, pŭtă; cognĭtus u. s. f. neben nōtus.

§. 25. Positionslänge. Als durch Position lang gilt die Silbe, in welcher auf einen Vokal zwei oder mehrere Consonanten folgen oder ein Doppelconsonant (x, z). In der scenischen Poesie aber und jederzeit in der Prosa bilden muta cum liquida (r-l) keine Position.

Anm. 1. Nur in bĭjŭgus, trĭjŭgus u. ä. erscheint der Vokal vor j kurz, sonst steht davor entweder Naturlänge: Pompējus, oder Ersatzlänge: ājo f. ăgjo, mājor f. măgior.

Anm. 2. Sehr oft ist mit Positionslänge Naturlänge verbunden. Der Vokal ist immer lang: 1) vor folgendem -ns außer in sŏns: legēns, audiēns. Oft erscheint dieses ns assimiliert oder in s vereinfacht: formōssus, formōsus; curās f. curans u. ä. 2) vor folgendem nf: cōnfero, īnferus. 3) vor folgendem gn, mindestens im Inlaute der Wörter: māgnus, rēgnum, sīgnum. 4) Vor x finden sich ā und ē in māximus, āxilla, tāxillus, pāxillus, vēxillum. Außerdem findet sich Naturlänge vor Position in den Inchoativen auf -ēsco, nur nicht in quiēsco, sie bleibt in jūstus, Mārcus, Mārs, nārro, pālūstris, scrīptus, findet sich aber auch in einigen partic. perf. pass. und mit gleichen Consonanten anlautenden Bildungen, wie āctus, ēmtus, lēctus, strūctus, vīctum von vīvere, ūnctus, ebenso in den Nomina bēstia, crīspus, crūstum, fēstus, līctor, ōrdo, ōrnare, pāstor, prīscus, quīnque, Sēstius, trīstis, Vīpsanius. Dagegen herrscht Kürze vor nt, nd, rn (-ĕrnus, -ŭrnus), vor st (-ĕstus, ĕstis, -ĕster, -ŭstus, -ŭster), sofern vor den mit s anlautenden nicht schon der Stammvocal lang war.

Anm. 3. Zuweilen braucht das archaische Latein NS in griechischen Wörtern, um die Länge des vorhergehenden Vokales zu bezeichnen: thensaurus, Onensimus, wie denn überhaupt nasalierte Vokale im Lateinischen beliebt sind: vgl. pinguis, jungo u. s. f.

§. 26. Kommt ein ursprünglich langer Vokal vor andere Vokale oder h zu stehen, so verkürzt er sich leicht. In mehr als zweisilbigen Wörtern ist diese Kürzung mit Zurückziehung des Tones verbunden. Solche Kürzung findet sich z. B. in Genitiv- und Dativendungen, wie a͡e (alt -āī), -ĕī fĭdĕī f. altes fĭdēī, altĕrīus, in vielen Eigennamen auf -īus (alt -ēius, -īus) Lūcius, in manchen in alter Zeit aus dem Griechischen aufgenommenen Wörtern: balnĕum, platĕa, in den zweisilbigen Formen ăīs „du sagst" (alt āīs, ăīs) ăīt (alt āīt, ăīt), spĕī, rĕī, dĕus, im Präsens und Perfect der Verba auf -uo: flŭo, plŭit. Fio finden wir allmählich mit -ī in den Formen mit -r. Dē, sē (Partikel), prae werden dĕ, sĕ, pra͡e: dĕhinc, sĕorsum, præeunt, prælendo, prĕhendo.

Accent.

§. 27. Accentus, Zugesang, ein aus der Musik genommener Ausdruck, bezeichnet ursprünglich Höhe und Tiefe des Tones; wir verstehen darunter den starken Ton und nennen die in mehrsilbigen Wörtern nicht mit demselben versehenen Silben unbetonte. Jedes nicht bloß zusammengeschriebene, sondern als Einheit gesprochene Wort kann nur Einen Accent haben, welcher nach der Ueberlieferung entweder ein einfacher, scharfer (acutus ⊥́), oder ein zusammengesetzter, gebrochener (circumflexus ⊥̂) ist.

§. 28. Im Griechischen und Lateinischen darf der Accent zur Zeit der völlig entwickelten Sprache nicht über die dritte Silbe vom Ende aus zurückgehen. In mehr als zweisilbigen Wörtern fällt der Ton auf die vorletzte Silbe, sofern sie von Natur oder durch Position lang ist, sonst auf die drittletzte. Der Ton ist gebrochen ⊥̂ auf der vorletzten Silbe, wenn der Vokal lang und die letzte Silbe kurz, auf einsilbigen Wörtern, wenn der Vokal an sich lang ist: vôcis, vôx.

§. 29. Von einfachen Wörtern machen die Eigennamen auf -īus, (Vergilius etc.) eine scheinbare Ausname, indem sie auch bei Kürze der vorletzten Silbe im G. Vocat. den Ton nicht minder als in den übrigen Casus auf jener behalten. Dasselbe gilt für die Genitivformen auf ī von Stämmen auf -io: Vergilī, consilī u. ä.

§. 30. In den uneigentlichen Zusammensetzungen von Verbis intransitivis mit -făcio und fīo wurden in alter Zeit beide Theile, später facio und fio betont: árefácio, arefácis, nicht aréfacis. Beim Antritte gewisser unselbständiger Wörter (encliticæ), wie -mĕ̆t, nĕ̆ (fragend), quĕ̆, vĕ̆ u. dgl. fällt der Ton auf die ihnen unmittelbar vorhergehende Silbe: omniáne, armáve, armáque, pleräque, uträque (wegen utérque, plerīque).

Anm. Wir sind berechtigt anzunehmen, daß sich die zuletzt angeführte Betonung erst allmählich entwickelte, und der Accent zunächst bei mehr als zweisilbigen Wortformen, in denen die vorletzte kurz war, vorrückte, z. B. perīcŭlăve.

II.

Lehre von der Wortbiegung (Flexion).

§. 31. Vorbemerkung 1. Den zweiten Teil müßte in streng wissenschaftlicher Behandlung die Lehre von der Wurzel- und Stammbildung beginnen, welche wir aus praktischen Rücksichten ans Ende der Formenlehre verlegen.

Vorbemerkung 2. Im indogermanischen Sprachstamm finden sich neun Wortarten:

1) Substantivum, welches einen Gegenstand bezeichnet; 2) Adjectivum, welches eine Beschaffenheit eines Gegenstandes angibt; 3) Pronomen, welches auf einen Gegenstand hindeutet ohne weitere Bezeichnung desselben; 4) Numerale, welches die Zahl der Gegenstände angibt. (Substantivum, Adjectivum, Pronomen und Numerale heißen als ein Ganzes Nomina.) 5) Verbum, welches eine Thätigkeit oder ein Leiden als Prädicat ausdrückt; 6) Adverbium, welches Art und Weise oder Zeit oder Ort der Handlung oder des Seins angibt; 7) Präposition, welche die in den Casus liegenden Verhältnisse von Raum, Zeit, Ursache näher bestimmt; 8) Conjunction, welche die Beziehungen ausdrückt, in welchen Wörter oder Sätze zu einander stehen; 9) die weder einen Begriff noch eine Beziehung ausdrückende Interjection, Ausdruck der Empfindung.

Anm. Adverbien, Conjunctionen, oft auch Präpositionen, lassen sich als erstarrte Casus nachweisen. Die Präpositionen sind Exponenten von Casusverhältnissen. Von diesem Gesichtspunkte aus ließe sich wissenschaftlich unschwer eine einfachere Eintheilung obiger Wortarten durchführen.

§. 32. Aus der Wurzel (über diese vgl. den Abschnitt „Wortbildung"), welche ursprünglich in den indogerm. Sprachen immer einsilbig ist, entwickelt sich der Stamm (Thema), welcher durch die Art der Flexion (der bis zu einem bestimmten Grade veränderlichen Abbeugung, welche durch innige Zusammensetzung des Stammes mit Beziehungsausdrücken bewirkt wird) sich zum Verbum oder Nomen gestaltet.

Die Abbeugung des Nomens in ihrer Ganzheit (als vollständiges System) heißt jetzt **Declination** (mit Beschränkung des ursprünglichen Wortsinns). Die einzelnen Flexionen bezeichnen einzelne verschiedene Casus (Fälle) des Wortes, da der mit diesem angedeutete Gegenstand durch jene als in gewissen in der Syntax näher zu bestimmenden Stellungen oder Lagen sich befindend dargestellt wird. Das System der lateinischen Declination umfaßt sechs Casus, welche mit theilweise höchst verkehrten und unübersetzbaren Namen heißen: Nominatīvus, Genetīvus, Datīvus, Accusatīvus, Vocatīvus, Ablatīvus. Außerdem zeigen sich bestimmte Spuren von reinen locativi (orts- und zeitbestimmenden Casus). Der Nominativus und Vocativus heißen mit übertragenen Namen: cāsūs recti, die übrigen: cāsūs oblīqui.

§. 33. Aber die Flexion hat nicht nur die Verhältnisse der Beziehungen von Gegenständen im Satze darzustellen, sondern an ihr haftet auch die Bezeichnung der Zahl (Numerus). Die italischen Sprachen begnügen sich in ihrer logischen Strenge mit dem Ausdrucke der Einzahl (n. singulāris) und der Mehrzahl (n. plurālis), zeigen aber von dem der Zweizahl (n. duālis) nur vereinzelte todte Spuren. Wir erhalten demnach bei vollständiger Declination zweimal sechs Casus, wenn auch niemals zweimal sechs verschiedene Casusformen.

§. 34. Die Indogermanen legen kraft ihrer schaffenden Phantasie auch den an und für sich ungeschlechtigen Gegenständen und Begriffen oft ein Geschlecht bei, so daß die ganze Masse dieser unter dem Gesichtspunkte des Geschlechtes in drei Arten zerfällt. Sie sind entweder masculīna (männlich) oder feminīna (weiblich) oder neutra, d. h. sie fallen weder unter den Begriff des männlichen noch unter denjenigen des weiblichen Geschlechtes, sind ungeschlechtig. Unterarten bilden diejenigen Wörter, welche männlich und ungeschlechtig oder männlich und weiblich zugleich sind u. s. f. Diejenigen Wörter, welche männlich und weiblich zugleich sind, heißen commūnia (gemeinsame), bei lebenden Wesen aber nur dann, wenn sie als masculina auf männliche, als feminina auf weibliche gehen. Von den natürlich geschlechtigen Wesen abgesehen prägt auf diesem Gebiete jede der indogermanischen Sprachen ihre besondern Anschauungen aus. Uns Deutschen ist der Baum männlich, den Römern gilt arbor als Mutter und ist weiblich u. s. f. Die Ungeschlechtigkeit wird durch die Flexion insofern bezeichnet, als die Neutra den Nominativus und den Accusativus gleich bilden, im Nom. Sing. aber niemals das nur den geschlechtigen Wörtern zukommende s annehmen (außer mißbräuchlich bei Adjectiven und Participien), sondern, wo sie im Nom. Sing. ein Flexionszeichen aufweisen, mit -m (im Pronomen auch mit -d) erscheinen, im Nominativ Plur. immer auf allmählich verkürztes -a (im Pronomen auch auf -i) ausgehen. Außer den durch die Bedeutung bestimmten Geschlechtsregeln können wir auch solche, welche auf der Stammbildung beruhen, aufstellen, indem gewisse Stammbildungen allein oder vorzugsweise dem einen oder andern Geschlechte angehören. Die Participia, Adjectiva, adjectivischen Pronomina und Numeralia sind in ihrem Geschlecht mobil, d. h. dasselbe wird durch die Substantiva, auf welche sie sich beziehen, bestimmt, ist also veränderlich.

Anmerkung. Epicoena oder promiscua nennt die Grammatik solche Thiernamen, welche ohne Rücksicht auf das natürliche Geschlecht grammatisch bestimmt männlich oder weiblich sind, wie aquila, der Adler, vom Männchen und Weibchen. Wird es nothwendig das natürliche Geschlecht hervorzuheben, so geschieht das durch Hinzufügung von mas oder masculus und femina. Einzelne Thiernamen sind ohne Rücksicht auf das natürliche Geschlecht bald männlich, bald weiblich (incerta): wie anguis, serpens.

§. 35. Bestimmung des Geschlechtes von Sachnamen nach der Bedeutung.

Masculina sind überwiegend die Namen der Flüsse, Winde, Monate, und, jedoch mit zahlreichen Ausnamen, diejenigen der Berge (fluvius, amnis; ventus; mensis; mons): Albula (m. u. f.); Tiberis; Auster; Aprīlis; December: Lucretīlis.

Anm. Bei den Flußnamen auf -ă existieren daneben oft oder dürfen angenommen werden Formen auf -as.

Feminina sind überwiegend, wo die Bildung nicht entschieden Einsprache thut:

1) die Namen der Städte (urbs), Länder (terra), Inseln (insula), Halbinseln (pæninsula).

Anm. Vom Anfange des siebenten Jahrhunderts an sehen wir einzeln mehrere Städtenamen, welche sonst als feminina gelten, auch als neutra gebraucht, so Saguntum, Corinthum, Ephesum neben Saguntus, Corinthus, Ephesus.

2) sind überwiegend feminina die Namen der Bäume (arbor): mālus (Apfelbaum; aber masc. mālus Mast) īlex, ăbiēs, quercus, vītis. Masculina sind die Stämme auf -trŏ (-ter), pīnaster u. ä., und die meisten Gesträuchnamen: dūmus u. s. f. Neutra: ăcer, Ahorn; sūber, Korkeiche.

Neutra sind: unveränderliche Substantiva: fās, nĕfās; Wörter und Wortverbindungen, Lautbezeichnungen u. s. f., welche, ohne decliniert werden zu können, zu Substantivbegriffen erhoben werden, wie meum philosophari, ultimum vale, longum a u. dgl. Diejenigen Neutra, welche sich durch ihre Flexion als solche ausweisen, sind hier nicht aufgeführt.

Declination.

§. 36. Sie theilt sich in die **Declination** der **Substantiva** und **Adjectiva** und in die **Pronominaldeclination**, welche besondere Eigenthümlichkeiten hat.

Wie §. 32 bemerkt ist, beruht die Declination auf der Verschmelzung gewisser meist sich gleich bleibender Casusendungen mit bestimmten Wortstämmen, und wissenschaftlich dürfte man die Arten der Einen Declination nur nach den Wortstämmen aufstellen. Die überlieferte Grammatik nimmt deren fünf an und stellt sie in eine nicht zu rechtfertigende Rangordnung. In die erste fallen die Ā stämme, in die zweite die Ă- d. h. die lateinischen Ŏ stämme, in die dritte die Consonantenstämme, die I stämme und zwei Stämme auf Ū, in die vierte die Ŭ stämme, in die fünfte die Ē stämme und einige ES stämme.

§. 37. Casusendungen der Substantiv- und Adjectiv-Declination.

	Singularis.	Pluralis.
Nom.	m. u. f.: s; n. bloß. Stamm od. -m	-ēs, -i; n. -a
Genet.	-ĭs (alt ŏs, ŭs, ĕs); ī	-ūm (alt ōm); -rūm (alt sōm)
Dat.	-ī (alt ei, ē)	-bŭs, -īs
Accus.	-m (-em)	-s (mit vorhergeh. Länge für -ns); n. -a
Ablat.	-ĕ (alt -ēd).	-bŭs, -īs.

Wie sich diese Casusendungen mit den einzelnen Stammauslauten verschmelzen, wird sich aus den Beispielen ergeben. Die alte Endung des Ruhelocatives war -ī (lat. ī). Der Vocativus hat seiner Natur nach keine eigene Endung. Im Lateinischen erscheint er nur in den Ŏ stämmen in anderer Form als der Nominativus, indem sich im Vocativus -ŏ des Stammes zu -ĕ schwächt.

§. 38. Erste Declination.

Stämme auf -ā, welches im Nomin. Genit. und Dat. Singul. und im Nom. Plur. allmählich ă wird und in letztern mit i, e verschmilzt, im Dativus und Ablativus Plur. mit -īs in -īs aufgeht.

	Singularis.	Pluralis.
Nom.	fabulă die (eine) Fabel.	fabul*ae* die Fabeln (Fabeln).
Gen.	fabul*ae* der (einer) Fabel.	fabulā-*rum* der Fabeln.
Dat.	fabul*ae* der (einer) Fabel.	fabul*īs* den Fabeln.
Acc.	fabula-*m* die (eine) Fabel.	fabul*ās* die Fabeln.
Abl.	fabul*ā* durch die (eine) Fabel.	fabul*īs* durch die Fabeln.

Anm. 1. Die Nominativendung -s fehlt in den Femininstämmen auf ursprüngliches ā in allen indogerman. Sprachen, ist aber im Lateinischen in der Regel auch in den Masculina auf -ā geschwunden: collēga, agricola, poēta.

Anm. 2. Ganz vereinzelt erscheint der Genit. Sing. auf -ais in Prosepnais = Proserpinae. In älterer Zeit ist dessen Form 1) -ās, erhalten selbst noch im classischen Latein in pāterfamilias, māterfamilias, filiusfamilias. 2) -ā-ī in wirklich oder nachgeahmt feierlichem Stile noch später gebräuchlich in Femininstämmen, und in älterer Zeit auch in griechischen Eigennamen erscheinend: magnāī, aulāī, Calliclāī. Aus āī entwickelte sich die gewöhnliche Form -ai, ae.

Anm. 3. Im Genitiv Plur ist die gewöhnliche, dem Pronomen entnommene, Endung -rūm (ursprüngl. -sōm) Daneben hat sich die einfachere Endung -ŭm (alt -ōm aus ăōm) erhalten in einigen ursprüngl. griechischen Maß- u. Münzbestimmungen, drachmum, sehr selten, amphorum, nur mit dem Zusatz duo milia u. s. f., dagegen regelrecht amphorārum septĕnum (f. septenarum); in griechischen und barbarischen Völkernamen wie Metropolitum (heteroklitisch); nur dichterisch und später prosaisch in den griech. Patronymika auf -des, da: Aenĕădum, und in den Zusammensetzungen mit -gĕna, -cŏla: Troiugenum, caelicolum.

Anm. 4. Im Dativus und Ablativus Plur. findet sich die ältere Form ā-bus statt īs, wenn der Zusammenhang der Rede und die bestimmte Formel eine unterscheidende Bildung wünschbar machen: filiābus neben filiīs, deīs deābusque, libertis libertābusque.

§. 39. Geschlecht. Die āstämme sind feminina. Es sind aber in diese Declination auch ursprünglich anders gebildete Masculinstämme geraten, wie scrība Schreiber u. s. f. Einige Personennamen sind communia, wie incŏla. Incerta sind: dāma Damhirsch, talpa Maulwurf.

§. 40. Zweite Declination.

Stämme auf -ŏ, das sich oft in ŭ verwandelt:

Masculinum und Femininum.

	Singularis.	Pluralis.
N.	lŭpu-*s* der Wolf.	lupī die Wölfe.
G.	lupī des Wolfes.	lupō-*rum* der Wölfe.
D.	lupō dem Wolfe.	lupīs den Wölfen.
Ac.	lupu-*m* den Wolf.	lupōs die Wölfe.
V.	lupĕ o Wolf.	lupī o Wölfe.
Ab.	lupō von dem Wolfe.	lupīs von den Wölfen.

Neutrum.

	Sing.	Plur.
N.	bellu-*m* der Krieg u. s. f.	bellă die Kriege u. s. f.
G.	bellī	bellō-*rum*
D.	bellō	bellīs
Ac.	bellu-*m*	bellă
V.	bellu-*m*	bellă
Ab.	bellō.	bellīs.

Anm. 1. Der Stammauslaut, ursprünglich ă, ist bis gegen das sechste Jahrhundert Roms vorherrschend ŏ, von da an ŭ, außer nach v und u, wo sich ŏ bis ins erste Jahrhundert nach Chr. erhalten hat.

Anm. 2. Die Neutra dieser Declination haben im Nominativ, Vocativ und Accusativ Sing. in Uebereinstimmung mit den verwandten Sprachen ein Flexionszeichen, und zwar -m.

Anm. 3. Die Substantivstämme auf -iŏ bilden bis über die Mitte des ersten Jahrhunderts n. Chr. den Genetivus Sing. vorwiegend auf ī: Vergili neben Vergilii.

Anm. 4. Der Vocat. Sing. der Wörter auf -us ist ohne Flexion und schwächt stammhaftes -ŏ in -ĕ. Aber die Eigennamen auf -ĭus und -jus und die Wörter filius und gĕnius sammt mĕus (alt mius) bilden den Vocat. auf -ī statt -iĕ: Vergili, Pompēī, filī, genī, mī. Dĕus bleibt im Vocativ.

Anm. 5. Der Genetivus auf -ŭm, alt. -ōm, ist besonders erhalten in Ausdrücken, welche auf Geschäftsverkehr, amtliche Stellungen, Familienverhältnisse u. s. f. gehen: nummum der Sestertien, mŏdium, dĭgĭtum (von digitus der Finger als Maß), decemvĭrum, centŭria fabrum, liberum, deum; dichterisch besonders in Völkernamen: Argīvum.

Anm. 6. In pilumnoe poploe, Fesceninoe, ŏloes (d. i. illis) sind uns noch alte Formen des genet. singul., des nom. plur. und des dat., abl. plur. erhalten.

Anm. 7. Auf Inschriften des 6ten und 7ten Jahrhunderts, bei Plautus und sonst vereinzelt, zeigt sich im Nomin. Plur. die Endung -ēs, -eis, īs: vīreis = viri, ŏcŭlīs = oculi u. s. f., besonders in den Pronominalstämmen: hīs = hi. Diese Endung ist nach Analogie des Nomin. Plur. der Istämme gebildet.

Anm. 8. Viele Stämme, welche vor dem Stammauslaut -ŏ ein -r haben, werfen in Uebereinstimmung mit den übrigen italischen Dialekten -ŏs (-us), -ĕ ab und schieben, wenn dem -r unmittelbar Consonanten vorhergehen, im Nominativus und Vocativus einen Hilfsvokal -ĕ ein; sŏcer, soceri; puĕr, pueri; vĭr, viri; lēvir, lēviri; ăper, apri u. a.; aber ĕrus (herus), nŭmĕrus, ŭmĕrus (richtiger als humerus), ŭtĕrus. Aehnliches bei den Adjectivstämmen siehe unten.

Anm. 9. Dĕus kann durch die ganze Declin. ĕ behalten; aber neben dĕī, dĕīs kommen dī, dīs und diī, diīs vor.

§. 41. Geschlecht. Die Stämme auf -ŏ sind vorwiegend, wie in den verwandten Sprachen, männliches Geschlechtes oder ungeschlechtig. Außer den §. 35 bestimmten Ausnamen sind hier als Feminina zu nennen:

alvus Unterleib,	hŭmus Erdboden,
cŏlus Spinnrocken,	vannus Wanne.

Dazu kommen eine Anzahl griechischer Wörter, welche erst in späterer Zeit herübergenommen sind: ătŏmus, dialectus, diphthongus, mĕthŏdus, paragrăphus, periŏdus.

Neutra auf -us, d. h. mit stammhaftem, aber in den casibus obliquis geschwundenem -s sind die Singulare vīrus Gift und volgus (vulgus) Volksmasse (dieses selten mascul.), ferner das griechische pelagus Meer.

§. 42. Nach der zweiten und ersten Declination werden die Adjectiva auf -us (-er), -a, -um abgewandelt.

§. 43. Dritte Declination.

Sie umfaßt die Stämme auf -ĭ, zwei einsilbige auf -ŭ, und die consonantisch auslautenden.

Vorbemerkungen: 1) Der Stamm erscheint auch in den casibus obliquis häufig nicht ganz rein. Im Nomin. Sing., welcher in den geschlechtigen Wörtern mit -s zu bilden wäre, sind in Folge der lat. Auslautsgesetze mancherlei Veränderungen vor sich gegangen. Nach diesen können ls, ursprüngliche rs, ns; ts, ds, ss im Lateinischen nicht auslauten, sondern es fällt in den erstern s (sol, păter, flāmĕn), seltner n (sanguĭs), in den letztern eines der durch Assimilation entstandenen ss: ĕquĕs, laus, mās, pulvĭs, vĭs. Eine Media g, b muß vor s zur Tenuis, also g-s zu x, bs zu ps werden; letzteres wird jedoch meist etymologisch bs geschrieben.

2) Es scheinen viele Stämme consonantisch auszulauten, welche sich theils durch ältere noch daneben stehende Formen, theils durch den Genit. Plur. als entweder ursprünglich vokalische oder früh vokalisch gewordene ausweisen, und einige wenige ursprünglich consonantisch auslautende haben im Nom. Sing. i angenommen. — So ist der Stamm von mors nicht mort, sondern morti, von urbs nicht urb, sondern einst urbes, dann urbi; von juvenis nicht juveni, sondern juven, von cănis nicht căni, sondern căn.

§. 44. A. Consonantenstämme.

a) Auf Nasale schließende:

α) auf m nur hiem-s f. Winter.

β) auf n. Sehr zahlreich. Die meisten Masculina und alle Feminina werfen im Nomin. Sing. nach Analogie des Deutschen, aber im Gegensatze gegen das Griechische s der Endung sammt dem stammhaften n ab und verkürzen allmählich das nun auslautende -o. (sanguĭs, sanguĭnis, m., pollĭs, pollĭnis, c., behalten -s; pectĕn, m., liĕn, m., Aniĕn, m., rēn, m., flāmĕn, m., behalten -n). Den Neutren wie carmen muß -n bleiben. Der dem -n vorausgehende Vokal ist gesteigertes -o meistens in den masculinis: leŏ (leōnis), līgo (ligonis), pŭgio (pugionis), scīpio (scipionis), sermo (sermonis), ăquĭlo (aquilonis), centŭrio (centurionis), in den femininis auf -ion, -tion: lĕgio (legiōnis), ŏpīnio (opinionis), rătio (rationis); oder derselbe ist in offener Silbe in den casibus obliquis allmählich schwaches ĭ gewordenes ŏ, wie in den einfach abgeleiteten masculinis cardo (cardĭnis), margo (marginis), ŏrdo (ordinis), turbo (turbinis) und hŏmo (hominis), in den femininis auf -dŏn, -gŏn: libīdo (libīdĭnis), ŏrīgo (originis), virgo (virginis), in den mehrfach abgeleiteten auf -tūdŏn: consuetūdo (-tudinis) für consuetitudo u. A. Die Neutra und die schon angeführten Mascul. mit im Nomin. Sing. beibehaltenem -n haben davor in geschlossener Silbe ĕ, in den cass. obl. -ĭ. căro (carŏn) f. stößt den Vokal in den cass. obl. aus: carnis u. s. f.

§. 45. Geschlecht der Stämme auf -n.

Dem Obigen ist nur beizufügen, daß von Substantiven auf -īōn bloß die Concreta Masculina sind.

§. 46. b) Stämme auf -r und -l.

α) Stämme auf -r. Der Vokal vor r ist in den Masculinis auf -tor durchweg -ō-, welches allmählich vor auslautendem -r verkürzt wird. Als -ă erscheint er in dem Neutr. jūbăr, als ŏ in den Neutris æquor, ădor und marmor, als ŭ in den reduplicierten furfŭr, m., und turtŭr, m., in voltŭr, m., in dem Plur. lĕmŭres, m., fulgŭr, n.; als -ī in dem seltenen assir, n., Blut, als ĕ (im Nomin. alt -ē) in den Stämmen auf -ter: frāter, māter, păter, accīpiter, m., in mŭlier, papāver, m. n., passer, m., anser, m., u. a., als ē in dem contrahierten vēr für vĕsĕr, n. — In den cass. obl. der Stämme auf -ter fällt ĕ aus: pătris u. s. f., in der alten Volkssprache kann es auch im Nom. Sing. schwächer lauten.

β) Stämme auf -l: consul, exul, sōl, vīgīl, pūgīl.

§. 47. Geschlecht der -r und -lstämme.

Masculina:	Neutra:
auf -ur, -tur:	Die übrigen Wörter auf ŭr (ŏris)
furfur Kleie,	und ŏr (ŏris): fĕmur Oberschenkel,
turtur Turteltaube,	mit doppelten cass. obliq. femŏris u.
vultur Geier.	femĭnis, und auf ĕr, ĕris:
auf -er, -ĕris nur:	cădāver Leichnam,
ag-ger Damm,	über Euter,
asser Stange,	verber Schlag;
carcer Kerker,	
lăter Ziegelstein,	Baum- und Gewächsnamen auf -ĕr:
und die griechischen	ăcĕr Ahorn,
āĕr Luft, aethēr Aether,	īter (gen. itĭneris) Reise,
gen. āĕris, aethĕris.	spintēr (griech.) Armband.

Die Stämme auf -l sind männlich und können als Personenbezeichnungen communia sein: sāl Salz ist selten neutr.

§. 48. c) Stämme auf die Zahnlaute -t, -d.

ănăs (anătis, veralteter Nom. Plur. anites) f., interprĕs (interprĕtis), hospĕs (hospĭtis), ăbiēs (abiĕtis), pariēs (pariĕtis), m., caput (capĭtis), n., sacerdōs (sacerdōtis), c., vās (vădis), pēs (pĕdis), m., lăpis (lăpĭdis), m., hērēs (hērēdis), mercēs (mercēdis), f., custōs (custōdis) c., pĕcŭs (pĕcŭdis), f., pălūs (palūdis), f.

Es hält schwer die zu reinen Dentalstämmen gewordenen Stämme von solchen mit ursprünglichem und oft nachwirkendem -i zu trennen. Die geschlechtigen Dentalstämme assimilieren im Nomin. Sing. den Zahnlaut dem -s der

Nominativendung und vereinfachen dann ss zu s, in einsilbigen und bei vorausgehendem i mit Ersatzdehnung: pēs, pariēs. Caput schwächt in den cass. obl. sein u in i. Die Stämme mit ī (ursprüngl. ä) und solche mit ursprüngl. i vor t verbreitern dieses im Nom. Sing. in -ē: pĕdēs, milēs, ālēs, cŏmĕs. Der Neutralstamm melt geht in mell über, welches im Nom. Sing. mĕl wird. cord, n. wirft im Nom. Sing. sein d ab: cŏr (cŏrdis).

§. 49. Masculina sind nur folgende mit kurzem Vokale vor dem thematischen Zahnlaut: pes, lapis und alle auf -ĕs, ĭtis, auch pariēs, außer merges Garbe. Die übrigen außer den genannten Neutra caput, mel und cor sind Feminina.

§. 50. d) Stämme auf -s.

Sie verwandeln im Inlaute zwischen zwei Vokalen -s in -r: mōs, mōris, ŏnŭs, ŏnĕris. In den mehrsilbigen Masculinis auf -ōs wird allmählich auch im Auslaute des Nom. Sing. -s, nach welchem das Nominativzeichen geschwunden ist, zu -r: flōs, aber hŏnōs, später hŏnŏr, ebenso arbōs (mit Ersatzdehnung) später arbŏr. Außerdem bleibt im Nom. S. -s in cĭnis, cĭnĕris, m., vōmis, vōmĕris (neben vomer), m., cŭcŭmis, cucŭmĕris, m., Cĕrēs, Cĕrĕris, Vĕnŭs, Vĕnĕris, lĕpŭs, lĕpŏris m., tellūs, tellūris f. Die ungeschlechtigen auf -ŭs, -ŏr-is oder ĕr-is behalten außer rōbur (rōbustus) im Auslaute stammhaftes -s. Das -ō- verkürzt sich allmählich vor auslautendem -r; von den kurzen Vokalen vereinigen sich mit dem Charakter von r am leichtesten ŏ und ĕ. -ŭs lautete einst im Nom. Sing. -ŏs: ŏpŏs, Vĕnŏs.

Eine große Anzahl Feminina auf -es (N. Sing. -ēs) haben das stammhafte -s in den cass. obl. ganz aufgegeben und sind meist in die -i Declination übergetreten, welche zuweilen schon in den Nom. gedrungen ist: clādēs, sēdēs, fidēs und fidīs Saite; außerdem das Commune vātēs Dichter, -in, Seher, -in, und das Masc. verrēs, is Eber. Manche sind im Nom. Sing. allmählich verkürzt worden: mercēs, mercīs, merx, plēbēs, plēbīs, plēbs. Der Neutralstamm farr (Nom. Sing. fār) hat aus rs assimiliertes rr.

§. 51. Zusatz über das Geschlecht.

Neutra sind auch die einsilbigen:

fās (göttl.) Recht, nĕfās Frevel.	crūs, crūris Schenkel.
vās, vāsis Gefäß.	jūs, jūris 1. Recht; 2. Brühe.
aes, aeris (für ajes) Erz.	rūs, rūris Land.
ōs, ōris Mund.	tūs, tūris Weihrauch.

Meist liegen hier vollere Formen auf -ŏs, -ŭs zu Grunde.

§. 52. e) Stämme auf Gutturale: -c, -g.

dŭx (dŭcis), auspex (auspĭcis), judex (jūdĭcis), caudex (caudĭcis), ālēc, n., und ālēx, c., (ālēcis) Fischlake, jūnīx junīcis, vōx (vōcis), rēmex (remĭgis), lēx (lēgis), rēx (rēgis). Im Nom. Sing. verbindet sich c, g mit s in den geschlechtigen zu -x: dux, remex. Ein ĭ senkt sich vor x oft in ĕ: judĕx, aber calix -ĭcis, fornix -ĭcis, pix, pĭcis, nix, nĭvis s. nigvis.

§. 53. Zusatz über das Geschlecht.

Feminina sind alle einsilbigen d. h. als unabgeleitet erscheinenden außer grex, grĕgis, m., selten fem., und dem zusammengesetzten trādux, tradūcis, m., Weingesenk. Die auf -ex, -Icis und auf -ix, -īcis sind meist masculina, communia cortex Rinde, imbrex Hohlziegel, ŏbex Riegel, sĭlex Kieselstein, vārix Krampfader, selten feminina frūtex Strauch, lātex das Naß, häufiger fem. forfex Zange. Feminina sind fornāx Ofen und die Wörter auf -īx; commune cēlōx Jacht.

§. 54. f) Labialstämme: -p, -b, -v.

daps (dăpis) f., princeps (principis), auceps (aucŭpis), cælebs (caelĭbis). Das -i der Stämme auf -p und -b senkt sich im Nom. Sing. in ĕ, ebenso das ältere -ŭ von aucup. Die feminina auf ps, bs, wie stirps, urbs, plebs sind keine Labialstämme, sondern verkürzte -s stämme (§. 50). Stämme auf -v sind bōs (bŏvis), c., und fel (fellis) für fell, felv, n.

§. 55. B. Vokalisch auslautende Stämme.

a) Stämme auf -i.

Stämme auf -i, welche dieses im Nom. Sing. aufweisen, sind reichlich erhalten, seien sie nun scheinbar einfach mit -i abgeleitet oder alte Bildungen auf -ti, -ni, -vi u. s. f.: fustis, vectis, crinis, civis; aber besonders participienartige Bildungen auf -nti, mons (monti-um), fons (fonti-um), frons, f., (fronti-um), dann Bildungen auf -di, -ndi, laus (laudi-um neben laudum), fraus (fraudi-um), glans, f., (glandi-um), frons, f., (frondi-um), die Femininbildungen auf -ti, wie mors (morti-um), ars (arti-um) u. a., die Stämme auf -ri, -tri wie imber (imbri-um), linter (lintri-um), uter (utri-um), venter (ventri-um), die Bildungen auf āti, īti (wie Arpīnās (Arpinati-um), Quĭrīs (Quiriti-um), auf -tāti wie civitas (civitati-um neben civitatum), auf -tūti wie virtūs (virtūti-um neben virtūtum) stoßen i im Nom. Sing. in der classischen Sprache aus. Ein übrig bleibender Zahnlaut wird mit der Nominativendung zu -s: laus, fraus, dōs, cīvitās u. s. f. Die Stämme auf -ri lauten im Nom. in -er aus: imber, m., linter, c., uter, m., venter, m. Der Stamm assi „As" bildet den Nominativ ās, der Stamm ossi f. für osti Knochen ŏs. Die Neutralstämme auf -ī verwandeln dasselbe auslautend in -ĕ: mărĕ, lactĕ alt f. lac; in den Bildungen auf -āli, -āri aber (calcăr, calcāri-um, animăl, animāli-um) und gewöhnlich in lactĕ fällt im Nomin. Sing. i (e), in letzterm sammt t ab.

§. 56. **Geschlecht der Istämme** Die im Nomin. Sing. auf is ausgehenden Stämme sind feminina außer folgenden masculina:

axis Axe.	fascis Bündel.
būris Krummholz (am Pfluge).	follis Blasebalg.
caulis Stengel.	fustis Knittel.
collis Hügel.	mensis Monat.
ensis Schwert.	mūgĭlis ein Meerfisch.

orbis Kreis.
piscis Fisch.
postis Pfosten.
torris brennendes Scheit.
unguis Klaue, Nagel.
vectis Hebebaum.
vermis Wurm.

Die meisten auf -nis:
amnis Strom.
crīnis Haar.
funis Strick.
ignis Feuer.
pānis Brot.

Die Stämme auf -ri, außer linter, meist femininum; dann die pluralia tantum: antes, antium Reihen, casses, cassium Jägergarn, mānes, mānium Seelen (der Todten); ebenso ist masc. das im Nomin. verkürzte ăs, assis, ein As.

Mehrere auf -is sind communia:

callis Fußsteig,
cănālis Kanal,
corbis Korb,
clūnis Hüfte,
fīnis Ende,
rētis (neben rēte, n.) Netz,
scrŏbis Grube,

torquis (neben torques), Kette,

und die meist nur im Plural vorkommenden:

sentēs Dornen,
tōlēs Kropf,
vĕprēs Dornen.

Neutra sind die Stämme auf āri (Nom. -ăr) und āli (Nom. -ăl), und lacte, gewöhnl. lac, nebst einigen andern auf -i, die im Nomin. auf -ĕ auslauten, wie mărĕ, rētĕ; ebenso ŏs für osse Knochen.

Eigentlich Adjectiva sind dem zu ergänzenden Substantivum nach männlich:

annalis (liber) Jahrbuch.
iŭgālis (equus) pl. iugales: Gespann.
mŏlāris (lapis oder dens) Mühlstein, Backenzahn.
nātālis (dies) Geburtstag.
pŭgillāres (codices) Schreibtafeln.

Femin. ist nŏvālis (terra) Neubruch.

Die Substantiva auf -nti (nom. -ns) sind mascul. außer (fem.) gens Stamm, mens Geist und gewöhnlich lens Linse und frons Stirne.

Feminina sind die Stämme auf -ti (Nom. -s) mit vorhergehendem r, auf -tāti (Nom. -tas) und -tūti (Nom. -tūs): ars, vēritās, virtūs.

Eigentlich Participia, sind den zu ergänzenden Substantiven nach männlich: ŏriens (sol) Osten; occidens (sol) Westen.
torrens (amnis) Waldbach, confluens (fluvius) Zusammenfluß.
săliens, pl. salientes, (fons, fontes) Springbrunnen.

Meist femininum ist contīnens (terra) Festland.

Feminina sind die Stämme auf -di: frons Laub, glans Eichel, fraus Betrug, laus Lob.

§. 57. b) Stämme auf -ū.

Nur zwei Thiernamen, welche communia sind:
grū-s Kranich, sū-s Schwein.

Zusammenstellung der Geschlechtsregeln für Declination III.

1. Die Concreta auf -io sind m.
   Die Abstracta auf -io sind f.
   Die auf -do -dĭnis und -go -gĭnis sind f.
   Die übrigen auf -o ōnis und -o -ĭnis nebst ordo, cardo, margo sind m.
2. Die auf -ās -ātis, -ēs -ētis, -ĭs -ĭtis, -ōs -ōtis, -ūs -ūtis und -ūdis sind f.
3. Die Parisyllaba auf -ēs sind f.
4. Die Parisyllaba auf -is sind f.
   Männlich aber die auf -nis
   und axis, caulis, collis, ensis,
   fascis, follis, fustis, mensis,
   orbis, piscis, postis, sentis,
   torris, unguis, vectis, vermis.
5. Die auf -ĭs -ĭdis sind f. außer lăpis, lapidis m. der Stein.
6. Die auf -ĭs -ĕris und -ĭs -ĭnis sind m.
7. Die auf -ĕs -ĭtis sind m. außer merges mergitis f. die Garbe.
8. Die auf s mit vorhergehendem Consonanten sind f. außer dens, fons, mons und pons, diese m.
9. Die auf x sind f. außer calix, fornix, grex und denen auf -ex-icis. (Ueber Weiteres vgl. §. 53.)
10. Die auf -ōs -ōris, -ŏr -ōris, -ĕr -ris sind m.
11. Neutra sind die auf -ĕr -ĕris, -ŏr -ŏris,
    -ŭr -ŭris und -ŏris,
    -ŭs -ĕris und -ŏris.
    -ūs -ūris monosyllaba,
    -ăl -ālis, -ăr -āris,
    -ĕ -is und ĕn -ĭnis.
    Weiblich arbor Baum allein,
    männlich later Ziegelstein,
    carcer Kerker, agger Damm,
    furfur Kleie, pecten Kamm.
12. Zwanzig monosyllaba, 5 m., 5 f., 10 n.
    5 m. ās assis, rēn rēnis, sāl sălis, sōl sōlis und mūs;
    5 f. fraus fraudis, laus laudis, grūs gruis, sūs suis und vīs;
    10 n. æs æris, ōs ōris, ŏs ossis, făr farris und fĕl,
    vās vāsis, vēr vēris, cŏr cordis, lāc lactis und mĕl.

Anm. 1. Nicht inbegriffen in obigen Regeln sind die Masculina pēs pĕdis Fuß (aber compĕdes Fußfesseln ist f.) und pariēs pariĕtis Wand, die Feminina ănăs anătis Ente, sĕgĕs sĕgĕtis Saat, tĕgĕs tegĕtis Decke und pĕcūs pecūdis ein Stück Vieh; endlich das Neutrum căput capitis Haupt.

Anm. 2. Die scheinbar ungeschlechtigen Thiernamen, wie lepus lepŏris Hase sind m.

Anm. 3. Die aus dem Griechischen entlehnten, wie āēr, æther, behalten ihr ursprüngliches Geschlecht bei.

§. 58. Paradigmata der dritten Declination.

A. Masculina und Feminina.

	Singularis.	Pluralis.
N.	leō Löwe.	leōn-*ēs* die Löwen.
G.	leōn-*ĭs* des Löwen.	leōn-*um*
D.	leōn-*ī*	leōn-ĭ-*bŭs*
Ac.	leōn-*ĕm*	leōn-*ēs*
Ab.	leōn-*ĕ*.	leōn-ĭ-*bŭs*.
N.	pătĕr der Vater.	pătr-*ēs* die Väter.
G.	pătr-*ĭs*	pătr-*um*
D.	pătr-*ī*	pătr-ĭ-*bŭs*
Ac.	pătr-*ĕm*	pătr-*ēs*.
Ab.	pătr-*e*.	pătr-ĭ-*bŭs*
N.	rēx der König.	rēg-*ēs* die Könige.
G.	rēg-*ĭs*	rēg-*um*
D.	rēg-*ī*	rēg-ĭ-*bŭs*
Ac.	rēg-*ĕm*	rēg-*ēs*
Ab.	rēg-*ĕ*.	rēg-ĭ-*bŭs*.
N.	nūbēs die Wolke.	nūbēs die Wolken.
G.	nūbĭs	nūbi-*um*
D.	nūbī	nūbi-*bŭs*
Ac.	nūbĕm	nūbēs
Ab.	nūbĕ.	nūbi-*bŭs*.
N.	cīvĭ-*s* der Bürger.	cīvēs die Bürger.
G.	cīvĭs	cīvi-*um*
D.	cīvī	cīvi-*bŭs*
Ac.	cīvĕm	cīvēs
Ab.	cīvĕ.	cīvi-*bŭs*.
N.	ars die Kunst.	artēs die Künste.
G.	artĭs	arti-*um*
D.	artī	arti-*bŭs*
Ac.	artĕm	artēs
Ab.	artĕ.	arti-*bŭs*.

B. Neutra.

N.	carmen, das Gedicht.	carmĭn-*ă* die Gedichte.
G.	carmĭn-*ĭs*	carmin-*um*
D.	carmĭn-*ī*	carmin-ĭ-*bŭs*
Ac.	carmen	carmin-*ă*
Ab.	carmĭn-*e*.	carmin-ĭ-*bŭs*.
N.	corpŭs der Leib.	corpŏr-*ă* die Leiber.
G.	corpŏr-*ĭs*	corpŏr-*um*
D.	corpŏr-*ī*	corpŏr-ĭ-*bŭs*
Ac.	corpŭs	corpŏr-*ă*
Ab.	corpŏr-*ĕ*.	corpŏr-ĭ-*bŭs*.

	Singularis.	Pluralis.
N.	mărĕ das Meer.	mări-*ă* die Meere.
G.	mărĭs	mări-*um*
D.	mărī	mări-*bŭs*
Ac.	mărĕ	mări-*ă*
Ab.	mărī.	mări-*bŭs.*
N.	animăl das Geschöpf.	animāli-*ă* die Geschöpfe.
G.	animālis	animāli-*um*
D.	animālī	animāli-*bŭs*
Ac.	animăl	animāli-*ă*
Ab.	animālī.	animāli-*bŭs.*

Bemerkungen zur dritten Declination.

§. 59. Im Accusativus Singul. hat sich -i-m erhalten:

a) 1) immer in folgenden einzelnen Substantiven auf -i-s:

ămussis Richtschnur, (ad amussim nach der Richtschnur),
būris Krummholz, cŭcŭmis (Acc. cucumim) Kürbis,
rāvis Heiserkeit, sĭtis Durst,
tussis Husten, vīs Gewalt,

und im später nur adverbialen partim.

2) meistens, wechselnd mit e-m, in

fĕbris Fieber, restis Strick,
pelvis Becken, secūris Beil,
puppis Schiffshinterbord, turris Thurm.

3) selten, wechselnd mit -e-m, in

clavis Schlüssel, navis Schiff, sementis Saat.

b) in solchen aus dem Griechischen aufgenommenen Nominibus, welche dort den Accus. auf -*ιν*, oder auf -*ιδα* und -*ιν* bilden, besonders in Orts- und Flußnamen, ebenso in barbarischen und lateinischen Flußnamen auf -is: Ibi-m, Īsim, Phălărim, Nĕāpŏlim, Albim Elbe, Tībĕrim etc.

§. 60. Im Ablat. Sing. haben -ī statt ĕ behalten: a) die Substantivstämme auf -is, welche im Accus. Sing. im haben, (restī ist zweifelhaft). Außerdem erscheint nāvī häufiger als nāvim, ferner bipennī von bipennis zweischneidige Axt; besonders in bestimmten Formeln ignī von ignis; und ī zeigen nicht selten:

amnis Strom, cănālis Kanal,
ăvis Vogel, cīvis Bürger,
axis Axe, fustis Prügel,
bīlis Galle, imber Platzregen u. a.

b) Die Neutralstämme auf ĭ (ĕ), āl für -āle, -ār für -āre. Ausgenommen sind rētĕ mit dem Netze (vom Nom. rētis); die Städtenamen auf -ĕ: Cærĕ, Praenestĕ, und auf -ar: iŭbărĕ (von iubar

Lichtglanz des Morgensterns), baccārĕ (von baccar, ein griech. Pflanzenname), nectārĕ (von nectăr, griech. Göttertrank).

c) Von andern Substantivstämmen auf -ĭ findet sich in der classischen Sprache die Ablativendung -ī selten, z. B. sortī neben sortĕ v. Nom. sors, St. sorti Loos.

d) Die meisten Adjectiva auf is behalten ī auch wenn sie substantivisch gebraucht sind, so die Monatsnamen auf -er, -is: November, Aprīlis, dann aequalis Altersgenosse, familiaris Freund, affinis Verschwägerter, contubernalis Zeltgenosse, annālis Jahrbuch &c., aber meist ædīlĕ von ædīlis, volucrĕ von volucris Vogel; e herrscht in den als Eigennamen gebrauchten: Civīlis Ablat. Civīle; Jŭvenālis Abl. Juvenāle u. s. f.; immer juvene von juvenis Jüngling.

e) Die Adjectivstämme auf -nti, -r-ti, -ā-ti haben im substantivischen Gebrauch zum Theil vorherrschend ĕ, so innocens Unschuldiger, sapiens Weiser, consors Theilnehmer, Arpīnās Arpinate, auch supplex Schutzflehender.

Anm. Von diesen Ablativen sind auszuscheiden die ursprünglichen Locative auf -ī: orbī auf dem Erdkreise, rurī auf dem Lande, Lacedaemonī zu Lacedämon, Tiburī zu Tibur &c.

§. 61. Im Nom. und Accus. Plur. Neutr. behalten i:

a) Die Neutra der Substantive mit ursprünglich auslautendem i (die Neutra auf -ĕ, -ăl, -ăr).

b) Die Neutra der meisten Adjectiva und Participia dieser Declination.

§. 62. Im Genetivus Plur. behalten i:

a) Die Neutra auf -ĕ, -ăl, -ăr.

b) Die Parisyllaba auf -ēs u. -ĭs (im Nom. Sing.) ausgenommen:

cănis Hund,	vātēs Seher,
iŭvĕnis Jüngling,	mensis Monat,
sēdēs Sitz,	seltener ăpis Biene.

Anm. Ebenso haben ium die ursprünglichen -i stämme: imber, linter, uter, venter, sequester (Mittelsperson bei Bestechungen), Insuber (Volksname). Dagegen haben, wo sie entschieden Substantiva sind, das i ausgestoßen: cĕlĕr in tribunus cĕlĕrum, compar Kamerad und vorherrschend volucris Vogel.

c) Die ursprünglichen -ti stämme:

1) Die Gentilia auf -ās (für -ātis) und īs (für itis): Arpīnās, Quĭrīs; aber nicht ist -ium in den männlichen Zunamen, wie: Asprēnātum, Maecēnātum.

2) Die auf -ti (N. S. s) mit vorausgehendem langem Vokale: dōs Mitgift, līs Streit, nicht selten die Abstracta auf -tāti: cīvitātium, hērēditātium, seltener diejenigen auf tūti: virtūtium.

Ausnamen: Kein i stamm ist nĕpōs (nĕpōtis) Enkel, und sacerdōs (sacerdōtis) Priester hat sein thematisches i aufgegeben: gen. pl. nĕpōtum, sacerdōtum.

3) Die auf ti mit vorhergehendem Consonanten:

nox (noctium) Nacht, ars (artium) Kunst, dens (dentium) Zahn, sēmis (semissium) Hälfte eines As, ās (assium) As, ŏs (ossium) Gebein. puls (pultium) Brei,

4) Meistens die ursprünglichen Participia auf -nti (ns): parentum und parentium (der Eltern), sapientum und sapientium (der Weisen).

d) Oft die Stämme auf -di:

frons (frondium) Zweig, fraus (fraudium) Betrug, laus (laudium) Lobspruch; selten pălūs (paludium) Sumpf, Bruch, compēs (compĕdium) Fußfessel, aber pēs (pĕdum) Fuß.

e) Die einsilbigen auf -x mit vorhergehendem Consonanten oder Diphthonge (eigentlich Stämme auf es oder -ĭ):

arx (arcium) Burg, falx (falcium) Sichel, merx (mercium) Waare, faux (fauces, faucium) Schlund.

f) Die einsilbigen auf -ps, -bs (meist ursprüngliche Stämme auf -es:

urbs (urbium) Hauptstadt, stirps (stirpium) Stamm. Doch ŏps, ŏpes (ŏpum) Macht, hiems (hiemum) Winter.

Die mehrsilbigen Stämme auf -p (N. S. -ps) wie princeps Fürst haben regelmäßig -um.

g) Einzelne Wörter mit -ium:

glīs (glīrium) Haselmaus, vīs (vīrium) Kraft, mās (mārium) Mann, mūs (mūrium neben mūrum) Maus, lār (lārium) Hausgott, nix für nigvis (nīvium) Schnee, rēnes (rēnium u. renum) Nieren, liēn (liēnium und lienum) Milz.

§. 63. Im Accus. Plur. weisen diejenigen Wörter, welche im Genit. Plur. -ium haben, neben -ēs in der Zeit der Classiker auch -īs auf.

Anm. Der Accus. Plur. der dritten Declination lautete einst auf -ins, -ens aus. Nach Analogie dieses Accus. finden wir -ēs, selten -īs auch im Nom. Plur. der consonantischen Themata. Der Abl. Sing. lautete einst auf -ī -ei -ē aus, der Dativus auf ei, ē und ī (ein e des Dativs ist noch in der class. Zeit in einzelnen Formeln erhalten in jure, aere); der Pronominalgenit. -rum drang in der Volkssprache einzeln auch in die dritte Declin. ein: boverum = boum. Für mensum finden wir mensuum, für alitum alituum.

§. 64. Unregelmäßige Declination.

Bōs, bŏvis, c., Rind; Gen. Plur. bŏum; Dat. Abl. Plur. bōbus und būbus für boubus.

sūs, sŭis c. Schwein. Dat. Abl. Plur.: sŭibus, sūbus, sŭbus.

vīs Kraft, mit seltenem Genetivus ꝛc., noch seltnerem Dativus Sing.: Gen. vīs, Dat. vī; vim, vī; vīres, vīrium u. s. f.

Jūpiter aus Jŏupăter, Jŏvipăter; in den übrigen Casus: Jŏvis, Jŏvi etc. Alterthümlich auch im Nom. Jŏvis.

supellex Hausgeräte (Singulare tantum), gen. supellectĭlis; abl. supellectili und supellectile, eigentlich Adjectivum.

fĕmur, n. Schenkel, Gen. fĕmŏris und fĕmĭnis u. s. f.
jĕcur n. Leber, Gen. jĕcŏris und jĕcĭnŏris (jĕcĭnŏris, jŏcĭnŏris).
ĭter, n. Reise, Gen. itĭneris, alterthüml. im Nom. Sing. itĭner und Gen. itĕris.

§. 65. Vierte Declination.
(ŭ-stämme.)

Die Neutra verlängern auffallender Weise im Nom. Acc. Voc. Sing. den Stammvokal und sind übrigens in diesen Casus ohne Endung.

Die meisten geschlechtigen u-stämme sind masculina; immer feminina sind dŏmŭs Haus, īdūs (plur. tantum) Name eines Kalendertages, mănus Hand, portĭcus Säulenhalle, quinquātrūs (pl. t.) ein Minervafest; communia sind ăcus Nadel; pĕnus Vorrat.

A. Masculina und Feminina.

	Singularis.	Pluralis.
N.	sensŭ-*s* der Sinn.	sens*ūs* die Sinne.
G.	sens*ūs*	sensu-*um*
D.	sensŭ-*ī* (-*ū*)	sensi-*bŭs*
Ac.	sensu*m*	sens*ūs*
Ab.	sens*ū*.	sensi-*bŭs*.

B. Neutra.

N.	corn*ū* das Horn.	cornŭ-*ă* die Hörner.
G.	corn*ūs*	cornŭ-*um*
D.	cornŭ-*ī* (-*ū*)	cornĭ-*bŭs*
Ac.	corn*ū*	cornu-*ă*
Ab.	corn*ū*.	corni-*bŭs*.

§. 66. Zusätze.

1) Der Genit. Sing. endigt ursprünglich auf -u-ŏs, dann bis in die Zeit der Classiker hinein auf -u-ĭs neben ūs (oft später noch uus geschrieben), im geschlechtigen Nomen selten, im ungeschlechtigen häufiger auf -ū. Die Endung ī = ui, uis ist einzeln sehr lange haften geblieben, wie in senāti, tumulti etc.

2) Im Dat. und Abl. Plur. ist das stammhafte ŭ in ĭ geschwächt bei allen deutlichen Verbalsubstantiven; und überall sonst geht -ibus neben -ubus her außer in arcus Bogen, acus Nadel, quercus Eiche, tribus Zunft. Also artŭbus u. artibus v. artūs Gliedmaßen, gĕnubus u. genibus v. genu Knie, lăcubus u. lacibus v. lacus See, portubus u. portibus v. portus Seehafen, spĕcubus u. specibus v. specus Höle. tonitrubus u. tonitribus v. tonitru Donner, verubus u. veribus v. vĕru Bratspieß, von porticus Säulenhalle ist zufällig nur porticibus erhalten, und von partus Geburt ist partubus die classische Form.

3) Dŏmus hat in der classischen Sprache aus der zweiten Decl. ausschließlich nur den Abl. dŏmō, dŏmī für älteres dŏmuī ist im classischen Latein Locativus. Neben domuum kommt domōrum, neben dŏmūs im Accus. häufiger dŏmōs vor. (vgl. §. 82.)

§. 67. Fünfte Declination.

(ē-stämme und einige es-stämme.)

Die Substantiva dieser Declination sind Feminina, außer diēs Tag, merīdiēs Mittag (für mediidies), jedoch ist dies besonders in der Bedeutung Frist zuweilen femin. Der Nom. Sing. der ē-stämme nimmt (abweichend von den verwandten Sprachen) -s an.

	Singul.	Plur.
N.	diēs der Tag	diēs die Tage
G.	diē-ī des Tages	diē-*rum* der Tage
D.	diē-ī	diē-*bus*
Ac.	die-*m*	diēs
Ab.	diē.	diē-*bus*.

§. 68. Zusätze.

1) In den weit aus meisten Fällen geht dem ē ein ĭ voraus, und dann ist die Entstehung von ē aus ā dem Einfluß des i zuzuschreiben. Häufig wechseln unter sich ursprünglichere -iă und -iē stämme: luxuria und luxuriēs Ueppigkeit, materia und materies Stoff, mollitia u. mollitiēs Weichlichkeit u. a., und die Formen auf -ia sind im Genit. u. Dativ Sing. und im Plur. vorherrschend. Ueberhaupt sind in der fünften Declination Genit. und Dat. Plur. nur für dies u. res Sache gebräuchlich.

2) Abweichender Bildung, d. h. nicht ē stämme sind diēs, fămēs Hunger, fĭdēs Treue, plēbēs Volk, spēs Hoffnung (eigentlich Stämme auf -es).

3) Genit. u. Dat. Sing. behalten ē bei vorausgehendem ĭ, sonst verkürzen sie frühzeitig ē in ĕ, also fidĕī, alt fidēī.

4) Eine alte Endung des Genit. ist -ēs (răbies, dies), und neben -ēī, -ĕī finden sich auch folgende kürzere Formen: diē, fămē, fĭdē; diī, famī, fidī; häufig ist besonders der Genit. plēbei, plēbī; z. B. plēbīscitum Volksentscheidung.

5) fămēs und plēbēs (plēbs) gehen gewöhnlich in die dritte oder i Declin. über, aber im Abl. Sing. heißt es in der classischen Zeit immer famē.

Griechische Declination.

§. 69. Vorbemerkung. Wir haben in der Hinübernahme von griechischen Wörtern (vorzüglich Eigennamen) ins Lateinische zunächst zwei Perioden, dann in der zweiten Periode Prosa und Poesie, endlich die verschiedenen Gattungen der Poesie zu unterscheiden. In älterer Zeit wird auch dem Fremden lateinische Form gegeben, welche, einmal eingebürgert, theilweise immer geblieben ist. Selbst noch die classische Prosa liebt es zu latinisieren und dasselbe geschieht in den römischem Leben näher stehenden Gattungen der Poesie, der Satire und poetischen Epistel. Griechische Sklavennamen nehmen immer lateinische Form an, als Achilla, Apella u. a., und als längst für den mythischen Marsyas diese Form galt, hieß das römische Standbild fortwährend Marsya.

§. 70. Erste Declination.

	1. Masculinum. Singularis.		2. Femininum. Singularis.
	a.	b.	
N.	Anchīsēs	Aenēas	crambē Kohl
G.	Anchīsae	Aenēae	crambēs
D.	Anchīsae	Aenēae	crambae (ē)
Ac.	Anchīsēn	Aenēan	crambēn
V.	Anchīsē	Aenēā	crambē
Ab.	Anchīsē	Aenēā	crambē

Nach 1a gehen die meisten Wörter und Namen auf -ēs, besonders diejenigen auf -tēs: Olympionīces, tetrarches Vierfürst, anagnōstes Vorleser, comētes Schweifstern, pyrītes Feuerstein, sophistēs Sophist (Ŏrestes u. Thyestes zeigen früh Uebergang in die III. Decl.); ferner die wirklichen Patronymica auf -dēs, wie Atrīdēs, Pēlīdēs u. s. f.; während die mit patronymischen Endungen gebildeten Individualnamen in der classischen Zeit im Singul. nach der 3. Declin. flectiert werden, so Alcībiădes, Eurīpĭdes. Doch lautet der Accus. Sing. in beiden Fällen auf -ēn.

Nach 1b. gehen z. B. Gorgias Borĕas, Bergwind, Nordwind, Anaxăgŏras, tiăras Turban, Callicrătĭdās.

sătrăpēs griech. Form für ksatrapes, Vorsteher einer persischen Provinz, hat den Genitiv satrapīs, geht übrigens meist nach der ersten griechischen oder lateinischen Declination.

Nach 2. gehen eine Masse griechischer Eigennamen auf -ē, dann alŏē, epitŏmē, neben epitŏmă, u. s. f. Neben ihnen stehen griechische Namen auf ā̆ wie Electrā̆ u. s. f. Accus. Electrān.

§. 71. Anmerkung. Die völlig latinisierten Wörter erster Declination, wie schema, schemae, cratēra, cratērae, Salamīna, ae, bleiben hier noch unberücksichtigt. Es tritt aber oft Mischung der griech. u. latein. Decl. ein, wie sie schon die Paradigmata aufweisen. Ueberdies wird der Plur. durchweg lateinisch gebildet. Häufig findet sich der Accus. auf -am neben den Nominativen auf -ās und ēs, der Vocat. auf -ă, besonders in Stämmen auf -tes, Polydectă, Orestă, zuweilen derjenige auf ā: Anchīsā, und in den Patronymicis: Aeacīdā. Von den Gentilia auf -ātēs, -ītes, ōtes darf der Accus. heteroklitisch nach Decl. III. auf -em ausgehen: Spartiātem, Stagīrītem, Heracleōtem. Von Femininen auf -e kommt im Ablativus neben übrigens griechischen Casusformen -ā vor: Leucātā.

§. 72. Zweite Declination.

	Masc. u. Fem.	Masc. u. Fem.
N.	Arctŏs ein Sternbild.	Athōs Athos
G.	Arctī	Athō
D.	Arctō	Athō
Ac.	Arctŏn	Athō u. Athōn
V.	Arctĕ	
Ab.	Arctō	Athō.

§. 73. Anmerkungen.

1) Die Namen auf -ōs und -ōn werden in der gebildeten Prosa meistens lateinisch decliniert; Aegyptus, Aegyptum, Arctus, Arctum, Regium.

2) Die griechische Endung -oeo erscheint in dem Ennianischen Metioeo Fufetioeo, häufiger die griech. Endung -ū in geographischen Namen und in den Didaskalien der alten Komiker: Gordiū tīchos, turris Eudicrū; Graeca Menandrū. Selten ist im Nom. Plur. -oe: canēphŏroe, Adelfoe, im Genitiv -ōn in Heimatsnamen und Büchertiteln: Theraeōn, bucolicōn, georgicōn, epōdōn. Das contrahierte Panthūs lautet im Voc. Panthū.

3) Von Androgĕōs ist der Genit. Androgeō oder lateinisch Androgĕī, von Teōs der Accus. auch Teum. Nebenform von Cōs ist Coūs, Abl. Coō.

4) Die Nomina auf eus gehen oft mit Ausname des Nominatives auf -eus u. des Vocatives auf -eu ganz in die latein. zweite Decl. über: Gen. Orphĕī (Orphei, Orphī), Dat. Orpheō (Orpheo), Accus. Orpheum.

§. 74. Dritte Declination.

Dahin gehören Stämme auf -i, -ō, -y, -eu, -ăt, -ĕt, -ān, -īn, -ōn, -ȳn, -ēr, -yr, -ant, -ang etc. Wir stellen keine Paradigmata auf und beschränken uns auf einige wesentliche Bemerkungen.

1) Der griech. Genitiv Singul. auf -ŏs, ist mit Ausname weibl. Patronymica auf -is, -ās (Persēĭdŏs) selbst bei den Dichtern der classischen Zeit nicht häufig. Der griechische Genitiv von Femininen auf -ō (Didō) lautet auf ūs. Noch seltener ist der griechische Dat. auf -ī. (Mīnōĭdī), und äußerst selten der Dat. auf -ō von Femin. auf -ō (Ĕrătō) und auf -ȳ von Wörtern auf -ys (Ĭtȳ).

2) Am häufigsten ist der Accus. auf -ă, welcher sich nicht nur in der Poesie sondern auch in der weniger classischen Prosa, zumal in geographischen Namen (Helicōna), und in āĕra und aethera selbst bei Cicero geltend macht. Die Endungen -īn, -ȳn (poēsin, Ĭtyn) sind vorzugsweise dichterisch. Von den Stämmen auf -ō lautet der griech. Acc. auf -ō, sehr selten auf -ōn. Oft gebraucht und durchaus nicht auf Dichter und spätere Prosa beschränkt ist die Accusativendung -ēn in masculinis auf -ēs: Sōcrătēn, Dēmosthĕnēn, Ŭlixēn.

3) Der Vocativus der Wörter auf -is, -ȳs, -eus ist ohne s: Daphni, Tēthy, Orpheu. Die Feminina auf -ō haben -ō: Didō; die männlichen Namen auf -ās, -antis lauten im Vocat. auf -ā: Atlā, diejenigen auf -ēs (genet. -is) auf -ē: Achillē.

4) Der Abl. von Wörtern auf -ys lautet auf -ȳe, -ȳ, von fem. auf -ō auf -ō, von Wörtern auf -ēs (-īs) auf -ē.

Pluralis.

5) Gar nicht selten sind Nominative auf -ĕs (lampădĕs etc.) und Accus. auf -ăs (diese auch in der historischen Prosa) seltener Nominative und Accus. auf -ē von Stämmen auf -ŏs (mĕlē) und Genitive auf -ōn, z. B. in Büchertiteln wie in metamorphōsĕōn, selten und bloß dichterisch die Dative auf -si, -sin, wie Trōasin.

6) Wie schon oben bemerkt, gehen mehrere Namen, welche im Griechischen der ersten Decl. folgen, im Latein. in der gebildeten Sprache nach der dritten, so aber, daß sie in einzelnen Formen auch die erste zulassen, und im Plur. ist die erste Decl. Regel: Thucydīdās (Accusativ), Hyperīdae, Naucrătae etc.

7) Die gewöhnl. Decl. der Namen auf -eus ist §. 73, 4. angegeben. Pīraeeus kann in Piræus, Accus. Piræum verkürzt werden. Perseus, N. des maked. Königs, schwankt bei einigen der besten Autoren in die Decl. derer auf -ēs hinüber: Nom. Perses, Gen. Persae (Persis), Dat. Persī, Acc. Persen (Persem, Persam) Abl. Persē. Die im Griech. auf -εις auslautenden Achilles und Ulixes gestatten den Genitiv auf -ēī, -eī, -ī. Derselbe Genit. auf -ī findet sich nach falscher Analogie in den besten Quellen auch bei andern Namen auf -ēs, als Periclī, Miltiādī, Archimēdī etc.

8) Mehrere griech. Namen auf -ης, εος u. -ητος, haben im Latein. ebenfalls doppelte Formen, nehmen aber solche vereinzelt auch ohne entsprechende griechische an: Chrēmes, Chrēmis (Chremi) Chremētis, Voc. Chremē (lat. Chremĕs), ebenso Thāles, im Accus. auch Thalen.

9) Die Feminina auf -ō schieben in der ältern Poesie und bei Spätern oft nach Analogie der Stämme auf -on ein n ein: Didō, Didōnis; auch Atho, Athōnis.

10) Die griechischen Namen auf -ont bilden mit etwaiger Ausname derjenigen auf -phont den Nomin. in der class. Prosa auf -on, die Namen auf -on (-ōnis und -ŏnis) regelmäßig, doch mit vielen Ausnamen besonders in der Bezeichnung von Städten, Bergen und Flüssen, auf -o: Leon, Leontis, Xenophon, Xenophontis, Calliphon, Calliphontis und Callipho, Calliphōnis, Plātō, Sōlō, Amphīo und Amphīon, Marathon.

11) Die griech. Neutra auf -ma (St. -mat) bilden in der guten Prosa den Dat. und Abl. Plur. häufig auf -īs statt -ibus: poëmatīs, emblematīs.

12) Sehr viele Wörter dieser Decl. haben sich so in lateinische umgestaltet, daß sie vokalisch auslautenden Stamm angenommen haben: crātēra u. crēterra stātēra, crēpīda, Ancōna, Crŏtōna, in älterer Zeit schema, ac etc.; abacus, delphinus, elephantus (neben späterm elephas, -antis), pelagus (Nom., Acc.), Erebus, Erycus neben Eryx, Tarentus und Tarentum f. Τάρας, Agrigentum f. Ἀκράγας, Sipontum f. Σιποῦς.

§. 75. Wesentliche Unregelmäßigkeiten im Gebrauch der Substantiva.

I. Einigen wenigen Substantiven fehlen die Declinations formen, nicht aber die Verwendung in allen Casus (Indeclinabilia). So den Namen der Buchstaben (zuweilen hoc e, huius e etc.) und übrigens declinationsfähigen Wörtern, wo sie in grammatischer Beziehung gebraucht werden, wie legimus Pelia Cincinnatus etc. obgleich auch ab Romulo Roma u. dergl. Die fremden cummi oder gummi, misy können im Genetivus gummis oder gummi, misyos oder misyis oder misy bilden, und git, gith wie zumal bei spätern Schriftstellern manche barbarische, besonders biblische Namen sind völlig indeclinabel. Pondo heißt bei libra, as, uncia „an Gewicht;" wo bei einer Mehrzahl der Ausdruck libra oder ein ähnlicher fehlt, kann pondo mit Pfund übersetzt werden, wie argenti pondo XX milia. Sēmis (1/2) finden wir zuweilen undecliniert dem Ganzen beigefügt: sestertios singulos sēmis.

II. §. 76. Defectiva heißen solche Wörter, welchen eine grammatische Form fehlt. Es gibt

a) defectiva casibus und

b) defectiva numero.

§. 77. a) Defectiva casibus.

Aus diesen, die schon die alte Grammatik weiter in solche eintheilt, welche nur in Einem, in zwei Casus u. s. w. vorkommen, heben wir hervor:

astu (ἄστυ) Stadt (nur acc. sing.).

astus List (meist nur abl. sing.).

dĭcis (causa, gratia, ergo) des Zeigens, des Scheines wegen.

fās Recht; nĕfās Unrecht (nom. u. acc. sing.).

fors Zufall, forte durch Zufall; aber Fors Fortuna, Fortis Fortunae etc.

instar, selten im nom. sing., meist als absoluter acc., nach dem Bilde, der Größe.

infĭtiās (īre) läugnen, nur acc. plur.

pessum, nur acc. sing., zu Grunde (dăre, īre).

sĕcus Geschlecht, nur acc. s. und meist absolut.

sponte aus freiem Willen, eigenem Antriebe, selten genet. sing. spontis.

suppetiae und suppetias (īre) Hilfe, Beistand.

Neben tābi des Eiters nur noch tābō.

vaenum (vēnum) (dăre, īre), selten vaeno (veno) zum Verkauf.

nēmo ersetzt Genitiv und Abl. durch nullīus, nullo.

Dem sing. tantum: dĭcionis der Weisung, Botmäßigkeit fehlt der nom. sing.

Sehr viele Verbalia auf -tu(s), -su(s) kommen nur im Abl. Sing. vor: mandātu aus Auftrag, permissu mit Erlaubniß u. s. f.; andere bloß im accus. u. abl. sing., wie die supina.

Manchen Substantiven fehlen alle Casus des Sing. außer dem Abl., während sie vollen Pluralis haben: ambāgĕs, compĕdĕs, faucĕs, verberĕs (selten gen. verberis), doch diese nur poetisch und in der Prosa der silbernen Latinität, prĕcĕs.

Oft fehlt nur der Nom. Sing., wie in vĭcis des Wechsels; in manchen Wörtern sind genet., dat. u. abl. sing. nicht belegt, in andern fehlt der eine oder andere dieser Casus. Von ōs Mund, Gesicht finden sich in der gebildeten Prosa vom plur. nur nom. u. acc., von calx, dăps, faex, făx, pāx u. a. ist kein genet. dieses Numerus nachgewiesen, von mŏtus erscheinen im plur. wieder nur nom. u. acc., wie von den meisten ēstämmen der fünften Declin.

§. 78. b) Defectiva numero.

Streng genommen dürfen wir hierher solche Ausdrücke nicht rechnen, welche Gegenstände bezeichnen, die nur in der Einzahl oder Mehrzahl gedacht werden können. Im Ganzen genommen gestalten die alten Sprachen den Plur. häufiger als die neuern von einem nom. propr., welches als Appellativum verwendet wird: Sōcrătae, Cătōnes, Leute von den Eigenschaften eines Socrates, Cato, Jŏves Jupiterbilder; von Länder- und Städtenamen: Galliae (in seinen verschiedenen Theilen), Delphi, Athenae, Circĕji etc. nach der Lage, dem Zusammenziehen mehrerer Oertlichkeiten, den Bewohnern 2c., von Ausdrücken für flüssige und trockene Dinge, welche gemessen oder gewogen, nicht gezählt werden, sobald einzelne Stücke, Arten gemeint sind: frumenta Getraidearten, nives Schneegestöber; von Abstracten, wo mehrfache Aeußerungen des Seins hervorgehoben werden: mortes Todesarten, Tod mehrerer einzelner 2c.

Selten ist der umgekehrte Fall, daß im Lateinischen Gegenstände, die vielfach vorkommen, im Gegensatze gegen unsere Sprachen als sich gleichbleibende Einheit zusammengefaßt werden, wie vēr, vesper, Namen von Hülsenfrüchten, wie cīcer, Erbsen, făba, Bohnen u. dgl.

§. 79. I. Singularia tantum d. h. Substantiva, die nur im Sing. vorkommen, sind z. B. plēbs Volk (erst spät auch Plur.), prōsăpia Nachkommenschaft, sălūs Heil, specĭmen Beweis, vesper Abend, vēr Frühling, meistens jūsjūrandum Eid, indŏles Naturanlage.

§. 80. II. Pluralia tantum d. h. Substantiva, die nur im Plur. vorkommen, sind z. B.:

exta Eingeweide, praecordia Zwerchfell;

excŭbiae Wache, arma Schutzwaffen, exŭviae erbeutete Kriegsrüstung, mănŭbiae oder manibiae d. i. manuhibiae Feldherrnbeute, insĭdiae Hinterhalt, indūtiae Waffenstillstand;

moenia Ringmauer, părĭētīnae Gemäuer, Ruinen, cancelli Gitter;

utensĭlia Geräte, crĕpundia Klapper, clītellae Saumsattel, scōpae Besen, dīvitiae Reichthum, phălĕrae Brustschmuck von Menschen und Pferden;

nūptiae Hochzeit, līberi Kinder;

primĭtiae Erstlinge, infĕriae Todtenopfer;

rĕlĭquiae Ueberbleibsel, dūmēta Dorngebüsch, rŭbēta Brombeergebüsch;

salīnae Salzgrube, tĕnĕbrae Finsterniß, nūgae Possen, praestĭgiae Blendwerk, Ränke; die Namen der ersten Wochentage: Kalendae (Calendae, Rufetag, erster Monatstag), Nonae die neunten von den Iden aus, also der fünfte oder siebente, Īdus der 13. oder 15te Monatstag, nūndinae f. novendĭnae noundĭnae, die neun Tage, Markttag; eine große Anzahl von Festnamen, von Namen für Städte, (Delphi, Pompeji etc.) von Inselgruppen u. s. f.

Anmerkung. Manche Substantive haben im Plur. eine etwas andere, meist mehr concrete Bedeutung als im Singul. und können in dieser letztern als pluralia tantum aufgeführt werden.

aedes (Feuerstätte) Tempel. aedēs, ium Haus (oder mehrere Tempel).

auxĭlium Hilfe.	auxĭlia Hilfstruppen.
castrum Deckung, Burg.	castra Lager.
cōpia Fülle, Vorrat.	cōpiae Vorräte, Truppen.
facultās Vermögen, abstr.	facultātes Besitzthümer.
fīnis Ende.	fines Grenzen, Gebiet.
fortūna Glück.	fortūnae Glücksgüter.

littera Buchstabe.	litterae Buchstaben, Brief, Schriften, Wissenschaften.
ŏpera Mühe.	operae Arbeitskräfte, Arbeiter.
pars Theil.	partes Partei, Rolle.

§. 81. III. Abundantia nennen wir solche Wörter, welche mehrfache Form und Geschlecht haben, oder mehrfacher Declination folgen können. So finden wir:

angiportum, i und angiportus, ūs Enggasse.
băcŭlus, i băcŭlum, i Stock.
clĭpeus, i clĭpeum, i Schild.
cy̆tĭsus, i cytisum, i Klee.
fĭmus, i fimum, i Dünger.
frĕtum, i Ablat. frĕtu Meerenge.
mendum, i menda, ae Fehler.

mūnia, im Nom. und Accus. Plur. neben munera: Amtsverrichtungen.
pălātus, i und palatum, i Gaumen.
pĕnus, ūs, häufig pĕnus, ŏris, seltener pĕnus, i, c. und pĕnum, i Vorrat.
vesper, vesperis, vespere, Accus. vesperum u. vesperam Abend u. s. f.

Nicht selten ist, wie sich schon in den obigen Beispielen zeigt, die Mischung mehrerer Declinationen und dieselbe oft mit Wechsel des Geschlechtes verbunden:

Argos, n. nur im Nom. Accus. Singul. neben Argi, orum. Abdēra, ae und Abdēra, Abderorum; ebenso Ostia, Hierosŏly̆ma, Mĕgăra (Abl. auch Megaribus).

balneum (balĭnĕum): balneae, arum Bad.

ĕpŭlum, i u. epulae, arum Schmaus.

§. 82. Wechsel der Declin. ohne Wechsel des Geschlechtes.

Zunächst in einer Reihe von Baumnamen der zweiten Declination, welche einzelne Casus nach der vierten Declination bilden; nie aber finden wir hier den Genetivus und Dat. Plur. nach der vierten Decl. gebildet, selten den Dat. Sing., also cornus Kornelkirschbaum, Gen. corni u. cornūs, Dat. corno, Abl. corno und cornu. Nom. Accus. Plur. cornus neben den Formen der zweiten Declin. Ebenso ficus Feigenbaum, laurus Lorbeer, pīnus Fichte, Pinie, cŭpressus Cypresse; făgūs im Nom. Acc. Plur. ist seltener; auch myrtūs findet sich in denselben Casus. Demselben Gesetze mit diesen Namen folgt cōlus Rocken. Domus Haus decliniert (vgl. §. 66. 3):

Sing.	Plur.
N. V. dŏm*ūs*	*N. V.* dŏm*ūs*
G. dŏm*ūs*	*G.* dŏm*uum* u. dŏm*ōrum*
D. dŏmu*ī*	*D. Abl.* dŏm*ibus*
Acc. dŏmum	*Acc.* dŏm*ōs*, selten dŏm*ūs*.
Abl. dŏm*ō*, selten dŏm*ū*	
Loc. dŏm*ī*, alt dŏmu*ī*.	

Quies lautete im Abl. Sing. selten quiē neben quiēte, requies decliniert sowol nach der dritten Decl. requiētis, als nach der fünften requiei u. s. f. văs, vāsis bildet den Plur. zu dem veralteten Sing. vāsum: vāsa, vāsōrum etc. Zu dem gebräuchl. Sing. jūgerum lautet der Plur. nach der dritten Decl.: jugera, jugorum, jugeribus etc.

Der Genetivus von Festnamen auf -ālia kann auch nach der zweiten Decl. gebildet werden: Sāturnaliorum etc.

§. 83. Eine große Anzahl von Substantiven hat ohne Wechsel der Declination im Plur. anderes Geschlecht als im gewöhnlichen Sing., oder auch doppeltes. So gestatten viele Namen von Oertlichkeiten, welche im Singul. -ŭs haben, daneben einen Plur. auf -ă: Tartărus: Tartăra.

Im Sing. Neutr., im Plur. Mascul.: Thūrium: Thurii.

Im Sing. Femin., selten Mascul., im Plur. Neutr.:
carbăsus Leinwand, carbasa Segel.

Doppelter Plur. findet sich in:
călămistrum Brenneisen: calamistri u. -a.
frēnum Zügel: frēni und frēna.
jŏcus Scherz: Jŏci und jŏca.
lŏcus Ort: lŏci (Punkte in geistiger Beziehung, Bücherstellen), lŏca Oerter, Oertlichkeiten.
rastrum Karst: rastri und rastra.
tīgnum Balken: tīgni und tīgna.

Adjectiva.

§. 84. Die Adjectiva und Participia der alten Sprachen werden mit Einer Ausname wie die Substantiva decliniert; aber das Lateinische hat nur vereinzelte Spuren von Adjectivstämmen auf u, keine auf ē, so daß die u- und ē-Declin. hier wegfällt. Das durchgehende Gesetz der Congruenz gestaltet im Adject. dreifaches Geschlecht, welches je nach der Natur der Stämme bald vollständig, bald nur sehr unvollständig bezeichnet ist.

Anmerkung. Ein vereinzelter Rest der -u Decl. sind die Composita mit mănus, wie anguĭmanus, centĭmanus, ūnĭmănus, welche im Nom. Accus. Sing. u. Plur. männlich und weiblich erscheinen. Die in den verwandten Sprachen als u-stämme erscheinenden Adjectivstämme endigen im Lateinischen auf -vi, -ui und gehen als solche nach der dritten Decl.: sanskr. svādu, ἡδύς, lat. suavis, sanskr. rāghu, gr. ἐλαχύς, lĕvis u. s. f.

§. 85. Nach dem Geschlechtsausdrucke im Nom. Sing. theilen sich die Adjectiva in mobilia (veränderliche) und immobilia (unveränderliche).

Die mobilia zerfallen in
a) Adjectiva dreier Endungen.
b) Adjectiva zweier Endungen.

§. 86. Dreier Endungen sind:

I. Die Ŏ-stämme (Nom. Sing. -ŭs, nach r häufig abgeworfen, -ă, -um) als:

bŏnus, bŏnă, bŏnum gut.
doctus, doctă, doctum gelehrt.
mĕrus, mĕră, merum ungemischt, lauter.
mīser, mīseră, mīserum unglücklich.
săcer, săcră, săcrum geweiht, heilig.
sătŭr, sătŭră, sătŭrum satt.

Anmerkung 1. Die Adjectiva auf -ro, -ĕro, werfen im Nom. Sing. den Stammvokal mit wenigen Ausnamen, wie prŏpĕrus eilig, praeprŏpĕrus voreilig und praepostĕrus verkehrt, weg. Verkürzt aus -ĕro sind:

asper, ĕra, ĕrum rauh, gibbĕr, ĕra, ĕrum bucklig,
lăcĕr, ĕra, ĕrum zerrissen, līber, ĕra, ĕrum frei,
mīser, ĕra, ĕrum elend, arm, prospĕr, ĕra, ĕrum glücklich,
tĕner, ĕra, ĕrum zart,

und die mit den Stämmen -fĕro -gĕro zusammengesetzten pestifer, -fera, -ferum Verderben bringend; corniger, -gera, -gerum gehörnt, außer mōrīgerus willfährig. In der Declination von dexter, recht, rechts, besonders in den Formen mit a, wird ĕ bald behalten, bald ausgeworfen:

dextera und dextra; die ältere Sprache behält ĕ.

Anmerkung 2. Die Adjectiva auf -ro setzen im Nom. Sing. Masc. und vor dem Superlativzeichen e ein, z. B. vom St. crebro: creber, creberrimus.

II. Die Stämme auf -ri, welche im Nom. Sing. den Stammvokal abwerfen, wie

ăcer (acri) ăcris, ăcre scharf.
cĕlĕber (celebri) berühmt, cĕler (celeri) schnell.

Anmerkung 1. Nur celer behält sein ĕ durch die ganze Declination, da lr eine unbeliebte Lautverbindung ist.

Anm. 2. Neben dem Nominativus auf -er geht die volle Form auf -ris her, die in den meisten Fällen veraltet oder dichterisch ist; doch sind pūtris faul und sălūbris heilsam auch in der guten Prosa gebraucht. Veraltet aber ist das Femin. auf -er, wie ălăcer f. alacris.

Anm. 3. Nicht alle Stämme auf -ri werfen im Nom. Sing. den Stammauslaut ab; nicht:

mediŏcris mittelmäßig, mŭliĕbris die Frau betreffend,
inlūstris berühmt, lūgūbris zur Trauer gehörig,
sēmēstris sechsmonatlich.

§. 87. Zweier Endungen sind die adjectivischen i-stämme: lĕvis, e leicht; lēvis, e glatt, und die mobilen Substantive auf -tor, -trix (tric); -ter, -tera und -tra; magister, -tra; hospes (hospit), hospita gastlich u. ä.

§. 88. Alle übrigen Adjectiva sind Einer Endung (immobilia), Sie gehen als Consonantenstämme od. einstige -i stämme nach der 3. Decl.

Neben mĕmŏr hat sich noch mĕmŏrĭs, neben pār noch pāris, neben dem Neutr. dīves ein dīte, neben Arpinās Arpinātis u. s. f. erhalten.

In den Stämmen, welche im Nom. Masc. und Femin. ein -s annehmen, ist dasselbe unorganisch auch im Neutrum geblieben: dīves, anceps, docens etc.

Solche immobilia sind:

praeceps (St. praecĭpĭt, alter Nom. praecipes) kopfüberstürzend.
princeps erster, Gen. princĭpis.
caelebs unverheiratet, Gen. caelĭbis.
Arpīnās (St. Arpinātī) Arpinatisch.
ămans (St. amant [i]) liebend.
dīves (St. divit) reich; hĕbĕs (St. hebĕt) stumpf.
iners (St. inerti) strebungslos, träg.
Samnīs (St. Samnīti) Samnitisch.
bĭpēs (St. bipĕd) zweifüßig; dēsĕs (St. dēsĭd) müßig.
concors (St. concordi) einträchtig.
audax (St. audāci) kühn; ătrox (St. atrōci) schrecklich.
pernix (St. pernīci) durchdringend, behend, und die adjectivisch gebrauchten Substantiva wie artifex (St. artifĭci) künstlerisch.
exŏs (St. exossi) knochenlos; vĕtŭs alt; paupĕr unbemittelt.
dēgĕner entartet; bĭcŏlŏr zweifarbig; vĭgĭl wach.

§. 89. Bemerkungen über die Declination der Adjectiva.

a) Die Adjectivstämme auf -iŏ bilden den Genit. Sing. in der classischen Litteratur meist auf -ii, den Voc. Masc. auf -ie: egregii, egregie. Der Genit. Plur. von -ŏ stämmen lautet archaisch und poetisch ebenfalls oft auf -um: magnanimum.

b) Im Allgemeinen bilden die adjectiva mobilia der dritten Decl. als -i stämme den Abl. auf -ī, das Neutr. Nom. u. Accus. Plur. auf -ia, den Gen. Plur. auf -ium.

Zusatz 1. Aber weder in der Prosa noch besonders in der Poesie ist die Ablativendung -e unerhört (aus der alten Endung ī, eī, ē sind sowol ī als ĕ hervorgegangen). Außer den schon beim Substantiv bemerkten Fällen des -ĕ ist dieses mehr oder minder gebräuchlich, wo Adjectiva als Substantiva aufgefaßt werden können, wie de Calliphana Velīensĕ (die eine Velienserin ist), a Lātĕrensĕ (Laterensis, ein cognomen), Mālūgīnensĕ. Immer heißt es von einem unbelegten Nominativus *cognominis, gleichnamig, im Ablativ cognomine.

Im Ablativus der Comparative herrscht ĕ weit vor, weil sie keine i stämme sind.

Zusatz 2. Dichter stoßen oft und gar nicht nur bei substantivischem Gebrauche das i des Genit. Plur. aus: agrestum, caelestum; während in der Prosa auch substantivisch agrestium, caelestium, aber volucrum neben volucrium.

c) Von den Adjectiven Einer Endung haben ī im Abl. Sing. die meisten mit deutlich vorhandenen Nominalstämmen zusammengesetzten, als āmens kopflos, concors einträchtig, consors theilhaftig (selten und substantivisch consorte), anceps zweiköpfig, zweifach, praeceps kopfüber stürzend, discŏlor mißfarbig (Ausn. dichter.), dēgĕner entartet, ingens ungeheuer, iners träg (Ausn. dichterisch) ꝛc.; doch meistens quādrŭpĕde, und immer compŏte.

2) Von den mit Verbalstämmen zusammengesetzten Adjectiven haben die mit plĭc (-plex) zusammengesetzten in guter Prosa -ī, mehr participial oder substantivisch findet sich aber auch supplĭce (v. supplex schutzflehend); locuplēs, begütert, hat -ĕ oder ī, ebenso præpŏs und perpŏs; redŭx zurückkehrend hat i, in participialer Verwendung ĕ. Sehr selten bilden die Adjectiva auf -ceps (von căpio) den Abl. auf ī, aber immer haben e: pauper wenig erwerbend, unbemittelt, dēsĕs müßig, superstĕs überlebend.

3) Die Stämme auf -āc, ōc, ūc, īc (richtiger aci u. s. f.) haben als reine Adjectiva im Abl. in guter Prosa -ī, ebenso die Stämme auf -ĕt außer hĕbĕs stumpf, tĕrĕs rund; dīves hat divite selten diviti, aber immer dītī; die Stämme auf -āti (Nom. -ās), īti (Nom. -īs) wie Arpīnas, Samnīs u. ä. bilden in rein adjectivischem Gebrauch den Ablat. auf -ī (aber immer Cærīte oder Caerēte von Caeres); i im Abl. haben ebenso die Stämme auf -nt (-nti) wie Veiens und die Participia, sofern dieselben rein adjectivisch d. h. nicht participial oder substantivisch verwendet werden; aber stets me libente, me imprudente u. dgl. cælebs ehelos hat den Abl. cælibe. Von den Stämmen auf -r (ri) haben wir pārī, imparī, mĕmŏri, immemorī, ūberī; von dem doppelt gesteigerten prīmoris (Genit.) primore oder primorī; vĕtus lautet im Abl. vĕtĕre, pūbēs und impubes: pubere, impubere.

4) Die noch adjectivisch gebrauchten Substantiva haben in der Regel im Abl. i: artĭfĭci mānu mit kunstreicher Hand, ālĭti curru mit dahinfliegendem Wagen, victrīce und victrici manu mit siegreicher Schaar; aber nur sĕne von senex, und unter dem Einflusse des Metrums nur sospĭte, hospĭte.

d) Der Accus. Plur. kann, zumal von den Adjectiven, die im Genit. Plur. -ium haben, auf -īs auslauten.

e) Der Nom. Acc. Plur. Neutr. wird auf -ia gebildet mit Ausname von vĕtĕra und ūbera. Dabei ist zu bemerken, daß von sehr vielen Adjectiven diese Casus gar nicht vorkommen. Für dīves gilt ditia, neben dem Abl. quadrupede etc. quadrupedia u. s. f.; die Comparative haben -a, doch für plūra sagten die Frühern plūria, und complūria kommt vereinzelt neben complūra vor.

f) Von der Bildung des Genit. Plur. auf -ium kommen als Ausnamen in unsern Texten vor:

1) von Zusammensetzungen mit deutlich vorhandenen Substantiven diejenigen mit -pes, wie quadrupedum u. s. f., inopum von inops arm (als Substantivum).

2) von den mit Adjectiven zusammengesetzten compŏtum v. compŏs mächtig, theilhaftig; doch locuplēs begütert hat locuplētium und locuplētum.

3) von den mit Verbalstämmen zusammengesetzten die substantivisch gebrauchten: supplĭcum v. supplex, artifĭcum von artifex. vigil hat vigilum; sospes sospitum.

4) Außerdem diejenigen, welche im Ablat. Sing. ĕ haben, auch memor eingedenk, immemor uneingedenk. Von den Comparativen haben nur plures und complures den Genetivus auf -ium.

Uebrigens ist zu merken, daß neben dem -ium der t (ti)-stämme die Formen auf -um nicht ganz selten sind: amantum neben amantium u. s. f.

Einige wesentliche Unregelmäßigkeiten der Adjectiva.

§. 90. Indeclinabilia, d. h. eigentlich casuelle Adverbia sind nēquam nichtswürdig aus ne aequam, pŏtis und pŏte, Accusative des Neutr. Sing. für potius im Stande, vermögend, frūgī, Dat. von frux wacker, mactĕ, von der W. mag wachsen, gesegnet, nĕcessus, necessĕ (aus necessĭs) wol alter Genit., nötig, neben nĕcessum, vŏlŭpe und volup erwünscht (Accus.) perĕgrī, peregrĕ fort, auswärts. (Lokat.) damnas s. damnatus u. damnati; quŏt wie viele, tŏt so viele für quŏtĭ, tŏtĭ.

§. 91. Auch unter den Adjectiven gibt es Defectiva, namentlich mehrere, von denen sich kein Nom. Sing. Masc. und solche, in denen sich nur der Nom. Sing. findet. Es findet sich z. B. kein ceterus, posterus, ludicer, sons; nur exspes u. s. f.

§. 92. Abundantia entstehen hier wesentlich durch Schwächung der Endsilbe, wie wenn die Stammformen auf -ŏ in solche auf -i übergehen, z. B.

hĭlărus heiter (eigentl. glänzend), hilaris.
imberbus unbärtig, imberbis.
inermus unbewaffnet, inermis.
exănimus entseelt, exănimis u. s. f.

In mehrern Fällen reicht diese Kürzung noch weiter, wie z. B. neben præcŏquus frühreif, praecox, neben inquiētus unruhig, inquiēs, neben ŏpulentus reich opulens erscheint.

Sehr nahe stehen sich oft in ihrer Bedeutung Formen auf -āris und -ārius, wie auxiliāris und auxiliārius, ālāris und ālārius.

Steigerung der Adjectiva und Adverbia.

§. 93. Die indogermanischen Sprachen unterscheiden drei Stufen, in welchen die Eigenschaft einem Gegenstand beigelegt werden kann:

grădus positīvus (in welchem d. Eigenschaft schlechthin gesetzt wird),
grădus comparatīvus (in welchem Vergleichung unter zweien angezeigt ist),
grădus superlatīvus (in welchem Vergleichung mit allen übrigen, und Erhebung über dieselben angezeigt ist).

§. 94. Der gradus comparativus wird in der classischen Sprache mit -iōs gebildet, welches im Nom. Sing. Masc. und Femin. zu -iŏr, in den casibus obliquis zu -iōr wird, im Neutr. des Nom. Sing. aber als -iŭs erscheint. Diese Endungen treten unmittelbar an den Stamm, von welchem ein auslautender Vokal davor ausgestoßen wird: altŏ (hoch), alt'ior, grăvī (schwer) grav'ior, divit (reich) divitior oder dītior, nēquam (Adv.) St. nēquo: nequior u. s. f.

Anm. 1. Archaisch ist die Form -iōs, für noch ursprünglicheres, aber etymologisch dunkles -ions, erhalten in meliōsem u. s. f., und vereinzelt finden wir in älterer Zeit auch im Nom. Sing. Neutr. die Form -ior für -ions, -iōs. In sehr alten Inschriften lesen wir maiō und minō mit Verlust von -s. Es kann sich aber -ios auch in -ŏr, -us verkürzen (mĭnor, mĭnus), und -ios, -ius sich in -īs zusammenziehen (măgīs adv. Accus.).

Anm. 2. Eine zweite Bildung des Comparatives im indogermanischen Sprachstamm ist diejenige mit -ro, -tero, welche das Lateinische und die übrigen mittelitalischen Dialekte vorzüglich in ortsbestimmenden, Ort von Ort scheidenden Adjectiven und Adverbien verwenden: superi die obern, inferi die untern, alter der andere, dexter recht, sinister link. Wie hier, so ist auch in mag-is-ter, min-is-ter und in umgekehrter Folge in exterior u. s. f. doppeltes Comparativzeichen erhalten.

§. 95. Die Endungen des Superlatives sind -to (Nom. -tus) in den Ordinalzahlwörtern; -mo oder -umo, -imo (Nom. -mus) -tŭmo od. -tĭmo (Nom. -tŭmus, -timus). Die letzte erscheint am häufigsten in der Form -sŭmus, -simus und zwar in der Regel angesetzt an den auf -is verkürzten Comparativstamm, wie in

alto	*altis	altissimus
gravi	*gravis	gravissimus
divit	*divitis	divitissimus
	*(dītis)	(dītissimus)

u. s. f., selten unmittelbar an den Stamm wie in maximus der größte u. ä.

§. 96. Diejenigen Stämme auf -ro (Decl. II.), -ri (Decl. III.), welche im Nom. Sing. Masc. das Nom. -s sammt dem auslautenden Stammvocale abwerfen, bilden den Comparativus regelmäßig auf -r-ior, den Superlativus auf er-rimus, indem t von -timus sich dem vorausgehenden -r assimiliert. Vor dem comparativischen -ior bleibt oder fällt -e nach Analogie der vokalisch beginnenden Endungen des Positives, also

miser arm, miserior, miserrimus.
pulcher schön, pulchrior, pulcherrimus.
cĕler schnell, celerior, celerrimus.
ācer scharf, acrior, acerrimus.

Immer dexterior der mehr rechts, sinisterior der mehr links, Superl. dextimus, sinistimus.

Ebenso müssen vetus alt, Gen. veteris, pauper arm, über reichlich ihre Grade bilden. Für das veraltete veterior ist vetustior gebräuchlich. Während sonst die Adjective auf -rus mit vorausgehendem langem Vokale den Superl. auf -issimus haben, läßt matūrus, reif, neben maturissimus maturrimus zu.

§. 97. Sechs Stämme auf -ĭli (Nom. -ilis) setzen die Endung -timus (assimiliert -limus) ebenfalls unmittelbar an den Stamm mit Verlust des auslautenden Vokals:

făcilis leicht, facilior, facillimus.
difficilis schwer, difficilior, difficillimus.
grăcilis schlank, gracilior, gracillimus.
hŭmilis niedrig, humilior, humillimus.
sĭmilis ähnlich, similior, simillimus.
dissimilis unähnlich, dissimilior, dissimillimus.

§. 98. Die von Adjectiven stammenden Adverbia bilden ihren Comparativus auf -iŭs (Acc. Sing. Neutr.), ihren Superlativus auf -ē (für -ēd Abl. Sing. Neutr.): doctē, doctius, doctissime u. s. f. und nach deren Analogie

diū lange, diūtius (St. diūto) diutissime.
saepe oft, saepius saepissime.
nūper neulich, — nuperrime.
săt, sătis genug, satius besser. —
sĕcus anders, sētius schlechter, minder. —

Wesentliche Unregelmäßigkeiten der Steigerung.

§. 99. Die Adjectiva auf -dĭcus, -vŏlus, -fĭcus bilden ihre Grade von Formen auf *-dĭcens, *-vŏlens, *-fĭcens, also:

benĕvolus wolwollend, benevolentior, benevolentissimus.

So: malĕdicus schmähsüchtig, malĕvolus übelwollend, magnificus großartig, mūnificus (nicht im Compar.) freigebig u. s. f.

§. 100. Die localen, eigentlich schon comparativischen Adjectiva exterus (im Nom. Sing. Masc. selten) außen befindlich, inferus u. infer (im Nom. Sing. Masc. nur archaisch) unten befindlich, superus u. super (Nom. Sing. Masc. archaisch) oben befindlich und *posterus (kommt im Nom. Sing. Masc. nicht vor) hinten befindlich bilden einen nochmaligen Comparativus auf -ior, daneben exterus, superus, posterus einen Superlativus auf -mŭs aus ihren entsprechenden Locativen;

außerdem besteht bei exterus und posterus ein Superlativus auf -tĭmus, -tumus, bei superus ein Superlativus auf -mus von den reinen Stämmen. Infĭ-mus (vom reinen St.) gilt als Superl. von inferus, und dieser kann sich in ifimus, īmus zusammenziehen. Cĭter (archaisch u. nur im Nom. Sing. Masc. vorkommend) diesseitig bildet einen Comparativus citerior und einen Superlativus ci-timus. Also:

citer diesseitig, citerior, citimus.
exterus außen befindlich, exterior, extrēmus und extīmus.
inferus unten befindlich, inferior, infĭmus und īmus.
superus oben befindlich, superior, suprēmus u. summus f. supmus.
posterus hinten befindlich, posterior, postrēmus und postumus.

Ein adject. Positivus findet sich nicht, wol aber adverbialer Abl. Sing. Fem. zu den Comparativen interior der innere, ulterior der jenseitigere, welche ihre Superlative auf -timus vom reinen Stamm bilden:

intrā (alt intĕrā), interior, intĭmus der innerste, innigste.
ūltrā jenseits, ulterior, ultimus der jenseitigste, letzte.

Ihnen reihen sich an mit der Endung -simus für -timus im Superlativ:

prŏpe nahe, propior, proximus.
pro (prī locativus) vor, prĭor, prīmus mit der Endung -mus.

Das defective anterior, -ius ist erst in der sinkenden Latinität aufgekommen.

§. 101. Eine in vielen der verwandten Sprachen wieder erscheinende Unregelmäßigkeit der Steigerung zeigen die Wörter mit den Begriffen: gut, schlecht; groß, klein; viel, wenig. Der Grund dieser Unregelmäßigkeit liegt in der Steigerung von magnus einfach darin, daß die Comparativ- und Superlativendung nicht an den Participialstamm magno (von mag wachsen), sondern an den Wurzelstamm mag antritt und dann aus magior (vgl. mag-is) mā(g)jor entsteht; in den übrigen Fällen tritt in beiden Steigerungsstufen ein aus anderer Wurzel gebildeter Stamm, für bonus sogar in jeder derselben ein besonderer und natürlich ursprünglich auch eine verschiedene Anschauung derselben Eigenschaft gewährender ein:

bŏnus (alt duŏnus) gut, mĕlior, optimus (alt opĭtumus).
mălus schlecht, pējor, pessimus.
măgnus groß, mājor, maximus.
parvus klein, mĭnor (der mindere), minimus.
multus viel, plūs (neutr. ein Mehreres; Gen. plūris höhern Wertes); plūres mehrere; plūrimus (alt plusimus).

Anm. In mĭnor ist das i der Endung ausgeworfen. Aeltere Form für plus ist plous für plo-i-os ein volleres, daneben für plūres pleŏses, pleōres, d. h. ple(i)ŏses. In dem alten plĭsimus für ploisimus und in ploirumus ist das i des Comparativs erhalten. Die Superlativendung ist u-mus.

Das Adverb zu bonus lautet bĕnĕ, zu mājor măgis.

§. 102. In der Regel haben **umschreibende Steigerung** (im Comparat. mit măgis, im Superl. mit maxime) die Adject. auf -ĕus, -ĭus, -ŭus (nicht die auf -quus, -guis), also:

idōneus passend, magis idōneus, maxime idōneus etc.,

jedoch finden sich namentlich von Adject. auf -uus (assĭduus, arduus, strenuus), seltener von denjenigen auf -ĕus, -ĭus auch die einfachen Steigerungsformen.

§. 103. Außer den Wörtern auf -rus, -terus, welche verschiedene Comparativform (-tero-ior) zugleich annehmen, gibt es noch andere abundantia im Lateinischen. Unter diesen heben wir für das classische Latein besonders primores die Vornehmen, die Erstern, hervor, wo an den Superlativstamm noch die Comparativendung -or für -ior angetreten ist.

§. 104. Während eine große Anzahl von Participien in adjectivischer Bedeutung die Steigerung annimmt, gibt es viele Adjectiva, welche dieselbe gar nicht oder nur unvollständig zulassen. Der Grund davon, daß Compar. und Superl. fehlen, liegt theils in der Bedeutung der Adjectiva, theils sind sie bei gewissen Bildungsformen unbeliebt, oder fehlen zufällig. So gehen die Steigerungsformen ab:

a) wegen der Bedeutung:

1) den Stoffadjectiven: ferrĕus eisern ꝛc.;
2) den meisten zeitbestimmenden: sempiternus immerwährend ꝛc.;
3) einigen Farbenbezeichnungen: albus weiß, flăvus gelb, fulvus dunkelgelb, furvus braun;
4) solchen, die eine Beziehung zu lebenden Wesen ausdrücken: ăvītus großväterlich, cănīnus zum Hunde gehörig ꝛc.

Im Uebrigen b) den meisten Composita, deren zweiter Theil ein Nominal- oder ein Verbalstamm ist, wie: anceps zweiköpfig, doppelt, gefährlich, compŏs mächtig, theilhaftig, degener entartet, inops mittellos, particeps theilnehmend, versicolor bunt u. s. f., aber nicht den Zusammensetzungen mit -annus (perennis), -ars (sollers), -cor (concors), -forma (deformis), -gens (ingens), -mānis, erhalten in Manes, (immānis), -mens (āmens), -sīgnum (insignis).

c) Vielen Adjectiven auf -ālis, -āris, -īlis, -ĭcus, -īvus, -ōrus, -ŭlus, -bundus und einigen auf -ĭdus:

naturālis natürlich, aber liberalior etc.
pecūliāris eigenthümlich, aber familiarior etc., auch vulgarissimus.
servīlis sclavenartig, aber puerīlior u. s. f.
bellĭcus kriegerisch, mŏdĭcus mäßig.
furtīvus verstohlen (aber festivior).
sonōrus klangreich, crēdŭlus leichtgläubig.
cunctabundus zaudernd.
trĕpĭdus ängstlich u. s. f.

d) Einzelnen, als almus nährend, gütig, cădūcus hinfällig, calvus kahl, cānus grau, cĭcūr zahm, claudus lahm, curvus krumm, ĕgēnus dürftig, fĕrus wild, gnārus kundig, lăcer zerrissen, lassus müde, mancus gebrechlich, mĕdĭŏcris mittelmäßig (wozu ein archaischer Superlat. medioximus), mĕmor eingedenk und immemor uneingedenk, mĕrus ungemischt, mīrus wunderbar, pār gleich, impar und dispar ungleich, părĭlis gleichförmig, praepostĕrus verkehrt, prŏpĕrus eilig, rŭdis roh, trux (Gen. trŭcis) trotzig, văgus schweifend.

§. 105. Zu einigen Comparativen und Superlativen fehlt ein adjectivischer Positivus (vgl. §. 100). Ebenso finden wir zu dē einen adjectiv. Comparativus dēterior, Superl. deterrimus, daneben dēmum. Zu frūgi gehört frūgālior, frugalissimus. Ohne Positivus ist ōcior schneller, ōcissimus (gr. ὠκύς).

§. 106. Keinen Comparativus haben: bellus schön, bellissimus; diversus verschieden, diversissimus; falsus falsch, falsissimus; inclŭtus berühmt, inclutissimus; invictus unbesieglich, invictissimus; invītus nicht wollend, invitissimus (doch Adv. invitius); mĕrītus verdient, meritissimus; nŏvus neu, novissimus; pīus fromm, piissimus; săcer heilig, sacerrimus.

§. 107. In der guten Latinität fehlt der Superl. bei mehrern Adject. auf -īlis und -bīlis, als ăgilis beweglich, dŏcīlis gelehrig, admīrābilis bewundernswürdig, flēbilis beweinenswert, laudābilis lobenswert, mīsĕrābilis bejammernswert, optābilis wünschenswert, prŏbābilis wahrscheinlich, tŏlĕrābilis erträglich, vendĭbilis verkäuflich; ferner bei: ăctŭōsus thätig, ădŭlescens jung, ălăcer munter, arcānus geheim (wenigstens comparat. Adverbium arcanius), diūturnus lange dauernd, exīlis dünn, jējūnus nüchtern, iŭvĕnis jung, Comp. jūnior, später juvĕnior, longinquus entfernt, prŏpinquus nahe, ŏpīmus fett, prōnus geneigt, sălūtāris heilsam, sĕnex alt (sĕnior), sătur vollgestopft, sĕgnis träge, sērus spät, sŭpīnus zurückgelehnt, tăcĭturnus schweigsam, tempestīvus unzeitig, vīcīnus benachbart.

§. 108. Numeralia.

		1. Cardinalia.	2. Ordinalia.
1.	I.	ūnus, una, unum	prīmus, a, um (prior)
2.	II.	duŏ, duae, duo	sĕcundus (alter)
3.	III.	trēs, tres, tria	tertius
4.	IV.	quattuor (quatuor)	quārtus
5.	V.	quīnque	quīntus
6.	VI.	sex	sextus
7.	VII.	septem	septĭmus
8.	VIII.	octō	octāvus
9.	IX.	nŏvem	nōnus
10.	X.	dĕcem	decimus
11.	XI.	ūndecim	ūndecimus

12.	XII.	duŏdecim (ſelten decem duo)	duodecimus
13.	XIII.	trĕdecim (ſelten decem tres, decem et tres, tres et decem)	tertius decimus (ſelten decimus tertius, tertius et decimus)
14.	XIV.	quattuordecim (decem quattuor, decem et quattuor)	quartus decimus (ſelten decimus quartus, quartus et decimus)
15.	XV.	quīndecim	quintus decimus u. ſ. f.
16.	XVI.	sēdecim (decem sex decem et sex)	sextus decimus (decimus sextus u. ſ. f.)
17.	XVII.	septendecim (decem septem decem et septem septem et decem)	septimus decimus (decimus septimus septimus et decimus)
18.	XVIII.	duodēvīgintī (decem octo decem et octo octo et decem octodecim)	duodevicēsimus (ſelten octavus decimus)
19.	XIX.	undēvīgintī (ſelten decem novem decem et novem novendecim)	undevicesimus (ſelten nonus decimus)
20.	XX.	vīgintī	vicēsimus (ſelten vigēsimus, alt vicensimus)
21.	XXI.	unus et viginti	unus et vicesimus (fem. auch unetvicesima) ſeltener: primus et vicesimus, vicesimus primus.
28.	XXVIII.	duodetrīgintā (octo et viginti vigintī octo)	22. alter et vicesimus (alter vicesimus, Cic.), vicesimus alter, vicesimus et alter, duoetvicesimus
29.	XXIX.	undetriginta (novem et viginti vigintī novem)	23. tertius et vicesimus, vicesimus tertius (tertius vicesimus, Cic.)
30.	XXX.	trīgintā	tricesimus (trigesimus)
40.	XL.	quadrāgintā	quadragesimus
44.	XLIV.	quadraginta quattuor, quattuor et quadraginta, quattuor quadraginta	
50.	L.	quīnquāgintā	quinquagesimus

60.	LX.	sexāgintā	sexagesimus
70.	LXX.	septuāgintā	septuagesimus
80.	LXXX.	octōgintā	octogesimus
90.	XC.	nōnāgintā	nonagesimus
99.	IC.	undecentum (novem et nonaginta nonaginta novem)	
100.	C.	centum	centēsimus
109.	CIX.	centum et (ac) novem (centum novem)	centesimus et nonus centesimus nonus nonus etcentesimus
200.	CC.	dŭcenti, ae, a	ducentesimus
209.	CCIX.	ducenti et (ac) novem (ducenti novem novem et ducenti)	
300.	CCC.	trĕcenti, ae, a	trecentesimus
400.	CCCC.	quadringenti	quadringentesimus
500.	IↃ od. D.	quīngenti	quingentesimus
600.	DC.	sexcenti, sescenti	sexcentesimus
700.	DCC.	septingenti	septingentesimus
800.	DCCC.	octingenti	octingentesimus
900.	DCCCC.	nongenti	nongentesimus
1000.	CIↃ; ꟾ; M.	mīlle	millesimus
2000.	CIↃCIↃ; M M.	duo mīlia (mīllia) (bīna milia, bis mille)	bis millesimus
10000.	CCIↃↃ.	decem milia (dēna milia)	decies millesimus
100000.	CCCIↃↃↃ.	centum milia (centēna milia).	centies millesimus.

Anmerkungen zu den Cardinalia.

1) Die ursprüngliche Bedeutung der Zahlwörter, welche mit Ausname von 1 und 1000 u. s. f. in allen indogermanischen Sprachen dieselben sind, ist größtentheils dunkel, und die Sprache war um dieser Dunkelheit willen um so freier in der Zerschellung und neuen Zusammensetzung dieser Wörter. Von decem nahm sie den zweiten Theil, um die Zehner zu bilden, und in den Hundertern hat sie wieder nur dasselbe Element. Das Wort für I ist ein altes Pronomen oenus, d. h. oe-nus, dessen oe zu ū wird (vgl. poena, punire). In den Zehnern und Hundertern wird mehrfach c zu g erweicht. Von andern Erweichungen und Zusammenziehungen abgesehen heben wir noch als bemerkenswert hervor (ursprüngliches) auslautendes -m in septem, novem, dĕcem, und das wol nur nach Analogie eingefügte n in quadringenti, während dasselbe in octingenti aus einer ältern Form herrühren kann.

2) Declination. Adjectivisch decliniert werden unter den Einern nur 1—3, dann die Hunderter, substantivisch der Pluralis von mille (milia oder millia, milium etc.). Unus, ein altes Pronomen, folgt, wie sein Deminutivum ūllus (für ūnulus) und das

in der Bedeutung ihm nahestehende sōlus „allein" der Pronominaldeclination, also:

N.	ūnus,	ūna,	ūnum
G.	ūnius,	ūnīus,	unīus
D.	ūnī,	ūnī,	ūnī

im übrigen nach der adjectivischen Flexion.

Der Plur. uni u. s. f. steht bei den pluralia tantum, unae litterae ein Brief u. s. f.; im Gegensatze zu alteri die andern, und in der Bedeutung „allein," uni Suēbi die Schwaben allein u. s. f.

Das Zahlwort duo und nebst ihm ambo beide haben im Nom. Sing. Masc. und Neutr. noch die Dualform erhalten, welche in der classischen Sprache meist auch im Accus. bleibt; also:

N. duo, duae, duo
G. duōrum (duum), duārum, duōrum (duum)
D. duōbus, duābus, duōbus
A. duo (duos), duas, duo.

Das Zahlwort trēs decliniert regelmäßig als istamm:

trēs,	trēs,	tria
trium,	trium,	trium
trībus,	tribus,	tribus
tres (trīs),	tres,	tria
tribus,	tribus,	tribus.

Regelmäßig adjectivisch ist die Declination der Hunderter, selten kommt bei Geld- und Gewichtangaben ein accus. sing. neutr. substantivisch vor, wie mille quingentum æris u. s. f. Erstarrte Declination herrscht in den Zehnern, von denen vīgintī ein Dualis, die folgenden plurale Neutra (im Nom. oder Accus.) zu sein scheinen.

Septuāgintā, octōgintā und nonāgintā zeigen in ihrem ersten Theil zufällige Analogie mit den Ordinalzahlen.

3) Zusammensetzung der Zahlen. 11—19 werden in der Regel durch Vorsetzung der Einer gebildet; von 20—100 geht in der Verbindung mit Einern entweder der Einer voran mit et, oder er folgt ohne et nach (doch auch viginti et septem, viginti et duo). In Verbindung der Hunderter mit kleinern Zahlen gehen meist die erstern voran, und die kleinern folgen mit ac oder et, oder ohne Bindewort. Dieselbe Regel, daß die größere Zahl vorangeht, herrscht bei noch umfangreichern Reihen vor.

Anmerkung zu den Ordinalia.

Mit Ausname von 2 (secundus von sequi der folgende, oder alter der andere) und mit zweifelhafterer Ausname von 7 (septimus), 8 (octavus), 9 (nonus), 10 (decimus) u. s. f. sind alle Ordinalia Superlative mit der einfachern Endung -tus oder mit der vollern -timus. Tertius steht für tritius, indem dem Suffix -to noch -io hinzugefügt ward. Vicēsimus und die folgenden haben -cēsimus oder -gēsimus aus centi-timus, cens-timus, censimus, und -ēsimus wurde dann unverstanden in die Bildung der Hunderter und Tausender hinübergenommen.

§. 109.

	Distributiva. (Theilungszahlen.)	Quotientiva. (Zahladverbia.)
1.	singuli, ae, a einzelne, je einer	sĕmĕl einmal
2.	bīnī, ae, ae je zwei	bĭs zweimal
3.	trīni und terni	ter
4.	quaterni	quater
5.	quīni	quinquiēs
6.	sēni	sexies
7.	septēni	septies
8.	octōni	octies
9.	novēni	novies
10.	dēni	decies
11.	undēni	undecies
12.	duodēni	duodecies
13.	terni deni	terdecies
14.	quaterni deni	quaterdecies
15.	quini deni	quinquies decies (quindecies)
16.	seni deni	sexies decies (sedecies)
17.	septeni deni	septies decies
18.	octoni deni (duodeviceni)	octies decies
19.	noveni deni (undeviceni)	novies decies
20.	vīcēni	vicies
21.	viceni singuli	semel et (ac) vicies (vicies semel, vicies et (ac) semel)
28.	viceni octoni (duodetriceni)	duodetricies
29.	viceni noveni (undetriceni)	undetricies
30.	trīceni	tricies
40.	quadrāgeni	quadragies
50.	quinquāgeni	quinquagies (bei Plaut. quinquagensiens)
60.	sexāgeni	sexagies
70.	septuāgeni	septuagies
80.	octōgeni	octogies
90.	nonāgeni	nonagies
100.	centeni	centies
109.	centeni noveni	centies et novies (centies novies)
200.	dūceni	ducenties
300.	trĕceni	trecenties
400.	quadringeni	quadringenties
500.	quingeni	quingenties
600.	sexceni	sexcenties
700.	septingeni	septingenties
800.	octingeni	octingenties
900.	nongeni	nongenties
1000.	singula milia (selten milleni)	milies

2000.	bina milia	bis milies
10000.	dena milia	decies milies
100000.	centena milia.	centies milies.

Anmerkungen zu den Distributivzahlen.

1) Deren Bildung. Mit Ausname von singuli (einem Deminutivum für sin-culi, desselben Stammes wie semel) sind die Distributivzahlen von den Cardinalia mit -no abgeleitet, nur daß bīni und terni, trīni, quaterni sich näher an die Zahladverbien anschließen. So stehen nun quīni für qui(n)cni etc., viceni für vicentni, duceni für ducentni u. s. f. centeni ist nach falscher Analogie gebildet und ebenso das seltene millēni.

2) Zusammensetzung. Bis 19 gehen die kleineren Zahlen ohne et voraus, von viceni an können die kleinern Zahlen mit oder ohne et vorangehen oder folgen.

3) Vereinzelt kommen Distributiva (in Prosa besonders trinum nundinum) im Sinne von Multiplicativen auch im Singul. vor. Der Genetivus Pluralis geht gewöhnlich auf -um aus.

4) Bei den plur. tantum stehen die Distributiva auch statt der gewöhnlichen Cardinalia; dann aber findet sich hier uni statt singuli, und trini statt terni, welches letztere als eigentliches Distributivum gilt, also una castra, ein Lager, trina arma u. s. f.

Anmerkungen zu den Zahladverbien.

1) Deren Bildung. Auch hier steht die Bildung für I von derjenigen der übrigen Wörter ab und ist ein verstümmeltes Neutr. Sing. von similis (alt semolis). In ter und quater ist auslautendes s geschwunden, welches sich in bi-s d. h. dvi-s erhalten hat. Dieses s ist eine Verkürzung aus ursprünglichem comparativischem -iēns, -iēs. Die Endung -iēs (alt -iens) wird an die Zahlwörterstämme mit verschiedenem Grade der Verstümmelung jener angesetzt; am stärksten ist dieselbe bei den Zehnern. Dieselbe Bildung findet sich noch in quotiens, totiens (multotiens), pluries.

2) Zusammensetzung. Bis 19 geht die kleinere Zahl der größern ohne et voran, von da an folgt die kleinere mit oder ohne et (ac), oder die kleinere geht mit et (que) voraus. Bis vicies heißt vierzigmal u. s. f.

3) Die Zahladverbien werden oft mit Distributivzahlen verbunden: septenos octies, besonders bei höhern Summen: vicies centena milia, aber auch vicies centum milia, dagegen sind bis duo etc. bis auf bis mille, ter mille nur dichterisch.

§. 110. **Adjectiva multiplicativa** oder **proportionalia.**

1.	simplex einfältig, einfach	simplus einfach
2.	dŭplex zweifältig, doppelt	duplus doppelt so groß
3.	trĭplex	trĭplus
4.	quadrŭplex	quadrŭplus
5.	quincŭplex	quincŭplus

7.	septemplex		septŭplus
10.	decemplex	8.	octŭplus.
100.	centŭplex, und		
	multĭplex vielfach.		

Die Adjectiva auf -plex sind Zusammensetzungen mit dem Verbalstamme -plec (plec-t-o) wie unser -falt, -fältig; diejenigen auf -plus mit dem Verbalstamme -plo, -ple füllen.

Pronomina.

§. 111. 1) Die Pronomina oder Pronominalia vertreten nach dem Namen gewissermaßen die Nomina, aber nicht nach ihrem stofflichen Inhalt, sondern nur durch Bezeichnung der Anschauungsverhältnisse, sie sind Verhältnißwörter oder Deutewörter. So ergibt sich natürlich, daß ihrer wenige sind. Ihre gewöhnliche Eintheilung, welche freilich wissenschaftlich kaum zu rechtfertigen ist, ist folgende:

I.) Pronomina personalia substantiva (persönliche): ĕgō ich u. s. f. Das Verhältniß ist ein dreifaches: der Gegenstand, auf welchen hingedeutet wird, ist entweder der Redende selbst oder der Angeredete oder ein dritter von beiden verschiedener.

II.) Pronomina personalia adjectiva oder possessiva (besitzanzeigende): meus mein u. a. Sie bezeichnen das Verhältniß der Angehörigkeit als eine Art von Attribut eines Gegenstandes.

III.) Pronomina demonstrativa (zeigende): hic dieser u. a.

IV.) Pronomina determinativa (bestimmende): is derjenige, ĭdem derselbe, ipse (er) selbst. Abermalige Bezeichnung eines Gegenstandes oder einer Handlung, Hervorhebung, daß eben der in Rede stehende Gegenstand oder die in Rede stehende Handlung gemeint ist.

V.) Pronomina interrogativa (fragende): quis wer? Ausdruck des Wunsches nach näherer Bezeichnung eines Gegenstandes oder einer Handlung.

VI.) Pronomina relativa (bezügliche): qui, der, welcher. Unbestimmte Hindeutung auf einen Gegenstand, welcher in einem damit in Verbindung stehenden Satze näher bezeichnet wird.

VII.) Pronomina indefinita (unbestimmte): quis, aliquis, irgend einer.

Anm. 1) Als besondere Pronominalia können diejenigen Wörter aufgeführt werden, welche die Beschaffenheiten, d. h. die Qualität und Quantität im Allgemeinen andeuten. qualis wie beschaffen? quantus wie groß? u. s. f.

2) Die Declinationsformen der Pronomina weichen mehrfach von denjenigen der Nomina ab und erscheinen besonders in den pronomina personalia sehr eigenthümlich.

§. 112. Pronomina personalia substantiva.

(Diejenigen der beiden ersten Personen sind ohne Geschlechtsunterscheidung.)

		a. erste Person.	b. zweite Person.
Sing.	*N.*	ĕgŏ ich	tū du
	G.	mĕī meiner	tŭī deiner
	D.	mĭhĭ (mī) mir	tĭbĭ dir
	Ac.	mē mich	tē dich
	Ab.	ā mē von mir.	ā tē von dir.
Plur.	*N.*	nōs wir	vōs ihr
	G.	nostrī unser	vostrī, vestrī euer
		(nostrūm unter uns)	(vostrūm, vestrūm unter euch)
	D.	nōbīs uns	vōbīs euch
	Ac.	nōs uns	vōs euch
	Ab.	ā nobīs von uns.	ā vōbīs von euch.

Anmerkungen. 1) Der Nomin. ĕgŏ, nur in ältester Zeit mit ō, ist ohne Casuszeichen, aus zwei Pronominalelementen zusammengesetzt, deren keines mit dem Stamme der casūs obliqui zusammenhängt. — Der Nom. tū ist endungslos, aber gleiches Stammes mit den casibus obliquis.

2) Die Genitive mĕī und tŭī sind Genitive von meum das meinige und tuum das deinige; übrigens steht meum für meium, mīum, d. h. der alte Stamm von mă erscheint im Lateinischen sonst in mi geschwächt, und in mīus gesteigert.

Neben diesem Genetivus bestand eine ältere und noch bei Plautus vorkommende Form: mis, welche aus mius zu erklären sein, d. h. die gewöhnliche pronominale Genitivendung enthalten wird; vgl. magis für magius u. s. f.

3) Im Dativus mĭhĭ haben wir eine uralte Verstümmelung aus mihjam für mabhjam, d. h. eine Bildung mit demselben Suffixe, welches anderwärts den Locativ bildet (u-bĭ, ī-bĭ etc.); mī ist Zusammenziehung aus mĭhī.

4) Der Accusativus mē scheint durch Verwechselung aus dem Ablativus mē hervorgegangen, da noch in Plautus Zeit im Accusativus auch die Form mēd gegolten hat. Diese aber enthält das ächt ablativische d (t).

5) Der Nominativus und Accusativus Plur. nōs enthalten ursprünglich keine grammatische Endung; auf die Länge des o übte aber die Analogie des Accusativus Einfluß.

6) Der Genetivus nostri (in welchem der Stamm nos auftritt) ist Genetiv. Sing. von nostrum; nostrūm Genetiv. Plural. desselben für nostrorum, nostrarum, nostrorum, welche in älterer Sprache noch oft daneben vorkommen.

7) Der Dativus nobis ist zu zerlegen in nos-bi-s mit pluralischem s, ebenso der Ablativus.

Die Casusbildung ist dieselbe in dem Pronomen der zweiten Person tū, wohl für tŭa, Dat. tĭ-bi für tvi-bi u. s f. Der Plur. hat den Stamm vos. Neben dem Genetivus tui erscheint auch hier ein älteres tis.

c.

Als persönliches Pronomen der dritten Person dienen die casus obliqui des pronomen determinativum: is, ea, id.

		Masc.	Fem.	Neutr.	
Sing.	*N.*	[is	ĕa	id]	[derselbe, dieselbe, dasselbe]
	G.	ējus	ējus	ējus	seiner, ihrer, seiner,
	D.	ĕī	ĕī	ĕī	ihm, ihr, ihm,
	Ac.	ĕum	ĕam	ĭd	ihn, sie, es,
	Ab.	ĕō	ĕā	ĕō	(von) ihm, (von) ihr, dadurch.
Plur.	*N.*	[ĕī, īī	ĕae	ĕă]	[dieselben]
	G.	ĕōrum	ĕārum	ĕōrum	ihrer,
	D.	ĕīs, īīs	ĕīs	ĕīs	ihnen,
	Ac.	ĕōs	ĕās	ĕă	sie,
	Ab.	ĕīs, īīs	ĕīs	ĕīs	(von) ihnen.

Anmerkungen. 1) Archaisch lautete der Nom. Sing. Masc. eis, īs, also mit Steigerung des i stammes. Das Femininum ĕă steht für eia, ēa mit derselben Steigerung von i und der in der Declination dieses Pronomens vorherrschenden Weiterbildung durch -o (eio-, ēo-, ĕo-).

2) Der Nom. Acc. Neutr. Sing. haben in den geschlechtigen Pronom. vorherrschend die Endung -d, also id.

3) Im Genit. Sing. der geschlechtigen Fürwörter wird der Stamm durch ī erweitert und an den so erweiterten Stamm tritt die ältere Endung -ūs an. In den ursprünglich dreisilbigen Formen erhält i conson. Geltung, in den mehrsilbigen bleibt es vokalisch. Also vom gesteigerten Stamme eio-, ēo-, Genit. ēiius, ējus.

4) Die ältere Form der Dativendung Sing. war -eî. Davor tritt in den geschlechtigen Pron. ebenfalls ī an den Stamm. Von is lautete der Dat. ursprünglich ei-ei, ēī, ĕī, eî.

5) Im Pluralis tritt in älterer Zeit einzeln gesteigerter Vokal auf, so im Dativus eieis, ēeis, class. ĕīs (īīs), īs. Im Nominat. lautet das Mascul. alt: eeis, ieis, gewöhnlich ĕī (īī), ī.

6) Als alte Formen erwähnen wir noch: Accus. Sing. em und im = eum, unmittelbar vom Stamme gebildet, wie Dat. Plur. ībus. Von einem Stamme gleicher Bedeutung so- sind nur einzelne Casus übrig: sapsa = ipsa, sam = eam, sōs = eos.

Pronomen reflexivum der dritten Person.

Singularis und Pluralis lauten gleich.

Nom. fehlt.
Gen. suī: seiner, ihrer, seiner; ihrer.
Dat. sĭbĭ: sich (ihm, ihr, ihm); sich, ihnen.
Acc. sē, sēsē sich (ihn, sie, es); sich, sie.
Abl. sē, sēsē (von) sich (von ihm, von ihr, von ihm); (von) sich, (von) ihnen.

Anm. Der eigentliche Stamm ist sva, die Decl. dieselbe wie diejenige von tu.

§. 113. Pronomina personalia adjectiva (possessiva).

a) Der ersten Person Sing.:
měus (alt mīus) měă, měum, mein ꝛc.
b) der ersten Pers. Plur.:
noster, nostra, nostrum, unser.
c) der zweiten Person Sing.:
tuus, tua, tuum, dein, deine, dein.
d) der zweiten Person Plur.:
vester, vestra, vestrum, euer ꝛc.; älter voster.
e) der dritten Pers. Sing. (reflexiv):
suus, sua, suum { sein, seine, sein. / ihr, ihre, ihr.
f) der dritten Pers. Plur. (reflexiv):
suus, sua, suum, ihr, ihre, ihr.

Das nicht reflexive Pronomen wird durch den Genit. Sing. oder Plur. von is, ea, id ausgedrückt.

Anm. 1. Die Declination ist die regelmäßige adjectivische. meus hat im Voc. Sing. mī von dem alten mius.

Anm. 2. Die beiden Possessiva noster und vester sind mit dem Comparativsuffixe -ter (-τερος) gebildet. Tuus und suus lauteten alt tovos, sovos, sind also unmittelbar von den Stämmen tu, su mit dem Suffix -o und gesteigertem Stammvocal abgeleitet. Neben den vollen Formen finden sich in der alten Sprache auch sōs, sās, sīs statt suos etc. Meus, mius ist vom St. mi abgeleitet.

Anm. 3. An den pronomina personalia finden wir verschiedene Verstärkungen. Die einfachste ist die Verdoppelung der Casus, die nur in sese ganz gebräuchlich ist. Häufig wird an tu noch te angefügt (tute). Oft erscheint der Zusatz met, eig. smet selbst; doch nicht tumet allein statt tutemet oder tute, nicht vestrimet, nostrimet.

Bei dem Pron. possess. fügt sich met besonders gern an suō, suā, suōs, mĕă und suă (n. plur.), suis.

Eine fernere Verstärkung ist pte (eig. pote eher, gerade), so alt mepte, mihipte, vopte für vospte, und im Possessivum zunächst an den Ablativen des Sing. Vereinzelt stehen sepse = sese und mehe mit demselben Zusatz wie im deutschen mi-h (für *māgha).

§. 114. Pronomina demonstrativa.

1) hīc, haec, hōc dieser, diese, dieses.
2) istĕ, istă, istŭd dieser da, ꝛc.
3) ille, illa, illud jener, jene, jenes.

1)

Sing.			Plur.		
hīc,	haec,	hōc	hī,	hae,	haec
hūjus,	hūjus,	hūjus	hōrum,	hārum,	hōrum
huic,	huic,	huic	hīs,	hīs,	hīs
hunc,	hanc,	hōc	hōs,	hās,	haec
hōc,	hāc,	hōc.	hīs,	hīs,	hīs.

Anm. 1. Der Zusatz c, nur in den angegebenen Formen zum integrierenden Bestandtheile des Pronomens geworden, lautet in seiner vollen, auch in hic etc. bis gegen die Mitte des 7ten Jahrhunderts oft verbliebenen Form ce (ursprüngl. cē, cei), und ist Locativ eines Demonstrativstammes, der ebenso in cĭterior, cēteri zu Grunde liegt. In der classischen Sprache hat sich die volle Form ce nur bei auslautendem s erhalten: huiusce, hosce u. s. f., und wenn fragendes nĕ angehängt wurde: hicĭne. Die ältere Sprache hat nicht nur horunce, harunce und hornnc etc., sondern auch im Nom. Plur. hīsce, hīce, hīc, im Femininum haec, welche letztern, namentlich haec, vereinzelt bis in die classische Zeit sich hineinerstrecken. Hŏc steht für hod-ce; hunc, hanc für hum-ce, ham-ce.

Anm. 2. Für die Declin. ist noch besonders zu merken, daß hier schon im Nom. Sing. hīc und haec, d. h. ho-i-c, ha-i-c ein demonstratives i angetreten ist; dagegen dürfte i im Nom. Plur. N. haec (s. ha-i-c) Neutralendung sein. Der Stamm ist ho. Der Dativus Plur. konnte archaisch hībus d. i. ho-i-bus lauten.

2)

Sing.			Plur.		
istĕ,	istă,	istud	istī,	istae,	istă
istīus,	istīus,	istīus	istōrum,	istārum,	istōrum
istī,	istī,	istī	istīs,	istīs,	istīs
istum,	istam,	istud	istōs,	istās,	istă
istō,	istā,	istō.	istīs,	istīs,	istīs.

Anm. Entschieden ist iste aus is-tus, isto verkürzt. Das Pronomen ist zusammengesetzt aus den Stämmen i (Neutr. id) u. to- (vgl. tum, tam u. s. f.).

3)

Sing.			Plur.		
illĕ,	illă,	illud	illī,	illae,	illă
illīus,	illīus,	illīus	illōrum,	illārum,	illōrum
illī,	illī,	illī	illīs,	illīs,	illīs
illum,	illam,	illud	illōs,	illās,	illă
illō,	illā,	illō.	illīs,	illīs,	illīs.

Anm. 1. ille ist aus illus, illŏ verkürzt und weiter aus ollus geschwächt, welches selbst als aus ŏnŏlus, Deminutiv von einem veralteten St. ŏno, entstanden anzusehen ist.

Anm. 2. Auch an iste und ille kann ce (vgl. hic) angefügt werden, verkürzt in c in denselben Fällen wie in hic, aber nur illisce u. s. f. Das demonstrative i findet sich in denselben Fällen vor c, wie in hic. Istŭc und illŭc sind aus istŏc und illŏc geschwächt, wie istŭd, illŭd aus istŏd, illŏd.

§. 115. Pronomina determinativa.

1) is, ĕă, ĭd, dérselbe, (der) díeselbe, dásselbe.
derjenige, diejenige, dasjenige.
2) īdem, ĕădem, ĭdem, eben derselbe, dersélbe.
3) ipse, ipsă, ipsum, [er] selbst.

1) Siehe §. 103 c.

2)	Sing.		Plur.		
īdem,	ĕădem,	ĭdem	ĕīdem (īīdem),	ĕaedem,	ĕădem
ējusdem,	ējusdem,	ējusdem	ĕōrundem,	ĕārundem,	ĕōrundem
ĕīdem,	ĕīdem,	ĕīdem	ĕīsdem(īīsdem),	ĕīsdem,	ĕīsdem
ĕundem,	ĕandem,	ĭdem	ĕōsdem,	ĕāsdem,	ĕădem
ĕōdem,	ĕādem,	ĕōdem.	ĕīsdem,	ĕīsdem,	ĕīsdem.

Anm. 1. Die älteste Form für īdem war eīsdem, īsdem, und für īdem findet sich eīdem, īdem. Der Nom. Plur. lautete einst auch eīsdem, īsdem für eeisdem. Eidem im Nom. Plur. und eisdem im Dat. Plur. werden häufig in eīdem, eīsdem, īdem, īsdem zusammengezogen.

Anm. 2. is-dem heißt eigentlich eben der.

3) ipse decliniert wie ille, nur daß sein Neutr. Sing. auf -m endigt, ipsum.

Anm. Ein alter Nominativus ist ipsus. Ipse ist zusammengesetzt aus is und pse für pte, und wird in älterer Zeit häufig in seinem ersten Theile decliniert: eumpse u. s. f. Daher reāpse d. h. re eapse in Wirklichkeit. Auch an ipse tritt zuweilen met an.

Zusatz. Auf allgemeine Quantitäts- und Qualitätsbestimmungen gehen tantus, a, um so groß (tantum so viel), tŏt so viele, tālis ein solcher; den Gegensatz von īdem bilden ălius und alter.

§. 116. Pronomina interrogativa.

1) quĭs? quĭd? wer? was? (substantivisch.)
2) quī? quae? quod? welcher? welche? welches? (adjectivisch.)
3) ŭter? ŭtră? ŭtrum? wer (welcher) von beiden?

1)		Mascul. u. Fem.	Neutr.
Sing.	*N.*	quis? wer?	quid? was?
	G.	cūjus? wessen?	— —
	D.	cuī? wem?	— —
	Ac.	quem? wen?	quid? was?
	Ab.	quō?	quō? (wodurch?)

Anm. In der Declination dieses Pronomens sind zwei Stämme verbunden. Vom Stamme quĭ sind der Nom. und Accus. Sing. quis quem und quĭd gebildet, vom Stamme quŏ die übrigen Casus, und zwar der Genetivus und Dativus wieder mit dem demonstrativen Zusatze i.

Wie quis geht quisnam, quidnam wer denn? was denn?

2)	Sing.	Plur.
N.	quī, quae, quŏd	quī, quae, quae
G.	cūjus, cūjus, cūjus	quōrum, quārum, quōrum
D.	cuī, cuī, cuī	quĭbus, quĭbus, quĭbus
Ac.	quem, quam, quŏd	quōs, quās, quae
Ab.	quō, quā, quō.	quĭbus, quĭbus, quĭbus.

Anm. Der Accus. Sing. Masc. ist vom Stamme quī gebildet, ebenso Dat. u. Abl. Plur., die übrigen Casus vom Stamme quŏ, und dessen Declination gleich den entsprechenden Casus vom Stamme ho (hic, vgl. §. 114.).

Ebenso quinam, quaenam, quodnam? welcher denn? (selten.)

3) Sing.	Plur.
ŭter? ŭtra? ŭtrum?	utrī, utrae, utră?
utrīus, utrīus, utrīus?	utrōrum, utrārum, utrōrum?
utrī, utrī, utrī?	utrīs, utrīs, utrīs?
utrum, utram, utrum?	utrōs, utrās, utră?
utrō, utrā, utrō?	utrīs, utrīs, utrīs?

Anm. uter entspricht dem griechischen πότερος für κότερος, deutsch wĕder, und ist der Comparativus vom Stamm quŏ. Utrīus für utro-i-us, utri für *utro-i-ei, *utreiei.

Zusatz. Auf allgemeine Quantität und Qualität gehen quantus wie groß? quot wie viele? qualis wie beschaffen?

§. 117. Pronomina relativa.

quī, quae, quŏd welcher u. s. f.
quīcunque, quæcunque, quodcunque jeder welcher, welcher immer.
quisquīs, quidquīd (quicquid) jeder welcher, wer immer; was immer, alles was.
quiqui, quaequae, quodquod welcher immer.
ŭter, ŭtra, ŭtrum welcher von beiden.

Anm. 1. quicunque ist = quiquomque wer wann auch immer. Von quisquis sind nur wenige Formen gebräuchlich: quisquis, quidquid (quicquid), in älterer Zeit quemquem; von quiqui häufig cuicuimodi für cuiuscuiusmodi, cuiscuismodi, selten Nom. Plur. quiqui, Abl. Sing. quoquo, m. u. n., später quaqua, schon bei Liv. quibusquibus.

Anm. 2. Die Declination ist dieselbe wie bei den Fragepronomina. Archaische Formen sind quōius, quoiei, quoi, Nom. Plur. quēs. In alter Zeit findet sich auch quis als substantivisches Relativum gebraucht und ebenso quid in quid volet = quod volet. Nicht selten ist ein Ablat. quī vom Stamme quī, besonders in quīcum, und dieses in der classischen Sprache vorzüglich in allgemeinem Sinne. Im Relativum wird der Dativus, Abl. Plur. häufig vom Stamme quŏ gebildet: quīs.

Anm. 3. In der ältern Sprache findet sich oft quisque, quaeque etc. für quisquis oder quicunque, und umgekehrt quisquis für quisque.

Anm. 4. Vom Relativum wird, wie vom Interrogativum, ein Possessivum quoius, cūius, von wem, welchem, gebildet.

Zusatz. Auf allgemeine Quantität oder Qualität gehen: quantus wie groß, quot wie viele, qualis wie beschaffen.

§. 118. Pronomina indefinita.

quis oder quī, quă oder quae, quid oder quod: jemand, etwas; ein, eine (enklitisch).
aliquĭs oder aliquī, aliquă oder aliquae, aliquid oder aliquŏd: jemand, irgend ein, etwas; irgend ein.
quisquam, quidquam (quicquam): irgend jemand, irgend etwas; irgend ein.
quispiam, quaepiam, quidpiam oder quodpiam: etwa jemand, etwas; etwa ein.

Fragend: ecquĭs oder ecqui, ecquă oder ecquae, ecquid oder ecquod? irgend jemand? irgend etwas? irgend ein?
quīdam, quaedam, quiddam oder quoddam ein gewisser.
quisque, quaeque, quidque oder quodque jeder.
quīvis, quaevīs, quidvīs oder quodvīs jeder beliebige.
quīlĭbet, quaelibet, quidlibet oder quodlibet jeder beliebige.
ūllus, ūlla, ūllum irgend ein einziger.
nūllus, nūlla, nūllum kein.
nonnūllus, nonnūlla, nonnūllum mancher.
ălius, alia, aliud ein anderer.
alter, altera, alterum der eine oder andere (von zweien).
alteruter, alterautra, alterumutrum der eine oder andere (von zweien).

Ueber die letztern vergl. §. 115. Anm. 2. zu Ende.

ŭterque, ŭtrăque, ŭtrumque jeder von beiden.
ŭtervīs, ŭtrăvīs, utrumvis jeder (beliebige) von zweien.
ŭterlĭbet, ŭtrălĭbet, ŭtrumlĭbet jeder (beliebige) von zweien.
neuter, neutră, neutrum keiner von beiden.

Anmerkungen. 1) Die Formen auf -is, neben welchen solche auf ī existieren, werden vorherrschend substantivisch gebraucht, während die letztern vorherrschend adjectivisch verwendet werden. Beinahe ausschließlich adjectivisch sind die Formen auf -od, substantivisch diejenigen auf -id. Die Femininformen werden fast nur in adjectivischer Fügung gebraucht, und in vorclassischer Zeit gelten die Formen quis, quisquam auch für weibliches Geschlecht. Neben der einfachen Femininform qua findet sich in den mit qui zusammengesetzten auch quae d. i. qua-i, im Neutr. Plur. von aliqui nur das einfache aliquă.

2) Archaisch ist die Ablativform auf -ī statt derjenigen auf -ō in quīquam, quīpiam u. ä.

3) Die Declination aller dieser Wörter ist die pronominale, d. h. der Genetivus endigt auf -ī-us, der Dativus auf ī.

In alius (verkürzte Formen sind ălis, ălid) verschmilzt mit dem ī der Endung -īus stammhaftes i, alter hat alterĭus, verkürzt aber sein i im Verse häufiger als die übrigen Genitive derselben Art. Aber neben den pronominalen Formen zeigen sich bei einzelnen, namentlich im Femininum, auch die gewöhnlichen, wie Dat. alio, nullo, Genit. u. Dat. aliae, solae, alterae, im grammatischen Sinne immer generis neutri. Vielfach ist der Genit. auf i nur ein scheinbarer, d. h. einsilbige Aussprache von -ius mit Verlust von s. Alīus kommt selten vor und wird oft durch alterīus vertreten. Von alteruter können beide Theile oder nur der zweite flectiert werden.

4) Die pronomina indefinita quis, qui sind derselben Form, wie die interrogativa und relativa. Außer ihnen findet sich auch dem relativen und fragenden ŭter entsprechend ein indefinites ŭter, jedoch nur nach si und in ne-uter nicht irgend einer von zweien. Aliquis ist mit ali (St. alio) zusammengesetzt und heißt eigentlich: anders wer („irgend ein anderer" heißt alius quis oder alius aliquis). Das singulare tantum quisquam heißt wer irgend wie, in irgend welchem Grade, quispiam d. h. quis-pe-iam wer gerade eben. Ecquis ist mit en verbunden; quidam aus qui-dam irgend welcher eben, wer nun, quisque wer auch, jeder. Quīvīs und quīlĭbet sind aus quī mit vis du willst und lĭbet zusammengesetzt. Ullus ist = unulus, nullus = ne ullus; neuter erst allmählich aus ne-uter zusammengeschmolzen, in älterer Zeit dreisilbig gesprochen.

§. 119. Daran schließen wir die Correlativa der Quantität und Qualität, welche ebenfalls Pronominalia sind:

quŏt, für quŏtī, wie viele? (quŏtus der wie vielte?)
tŏt (für tŏti) so viele.
aliquŏt irgend wie viele, etliche.
quantus (für quavantus) wie groß? tantus so groß.
aliquantus irgend wie groß.
quālis (d. i. qu'ālis) wie beschaffen?
tālis so beschaffen.
quālis irgend wie beschaffen.

Die interrogativa sind zugleich die relativa und können als solche auch verdoppelt werden oder -cunque ansetzen: quotquot, quotcunque.

Vgl. oben unter den determinativa, interrogativa, relativa.

Conjugation.

§. 120. Die Conjugation entsteht durch Ansetzung von Personalendungen an einen Verbalstamm.

Das Lateinische bezeichnet drei Personen (personae) ohne Geschlechtsunterschied und dieselben in zwei Zahlen (numeri).

§. 121. Durch die Endungen wird zugleich der Zustand des Subjectes bezeichnet, d. h. ob es sich thätig oder leidend oder thätig und leidend verhalte. Diesen Zustand (respective seine Ausdrucksform) nennen die Grammatiker mit einem nach falscher Analogie vom Nominalstamme genommenen Ausdrucke genus. Nach der Form unterscheiden wir im Lateinischen zwei genera, das genus activum und das genus passivum: thätige und leidende Zustandsform.

§. 122. Zwischen Verbalstamm und Endung tritt die Bezeichnung des modus, d. h. der Aussageart. Der mŏdi unterscheidet das Lateinische drei, den indicativus, d. h. die anzeigende Aussageart, durch welche eine Handlung als wirkliche dargestellt wird (es fehlt jedes Moduszeichen), den imperativus, die befehlende Aussageart, durch welche eine Handlung von einem zweiten gefordert wird (es fehlt jedes Moduszeichen, und die Endung wird verkürzt oder verdoppelt), den conjunctivus d. h. die verbundene Aussageart, durch welche eine Handlung als von andern abhängig, als bloß möglich dargestellt wird (angedeutet durch ein bestimmtes Moduszeichen).

§. 123. Der Zeiten (tempŏra), in welche eine Handlung oder ein Zustand versetzt wird, bezeichnet das Lateinische zweimal drei:

1) imperfecta: praesens, praeteritum, futurum;
2) perfecta: praesens, praeteritum, futurum,
   oder: praesens, imperfectum, futurum;
   perfectum, plusquamperfectum, futurum exăctum.

Der wesentliche Ausdruck der Tempora liegt in den Tempusstämmen, die wiederum einfache und (spätere Bildungen) zusammengesetzte sein können. Im Lateinischen werden mehrere Formen mit Hilfe des Verbums sein, esse, geradezu umschrieben.

§. 124. Die durch Personalzeichen bestimmten Formen heißen verbum finitum.

§. 125. Als verbum infinitum, d. h. als nominale Theile der Conjugation erscheinen im Lateinischen: infinitivus, participium, supinum, gerundium.

Es gibt im Lateinischen

einen infinitivus imperfecti activi und passivi,
einen infinitivus perfecti activi,
ein participium imperfecti activi,
ein participium perfecti passivi
  und einen daraus und dem Verbum esse zusammengesetzten infinitivus perfecti passivi,
ein participium futuri activi
  und einen daraus und dem Verbum esse zusammengesetzten infinitivus futuri activi,
ein supinum auf -tum (-sum) und -tu (-su),
  und einen aus dem erstern und iri zusammengesetzten infinitivus futuri passivi,
ein gerundivum (participium necessitatis, weniger richtig participium futuri passivi)
  und ein daran sich schließendes gerundium.

Anmerkungen zu §. 120 ff.

1) Die Endungen des Activums sind bei Zusammensetzung mit dem Verbalstamm modificierte Pronominalstämme, diejenigen der zwei ersten Personen die Stämme der pronomina personalia substantiva, diejenigen der dritten der Stamm -ta. Sie erscheinen im Lateinischen

im sing. 1. Person als -m (oder die Endung fehlt)
" " 2. Person als -s (perf. -tī für tā; imperat. -tō̆(d), oder die Endung fehlt)
" " 3. Person als -t (imperat. -tō(d).
im plur. 1. Person als -mŭs, für älteres mūs
" " 2. Person als -tĭs (imperat. -tĕ oder tōtĕ)
" " 3. Person als -unt (imperat. -unto [d]).

Eine erste Person des Imperativs ist nicht vorhanden.

Ursprünglich lauteten diese Endungen im Singularis:
-mă, mī (vgl. mi-hi)
-tva, ta, ti, si, imperat. -dhi (vgl. tū, ti-bi)
-ta, ti (vgl. -tud in istud).

Die Endungen des Pluralis sind Plurale der Singularformen und lauteten ursprünglich:

-masī
-tas
-anti, -nti.

Die volleren Formen des Imperativs sind durch Verdoppelung des Personalzeichens entstanden.

2) Die Form des lateinischen Passivums ist ursprünglich eine Reflexivform, d. h. es ist das allgemeine Reflexivum sva, sĕ an das Activum gefügt. Dessen s ist aber im Auslaute außer in der zweiten Person Singul. (wo das s der Activendung diesen Wandel erlitten hat) in r erweicht worden, z. B.

lĕgo-r (für lego-se)
legĕr-is (für legis-is)
legĭt-u-r (für legit-u-s.)
legimu-r (für legimu(s)-s)
legunt-u-r (für legunt-u-s.)

Kaum liegt in dem scheinbaren Bindelaut noch ein Rest der vollen Endungen vor. Ein m der Activendung schwindet vor -r z. B. legēba(m)-r. Die zweite Person Plur. ist der versteinerte Nom. Plur. eines reflexiv-passiven Participialstammes des jedesmaligen Tempusstammes, z. B. legimini „gelesen werdende" (näml. seid ihr); für die zweite und dritte Person des Imperativs bestand in alter Zeit auch eine Singularform dieser Art: z. B.

progredĭmino (näml. esto.)

3) Formal unterscheidet das Lateinische nur zwei genera. In der Reflexivform hat sich aber die Bedeutung des Passivums entwickelt. Daneben erscheinen auch mit abgetrenntem Pronomen gebildete Reflexiva, und nehmen für uns besonders in den Participien manche verba transitiva zu-

gleich den Sinn von Reflexiven an: verto „ich wende" und „ich wende mich," res moventes „bewegliche Habe."

4) Verba transitiva heißen diejenigen, welche ein Object im Accusativus zu sich nehmen; verba transitiva können ein vollständiges Passivum bilden. Verba intransitiva heißen diejenigen welche kein Object oder ein Object in einem andern Casus als im Accusativus bei sich haben; die erstern heißen auch verba neutra.

5) Der Modusbezeichnungen sind im Indogermanischen zwei, die eine bestehend im Zusatze eines pronominalen ă, die zweite im Zusatze eines ja, welches oft in i zusammengezogen wird. Im Lateinischen ist die letztere vorwiegend, und die Form des Optativs umfaßt hier die Bedeutungen des coniunctivus und optativus. Die Silbe ja ist eine Wurzel „gehen," welche auch dazu dient ein duratives Präsens zu bilden, z. B. cupio.

6) Ueber die Tempusstämme siehe §. 127 u. 135.

7) Der infinitivus activi ist ursprünglich ein dativus sing. eines unmittelbar vom Verbalstamm gebildeten ungeschlechtigen nomen actionis auf -us und lautete in der ältern Sprache auf -sē aus. Allmählich erweichte sich s (zwischen zwei Vokalen stehend) in r und das tonlose ē wurde ĕ. Erhalten ist das s in es-se und in dem damit zusammengesetzten Infinitivus Perf. Einem vorhergehenden r ist s assimiliert in fer-re, einem l in vel-le. Die alte Länge der Endung ist erhalten in fierī (alt auch fiere).

Der ursprüngliche infinitivus imperfecti passivi lautet auf -ier aus: amārier, docērier, audīrier, legier; in der gewöhnlichen Litteratursprache steht dafür amā-ri, docēri, audī-ri, legi.

8) Das participium imperf. activi ist gebildet mit -n-t (n-ti), welches an den Präsensstamm antritt: ama-nt(i), doce-nt(i), audient(i), lege-nt(i); Nom. ama-ns u. s. f. Von einem partic. imperf. passivi auf -mi-no, m-no sind nur vereinzelte Spuren vorhanden.

9) Ein part. perf. act. als integrierender Theil der Conjugation fehlt. Das partic. perf. pass. ist gebildet auf -to, Nom. tŭ-s, -tă, -tŭm, angesetzt unmittelbar an den Verbalstamm. Statt des t stellt sich nicht selten s ein. Eine zweite Bildung auf -no wird nur adjectivisch verwendet; māgnus gewachsen; vā-nus u. s. f. für vac-nus; plēnus.

10) Das part. fut. activi ist die Adjectivform zu einem nomen agentis auf -tŏr, -sŏr, welches unmittelbar vom Stamm gebildet ist: ama-tor, amatūrus; doc-tor, doctūrus; audi-tor, auditūrus, lēc-tor, lectūrus. Ursprünglich ist es ohne specifische Futurbezeichnung.

11) Fälschlich wird zuweilen participium fut. pass. genannt die Adjectivform, welche durch Ansetzung von n-do (n-dus, n-dă, n-dum) an den Präsensstamm gebildet wird (gerundivum, participium necessitatis.) Sie

bezeichnet einen Gegenstand als zum Bewirken, Hervorrufen einer Handlung oder eines Zustandes befähigt, geeignet.

Das gerundium besteht aus den casus obliqui sing. des substantivischen Neutrums dieser Adjectivform: -ndi, -ndo etc. und dient dazu, die Declination des infinitivus imperfecti zu vervollständigen.

12) Das supinum auf -tum (-sum), welches keinen integrierenden Theil der Conjugation ausmacht und nur mißbräuchlich als dritte Stammform neben Präsens, Perfectum und Infinitivus Imperfecti aufgeführt wird, ist Accus. von subst. actionis auf -tu (-su), welches an den Stamm angesetzt wird. Daneben besteht ein Ablativus auf -tū (-sū).

Wir lassen die vollständigen Paradigmata der regelmäßigen Conjugation nach den überlieferten vier Arten und in gewöhnlicher Reihenordnung folgen. Die nominalen Formen der Conjugation stellen wir abgesondert auf.

Paradigma der ersten Conj

Activum.

	Indicativus.	Conjunctivus.
Imp. præsens.	ămō ich liebe	amem ich liebe
	amās du liebst	amēs du liebest
	amăt er liebt	amēt er liebe
	amāmus wir lieben	amēmus wir lieben
	amātis ihr liebet	amētis ihr liebet
	amant sie lieben.	ament sie lieben.
Imp. præterit.	amābam ich liebte	amārem ich liebte (würde lieben)
	amābās du liebtest	amārēs du liebtest
	amābăt er liebte	amārĕt er liebte
	amabāmus wir liebten	amarēmus wir liebten
	amabātis ihr liebtet	amarētis ihr liebtet
	amābant sie liebten.	amārent sie liebten.
Imp. futurum.	amābo ich werde lieben	amatūrus sim ich werde lieben
	amābīs du wirst lieben	-a sīs du werdest lieben
	amābīt er wird lieben	-um sīt er werde lieben
	amābīmus wir werden lieben	amaturi sīmus wir werden lieben
	amābītis ihr werdet lieben	-æ sītis ihr werdet lieben
	amābunt sie werden lieben.	-a sint sie werden lieben.
Perf. præsens.	amāvī ich habe geliebt	amāvĕrim ich habe geliebt
	amavistī du hast geliebt	amaverīs du habest geliebt
	amavit er hat geliebt	amaverīt er habe geliebt
	amāvīmus wir haben geliebt	amaverīmus wir haben geliebt
	amavistis ihr habet geliebt	amaverītis ihr habet geliebt
	amavērunt sie haben geliebt.	amaverint sie haben geliebt.
Perf. præterit.	amāvĕram ich hatte geliebt	amavissem ich hätte geliebt
	amaverās du hattest geliebt	amavissēs du hättest geliebt
	amaverăt er hatte geliebt	amavissĕt er hätte geliebt
	amaverāmus wir hatten geliebt	amavissēmus wir hätten geliebt
	amaverātis ihr hattet geliebt	amavissētis ihr hättet geliebt
	amāverant sie hatten geliebt.	amavissent sie hätten geliebt.
Perf. futurum.	amāvero ich werde geliebt haben	
	amaverīs du wirst geliebt haben	
	amaverīt er wird geliebt haben	
	amaverīmus wir werden geliebt haben	
	amaverītis ihr werdet geliebt haben	
	amaverint sie werden geliebt haben.	

Imperativus.

Sing.	amā liebe	Pl.	amāte liebet
	amāto du sollst lieben		amatōte ihr sollt lieben
	amāto er soll lieben		amanto sie sollen lieben.

amāvi, amātum, amāre lieben.

Passivum.

Indicativus.	Conjunctivus.
amŏr ich werde geliebt	amĕr ich werde geliebt
amāris du wirst geliebt	amēris du werdest geliebt
amātur er wird geliebt	amētur er werde geliebt
amāmur wir werden geliebt	amēmur wir werden geliebt
amāmĭni ihr werdet geliebt	amēmini ihr werdet geliebt
amantur sie werden geliebt.	amentur sie werden geliebt.
amābăr ich wurde geliebt	amārer ich würde geliebt
amabāris du wurdest geliebt	amarēris du würdest geliebt
amabātur er wurde geliebt	amarētur er würde geliebt
amabāmur wir wurden geliebt	amarēmur wir würden geliebt
amabāmini ihr wurdet geliebt	amarēmini ihr würdet geliebt
amabantur sie wurden geliebt.	amarentur sie würden geliebt.
amābor ich werde geliebt werden	
amabĕris du wirst geliebt werden	
amabĭtur er wird geliebt werden	
amabĭmur wir werden geliebt werden	
amabĭmĭni ihr werdet geliebt werden	
amabuntur sie werden geliebt werden.	
amatus sum ich bin geliebt worden	amatus sim ich sei geliebt worden
-a es du bist geliebt worden	-a sīs du seist geliebt worden
-um est er ist geliebt worden	-um sĭt er sei geliebt worden
amati sŭmus wir sind geliebt worden	amati sīmus wir seien geliebt worden
-æ estis ihr seid geliebt worden	-æ sītis ihr seiet geliebt worden
-a sunt sie sind geliebt worden.	-a sint sie seien geliebt worden.
amatus ĕram ich war geliebt worden	amatus essem ich wäre geliebt worden
-a erās du warest geliebt worden	-a essēs du wärest geliebt worden
-um erăt er war geliebt worden	-um essĕt er wäre geliebt worden
amati erāmus wir waren gel. worden	amati essēmus wir wären gel. worden
-æ erātis ihr waret geliebt worden	-æ essētis ihr wäret gel. worden
-a erant sie waren geliebt worden.	-a essent sie wären geliebt worden.
amatus ĕro ich werde gel. worden sein	
-a erīs du wirst gel. worden sein	
-um erit er wird gel. worden sein	
amati erīmus wir werden gel. w. sein	
-æ erītis ihr werdet gel. w. sein	
-a erunt sie werden gel. w. sein.	

Imperativus.

Sing.	Pl.
amāre werde gel., laß dich lieben	amāmĭni werdet gel., laßt euch l.
amātor du sollst geliebt werden	(amēmini ihr sollt geliebt werden)
amātor er soll geliebt werden	amantor sie sollen geliebt werden.

Activum.

	Indicativus.	Conjunctivus.
Imp. praesens.	dŏcĕō ich lehre	docĕăm ich lehre
	docēs du lehrst	docĕās du lehrest
	docĕt er lehrt	docĕăt er lehre
	docēmus wir lehren	docĕāmus wir lehren
	docētis ihr lehret	docĕātis ihr lehret
	docent sie lehren.	doceant sie lehren.
Imp. praeterit.	docēbam ich lehrte	docērem ich lehrte (würde lehren)
	docebās du lehrtest	docerēs du lehrtest
	docebat er lehrte	docerĕt er lehrte
	docebāmus wir lehrten	docerēmus wir lehrten
	docebātis ihr lehrtet	docerētis ihr lehrtet
	docebant sie lehrten.	docerent sie lehrten.
Imp. futurum.	docēbo ich werde lehren	docturus sim ich werde lehren
	docebĭs du wirst lehren	-a sīs du werdest lehren
	docebĭt er wird lehren	-um sĭt er werde lehren
	docebĭmus wir werden lehren	docturi sīmus wir werden lehren
	docebĭtis ihr werdet lehren	-ae sītis ihr werdet lehren
	docebunt sie werden lehren.	-a sint sie werden lehren.
Perf. praesens.	dŏcuī ich habe gelehrt	docuĕrim ich habe gelehrt
	docuistī du hast gelehrt	docuerĭ̄s du habest gelehrt
	docuit er hat gelehrt	docuerĭt er habe gelehrt
	docuĭmus wir haben gelehrt	docuerĭ̄mus wir haben gelehrt
	docuistis ihr habet gelehrt	docuerĭ̄tis ihr habet gelehrt
	docuērunt sie haben gelehrt.	docuerint sie haben gelehrt.
Perf. praeterit.	docuĕram ich hatte gelehrt	docuissem ich hätte gelehrt
	docuerās du hattest gelehrt	docuissēs du hättest gelehrt
	docuerat er hatte gelehrt	docuissĕt er hätte gelehrt
	docuerāmus wir hatten gelehrt	docuissēmus wir hätten gelehrt
	docuerātis ihr hattet gelehrt	docuissētis ihr hättet gelehrt
	docuerant sie hatten gelehrt.	docuissent sie hätten gelehrt.
Perf. futurum.	docuĕro ich werde gelehrt haben	
	docuerĭ̄s du wirst gelehrt haben	
	docuerĭt er wird gelehrt haben	
	docuerĭ̄mus wir werden gelehrt haben	
	docuerĭ̄tis ihr werdet gelehrt haben	
	docuerint sie werden gelehrt haben.	

Imperativus.

ing.	dŏcē lehre	Pl.	docēte lehret
	docēto du sollst lehren		docetōte ihr sollt lehren
	doceto er soll lehren		docento sie sollen lehren.

doctum, docēre lehren.

Passivum.

Indicativus.	Conjunctivus.
dŏcĕor ich werde gelehrt	dŏcĕar ich werde gelehrt
docēris du wirst gelehrt	doceāris du werdest gelehrt
docētur er wird gelehrt	doceātur er werde gelehrt
docēmur wir werden gelehrt	doceāmur wir werden gelehrt
docēmĭni ihr werdet gelehrt	doceāmini ihr werdet gelehrt
docentur sie werden gelehrt.	doceantur sie werden gelehrt.
docēbar ich wurde gelehrt	docērer ich würde gelehrt
docebāris du wurdest gelehrt	docerēris du würdest gelehrt
docebātur er wurde gelehrt	docerētur er würde gelehrt
docebāmur wir wurden gelehrt	docerēmur wir würden gelehrt
docebāmini ihr wurdet gelehrt	docerēmini ihr würdet gelehrt
docebantur sie wurden gelehrt.	docerentur sie würden gelehrt.
docēbor ich werde gelehrt werden	
docebĕris du wirst gelehrt werden	
docebĭtur er wird gelehrt werden	
docebĭmur wir werden gelehrt werden	
docebĭmĭni ihr werdet gelehrt werden	
docebuntur sie werden gelehrt werden.	
doctus sum ich bin gelehrt worden	doctus sim ich sei gelehrt worden
-a es du bist gelehrt worden	-a sīs du seiest gelehrt worden
-um est er ist gelehrt worden	-um sĭt er sei gelehrt worden
docti sŭmus wir sind gelehrt worden	docti sīmus wir seien gelehrt worden
-ae estis ihr seid gelehrt worden	-ae sītis ihr seiet gelehrt worden
-a sunt sie sind gelehrt worden.	-a sint sie seien gelehrt worden.
doctus ĕram ich war gelehrt worden	doctus essem ich wäre gelehrt worden
-a erās du warest gelehrt worden	-a essēs du wärest gelehrt worden
-um erăt er war gelehrt worden	-um essĕt er wäre gelehrt worden
docti erāmus wir waren gelehrt word.	docti essēmus wir wären gel. worden
-ae erātis ihr waret gelehrt worden	-ae essētis ihr wäret gelehrt worden
-a erant sie waren gelehrt worden.	-a essent sie wären gelehrt worden.
doctus ĕro ich werde gel. worden sein	
-a erĭs du wirst gel. worden sein	
-um erĭt er wird gel. worden sein	
docti erĭmus wir werden gel. worden sein	
-ae erĭtis ihr werdet gel. worden sein	
-a erunt sie werden gel. worden sein.	

Imperativus.

Sing. docēre werde gelehrt, laß dich l.	Pl. docēmini werdet gelehrt, laßt euch l.
docētor du sollst gelehrt werden	(doceāmini ihr sollt gelehrt werden)
docētor er soll gelehrt werden	docentor sie sollen gelehrt werden.

Dritte Conjugation: lĕgo,

Activum.

	Indicativus.	Conjunctivus.
Imp. praesens.	legō ich leſe	legam ich leſe
	legĭs du lieſeſt	legās du leſeſt
	legĭt er lieſt	legat er leſe
	legĭmus wir leſen	legāmus wir leſen
	legĭtis ihr leſt	legatis ihr leſet
	legunt ſie leſen.	legant ſie leſen.
Imp. praeterit.	legēbam ich las	lĕgĕrem ich läſe (würde leſen)
	legēbās du laſeſt	legĕrēs du läſeſt
	legēbăt er las	legĕret er läſe
	legebāmus wir laſen	legerēmus wir läſen
	legebātis ihr laſet	legerētis ihr läſet
	legebant ſie laſen.	legĕrent ſie läſen.
Imp. futurum.	lĕgam ich werde leſen	lecturus sim ich werde leſen
	legēs du wirſt leſen	-a sīs du werdeſt leſen
	legĕt er wird leſen	-um sit er werde leſen
	legēmus wir werden leſen	lecturi sīmus wir werden leſen
	legētis ihr werdet leſen	-ae sītis ihr werdet leſen
	legent ſie werden leſen.	-a sint ſie werden leſen.
Perf. praesens.	lēgī ich habe geleſen	lēgĕrim ich habe geleſen
	lēgistī du haſt geleſen	legerĭ̄s du habeſt geleſen
	lēgĭt er hat geleſen	legerit er habe geleſen
	lēgĭmus wir haben geleſen	legerĭ̄mus wir haben geleſen
	legistis ihr habet geleſen	legerĭ̄tis ihr habet geleſen
	legērunt ſie haben geleſen.	lēgĕrint ſie haben geleſen.
Perf. praeterit.	lēgĕram ich hatte geleſen	lēgissem ich hätte geleſen
	legerās du hatteſt geleſen	legissēs du hätteſt geleſen
	legerăt er hatte geleſen	legisset er hätte geleſen
	legerāmus wir hatten geleſen	legissēmus wir hätten geleſen
	legerātis ihr hattet geleſen	legissētis ihr hättet geleſen
	lēgĕrant ſie hatten geleſen.	legissent ſie hätten geleſen.
Perf. futurum	lēgĕro ich werde geleſen haben	
	legerĭ̄s du wirſt geleſen haben	
	legerĭt er wird geleſen haben	
	legerĭ̄mus wir werden geleſen haben	
	legerĭ̄tis ihr werdet geleſen haben	
	lēgĕrint ſie werden geleſen haben.	

Imperativus.

Sing.	lĕgĕ lies	Pl.	lĕgĭte leſet
	legĭto du ſollſt leſen		legitōte ihr ſollt leſen
	legĭto er ſoll leſen		legunto ſie ſollen leſen.

lectum, lĕgĕre lesen.

Passivum.

Indicativus.	Conjunctivus.
lĕgŏr ich werde gelesen	lĕgăr ich werde gelesen
legĕris du wirst gelesen	legāris du werdest gelesen
legĭtur er wird gelesen	legātur er werde gelesen
legĭmur wir werden gelesen	legāmur wir werden gelesen
legimĭni ihr werdet gelesen	legāmini ihr werdet gelesen
leguntur sie werden gelesen.	legantur sie werden gelesen.
legēbăr ich wurde gelesen	lĕgĕrer ich würde gelesen
legebāris du wurdest gelesen	legerēris du würdest gelesen
legebātur er wurde gelesen	legerētur er würde gelesen
legebāmur wir wurden gelesen	legerēmur wir würden gelesen
legebāmini ihr wurdet gelesen	legerēmini ihr würdet gelesen
legebantur sie wurden gelesen.	legerentur sie würden gelesen.
lĕgar ich werde gelesen werden	
legēris du wirst gelesen werden	
legētur er wird gelesen werden	
legēmur wir werden gelesen werden	
legēmini ihr werdet gelesen werden	
legentur sie werden gelesen werden.	
lectus sum ich bin gelesen worden	lectus sim ich sei gelesen worden
-a es du bist gelesen worden	-a sīs du seiest gelesen worden
-um est er ist gelesen worden	-um sit er sei gelesen worden
lecti sŭmus wir sind gelesen worden	lecti sīmus wir seien gelesen worden
-ae estis ihr seid gelesen worden	-ae sītis ihr seiet gelesen worden
-a sunt sie sind gelesen worden.	-a sint sie seien gelesen worden.
lectus ĕram ich war gelesen worden	lectus essem ich wäre gelesen worden
-a erās du warest gelesen worden	-a essēs du wärest gelesen worden
-um erăt er war gelesen worden	-um essĕt er wäre gelesen worden
lecti erāmus wir waren gel. worden	lecti essēmus wir wären gelesen worden
-ae erātis ihr waret gelesen worden	-ae essetis ihr wäret gelesen worden
-a erant sie waren gelesen worden.	-a essent sie wären gelesen worden.
lectus ĕro ich werde gelesen worden sein	
-a erīs du wirst gelesen worden sein	
-um erĭt er wird gelesen worden sein	
lecti erĭmus wir werden gel. worden sein	
-ae erĭtis ihr werdet gel. worden sein	
-a erunt sie werden gel. worden sein.	

Imperativus.

Sing. lĕgĕre werde gelesen, laß dich l.
legĭtor du sollst gelesen werden
legĭtor er soll gelesen werden

Pl. legĭmini werdet gelesen, laßt euch l.
(legāmini ihr sollt gelesen werden)
leguntor sie sollen gelesen werden.

Vierte Conjugation: audio, audivi,

Activum.

	Indicativus.	Conjunctivus.
Imp. praesens.	audiŏ ich höre	audiam ich höre
	audīs du hörst	audiās du hörest
	audĭt er hört	audiăt er höre
	audīmus wir hören	audiāmus wir hören
	audītis ihr hört	audiātis ihr höret
	audiunt sie hören.	audiant sie hören.
Imp. praeterit.	audiebam ich hörte	audīrem ich hörte (würde hören)
	audiebās du hörtest	audirēs du hörtest
	audiebăt er hörte	audirĕt er hörte
	audiebāmus wir hörten	audirēmus wir hörten
	audiebātis ihr hörtet	audirētis ihr hörtet
	audiebant sie hörten.	audīrent sie hörten.
Imp. futurum.	audiam ich werde hören	auditurus sim ich werde hören
	audiēs du wirst hören	-a sīs du werdest hören
	audiet er wird hören	-um sĭt er werde hören
	audiēmus wir werden hören	audituri sīmus wir werden hören
	audiētis ihr werdet hören	-ae sītis ihr werdet hören
	audient sie werden hören.	-a sint sie werden hören.
Perf. praesens.	audīvī ich habe gehört	audīvĕrim ich habe gehört
	audivistī du hast gehört	audiverīs du habest gehört
	audivĭt er hat gehört	audiverĭt er habe gehört
	audivĭmus wir haben gehört	audiverīmus wir haben gehört
	audivistis ihr habet gehört	audiverītis ihr habet gehört
	audivērunt sie haben gehört.	audīvĕrint sie haben gehört.
Perf. praeterit.	audīvĕram ich hatte gehört	audivissem ich hätte gehört
	audiverās du hattest gehört	audivissēs du hättest gehört
	audiverăt er hatte gehört	audivissĕt er hätte gehört
	audiverāmus wir hatten gehört	audivissēmus wir hätten gehört
	audiverātis ihr hattet gehört	audivissētis ihr hättet gehört
	audīverant sie hatten gehört.	audivissent sie hätten gehört.
Perf. futurum.	audīvero ich werde gehört haben	
	audiverīs du wirst gehört haben	
	audiverĭt er wird gehört haben	
	audiverīmus wir werden gehört haben	
	audiverītis ihr werdet gehört haben	
	audīverint sie werden gehört haben.	

Imperativus.

Sing.	audī höre	Pl.	audīte höret
	audīto du sollst hören		auditōte ihr sollt hören
	audīto er soll hören		audiunto sie sollen hören.

m, audīre hören.

Passivum.

Indicativus.	Conjunctivus.
audior ich werde gehört	audiar ich werde gehört
audīris du wirst gehört	audiāris du werdest gehört
audītur er wird gehört	audiātur er werde gehört
audīmur wir werden gehört	audiāmur wir werden gehört
audīmini ihr werdet gehört	audiāmini ihr werdet gehört
audiuntur sie werden gehört.	audiantur sie werden gehört.
audiēbar ich wurde gehört	audīrer ich würde gehört
audiebāris du wurdest gehört	audirēris du würdest gehört
audiebātur er wurde gehört	audirētur er würde gehört
audiebāmur wir wurden gehört	audirēmur wir würden gehört
audiebāmini ihr wurdet gehört	audiremini ihr würdet gehört
audiebantur sie wurden gehört.	audirentur sie würden gehört.
audiar ich werde gehört werden	
audiēris du wirst gehört werden	
audiētur er wird gehört werden	
audiēmur wir werden gehört werden	
audiēmini ihr werdet gehört werden	
audientur sie werden gehört werden.	
auditus sum ich bin gehört worden	auditus sim ich sei gehört worden
-a es du bist gehört worden	-a sis du seiest gehört worden
-um est er ist gehört worden	-um sit er sei gehört worden
auditi sŭmus wir sind gehört worden	auditi sīmus wir seien gehört worden
-ae estis ihr seid gehört worden	-ae sītis ihr seiet gehört worden
-a sunt sie sind gehört worden.	-a sint sie seien gehört worden
auditus ĕram ich war gehört worden	auditus essem ich wäre gehört worden
-a erās du warest gehört worden	-a essēs du wärest gehört worden
-um erăt er war gehört worden	-um esset er wäre gehört worden
auditi erāmus wir waren gehört worden	auditi essēmus wir wären gehört worden
-ae erātis ihr waret gehört worden	-ae essetis ihr wäret gehört worden
-a erant sie waren gehört worden.	-a essent sie wären gehört worden.
auditus ĕro ich werde gehört worden sein	
-a erīs du wirst gehört worden sein	
-um erīt er wird gehört worden sein	
auditi erīmus wir werden geh. word. sein	
-ae erītis ihr werdet geh. worden sein	
-a erunt sie werden geh. worden sein.	

Imperativus.

Sing. audīre werde gehört, laß dich hören	Pl. audīmini werdet gehört, laßt euch hör.
audītor du sollst gehört werden	(audiāmini ihr sollt gehört werden)
audītor er soll gehört werden	audiuntor sie sollen gehört werden.

Die nominalen Formen der Paradigmen der vier Conjugationen.

Infinitivus:				
imperfecti activi:	amāre lieben	docēre lehren	lĕgĕre lesen	audīre hören
perfecti activi:	amavisse geliebt haben	docuisse gelehrt haben	lēgisse gelesen haben	audīvisse gehört haben
futuri activi:	amatūrus (m) . . . esse lieben werden	doctūrus (m) . . . esse lehren werden	lectūrus (m) . . . esse lesen werden	auditūrus (m) . . . esse hören werden
imperfecti passivi:	amāri geliebt werden	docēri gelehrt werden	lĕgī gelesen werden	audīri gehört werden
perfecti passivi:	amātus (m) . . . esse geliebt worden sein	doctus (m) . . . esse gelehrt worden sein	lectus (m) . . . esse gelesen worden sein	audītus (m) . . . esse gehört worden sein
futuri passivi:	amatum īri werden geliebt werden.	doctum iri werden gelehrt werden.	lectum iri werden gelesen werden.	audītum iri werden gehört werden.
Gerundium:				
Gen.:	amandi	docendi	legendi	audiendi
Dat.:	amando	docendo	legendo	audiendo
Acc.:	(ad) amandum	(ad) docendum	(ad) legendum	(ad) audiendum
Abl.:	amando	docendo	legendo	audiendo
	des Liebens u. s. f.	des Lehrens u. s. f.	des Lesens u. s. f.	des Hörens u. s. f.
Participium:				
imperfecti activi:	amāns liebend	docēns lehrend	legēns lesend	audiēns hörend
perfecti passivi:	amātus geliebt	doctus gelehrt	lēctus gelesen	audītus gehört
futuri activi:	amatūrus lieben werdend	doctūrus lehren werdend	lectūrus lesen werdend	audīturus hören werdend
necessitatis oder *gerundivum:*	amandus ein zu liebender einer, der geliebt werden muß oder soll u. s. f.	docendus ein zu lehrender.	legendus ein zu lesender.	audiendus ein zu hörender.
Supinum:				
auf *um:*	amātum um zu lieben	doctum um zu lehren	lēctum um zu lesen	audītum um zu hören
auf *ū:*	amātu zu lieben.	doctu zu lehren.	lēctu zu lesen.	audītu zu hören.

Paradigma eines Präsensstammes der dritten Conjugation auf -io.

Imperfectum praesens.

capio	capiam	capior	capiar
capĭs	capiās	capĕris	capiāris
capĭt	capiăt	capĭtur	capiātur
capĭmus	capiāmus	capĭmur	capiāmur
capĭtis	capiātis	capĭmini	capiāmini
capiunt.	capiant.	capiuntur.	capiantur.

Imperfectum praeteritum.

capiēbam	capĕrem	capiēbar	capĕrer
capiēbas	capĕrēs	capiebāris	caperēris
u. s. f.	u. s. f.	u. s. f.	u. s. f.

Imperfectum futurum. — Imperativus.

Imperfectum futurum.		Imperativus.	
capiam	capiar	capĕ	capĕre
capiēs	capiēris	capĭto	capĭtor
capiēt	capiētur	capĭto	capĭtor
capiēmus	capiēmur	capĭte	capĭmini
capiētis	capiēmini	capitōte	(capiāmini)
capient.	capientur.	capiunto.	capiuntor.

Infinitivus imperf. act.: capĕre. Gerundium: capiendi u. s. f.

Participium - - capiēns. Gerundivum: capiendus, -a, -um.

§. 126. Die Conjugation zerfällt in eine solche mit durch ă gebildetem Imperfectthema und in eine solche ohne dasselbe. Ueber letztere vgl. die Anomala. Weil die erstere in abgeleiteten oder abgeleiteten ähnlich gestalteten Stämmen durch Contraction der Vokale im Präsens verschiedene Form angenommen hat, so werden nach diesen Präsensformen vier Hauptconjugationen aufgestellt: die erste mit dem Kennlaute ā, die zweite mit dem Kennlaute ē, die dritte mit dem Kennlaute ă, der aber Schwächung in ŏ, ŭ, ĭ erleidet, die vierte mit dem Kennlaute ī. Der ersten, zweiten und vierten liegt ein gemeinsamer Ausgang aja, der vierten auch ija zu Grunde.

§. 127. Die dritte Conjugation, welche meist unabgeleitete Verba begreift, theilt sich nach der Stammgestaltung im Präsens in mehrere Unterarten.

1) Der Präsensstamm stimmt in der classischen Zeit mit dem Verbalstamme überein: ăgo, vĕho.

2) Der Präsensstamm hat verstärkten Wurzelvokal (ū = ou, ī = ei): dūco (alt douco), dīco (alt deico), fīdo. Hieher gehören ursprünglich auch die unabgeleiteten Stämme auf ŭ: flŭo, alt flŏvo, fluō, und nach ihnen richteten sich sternuo und die deutlich abgeleiteten auf auslautendes u: metuo. U ist hier etwa zu v geworden, z. B.: solvo; lv, rv vielleicht einzeln zu ll, rr.

3) Der Präsensstamm hat Reduplication mit ĭ (ĕ) in der Reduplicationssilbe: gigno. Dahin gehören auch bibo, sisto, sĕro säen, dieses mit ursprünglichem (nicht thematischem) Vokale.

4) Der Präsensstamm hat den Zusatz -no (nach Vokalen und Halbvokalen): si-no, po(s)-no, cer-no, contem-no. (Oft wol ll = ln: vello.)

5) Im Präsensstamme ist ein Nasal in die Wurzel gedrungen: rumpo, frango, scindo.

6) Der Präsensstamm hat den Zusatz -to (nach Gutturalen): pecto, necto, plecto.

7) Der Präsensstamm fügt -jo, -ĭo an: cap-io, jacio, rapio, sapio. (lj, rj, tj oft ll, rr, tt.)

8) Der Präsensstamm nimmt -sco an: disco für dicsco, posco für porcsco. Diese Bildung findet sich oft auch in abgeleiteten Verbis: ardēsco, invĕterāsco, obdormīsco.

Anm. 1. Einige Präsensstämme sind mehrfach gebildet, wie fruniscor alt für fruor, conquīnisco zusammenkauern, nanciscor.

Anm. 2. In einer Anzahl Verben findet sich der Zusatz -n nach Vokalen, -in nach liquidis nur bis ins sechste Jahrhundert und — vielleicht zufällig — mit Ausname von Einem unsichern Beispiele nur in der dritten Person Plur. des Präsens: dănunt = dant, nequīnunt = nequeunt, prodīnunt = prodeunt, interscrīnuntur = interseruntur.

Anm. 3. Die Präsensstämme gehen oft mehr oder minder consequent in Verbalstämme über, namentlich diejenigen mit eingeschobenem Nasal: jungo, pingo, fungor.

Anm. 4. Die Conjugation vieler Verba ist wirklich oder scheinbar aus abgeleiteten (schwachen) und ursprünglichen*) (starken) Stämmen

---

*) So sind sedĕo, venio u. a. entschieden ursprünglich unabgeleitete Stämme, welche erst allmählich in die Classe der abgeleiteten übergiengen: sedeo für sedio, sedjo, gr. ἕζομαι, venio = venjo = gr. βαίνω für βάνjω.

gemischt: sĕdeo, sēdi, sedēre; vĕnio, vēni, vĕnire; pĕto, ipĕtīvi, petere; dăre „geben" bildet die einsilbigen Formen dăs und dă nach Analogie der ā-Conjugation. Stāre wird in den temp. imperf. flectiert wie die ā-stämme.

§. 128. Vom Präsensstamme werden gebildet:
als Theile des verbum infinitum: infinitivus imperfecti, particip. imperf., participium necessitatis und gerundium;
als Theile des verbum finitum: praesens indicat. und conjunct., imperf. indic. und conjunct., futurum indic.

§. 129. Im praesens indic. fehlt die Endung in der ersten Person Sing., aber das thematische o ist lang, allmählich mittelzeitig, und ebenso war einst das aus a, o geschwächte thematische i in -is, -it (der dritten Conjugation) lang. — O der ersten Conjugation ist aus ăjo, ao, au verschmolzen, -ĕo der zweiten und -ĭo der vierten stehen für ĕjo, ījo. In der dritten Person Plur. ist a der ersten und e der zweiten, ă der dritten (in der Schwächung ŏ, ŭ) erhalten, in der vierten steht i neben u (für ŏ, ă).

Das ĭ der Präsensstämme auf -ĭo (capio) etc. schwindet überall vor ĭ und ĕr: capĭs, capĭt, capĭmus, capĭtis, capĕre.

§. 130. Imperativus. Die Verba dīco, făcio, dūco, fĕro, von den beiden letztern auch die Composita, werfen regelmäßig in der classischen Sprache in der zweiten Person Sing. das thematische ĕ ab: dīc, făc, dūc, fĕr; ēdūc, cōnfer. Auch ingĕr für ingere findet sich. Von scio werden in der Regel nur die starken Formen: scīto, scitōte, ebenso von habeo im Sinne von scio: habēto, habetote gebraucht.

§. 131. Das praes. conjunctivi ist in Conjugation II, III, IV durch Verlängerung des thematischen a (eig. ă + ă) gebildet, lautet also auf -am, -ās, -ăt; -āmus, -ātis, -ant; in Conjugation I tritt zu ā das eigentlich optativische i, welches mit jenem zu ē verschmilzt: -em, -ēs, -ĕt; -ēmus, -ētis, -ent.

§. 132. Das imperfectum praeteritum indicativi wird gebildet durch Zusammensetzung mit -bam, -bās, -băt; -bāmus, -bātis, -bant, vor welchem der thematische Vokal ĕ in Conjug. III und IV nach Analogie von Conjug. II lang (— ē —) erscheint.

Anm. -bam ist ein altes Imperfectum von fuo, werden, sein, steht also für fuam, bvam.

§. 133. Der entsprechende Conjunctivus ist zusammengesetzt mit -rem, -rēs, -rĕt; -rēmus, -rētis, -rent, dessen r für ein ursprüngliches s steht. Vor r erscheint der Themavokal ă als ĕ.

Anm. -sem, d. i. esem, esēs etc. ist optativus vom imperf. esam (eram).

§. 134. Das futurum ist in der ersten und zweiten Conjugation gebildet durch Zusammensetzung mit -bō, -bĭs, -bĭt; -bĭmus, -bĭtis, -bunt.

Anm. -bo steht für -bjo, fuio ich werde.

Das fut. der dritten und vierten Conjugation ist in der 1. Person Sing. ein Conjunctiv, im Uebrigen ein Optativ, wobei das alte thematische ă mit — i — zu ē verschmilzt:

lĕgă-is = legēs u. s. f.

Archaisch findet sich auch die erste Person Sing. optativisch gebildet: attinge(m), accipie(m).

Anm. 1) Die Endung -īm etc. (für -jām, -jās etc., -iē-m, -iē-s etc.) liegt noch klar vor in sim, vĕlim, erscheint archaisch auch in ēdim und duim für dem von einem Stamme dŭ für dŏ neben -duam in crēduam. Die Formen verberit, carint etc. sind entweder veraltete Indicative oder verdorbene Ueberlieferung.

Anm. 2. Archaisch und allgemein dichterisch finden sich im imperf. indic. die zusammengezogenen Formen auf -ībam: audībam, molībar u. ä.

Anm. 3. Archaisch erscheint die Futurbildung mit -bo auch in den Stämmen auf -ī und in einem wurzelhaften ăstamme, nicht sicher ausgemacht in Stämmen mit thematischem ă: audībō, expĕrībor, (regelmäßig in ībo, quībo), reddībo; von Grammatikern überliefert: dīcēbo, fīdēbo, exūgēbo.

Anm. 4. In der zweiten Person Sing. des Passivums findet sich, namentlich im Futurum, häufig -rĕ statt -rĭs, d. h. Abwerfung des -s und Lautsenkung von -ĭ: delectare, vidēre, delectabare u. s. f. Für das Präsens findet sich diese verkürzte Form vorherrschend im Deponens.

Perfectum.

§. 135. Perfectstamm. Derselbe wird gebildet:

1) mit dem Bildevokal — ī — und Reduplication der Wurzel; die Reduplication ist zuweilen in späterer Zeit geschwunden.

2) mit dem Bildevokal — ī — und positionslanger oder durch Steigerung des Vokales lang gewordener Wurzel — starkes Perfectum;

oder 3) durch Zusammensetzung der meist positionslangen oder durch gesteigerten Vokal lang gewordenen Wurzel mit einem veralteten Perfectum von sum: (e) si;

4) durch Zusammensetzung des Verbalstammes oder der Wurzel mit dem Perfectum von fuo: -fuī (-uī, -vī), wobei unmittelbar vorausgehender Vokal ursprünglich immer lang erscheint — schwaches Perfectum.

§. 136. Flexion. Die dritte Person Plur. ist mit -sunt — von esse — zusammengesetzt und mit Formen von esse sind auch die zweite Person Sing. u.

Plur. gebildet. Der Bildevokal — ī — verkürzt sich in der ersten Pers. Plur. und geht in der dritten in ē über. Zuweilen wird auch dieses ē kurz und sehr selten und archaisch fällt ĕ ganz aus: dedrot, dedro für dedērunt.

Die Flexion des Perfectums mit dem Bildevokal lautet:
Sing. -ī (ei), -īstī, -īt (alt -īt, -eit)
Plur. -īmus, -istis, -ērunt (-ēre, -ĕrunt).

§. 137. Der Vokal der Reduplication ist echt lateinisch derselbe mit dem Stammvokale, nur daß dem aus ursprüngl. -ă- geschwächten -ŭ, -ĭ und dem aus ae getrübten ī in der Reduplicationssilbe ein ĕ gegenübersteht. Die Reduplicationssilbe ist kurz; würde sie durch Position lang, so fällt der erste Consonant des Stammes ohne Ersatz aus: stĕ-ti für ste-sti, spŏ-pondi für spo-spondi.

§. 138. Der Wurzeltheil der uns erhaltenen reduplicierten Stämme erleidet in der gewöhnlichen Sprache durch Verlust des Accentes mehrfach Einbuße, d. h. ein ă vor einfachem Consonanten wird -ĭ-, seltener -ŭ, -ĕ (-ŭ durch Einfluß von l, ĕ durch denjenigen von r): cĕ-cĭdī, pĕ-pŭlī, pĕ-pĕrī; ae verdichtet sich in ī, cĕ-cī-dī; ein als unwurzelhaft gefühltes n bleibt weg: pango, pĕ-pĭgī; tango, tĕ-tĭgī, pungo, pŭ-pŭgi, tundo, tŭ-tŭdī.

Es findet sich aber noch eine Spur davon, daß auch in der reduplicierten Form der Wurzelvokal gesteigert wurde, wenn man von einzeln vorkommendem contoudimus, contūdimus auf tutūdi schließen darf.

Anm. Zuweilen schwindet in der classischen Sprache die Reduplication, so in scĭdi für altes scicĭdi, tŭli für altes tetŭli und besonders in Zusammensetzungen außer in den Composita mit dăre (wovon nur abscondi für abscondĭdi vorherrschend ist), mit stāre, sistere, discere, poscere; in den Compositis mit currere wechseln beide Formen.

§. 139. Die der zweiten Bildung des starken Perfects angehörenden Perf. steigern den Vokal, wenn er kurz ist und vor einfachem Consonanten steht, und zwar ă zu ē, seltener zu ā, ŭ zu ū (alt ou), ĭ zu ī (alt ei), ĕ zu ē, ŏ zu ō: scăbo, scābi; făcio, fēci; fundo (W. fŭd) fūdi; vinco (W. vĭc) vīci; lĕgo, lēgi; fŏdio, fōdi; aber cūdo, cūdi; defendo, defendi; verto, verti u. s. f. Ursprüngliche Reduplication ist in diesen Formen im Lateinischen nicht nachweisbar.

Schwache Perfectstämme.

§. 140. Nach §. 135 bildet das Lateinische

a) eine Anzahl Perfectstämme meist von starken (nicht abgeleiteten) Verben durch innige Zusammensetzung mit (e)si, dem alten Perfectum von sum, welches unmittelbar an die Verbalwurzel antritt. Der Wurzeltheil hat in der Regel durch Position oder durch Steigerung oder durch Ersatz langen Vokal: pinxi, hausi, dixi; und für die Perfecta auf -exi ist uns die Steigerung von ē durch alte Grammatiker bezeugt: illēxi.

§. 141. Das Lateinische bildet

b) schwache Perfectstämme durch innige Zusammensetzung mit fui (-vi, -ui), dem Perfectum von fuo. Das Perfectum auf -ui, -vi gehört zunächst den abgeleiteten Stämmen an. Oft tritt statt -ēvi, seltener statt -āvi, -īvi — ui ein, d. h. der stammauslautende Vokal schwächt sich in ĕ, ĭ und fällt schließlich aus. Nach Analogie der abgeleiteten Stämme bilden das Perfectum:

1) auch andere vokalisch auslautende Wurzeln, oder solche, welche den Vokal durch Metathesis ans Ende setzen, wie nō-vi, crē-vi, strā-vi, trī-vi;

2) treten mehrfach consonantisch, zumal mit den Liquidis l, r, oder den Nasalen m, n auslautende Wurzeln im Perf. in diese Bildung über: cŏlui, sĕrui, gĕmui, gĕnui.

Anm. Es läßt sich nicht sicher entscheiden, ob die auf -ŭ auslautenden Wurzeln und Stämme, wie lŭo (für lŭo, lŏvo), mĕtŭo und die Verba juvo, căveo, păveo, fŏveo, mŏveo u. a. ihr Perfectum stark oder ursprünglich schwach auf -vi, -ui gebildet haben. Wir führen sie unten unter den starken Bildungen auf.

§. 142. Von dem Perfectstamme sind:
perfectum praesens conjunctivi,
perfectum praeteritum indic. u. conj.,
endlich das perf. futuri,
gebildet durch Zusammensetzung mit Formen des Verbums esse:

a) das perf. praes. conj. aus dem Perfectstamme auf ĭ mit -sim, -sīs, etc., dessen s, zu r geworden, den Vokal i in ĕ übergehen läßt;

b) das perf. praet. ind. aus dem Perfectstamme auf ĭ mit (ĕ)sam u. s. f., dessen s, zu r geworden, den Vokal i in ĕ übergehen läßt;

c) das perf. praet. conj. aus dem Perfectstamme auf ĭ mit (e)ssem u. s. f.

d) das perf. fut. ind. aus dem Perfectstamm auf -ĭ, mit (e) so, für -sjo, -sĭs etc. dessen s, zu r geworden, den Vokal i in ĕ übergehen läßt.

Anmerkungen. 1) Nicht selten fällt v aus in den Formen -īvĕr-, -īvērunt; in den Formen -ivist-, -iviss- schwindet in der Regel v und ii wird ī: audīsti, audīssem, audīsse. Seltener sind die Formen -ii, -iit und besonders -iimus außer in ire, petere und deren Compositis; vereinzelt und dichterisch wird dieses ii in denselben Formen von ire, petere und desinere noch weiter in ī zusammengezogen. Archaisch ist sīris, sirit, siritis, sirint für sieris, sīveris etc.

In den Formen auf -āvĕr, -ēvĕr, -ōvĕr; -āvĕrunt, -ēvĕrunt, -ōvĕrunt; -āvist-, -ēvist-, -ōvist-; -āviss-, -ēviss-, -ōviss- kann, sofern v nicht zur Wurzel gehört, durch Tilgung des v und Zusammenziehung der Vokale die Silbe -vi, -vĕ, -vē ganz ausfallen. Das kann auch in den betreffenden Formen von mŏveo statt finden; jūro statt jūvero, jūrim statt jūverim sind archaisch, vereinzelt und dichterisch ist jūĕrint. Sehr selten und nicht bei den scenischen Dichtern der Silbenauswurf in der dritten Person Sing. und in der ersten Person Plur.

2) Besonders häufig bei Dichtern ist die Ausstoßung des si in den mit si gebildeten Perfectis vor st, ss: dixti, dixem, dixe u. s. f.

3) Nur archaisch mit Ausname von faxo, faxim und ausim sind die Formen auf -sim, -so, Infin. -sĕre: locassim, locasso, locassere; habessim, habesso; amissim, amisso; capsim, capso; ambissim etc. -assim, -essim, -issim sind aus -avīsim, -evīsim, -ivīsim, hervorgegangen; ausim aus ausisim. Capsim u. ä. sind aus capsisim zu erklären. Die Formen auf -sim haben nicht Perfect-, sondern Aoristbedeutung.

4) Spuren eines starken Aorists sind namentlich in den Conjunctiven erhalten: attīgas (von attingo), attŭlas, abstŭlas, fuam, fuas, fuat, fuant (wie siem, duim nur in den zweisilbigen Formen), und im Participium părens, parentes Vater, Mutter, Eltern, pŏtens. Selten erscheinen auch im Indicativ die unverstärkten Stämme: tăgo, păgunt.

§. 143.*) Die tempp. perfecta des Passivums werden gebildet durch Zusammenschreibung des Part. Perf. Pass. mit den erforderlichen Formen des Verbum sum. Nur wenige Ueberbleibsel einer einfachen Passivform finden sich in den archaischen Formen auf asso u. s. f.: turbassitur.

Anm. 1. Selten sind in der guten Prosa die Formen: amatus fui, fueram, fuero gleichbedeutend mit amatus sum u. s. f.; amatus fui heißt in der Regel „ich bin geliebt gewesen" u. s. f.

Anm. 2. Fŏre mit dem Partic. Perf. bildet das fut. exactum des Infinitivs.

Anm. 3. Fŏrem mit dem Partic. Perf. dient 1) um ein Perfect. Futur. des Conjunctivs zu bilden; 2) ist es besonders in Bedingungssätzen Nebenform von essem mit dem Partic. Perf.

§. 144. Der inf. fut. passivi kann gebildet werden aus dem Supinum auf -tum (-sum) mit iri gegangen werden: amatum iri daß zum Lieben gegangen werde, werden geliebt werden. Häufig wird dieser Infinitivus noch weitläufiger umschrieben.

*) Ueber die Bildung des Participium Perfecti und des Supinums vgl. das Nähere §. 148.

§. 145. Um eine Handlung zu bezeichnen, welche unmittelbar zu bewirken Fähigkeit oder Absicht da ist, wählt man die Umschreibung durch das sogenannte Partic. Futuri und die entsprechenden Zeiten von sum:

ămaturus, a, um sum, es, est
ich bin im Begriffe, gewillt zu lieben.
amaturus ĕram, ĕro u. s. f.

Diese Umschreibung macht es möglich, eine Art von futur. conjunctivi zu bilden: amaturus sim u. s. f.

§. 146. Um eine Handlung zu bezeichnen, die bestimmt ist gethan zu werden, wählt man die Umschreibung durch das sogenannte gerundivum oder participium necessitatis und die entsprechenden Zeiten von sum: amandus sum ich bin zu lieben, man soll oder muß mich lieben u. s. f.

§. 147. Als **Grundformen** für die Bildung der Conjugation werden in der Regel aufgestellt:

praesens, perfectum, supinum auf -tum oder -sum, infinitivus imperfecti. Richtig werden aus dem **Präsensstamm** die tempora imperfecta, aus dem **Perfectstamm** die tempora perfecta abgeleitet. Infinitivus und supinum sind Verbalnomina, und letzteres ist nur insofern für die Bildung der Conjugation wichtig, als gewöhnlich die part. perf. passivi und futuri activi nach seiner Analogie gebildet sind. Vom infinitivus imperfecti wird keine weitere Verbalform abgeleitet; wenn er neben den Tempusstämmen aufgeführt wird, soll er nur Hilfsmittel zur Erkennung der Conjugation sein.

§. 148. Bildung des supīnum, resp. part. perf. passivi: An den Stamm tritt -tum: amatum, auditum, lēctum. Bei den Stämmen auf u (v) tritt es mit ū auf: solūtum, volūtum. Bei den Verbis der zweiten Conjugation wird meist, bei denen der ersten zuweilen der Stammvokal zu i geschwächt: monĭtum, vetĭtum; ganz geschwunden ist dieser Stammvokal in doctum, tactum, censum, mixtum (mistum), tostum für torstum, misertus neben miseritus. Außer der Form -tum findet sich die schwächere -sum, ohne daß dieser Uebergang immer nachweislich auf bestimmten Lautgesetzen beruhte, wie das allerdings stattfindet, wo der Stamm auf einen Dentallaut endigt oder ein eigentlich dem Präsensstamm angehörendes t nachwirkt:

ĕd-o: ēsum (alt essum); lūdo: lūsum;
defendo: defensum; (doch auch ostendo, ostentum);
haereo (für haeseo), haesi, haesum, aber haurio, haustum;
flecto: flexum; pecto: pexum; necto: nexum.

Die Form -sum findet sich sonst:

1) bei einigen Stämmen mit Gutturalis: fīgo: fixum (perf. fīxi) und mit vorausgehendem r, l:

mergo (pf. mersi): mersum; tergeo od. tergo (tersi): tersum; parco (alt parsi): * parsum neben * parcitum; spargo (sparsi): sparsum; mulgeo (mulsi): mulsum neben

farcio (farsi): fartum; torqueo (torsi): tortum; indulgeo (indulsi): indultum etc.

Convexus steht neben vectum.

2) in Stämmen mit Labialauslaut: nur in lābor, lapsus und jŭbeo (iussi) iussum.

3) in Stämmen mit Nasalen in premo (pressi) pressum, maneo (mansi) mansum, neben altem mantāre für mansare, ital. rimasto.

4) in Stämmen mit geminiertem r, l im Präsensstamme: verro (f. verso): versum; curro: cursum; fallo: falsum; vello: vulsum; -cello: -culsum.

Verzeichniß der gebräuchlichsten Verba mit Perfectum und Supinum.

A. Verba mit starker Perfectbildung.

§. 149. a) Verba mit Reduplication.

cădo, cĕcĭdi, cāsum f. cassum, 3. fallen.
caedo, cecīdi, caesum f. caessum, 3. hauen, niederhauen.
pendo, pependi, pensum f. penssum, 3. hängen, wägen.
tendo, tetendi, tentum f. tenttum und
tensum f. tenssum, 3. spannen.

Ueberall at-tentus, con-tentus, meist dis-tentus, häufig in-tentus.
(In pendo und tendo ist n wurzelhaft, d Wurzeldeterminativ.)

tundo, tŭtŭdi, tūsum für und neben
tunsum, 3. schlagen.

(Das Perfectum tutudi ist durch die alten Grammatiker bezeugt.)

pango, pepĭgi, pactum, 3. fügen.

(Pĕpĭgi gehört dem Sinne nach zu păciscor etwas bedingen; daneben gehen die Formen pēgi, wie in den Compositis und panxi.

pungo, pŭpŭgi, punctum, 3. stechen.

(In den Compositis -punxi.)

tango, tetĭgi, tactum, 3. berühren.

(In den Compos. -tingo, -tĭgi, -tactum, so attingo.)

disco (f. dic-sco) didĭci, —, 3. lernen.

parco, peperci, —, 3. sparen, schonen (spät parciturus).

(Veraltete Nebenformen: parsi; spät parsurus).

Statt parcitum est gilt temperatum est.

posco (f. porsco, porcsco), poposci, —, 3. fordern.

(Mit aus dem Präsensstamme verbliebenem -sc).

cano, cecĭni, cantum, 3. singen, spielen.

(In den Compos. -cinui, z. B. concinui.)

curro, cucurri, cursum, 3. laufen.
fallo, fefelli, falsum, 3. betrügen.
pario, pepĕri, partum, 3. erzeugen, gebären.
do (Wurzel dă), dĕdi, dătum, dă-re geben.
(Compos.: -do, -dĭdi, -dĭtum, -dĕre; z. B. addo.)
sto (W. stă), stĕtī, stătum, stāre stehen.
(In den Compos.: -stĭti; selten part. perf. -stătus, -stĭtus, part. fut. -stāturus, sehr selten -stĭturus.)
sisto, stĭti, — 3. stellen, sich stellen.
bĭbo (Wurzel bă), bĭbi, bĭbitum (spät), 3. trinken.

Mehrere reduplicierende Verba bilden das Präsens nach Conjug. II, d. h. mit ableitendem e:

mordeo, mŏmordi, morsum, 2. beißen.
pendeo, pependi, —, 2. hangen.
tondeo, tŏtondi, tonsum, 2. scheeren.
spondeo, spŏpondi, sponsum, 2. geloben.
Veraltet teneo, tetĭni f. tenui, 2. halten.

Der Vokal der Reduplication ist ausgefallen in

rĕpello, reppŭli, repulsum, 3. zurücktreiben.
rĕpĕrio, reppĕri, repertum, 4. finden.
rĕfero, rettuli, relātum, referre, zurückbringen.
rĕtundo, rettudi, retūsum, 3. abstumpfen.

Die Reduplicationssilbe ist weggefallen in

findo, fĭdi, fissum, 3. spalten.
scindo, scĭdi, scissum, 3. zerreißen.
percello, percŭli, perculsum, 3. erschüttern.

§. 150. b) Verba, welche ihr Perfectum auf i bilden ohne Reduplication.

lambo, lambi (nach den Grammatikern), —, 3. lecken.
scăbo, scābi (nach den Grammatikern), —, 3. schaben.
capio, cēpi, captum, 3. nehmen.
rumpo, rūpi, ruptum (rumptum), 3. brechen.
mando, mandi, mansum, 3. kauen.
pando, pandi, pansum (passum), 3. ausbreiten.
prandĕo, prandi, pransum, 2. frühstücken.
scando, scandi, scansum, 3. steigen.
ĕdo, ēdi, ēsum, 3. essen.
sĕdĕo, sēdi, sessum, 2. sitzen.
ac-cendo, accendi, accensum, 3. anzünden.
dē-fendo, defendi, defensum, 3. vertheidigen.
of-fendo, offendi, offensum, 3. treffen, beleidigen.
prĕhendo (praehendo), prehendi, prehensum, 3. ergreifen.
fŏdio, fōdi, fossum, 3. graben.

vĭdeo, vīdi, vīsum, 2. sehen. — sīdo, sēdi (sīdi) —, 3. sich setzen.
strīdeo und strīdo, strīdi, —, 3. pfeifen, knarren.
cūdo, cūdi, cūsum, 3. schmieden.
fundo, fūdi, fūsum, 3. gießen.
verto, verti, versum, 3. wenden.
ăgo, ēgi, āctum, 3. treiben, handeln, verleben.
frango, frēgi, fractum, 3. brechen (transit.).
pango, pēgi, pactum, 3. fügen. (vgl. §. 149.)
fŭgio, fūgi, fŭgĭtum, 3. fliehen.
făcio, fēci, factum, 3. machen. jăcio, jēci, jactum, 3. werfen.
(ĭcio), īci, ictum, 3. stoßen, schlagen.
ămĭcio, amīci (spät und nicht häufiger als amicui, amixi), amictum, 4. umwerfen, kleiden.
linquo, līqui, lictum, 3. lassen.
vinco, vīci, victum, 3. siegen. — psallo, psalli, —, 3. spielen.
vello, velli (neben späterm vulsi), vulsum, 3. reißen.
verro, verri, versum, 3. fegen, kehren.
ĕmo, ēmi, emtum (emptum), 3. kaufen. (So unter den Zusammensetzungen die mit im Präs. kurz bleibendem Vokale: adĭmo, redĭmo; aber prōmpsi, dēmpsi, sūmpsi).
vĕnio, vēni, ventum, 4. kommen.
vīso, vīsi, vīsum, 3. sehen wollen, ansehen.

Hier führen wir auch die Stämme mit auslautendem wurzelhaftem ŭ oder v auf, deren Analogie die abgeleiteten auf u folgen (§. 141. Anm.).

căveo, cāvi, cautum, 2. vorsehen, sich hüten.
jŭvo, jūvi, jūtum, 1. unterstützen, fördern.
lăvo, lāvi, lautum (lōtum) und lavātum, 1. waschen.
făveo, fāvi, fautum, 2. günstig sein.
păveo, pāvi, —, 2. niedergeschlagen sein, zagen.
ferveo, fervi (neben ferbui), —, 2. brausen.
fŏveo, fōvi, fōtum, 2. wärmen, hegen.
mŏveo, mōvi, mōtum, 2. bewegen.
vŏveo, vōvi, vōtum, 2. geloben.
volvo, volvi, volūtum, 3. wälzen. — solvo, solvi, solūtum, 3. lösen.

Mit ursprünglich im Perfectum langem, allmählich gekürztem -u:

exŭo, exŭi, exūtum, 3. ausziehen.
indŭo, indŭi, indūtum, 3. anziehen.
congrŭo, congrŭi, —, 3. zusammenkommen, übereinstimmen.
imbŭo, imbŭi, imbūtum, 3. tränken, befeuchten.
adnŭo, adnŭi, —, 3. zuwinken.
lŭo, lŭi, —, 3. lösen, büßen. — ablŭo, ablŭi, ablūtum, 3. abwaschen.
plŭo, plŭi, —, 3. regnen.
rŭo, rŭi, rŭtum (neben altem rūtum), 3. stürzen.

sŭo, sŭi, sutum, 3. nähen.
spŭo, spŭi, spūtum, 3. speien.

Mit der Bildung: nu.

mĭnŭo, minŭi, minūtum, 3. mindern.
sternŭo, sternŭi, —, 3. niesen.

Mit anderer Ableitung:

argŭo, argŭi, argūtum, 3. ans Licht stellen, überweisen (für argutum meist convictum).
ăcuo, acŭi, acūtum, 3. schärfen.
dēlĭbuo, delĭbŭi, delibūtum, 3. benetzen, bestreichen.
trĭbuo, tribŭi, tribūtum, 3. zutheilen.

Deutlich von tu stämmen abgeleitet:
mĕtŭo, metŭi, —, 3. fürchten.
stătuo, statŭi, statūtum, 3. aufstellen, beschließen.
bătuo, batŭi, —, 3. schlagen.

B. Verba mit schwacher Perfectbildung.

§. 151. A. Perfectum auf -si.

scrībo, scrīpsi, scrīptum, 3. schreiben.
jŭbeo, jūssi, jussum, 2. befehlen.
nūbo, nūpsi, nuptum, 3. heiraten (von der Frau).
carpo, carpsi, carptum, 3. pflücken.
scalpo, scalpsi, scalptum, 3. schneiden.
serpo, serpsi, serptum, 3. kriechen. — rēpo, rēpsi, reptum, 3. kriechen.
sculpo, sculpsi, sculptum, 3. meißeln.
saepio, saepsi, saeptum, 4. umzäunen.
sorbeo, sorpsi (neben sorbui), sorptum, 2. schlürfen.
prĕmo, pressi, pressum, 3. drücken.
Compos.: comprimo, -pressi, -pressum, 3. u. a.
con-cŭtio, -cussi, -cussum, 3. erschüttern
vom einfachen quătio, —, quassum, 3.
mitto, mīsi, missum, 3. senden, lassen.
sentio, sensi, sensum, 4. fühlen.
ardeo, arsi, arsum, 2. brennen.
cēdo, cēssi, cessum, 3. weichen, gehen.
claudo, clausi, clausum, 3. schließen.
dīvĭdo, divīsi, divīsum, 3. theilen.
laedo, laesi, laesum, 3. verletzen.
lūdo, lūsi, lūsum, 3. spielen.
plaudo, plausi, plausum, 3. klatschen.
rādo, rāsi, rāsum, 3. schaben. — rōdo, rōsi, rōsum, 3. nagen.
suādeo, suāsi, suāsum, 2. rathen.
trūdo, trūsi, trūsum, 3. stoßen.
ēvādo, -vāsi, -vāsum, 3. entkommen.
flecto, flexi, flexum, 3. beugen.

pecto, pexi, pexum (selten pectitum), 3. kämmen.
gĕro (f. geso), gessi, gestum, 3. tragen, führen.
haereo (f. haeseo), haesi, haesum, 2. haften.
haurio (f. hausio), hausi, haustum, 4. schöpfen.
ūro (f. ūso), ūssi, ūstum, 3. brennen.
cŏquo, coxi, coctum, 3. kochen
torqueo, torsi, tortum, 2. drehen.
dīco, dīxi, dictum, 3. sagen (zeihen).
dūco, dūxi, ductum, 3. führen (ziehen).
farcio, farsi, fartum, 4. stopfen. — (confercio; refertus).
fulcio, fulsi, fultum, 4. stützen.
al-līcio, al-lexi, al-lectum, 3. anlocken.

Während die Perfectbildung -ui bei den übrigen Compositis von -lăcio selten ist, ist sie in

elicio, elicui, elicītum, 3. herauslocken

die gewöhnliche.

lūceo, lūxi, —, 2. leuchten.
mulceo, mulsi, mulsum, 2. streicheln.
sancio, sanxi (selten sancivi), sanctum (selten sancītum), 4. heiligen.
sarcio, sarsi, sartum, 4. flicken.
-spĕcio, spexi, spectum, 3. sehen, spähen.
(aspīcio, conspīcio u. s. f.)
vincio, vinxi, vinctum, 4. fesseln, binden.
algeo, alsi, —, 2. frieren.
augeo, auxi, auctum, 2. vermehren.
cingo, cinxi, cinctum, 3. gürten, umgeben.
fingo, finxi, fictum, 3. bilden, erdichten.
fīgo, fīxi, fixum, 3. festheften.
frīgo, frīxi, frictum (selten frixum), 3. rösten.
af-flīgo, -flīxi, -flictum, 3. zu Boden schlagen.
con-flīgere sich schlagen u. s. f.
in-dulgeo, -dulsi, -dultum, 2. nachsichtig sein.
jungo, junxi, junctum, 3. binden.
dīlīgo, dilēxi, dilectum, 3. schätzen, lieben.
intel-lĕgo, -lēxi (-lēgi), -lectum, 3. verstehen.
nĕg-lĕgo, -lēxi (-lēgi), -lectum, 3. vernachlässigen.
lūgeo, lūxi, luctum, 2. trauern, betrauern.
mingo, minxi, mictum (selten minctum), 3. beschmutzen.
ē-mungo, ē-munxi, ē-munctum, 3. ausschnäuzen.
mergo, mersi, mersum, 3. tauchen.
mulgeo, mulsi, mulsum, 2. melken.
pingo, pinxi, pictum, 3. malen.
plango, planxi, planctum, 3. (auf die Brust) schlagen.
rĕgo, rēxi, rectum, 3. lenken.
spargo, sparsi, sparsum, 3. sprengen.
di-stinguo, -stinxi, -stinctum, 3. auszeichnen.
stringo, strinxi, strictum, 3. streichen, streifen.

sūgo, suxi, suctum, 3. saugen.
tĕgo, texi, tectum, 3. bedecken.
tergeo und tergo, tersi, tersum, 2 u. 3. abwischen.
tingo (tinguo), tinxi, tinctum, 3. benetzen.
turgeo, tursi, —, 2. strotzen.
ungo (unguo), unxi, unctum, 3. salben.
urgeo (urgueo), ursi, —, 2. drängen.
trăho. traxi, tractum, 3. ziehen, schleppen.
vĕho, vexi, vectum, 3. fahren.
vīvo (für vigvo), vixi, victum. 3. leben.
fluo (entwickelt zu fluvo. flugvo), fluxi, (fluxum), 3. fließen.
struo (entwickelt zu struvo, strugvo), strūxi, strūctum, 3. schichten, bauen.
cōnīveo, cōnixi, —, 2. die Augen zumachen.
răvio, rausi, (rausurus), 4. sich heiser reden.

§. 152. B. Perfectum auf -vi. Besonders bemerkenswerte Verba auf -vi.

1) Von einem zum Theile im Präsens mit besonderer Bildung versehenen vokalisch auslautenden Stamme.

pā-sco, pā-vi, pāstum, 3. weiden.
nō-sco, nō-vi, nōtum, 3. kennen lernen.
In den Compos. -gnĭtum außer ignōtum v. ignōscere verzeihen.
crē-sco, crē-vi, crētum, 3. wachsen.
quiē-sco, quiē-vi, quiētum, 3. ruhen (mit im Präsens von Natur kurzem ĕ).
suēsco, suē-vi, suētum, 3. sich gewöhnen (Denominativum v. suus).
adŏlēsco, adolē-vi, adultum, 3. heranwachsen; vgl. ălere.
abolēsco, abolēvi, —, 3. abkommen.
ex-olēsco, exolēvi, exolētum, 3. veralten.
obs-olēsco, obsolēvi, obsolētum, 3. veralten.
neo, nēvi, nētum, 2. spinnen.
compleo, complēvi, complētum, 2. erfüllen.
fleo (f. flĕveo). flēvi, flētum, 2. weinen, beweinen.
dēleo, dēlēvi, dēlētum, 2. zerstören, vertilgen.
abŏleo, abolēvi, abolĭtum, 2. abschaffen.
sĕro (redupliciert), sē-vi, sătum, 3. säen, pflanzen.
lĭ-no, lē-vi (selten lĭvi), lĭtum, 3. bestreichen.
sĭ-no, sī-vi, sĭtum, 3. lassen.
So im ältern Latein auch
pōno, d. i. posĭno, pŏsī vi (gewöhnlich posui), pŏsĭtum, 3. legen.

2) Von Wurzeln, die durch Metathesis auslautenden Vokal erhalten.

tĕro, trī-vi, trītum, 3. zerreiben.
cer-no, crē-vi, (crētum), 3. scheiden, sehen.
decerno, decrēvi, decrētum, 3. entscheiden u. s. f.

spor-no, sprē-vi, sprētum, 3. verschmähen.
ster-no, strā-vi, strātum, 3. hinstrecken.

3) Von andern Wurzeln dritter Conjugation.

cŭpio, cupīvi, cupītum, 3. begehren.
In älterer Zeit: săpio, sapīvi, später sapio, sapui, —, 3. weise sein.
quaero (f. quaeso), quaesīvi, quaesītum, 3. suchen.
So acquīro, 3. erwerben u. s. f.
rŭdo, rudīvi, —, 3. schreien (vom Esel).
Dann in einer Reihe von Verbis meditativis auf -esso f. -esjo:
arcesso, arcessīvi, arcessītum, 3. (v. cieo) kommen lassen.
incesso, incessīvi, —, 3. gegen einen losgehen.
căpesso, capessīvi, capessītum, 3. heftig ergreifen.
făcesso, facessīvi, facessītum, 3. (nicht facessi), eifrig machen.
lăcesso, lacessīvi, lacessītum, 3. reizen, angreifen.

§. 153. Perfecta auf -ui.

1) Verba der ersten Conjugation mit Perfect auf -ui:

crĕpo, crepŭi, crepītum, 1. knarren.
Selten partic.: increpātus.
cŭbo, cubui, cubītum, 1. liegen (neben cubāvi).
dŏmo, domui, domītum, 1. bezähmen.
frīco, fricui, fricatum und frictum, 1. reiben.
mīco, micui, —, 1. schimmern.
(Aber von anderm Stamme:
dī-mīco, dī-micāvi, dī-micatum, 1. kämpfen.)
nĕco, necavi und necui, necatum, selten nectum (aber gebräuchlich: ēnectum), 1. tödten.
ap-plīco, ap-plicavi und -plicui, applicatum und applicitum, 1. anschließen
und so in den übrigen Compos. mit plicare, besonders häufig implicui, implicitum.
sĕco, secui (selten secāvi), sectum (part. fut. secatūrus), 1. schneiden.
sŏno, sonui (selten sonāvi), sonitum (selten sonatum, aber sonaturus), 1. tönen.
tŏno, tonui, —, 1. donnern. attonītus betäubt.
vĕto, vĕtui, vetītum, 1. (alt vŏto), verbieten.

2) Verba der vierten Conjugation mit Perfect auf -ui:

ăpĕrio, aperui, apertum, 4. öffnen.
ŏpĕrio, operui, opertum, 4. zudecken.
sălio, sălii d. i. salīvi, selten salui, saltum, 4. springen.
In den Composit.: exsilire, desilire etc. ist -ui die gewöhnliche Form; supin.: -sultum.

3) Verba der dritten Conjugation mit Perfect auf -ui.

1) solche, deren Wurzel auf Nasal oder r, l auslautet:

frĕmo, fremui, fremĭtum, 3. brummen, brausen.
gĕmo, gemui, gemitum, 3. seufzen.
trĕmo, tremui, —, 3. zittern.
vŏmo, vomui, vomitum, 3. sich erbrechen.
gigno (alt gĕno), gĕnui, genĭtum, 3. erzeugen.

Die Compos. von sĕro, aneinanderreihen, knüpfen, so

dēsero, deserui, desertum, 3. verlassen.
ălo, alui, alĭtum und altum, 3. ernähren.
cŏlo, cŏlui, cultum, 3. bebauen, verehren.
cōnsŭlo, consului, consultum, 3. berathen, sorgen.
excello, excellui (selten), —, 3. sich auszeichnen.
mŏlo, mŏlui, molĭtum, 3. mahlen.
occŭlo, occului, occultum, 3. verbergen.
vŏlo, volui, —, velle wollen.

2) Außerdem:

răpio, rapui, raptum, 3. reißen, rauben.

Compos. alt: corrŭpio, corrŭpui, corruptum, 3. gewöhnlich: cor-rĭpio, -ripui, -reptum, 3. ergreifen u. s. f.

strĕpo, strepui, strepĭtum, 3. Geräusch machen.
sterto, stertui, —, 3. schnarchen.
depso, depsui, depstum, 3. kneten.
pinso, pinsui und pinsi, pinsĭtum, pistum und pinsum, 3. stoßen.
texo, texui, textum, 3. weben (W. tex).

3) Die eigentlich inchoativ gebildeten:

compesco (f. compercsco), compescui, —, 3. binden.
dispesco, dispescui (dispestum), 3. losbinden.

Eine Art Doppelbildung (durch Denominativa veranlaßt) ist in:

mĕto, messui (meist messem feci), messum, 3. abschneiden, ernten.
necto, nexui (neben nexi), nexum, 3. knüpfen.

Anmerkungen:

1) Von manchen Verben ist uns kein Perfectum oder erst aus sinkender Latinität überliefert, wie es von andern doppelt überliefert ist. So kennen wir aus guter Zeit kein Perfectum von fŭro (insanīvi), von fĕrio (percussi), vādo gehen, aber in-vādo, -vāsi; von quatio, aber con-cussi etc.; von glŭbo, ambĭgo, glisco, hisco (aber Infin. dehīsse), keines zu manchen Intransitivis der zweiten Conjugation, wie mæreo, scăteo, vĭgeo, immĭneo, promĭneo, zu ineptio, keines zu den meisten Desiderativis auf -tŭrio, -sŭrio, doch esurisset (Plin.).

2) Diejenigen verbalen Inchoativa, neben welchen die Stammverba noch vorkommen, bilden das Perfect, falls es überhaupt gebräuchlich ist, nach den Stammverben, z. B.:

incălēsco, incalui; ardēsco, exarsi;
coălēsco, coalui; contīcēsco (conticisco) conticui;
ingĕmisco, ingemui; adhaerēsco, adhaesi;
revīvisco, revixi; concŭpisco, concupīvi;
obdormīsco, obdormīvi.

3) Außer den in obigem Verzeichniß aufgeführten und den unter den Deponentia aufzuführenden verkürzten Formen des supinum oder partic. perf. sind zu merken:

doctum von docēre,
contentus zu tenēre,
mixtum, besser als mistum, zu miscēre,
tostum für torstum zu torrēre,
sĕpultum neben archaischem sepelītum von sĕpĕlīre,
pōtus (pōtum) neben potātum ist von der einfachen Wurzel gebildet.
censum von censeo steht neben seltenem censītus.

Von cio, cieo lautet das partic. cītus,
von con-cio, -cieo meist con-cītus,
von per-cio, -cieo meist per-cītus u. s. f.
aber von ac-cio, -cieo meist accītus,
von excieo, -cio: excītus und excĭtus.

4) Von sehr vielen, namentlich intransitiven Verben ist uns kein supinum oder partic. perf. erhalten.

5) Das partic. fut. activi schließt sich in seiner Bildung meist dem supinum oder partic. perf. an; aber es gibt Fälle,

α) wo es existiert, ohne daß wir ein supin. od. part. perf. kennen,
β) wo es eine besondere Bildung hat.

α) Vereinzelt stehen:

căritūrus von carēre; dŏlitūrus von dolēre; fŭgitūrus von fŭgĕre;
păriturus von pārēre; vălitūrus von valēre.

β) Anderer Bildung sind

von Stämmen auf ŭ-o: abluitūrus von ab-luo; nuiturus v. nuo; ruitūrus von ruo neben ērŭtūrus von ēruo; arguitūrus v. arguo; fruiturus v. fruor; ferner mŏrīturus v. mŏrior; ŏrīturus v. orior; parīturus v. părio; hausūrus für haussūrus neben haustūrus v. haurio; discīturus v. disco u. noscīturus v. nosco (spätere Gebilde); agnōturus v. agnōsco.

Von nītor nur nīsurus, adnīsurus, ēnīsurus.

Außer von fŭturus wird der genet. plur. des part. fut. selten gebraucht.

6) Die Bedeutung des part. perf. ist in der Regel die passive; doch gibt es außer den aufzuführenden deponentia und semideponentia Fälle, wo das partic. perf. von Intransitiva die active Bedeutung behält; z. B.:

adultus: herangewachsen; cēnatus: der die Malzeit eingenommen; cŏălitus: zusammengewachsen; con-crētus: geronnen; con-iūratus:

verschworen; conspiratus: verschworen; fluxus: aufgelöst, flüchtig; iūratus: einer der geschworen hat; sehr oft ōsus, exōsus, perōsus: hassend; plăcitus: beliebt; pōtus: betrunken; pransus: der das Frühstück eingenommen; quiētus: ruhig; tăcĭtus schweigend. Consīderatus überlegt u. a. sind völlig Adjectiva geworden und nehmen Gradation an.

§. 154. Verba defectiva von Seiten der Form sind schon die verba intransitiva überhaupt, da sie nur in der dritten Person sing. ein Passivum bilden können.:

venītur, ventum est, veniendum est.

§. 155. Es gibt eine Anzahl von Verben, deren Conjugation in der classischen Sprache aus beiden Genera gemischt ist, die sog. semideponentia oder neutropassiva, die nach keiner von beiden Seiten hin, weder in der Form noch in der Bedeutung, ganz passiv sind. Sie haben bei durchgängig activer Bedeutung entweder in den tempp. perfectis oder in den tempp. imperfectis passive Form:

a) in den temporibus perfectis:

audeo, ausus sum, 2. wagen. fīdo, fīsus sum, 3. trauen. con-fīdo, -fīsus sum, 3. vertrauen. dif-fīdo, -fīsus sum, 3. mißtrauen. gaudeo, gavīsus sum, 2. sich freuen. sŏleo, sŏlĭtus sum, 2. pflegen.

Anm. ausus wird auch passive gebraucht.

b) in den temporibus imperfectis:

revertor, reverti, reversum, 3. zurückkehren, und vorherrschend: assentior, assensi, assensum, 4. beistimmen.

Zu den erstern gehören noch:

lĭbĭtum est neben lĭbuit: es hat beliebt.
lĭcĭtum est neben lĭcuit: es ist erlaubt gewesen.
placĭtum est neben placuit: es ist bestimmt.
pŭdĭtum est neben pŭduit: es hat geschämt.
besonders pertaesum est für taeduit es hat verdrossen.

§. 156. In viel größerer Anzahl sind die unrichtig so genannten deponentia vorhanden, d. h. solche Verba, welche die active Form abgelegt, aber active Bedeutung beibehalten haben sollen. Wie oben §. 125, A. 2. gesagt ist, ist das lat. Passivum mit dem Reflexivum gebildet, und in den Deponentia liegt ursprünglich noch reflexive Bedeutung vor. Diese ist nur theilweise noch klar, meistens so verfeinert, daß in ihnen bloß die besondere Erregung des Subjectes hervortritt.

Neben den Deponentia bestehen oft noch namentlich in archaischer Zeit scheinbar ohne Unterschied der Bedeutung die entsprechenden Activformen.

Von den Participien der deponentia haben active Form und active Bedeutung:

das partic. imperf. und futuri,

passive Form und active Bedeutung:

das part. perfecti,

passive Form und passive Bedeutung:

das gerundivum oder partic. necessitatis.

Anmerkung. Dabei ist zu beachten, daß die Genusbedeutung in den Participien überhaupt unsicherer ist. Von manchen Deponent. kommt das partic. perfecti activ und passiv vor, z. B. adeptus „erlangt habend“ und „erlangt,“ so jedoch, daß die passive Bedeutung meistens auf die Verbindung mit sachlichen Gegenständen beschränkt ist: adeptā libertate, nicht adepto marīto.

§. 157. Die wichtigsten Deponentia nach den Conjugationen geordnet:

I. Conjugation, besonders reich an deutlichen Denominativa.
adversor, adversatus sum, ari ich zeige mich als adversus, widersetze mich.
āversor, aversatus sum, aversari verabscheue.
aemŭlor, aemulatus sum, ari eifere nach.
arbĭtror, -atus sum, -ari urtheile, meine.
augŭror, -atus sum, -ari weißage.
auxĭlior, -atus sum, -ari helfe.
comĭtor, -atus sum, -ari begleite, neben seltenerm comito begleite, comitor werde begleitet, aber oft comitatus „begleitet.“
contemplor, -atus sum, ari betrachte.
dŏmĭnor, -atus sum, ari herrsche.
glōrior, -atus sum, ari rühme mich.
gratulor, -atus sum, ari wünsche Glück.
indĭgnor, -atus sum, ari halte meiner für unwürdig, bin empört.
insĭdior, -atus sum, ari stelle nach.
interprĕtor, -atus sum, ari mache an mir den Ausleger, deute.
jŏcor, -atus sum, ari scherze.
laetor, -atus sum, ari freue mich, juble.
mĭnor, -atus sum, ari drohe.
mīror, -atus sum, ari wundere mich.
mŏderor, -atus sum, ari mäßige, lenke.
mŏror, -atus sum, ari verzögere.
opīnor, -atus sum, ari meine, wähne.
prĕcor, -atus sum, ari bete, bitte.
recordor, -atus sum, ari erinnere mich.
suspīcor, -atus sum, ari argwöhne, vermute.
văgor, -atus sum, ari schweife.
vĕnĕror, -atus sum, ari verehre u. s. f.

in Frequentativform:

cunctor, -atus sum, ari bedenke mich, zaudere.
hortor (alt horitor), -atus sum, ari ermahne.
imitor, -atus sum, ari ahme nach.
versor, -atus sum, ari befinde mich, bewege mich.

Weniger deutliche Denominativa:

adūlor, adulatus sum, ari schmeichele.
aspernor (für abspernor), -atus sum, ari verschmähe.
cōnor, -atus sum, ari denke darauf, versuche.
consōlor, -atus sum, ari tröste.
vēnor, -atus sum, ari jage.

II. Conjugation.

Denominativa:

făteor, fassus sum, fatēri bekenne.
Compos.: con-fĭteor, -fessus sum, -fitēri bekenne u. s. f.
mĭsereor, misertus u. misertus sum, miserēri erbarme mich.
lĭceor, lĭcitus sum, ēri biete auf etwas.
pollĭceor, - - licitus sum, ēri erbiete mich, verheiße (aus port-liceor).
mĕdeor, medēri heile.
rĕor, rătus sum, rēri berechne, glaube.
rătus glaubend, adj. berechnet, festgestellt, giltig.
tuor u. tueor, tuitus sum u. tūtus sum, tuēri schütze, sehe auf etwas.
tūtus meist adj. sicher.
vĕreor, verĭtus sum, verēri scheue mich, fürchte, (sich gewaren.)

III. Conjugation.

Viele Inchoativa, einzelne Denominativa.

ad-ĭpiscor, adeptus sum, adipisci erlange.
com-mĭniscor, commentus sum, comminisci erdenke, sinne aus.
ex-pergiscor, experrectus sum, expergisci erwache.
frūniscor, frunĭtus sum, frunisci genieße, (archaisch).
īrāscor, irātus sum, irasci (denom.) zürne.
nanciscor, nanctus u. nactus sum, nancisci trage für mich davon, erlange.
nāscor, nātus sum, nasci (nasciturus) werde geboren, entstehe.
oblīviscor, oblītus sum, oblivisci vergesse.
păciscor, pactus sum, pacisci mache einen Vertrag, bedinge. pactus oft passiv: bedungen.
profĭciscor, profectus sum, proficisci mache mich auf, verreise.
ulciscor, ultus sum, ulcisci räche mich, räche.
vescor — vesci esse.

Sonst:

am-plector, amplexus sum, amplecti umfasse.
fruor, fructus, seltener fruĭtus sum, frui (fruĭturus) genieße.
fungor, functus sum, fungi bekleide ein Amt.

grădior, gressus sum, grădi schreite.
lābor, lāpsus sum, labi gleite.
lŏquor, locūtus sum, lŏqui spreche.
mŏrior, mortuus sum, mŏri (morīturus) reibe mich auf, sterbe.
(mortuus eig. Adjectivbildung.)
nītor, nīsus oder nixus sum, nīti stütze mich, strebe.
(nīsus strebend, nixus sich gestützt habend, adnīsus anstrebend, adnixus sich entgegenstemmend.)
pătior, passus sum, păti leide.
quĕror (f. quesor), questus sum, queri klage.
sĕquor, sĕcūtus sum, sĕqui folge.
ūtor (alt oetor), ūsus sum, ūti gebrauche, genieße.

IV. Conjugation.

Nicht selten Denominativa, so
blandior, blandītus sum, blandīri thue schön, schmeichle.
largior, largītus sum, largīri gebe reichlich, spende.
mētior, mensus sum, metīri messe.
mentior, mentītus sum, mentīri, lüge.
mōlior, molītus sum, moliri unternehme.
partior, partītus sum, partiri theile.
pŏtior, pŏtītus sum, pŏtiri bemächtige mich.
sortior, sortītus sum, sortiri lose.

Sonst:
experior, expertus sum, experīri erfahre.
(expertus auch passiv.)
opperior, oppertus oder opperītus sum, opperīri warte ab.
ordior, orsus sum, ordīri fange an.
ŏrior, ortus sum, (orītūrus) orīri entstehe.

Anm. 1. Orior kann mit Ausname des infinitivus imperfecti nach der dritten Conjugation (mit ĭ vor dem Themavokale) conjugiert werden, und dies ist im Präsens vorherrschend:

ŏrior, ŏrĕris, ŏrītur;
ŏrīrer und ŏrĕrer.

Ebenso in den Compositis außer in adorior greife an, welches vollständig der vierten Conjugation folgt.

Anm. 2. Dasselbe gilt von pŏtior bemächtige mich.

§. 158. Mehr und minder defectiv auch rücksichtlich der Person sind die sogen. verba impersonalia.

1) Der Naturerscheinungen:
pluit es regnet. ningit es schneit (selten ninxit).
tŏnat es donnert. fulgurat und fulmĭnat es blitzt.

rorat es thaut. grandinat es hagelt.
lăpidat es regnet Steine; auch lapidātum est.
lucēscit und illucescit (illuxit) es wird Tag.
vesperăscit u. advesperascit es wird Abend.

Anm. Einzeln treten hier bestimmte Subjecte hinzu: Jupiter tonat, inferiora fulminant, dies illucescit u. s. f.

2) des Affectes:
misĕret und miserētur es erbarmt.
paenitet es gereut. pĭget es verdrießt.
pŭdet es schämt (schlägt nieder). taedet es ekelt (macht voll). Selten vĕrētur es ergreift Scheu.

Anm. Selten tritt zu diesen Verbis ein bestimmtes, häufiger ein durch neutrales Pronomen bezeichnetes Subject. Freiern Gebrauches sind auch hier die Participialformen, wie paenitens, pudendus etc.

3) oportet es ist (zunächst rechtliche) Pflicht.
lŭbet oder lĭbet es beliebt. lĭcet es ist erlaubt.
dĕcet es geziemt. dēdĕcet es geziemt nicht.

Anm. Es finden sich auch: hoc lĭbet, haec lĭbent, hoc lĭcet, haec lĭcent, rēs decet, rēs decent u. s. f.; lĭbens gern, mit Lust; lĭcens zügellos, licĭtus erlaubt.

4) Neben dem pers. Gebrauche unpers. cănit es bläst, būcinat es bläst.

§. 159. Defectiva temporibus.

In der classischen Sprache sind ohne die Formen des Imperfectums:

coepi ich habe angefangen.
mĕmĭni ich erinnere mich.
ōdi ich hasse.

a) *perf. praes.:* coepi, coeperim.
perf. praet.: coeperam, coepissem.
perf. fut.: coepero.
part. perf.: coeptus.
part. fut.: coepturus.

Anm. Die scenische Sprache hatte noch die tempp. imperfecta; eigentlich coipio (apiscor) ich knüpfe an.

b) *perf. praes.:* mĕmĭni, meminerim.
perf. praet.: memĭnĕram, meminissem.
perf. fut.: meminero.

In der classischen Sprache ohne partic.; aber imperat.: mĕmento, mementote. Wurzel: man durch Denken ergreifen.

c) *perf. praes.:* ōdi, ōderim.
perf. praet.: ōderam, ōdissem.
perf. fut.: ōdero.
part.: ōsus, ōsurus.

ōdi eig. = reppuli, habe abgewiesen.

§. 160. Als vereinzelte defectiva führen wir auf:

1) ājo, ich behaupte, sage.

imp. praes. indic.			*imp. praes. conj.*		
ājo,	ăĭs,	ăĭt.	—	ājās,	ājat.
		ājunt.	—	—	ājant (spät.)

imperf. praet. indic.
ājēbam (a͡ibam) etc.

Imperativ: ai (archaisch)
Partic.: ājens.

ājo = ahio oder agio. *praes.* urspr. āĭs, āĭt.
dann ăĭs, ăĭt.
ăĭs, ăĭt.
a͡is, a͡it, a͡in?

2) fāri sich äußern, sagen und seine Composs.

Indicativus.

imperf. praes. — fāris (unbelegt), fātur
affamur, famini, affantur (alle nicht häufig.)
imperf. praet.
af-fabar, — —
praefabantur.
imperf. fut.
af-fabor, ef-fabĕre.
af-fabimur.
perf. praesens fātus est.
perf. praet. fātus eram, — fātus erat.

Conjunctivus.

imperf. praes. praefarer (spät).

Imperativus:

fāre, effāre.
praefato und praefamino (archaisch).

Infinit: fari. *Gerundium:* fandi, fando.
Partic. imperf. fans.
part. perf. fātus.
part. necessitatis: fandus.
Supinum: effatu.

3) salvēre, ăvēre gegrüßt sein.

Außer diesen Infinitiven besonders die Imperative:

salve, salvēto. ăve avēto.
salvete. avete.
fut. salvebis.

4) Zweifelhaft, ob Imperative:
cĕdŏ gib her! cette gebt her!

5) quaeso ich bitte
quaesŭmus wir bitten,

in die Rede eingeschoben. Dieses sind ältere Formen von quaero.

Vereinzelte Anomalien.

§. 161. 1) Verba, die die erste Person Sing. Imperf. Präs. noch auf m bilden.

a) das Verbum sum ich bin.

	Indicativus.	Conjunctivus.
imperf. praes.		
sing.	sum, ĕs, est	sīm, sīs, sīt
pl.	sŭmus, estis, sunt.	sīmus, sītis, sint.
imperf. praet.		
sing.	ĕram, erās, erăt	essem, essēs, esset
pl.	erāmus, erātis, erant.	essēmus, essētis, essent.
imp. fut.		
sing.	ĕro, erĭs, erĭt	
pl.	erĭmus, erĭtis, erunt.	
perf. praes.		
sing.	fŭi, fuisti, fuit	fuĕrim, fuerĭs, fuerit
pl.	fuĭmus, fuistis, fuērunt.	fuerĭmus, fuerĭtis, fuerint.
perf. praet.		
sing.	fŭĕram, fueras, fuerat	fuissem, fuissēs, fuisset
pl.	fuerāmus, fuerātis, fuerant.	fuissēmus, fuissētis, fuissent.
perf. fut.		
sing.	fŭĕro, fuerĭs, fuerĭt	
pl.	fuerĭmus, fuerĭtis, fuerint.	

Imperativus:
ĕs, esto
esto
este, estōte
sunto.

Infin. imperf. esse.
perf. fuisse.
fut. fōre oder fūtūrum esse.

Partic. imperf. absens abwesend.
præsens anwesend.
fut. fūtūrus, a, um.

Anm. 1. Die Conjugation ist zusammengesetzt aus den Wurzeln ES und FU.

Anm. 2. Die Conjugation von FU ist regelmäßig. Von dieser Wurzel fu kommt auch fōrem (neben essem) besonders in bedingten Sätzen, und fōre. Sie stehen für fŏvērem (v. *fŏvo) und fŏvĕre.

Anm. 3. Die Wurzel ES hat ein sehr schwaches ĕ, welches im Präsens 1. Sing. und 3. Plur., in der ältern Poesie nach Vokalen, nach -m, nach -s mit vorausgehendem kurzem Vokale sehr häufig auch im Präsens 2. u. 3. (dictu's, dictust) abfällt. Das s dieser Wurzel geht zwischen zwei Vokalen in r über: eram, ero u. s. f.

Anm. 4. Das Präsens wurde eigentlich ohne thematischen Vokal gebildet, aber da die Laute sm unaussprechbar sind, entwickelte sich vor m der dunkle Vokal u, welchen einige dem i näher sprachen (vgl. optŭmus, optĭmus). Alte Form für sunt war sont.

Anm. 5. Aeltere und vollere Formen des Präsens Conjunctivi sind

siem, siēs, siet

sient,

für siām u. s. f. aber nie findet sich dreisilbiges siēmus, siētis.

Anm. 6. Im Imperfect. Präterit. Indicat. ist ā archaisch durch alle Personen geblieben.

Anm. 7. Das Futur ist eine durative Form auf -io, ursprünglich esjo, esio u. s. f.; aber das Bildungs-ĭ fiel vor dem Themavokal aus. Selten ist erint für erunt. Nicht Futurum, sondern altes Inchoativum ist esco für essco.

Anm. 8. Das Imperf. Prät. Conj. ist zusammengesetzt aus essem, d. i. es u. altem (e)saim.

Anm. 9. Im Inf. Imperf. steht esse für esese. Das Partic. Imperf., erhalten in zwei Zusammensetzungen, lautete: -sens; absens, praesens.

Anm. 10. Zusammengesetzte:
abesse weg sein. āfui, absens.
adesse dabei sein. praesens gegenwärtig.
dēesse fehlen. inesse darin sein.
interesse dazwischen, darunter sein.
obesse entgegen sein, schaden. praeesse (praesse) vorstehen.
prodesse nützen, behält das alte d vor Vokalen.
subesse zu Grunde liegen. posse, alt potesse, können.

b) possum ich kann.

	Indicativus.	Conjunctivus.
imperf. praes.	possum, pŏtes, pŏtest	possim, possīs, possit
	possŭmus, potestis, possunt.	possīmus, possītis, possint.
imp. praet.	potĕram u. s. w.	possem etc.
imp. fut.	potĕro u. s. w.	
perf. praes.	potŭi u. s. w.	potuerim u. s. f.
inf. imperf.	posse.	*perf.* potuisse.

Anm. 1. possum ist zusammengesetzt aus potis (pote) sum; potis, pote eigentl. adverbial gewordenes Neutrum des Comparatives potior. Dichterisch, besonders in älterer Zeit oft potis oder pote sum. Vollere Formen sind noch potesse und potesset. Aber nicht selten und auch bei Cicero findet sich potisse und potissent für posse, possent.

Anm. 2. Nicht gerade häufig lesen wir statt poterunt poterint.

Anm. 3. Archaisch ist das Passivum: potestur, possitur, poterātur etc. beim passiven Infinitivus.

c) Ein zweites (drittes) Verbum auf -m ist inquam ich sage.

	Indic.	Conj.
imperf. praes.	inquam, inquĭs, inquit	inquiat.
	inquĭmus, inquĭtis (spät), inquiunt.	
imperf. praet.	inquiēbat.	
imperf. fut.	inquiēs, inquiet.	
perf. praes.	inquii, inquisti.	
Imperat.	inque, inquĭto.	

Ohne infinitivus und participium.

Anmerkung. Offenbar liegt eine Zusammensetzung mit in zu Grunde.

§. 162. 2) fio ich werde, geschehe.

	Indic.	Conj.
i. praes.	fīo, fīs, fīt	fīam u. s. f.
	— — fīunt.	
i. praet.	fīēbam u. s. f.	fierem u. s. f.
i. fut.	fīam u. s. f.	
perf. praes.	factus sum u. s. f.	
Imperativus:	fī (fīto)	
	fīte.	factus sim u. s. f.

Inf. imperf.	fierī
i. perf.	factum esse.
i. fut.	factum iri.
	futurum esse, fŏre (v. W. fū.)
Part. perf.	factus.
p. fut.	fŭtūrus (von Wurzel fū.)

Anm. 1. Die Conjugation ist zusammengesetzt aus dem Intransitivum fio d. i. fu-i-o (vgl. φυίω neben φύω) und dem Passivum von făcio. Der Infinitivus fĭĕrī ist nicht eine Passivform, sondern ein Ueberrest der ältern Infinitivbildung des Activums fierei, fierī; daneben besteht ein altes fiere. Nur vor ursprünglichem ĕ (fiĕrem, fĭĕri) wurde ī des Stammes allmählich verkürzt.

Anm. 2. Die Passivformen von fio, (fītur, fiēbantur) sind archaisch.

Anm. 3. Die losen Zusammensetzungen mit făcio, d. h. diejenigen mit Verbalstämmen oder Adverbien, welche den Vokal des Stammes nicht schwächen, bilden ihr Passivum in der Regel mit fio, die innigen Zusammensetzungen, d. h. diejenigen mit Präpositionen und Schwächung des Stammvokales, in der Regel mit facio (-ficior), calefīo „ich werde warm," conficior „ich werde aufgerieben;" doch finden sich Beispiele von -fio im letztern Falle nicht selten: confit u. s. f.; dahin auch infit er, sie hebt an.

§. 163. 3) fĕro, ich trage.

Activum.

	Indic.	Conj.
i. praes.	fero, fers, fert ferimus, fertis, ferunt.	feram, ferās, ferăt etc.
i. praet.	ferēbam etc.	ferrem etc.
i. fut.	feram, ferēs etc.	
perf. praes.	tŭli, tulisti etc.	tulerim etc.
p. praet.	tuleram.	tulissem etc.
p. fut.	tulero.	

Imperat.: fer, ferto, ferto.
ferte, fertōte, ferunto.

Infinitivus imperf. ferre. *Partic. imperf.* ferens.
i. perf. tulisse. *p. fut.* lātūrus.
i. fut. lātūrum esse.

Passivum.

	Indic.	Conj.
i. praes.	fĕror, ferris, fertur ferĭmur, ferĭmĭni, feruntur.	ferar u. s. f.
i. praet.	ferebar u. s. f.	ferrer, ferrēris u. s. f.
i. fut.	ferar u. s. f.	
perf. praes.:	lātus sum u. s. f.	

Imperativus:
ferre, fertor, fertor
ferimini, feruntor.

Inf. imperf. ferri.
i. perf. lātum esse.
i. fut. lātum iri.

Partic. necessitatis: ferendus.
p. perf.: lātus.

Anm. 1. Die Conjugation ist zusammengesetzt aus den Stämmen fero und tollo, dessen perf. ursprünglich und archaisch tĕtŭli, part. perf. ursprünglich mit Metathesis tlātus lautete.

Anm. 2. fero verliert den Themavokal ŏ und ĭ außer vor m.

Anm. 3. Composita:
afférо, attŭli, allātum, bringen.
aufĕro, abstŭli, ablātum, wegtragen.
diffĕro, distŭli, dilātum, sich unterscheiden, verschieben.
refĕro, rettŭli, relātum zurückbringen u. s. f.

§. 164. 4) vŏlo ich will. nōlo ich will nicht. malo ich will lieber.

a) vŏlo.

	Indic.	Conj.
impf. praes.	vŏlo, vīs, volt (vult) vŏlŭmus, vŏltis, (vultis), vŏlunt.	vĕlim, vĕlīs, vĕlit vĕlīmus, vĕlītis, vĕlint.
i. praet.	vŏlēbam u. s. f.	vellem.
i. fut.	vŏlam, vŏlēs u. s. f.	

Inf. imperf. velle. *Part. impf.* vŏlens.
perf. vŏluisse.

Anm. Der Grundvokal ŏ (für ŭ) geht vor ll und vor ī der folgenden Silbe in ĕ über. Der Themavokal ĕ, ī, fällt aus. vīs steht für vŏl-s, vol-s, vil-s (nicht vil, weil das Zeichen der zweiten Person erhalten bleiben soll.) Vin? f. visne willst du? sīs f. si vīs wenn du willst; sultis für si voltis wenn ihr wollt.

b) nōlo ist gleich nĕvolo, nŏvŏlo.

In der classischen Sprache galten:

	Indic.	Conj.
Impf. praes.	nōlo, non vīs, non volt (non vult) nōlumus, non voltis, (non vultis) nōlunt.	nōlim etc.
i. praet.	nōlēbam etc.	nōllem etc.
i. fut.	(nōlam), nōlēs etc.	
perf. praes.	nōlui etc.	nōluerim etc.
p. praet.	nōlueram etc.	nōluissem etc.
fut.	nōluero etc.	
Inf. imperf.	nōlle.	Imperativus.
i. perf.	nōluisse.	nōlī, nōlīto; nōlīto.
Part. imperf.	nōlens.	nōlīte, nōlītōte; nōlunto.

Anm. 1. Bei Plautus auch nevīs, nevolt (wie nequeo, nescio, neparcunt), non velim, non vellem.

Anm. 2. Der Imperativus ist nach Analogie des Conjunctivus gebildet, vielleicht nōlī ursprünglich geradezu für nōlīs.

c) mālo ist gleich ma-volo, măg (măge, măgis) volo.

In der classischen Sprache gelten:

	Indic.	Conj.
Impf. praes.	mālo, mavīs, mavolt malŭmus, mavoltis, malunt.	malim etc.
i. praet.	mālebam.	māllem etc.
i. fut.	(mālam) mālēs etc.	
perf. praes.	mālui u. s. f.	māluerim etc.
Inf. impf.	malle.	
i. perf.	maluisse.	

Anm. Plautus hat neben diesen Formen noch oft die vollern mavolo, mavolet, mavelim, mavellem etc.

§. 165. 5) eo ich gehe.

Activum.

	Indic.	Conj.
i. praes.	ĕo, īs, īt īmus, ītis, eunt.	ĕam, ĕās, ĕāt ĕāmus, ĕātis, ĕant.
i. praet.	ībam, ības etc.	īrem, īrēs etc.
i. fut.	ībo, ībis etc.	
perf. praes.	īvi (iī) etc.	īverim, (ierim) etc.
p. praet.	īveram.	īvissem.
p. fut.	ivĕro.	

Imperativus:
ī, īto; īto.
īte, ītōte; eunto.

Inf. impf. īre.
i. perf. īvisse (iisse, īsse).
i. fut. īturum esse.
Gerund. eundi, eundo etc.
Particip. impf. iens, euntis.
p. fut. itūrus.
Supinum ĭtum.

Anm. Die Wurzel ist ĭ, wird aber überall außer im Sup. u. Part. Fut. in ei, ī gesteigert, welches sich vor Vokalen allmählich verkürzt. Das alte ei geht vor den Vokalen ă, ŏ, ŭ in ĕ über. Mit Ausname vom praes. indic. 1. Pers. u. praes. conj. ist die Conjugation ohne thematisches ă. Vgl. griech. εἶμι. Das Perfectum folgt der Analogie der vierten Conj. Die Form ii ist besonders in den Compositis die herrschende.

Anm. 2. ire und seine intransitiven Composita bilden ein unpersönliches Passivum, die transitiven ein vollständiges: adeor etc.

Anm. 3. Als Zusammensetzung von ire ist besonders perīre, als Zusammenrückung vaeneo (vēneo), vaenire (aus vænum ire) zu merken. Diese beiden Intransitiva vertreten das Passivum von perdo und vendo. (Von perdo ist im Passivum nur perdĭtus, von vendo nur vendendus, vendĭtus gebräuchlich.)

Anm. 4. Archaisch ist das Passivum von vaenire (vaeniri etc.)

Anm. 5. Neben der Futurform ībit erscheint in den Compositis nicht ganz selten -iet: vaeniet, transiet u. s. f.

§. 166. 6) queo ich vermag.

nequeo ich vermag nicht, bin nicht im Stande.

Diese conjugieren ganz nach eo; es fehlen ihnen aber imperativus und gerundium. Für nequeo etc. findet sich häufiger: non queo, non quīs, non quīt.

Anm. Archaisch ist das Passivum in Verbindung mit dem Infinit. Pass., z. B. nequītur subīgi etc.

§. 167. 7) ĕdo ich esse.

Dieses Verbum hat keine weitere Unregelmäßigkeit, als daß es außer vor m den Themavokal ŏ, ĭ auswerfen kann, wonach es vor Zahnlauten sein d in s verwandelt; überdies kann der Imperativus 2te Pers. Sing. ēs heißen. Also:

ĕdis oder ēs, ĕdit oder est.
ĕderem oder essem f. ed-sem u. s. f.
ĕdere oder esse; ĕditur oder estur u. s. f.

Anm. Der Conjunctiv des Präsens heißt neben ĕdam, comĕdam auch alterthümlicher ĕdim, comĕdim.

Adverbia.

Conjunctionen. Präpositionen.

§. 168. Wir handeln über diese in einem Anhange zur Flexionslehre, weil sie größtentheils casuell sind, also ihre Bildung zu Adverbien u. s. f. nicht wesentlich in die speciellere Wortbildung gehört.

Entschiedene Accusative sind:

§. 169. a) die substantivischen dŏmum nach Hause, rūs aufs Land, vicem im Wechsel, für, dum die Zeit hindurch, während, auch in vixdum kaum noch, nondum noch nicht, ăgĕdum wolan denn u. s. f. dūdum längst, alle von diu-s Tag, Zeit, jam, eben, schon, -dam in quīdam irgend einer eben, -dem in quĭdem irgend wie eben (von derselben Wurzel div, aus welcher diu-s hervorgegangen ist), ferner eine reiche Anzahl von adv. auf -tim oder -sim: contemptim verächtlich, sensim allmählich, und nach deren Analogie fūrtim verstohlen, paullātim allmählich u. s. f. —

fŏrās hinaus; alt: nūgās zur Posse.

Von Adjectiven und Pronominen stammen:

§. 170. b) accus. sing. neutr.: făcĭlĕ leicht, (später faciliter), difficilĕ schwer (seltener als difficĭliter u. difficulter), facul (archaisch), sĭmŭl (alt semol) d. i. simile zugleich, sĕmĕl Ein Mal, prŏcŭl in einiger Ferne, d. i. procle; vŏlŭp (archaisch) nach Lust, d. i. volupe, impūne straflos, sicher, recens neulichst, commŏdum gerade, eben, minimum wenigstens, potissimum am ehesten, cētĕrum übrigens, ĭterum zum andern, zweiten Male, prīmum zum ersten Male, erstens, postrēmum zum letzten Mal, zuletzt, summum höchstens, dēmum erst, circum um — herumkreisend, versum, gegen, und seine Composita retrorsum rückwärts, rursum d. i. revorsum wieder, seorsum für sich, abgesondert, tantum nur, nōn = ne ūnum (alt noenu) nicht, -tem in ĭtem ebenso, autem aber, ĕnim für enem, enom, einom denn, cum mit, quom, cum, wann, tum dann, ferner alle adverbialen Comparative wie doctius gebildeter, ācrius feuriger, mīnus weniger, măgis mehr und nach den letztern versus gegen, tĕnus bis, sĕcus anders, prŏtĕnus und prŏtĭnus sofort, cŏmīnus in der Nähe, ēminus aus der Ferne, sătis genug neben săt, pŏtis u. pŏte vermögend, wie măge neben măgis, prōtinis archaisch = protinus.

§. 171. c) accus. sing. fem.: bĭfărĭăm zwiefach u. s. f., cōram vor Augen von corus aus co u. os, prŏtĭnam sofort (archaisch für protinuam), prōmiscam (archaisch für promiscuam) durcheinander, perpĕram ἄλλως, verkehrt (vgl. perendie), clam für * călam, anders gebildet als das arch. calim heimlich, tam so, quam wie, nam denn.

§. 172. d) accus. plur. neutr.: cētĕră im Uebrigen, frūstrā umsonst von fraud (fraus), in alter Zeit immer mit ă, in classischer Zeit nach Analogie von intrā etc. als Abl. behandelt.

§. 173. e) accus. plur. fem. ălĭās sonst, alterās ein zweites Mal.

Entschiedene Ablative sind:

§. 174. a) die substantivischen: rūre vom Lande, dŏmo von Hause, noctu bei Nacht, oppido auf der Stelle, sponte freiwillig, magnŏpĕre sehr, hŏdiĕ neben hŏcedie heute, pĕrendiĕ am andern Tage, übermorgen, hĕrī, hĕrĕ gestern, lūcī, lūcĕ am Tage, mānī, mānĕ früh, am Morgen, vespĕrī und vesperĕ am Abend, temporī, temperī, temporĕ zur Zeit, mŏdŏ nach dem Maße, nur; gratīs umsonst, ingratiis, ingratīs wider Dank, unfreiwillig, forīs draußen, quotannīs jährlich, multimodīs f. multīs modīs vielfach.

§. 175. b) ablat. sing. neutr. auf ō.

1) Von Adjectiven, zunächst in den Zeitadverbien: perpĕtŭo immerwährend (neben seltenerm perpetue) contĭnŭo unmittelbar darauf, cotidiano täglich, mātūtīno früh morgens, crēbro häufig, rāro selten, sēro spät, repentīno plötzlich, subīto plötzlich, prīmo anfänglich.

2) Häufig von Partic. Perf. Pass.: auspicāto unter guter Vorbedeutung, augurāto nach Anstellung von Augurien, compŏsĭto nach Verabredung, imprōvīso unversehens, sortīto nach Losung, bīpertīto zweifach getheilt, inŏpīnāto und nĕcopinato unvermutet, inconsulto unbesonnen, cĭtŏ (mit gekürztem o) schnell, falso falsch, merīto mit Recht, sēcrēto geheim.

3) Außerdem viele andere adjectivische, wie arcāno geheim, fortuīto zufällig, mūtuo wechselsweise, gegenseitig, prĕcārio bittweise, sērio im Ernst, praesto bereit, certo für gewiß, vēro in Wahrheit (unterschieden von certe, vere), ergo also, prōd, prō hervor, für.

§. 176. c) ablat. sing. neutr. auf ē (ēd).

Diese Adverbialbildung ist die gewöhnliche für Adjectivstämme auf -ŏ, also auch für alle Superlativstämme: longē, docte, facilumed (archaisch), doctissime etc., fortwährend im Auslaute verkürzt nach ursprünglich metrischem Gesetze in mălĕ schlecht, bĕnĕ gut, wohl. Dahin gehören auch fĕrē und fermē fast (derselben Wurzel mit firmus) vgl. *μάλιστα*.

§. 177. d) abl. sing. neutr. sind ferner: quī wie, quiquam irgendwie, alioquī sonst etc. und wol auch proclīvĕ abwärts, rĕpentĕ plötzlich, schnell; hier schließen wir noch an: *antīd in antīdeo etc., *postīd in postideā nachher, daraus antĕ, poste, post, sēd für sich, ohne, aber, dē für ded, rĕd-rē-.

§. 178. e) Entschiedene abl. sing. femin. sind nicht selten, besonders in Fällen, wo die Richtung bezeichnet wird, oft noch mit deutlicher Ellipse: ergā gegen, contrā (für contĕrā) gegen, intrā innerhalb, extrā außerhalb, infrā unterhalb, circā ringsherum, juxtā neben, nahebei, dextrā rechts, sīnistrā links, rectā gerade aus, hāc hier, quā wo, wie, eā da, unā zugleich (sc. operā), eādem und eādem operā zugleich u. s. f.

§. 179. f) ablat. plur. in alternis abwechselnd.

§. 180. g) An diese Adverbia schließen sich am einfachsten an diejenigen auf -tus (sanskr. -tās) wie fundĭtus von Grund aus, pĕnitus vom innersten heraus, ins innerste, stirpitus vom Stamme aus, vom Grunde aus, antiquitus von Alters her, vor Alters, divīnitus aus dem Göttlichen, göttlich, hūmānitus menschlich, intus von innen, inwendig etc.; -tur in dem archaischen simitur neben simitu für simitus.

§. 181. Dativformen sehen wir in quō wohin, eō dahin, illō, illōc, illūc dorthin, istō, istōc, istūc dorthin, wo du bist, hōc, hūc hieher.

§. 182. locat. sing. der Ruhe auf ī, ĭ findet sich in: domī zu Hause, hūmī auf dem Boden, zu Boden, rurī auf dem Lande, peregrē in anderm Lande, fort, diē septimei am siebenten Tage u. s. f., quotīdiē an dem wievielten Tage, immer, täglich, postrīdie am nachfolgenden Tage, prīdie am Vortage, prae und *prī vorher, vor, pōnĕ, hinten, aus posne. hīc hier, istī und istīc, illī und illīc (istī und illī archaisch) dort, sīc so, ŭtī (ut), wie u. a., nē (nei, nī) nicht, damit nicht.

§. 183. locativus der Ruhe auf -bĭ: ŭbi wo, ĭbi da, ĭbīdem ebenda, sīcubi wenn irgendwo, utrŏbi und utrūbi auf welcher der beiden Seiten, alĭbi und aliŭbi (von den Stämmen ali-alio) anderswo u. s. f.

§. 184. locativus der Bewegung von einem Orte her auf -im für fiem sind: exim darauf, olim einst, illim, istim, gewöhnl. illin-c, istin-c, von dort, hin-c von hier, interim inzwischen, utrimque beiderseits, unquam jemals. Sehr häufig ist die Partikel de angesetzt, inde von da, deinde hierauf, proinde demnach, unde woher? alicunde irgend woher, aliunde anders woher etc. Auslautendes m wird n in alioqui-n sonst, eigentl. anderswie, dein, proin u. s. f. (wol durch die Form -inde hindurch). An andere Adverbia auf -im tritt sĕcus: altrin-sĕcus von der andern Seite her, extrinsĕcus von außen, intrinsĕcus von innen.

§. 185. Die Schwierigkeit die Form der Adverbien, Conjunctionen und Präpositionen zu bestimmen, wie sie oben schon einzeln uns entgegengetreten ist, steigert sich in andern Bildungen wie in saepe, paene, prope, welche wir für Locative halten, in ită, welches ein Ablativus oder Instrumentalis zu sein scheint, in quandō, aliquandō, welche man ebenfalls für Ablat. oder Instrument. zu halten hat, in usque, usquam, nusquam, uspiam, ex, abs-, obs-, subs-, cis, uls, penes, trans, deren s comparativisch oder genitivisch sein dürfte, super, welches wol ein locativisches i abgestreift hat, haud (hau) nicht, vix kaum, mox bald, die auf einen Locativus Plur. schließen lassen (-$\sigma\iota$). Besonders ist hier die Adverbialbildung auf -ter (meist an -i und Consonantenstämmen, doch auch einzeln an -o stämmen) hervorzuheben, welche sicher einst Casusbildung hatte. Beispiele seien: brĕvĭter kurz, audacĭter und audacter kühn, săpienter weise, hūmanĭter menschlich, propter wegen (s. prŏpĭter), praeter außer u. s. f. Daran schließt sich ĭgĭtur daher, also.

§. 186. Viele Adverbien sind zusammengerückte Bildungen, wobei namentlich Präpositionen eine große Rolle spielen, und wo sie theilweise noch ohne ihre gewöhnliche Rection (adverbial) erscheinen. So in anteā (antideā, intereā, posteā (postideā), interim, interibi, antehāc, posthāc, interdiū und interdiūs unter Tages. Regelmäßig sind admodum sehr, extemplo (alt extempulo) sogleich, unmittelbar vom Schauplatze, interdum unter der Zeit, bisweilen, ilico für illico, in loco auf der Stelle, invĭcem gegenseitig, auf Wechsel, obviam entgegen, obĭter obenhin, postmŏdum und postmodŏ (s. modom) hernach, (nach dem Maße), propediem nahe am Tage, nächster Tage, sublīmen und sublime unter die obere Schwelle hinauf, hoch. In Zusammensetzungen wie: parumper, nūper, semper, paulisper, aliquantĭsper etc. ist die Präposition nachgesetzt. Noch loser sind Formen wie quemadmodum wie, quamobrem weswegen. Außerdem nennen wir als Zusammenrückungen: nūdius tertius nun der dritte Tag, vorgestern u. ä. forsan es frägt sich gerade ob, vielleicht, forsitan vielleicht, fortasse für und neben fortassis d. i. forte an si vis vielleicht, identĭdem immerfort. Adverbien aus ganzen Sätzen sind vĭdēlicet man kann sehen, augenscheinlich, nämlich, gewiß, scĭlicet man kann wissen, offenbar, nämlich, ĭlicet man kann gehen, sofort, für vidēre, scire, ire, licet; dumtaxat (taxare frequentat. von tango) soweit es reicht, eben nur. Zu den Zusammenrückungen gehören noch manche der unten aufgeführten Conjunctionen und Interjectionen.

§. 187. Verzeichniß der Präpositionen.

a) Die untrennbar gewordenen.

ambi, amb-, am-, an- um-herum, nach beiden Seiten.
dis- entzwei, zer-.
port-, por- hin-, dar- (porrĭgĕre darreichen).
rĕd-, rĕ- wieder.
sēd-, sē- für sich, beiseits.

b) Trennbare.

1) Mit Accusativus.

ad an, zu.
adversum, adversus, exadversum, gegen.
ante vor.
ăpŭd bei.
circā, circum um — herum.
cĭs, citra diesseits.
contrā gegen.
ergā gegen.
extrā außerhalb.
infrā unterhalb.
subter unter.
suprā oberhalb.
inter unter, zwischen.
intrā innerhalb.
juxtā neben, nahe bei.
ŏb gegen, wegen.
pĕnĕs bei, in Händen.
per durch.
pōnĕ hinter.
praeter daneben vorbei, außer.
prŏpĕ nahe bei, neben, wegen.
sĕcundum längs, gemäß.
trans jenseits.
ultrā jenseits, über — hinaus.

2) Mit Ablativus.

ab, ā, abs von.
absque ohne (veraltet).
cōram in Gegenwart.
cum mit.
dē von — herab, über.
ex (ec), ē aus.
prae vor.
prō vor, für.
sĭnĕ ohne.
tĕnus bis an.

3) Mit Accusativus und Ablativus.

in in. | sŭper über.
sŭb unter. | subter unter.

Verzeichniß der Conjunctionen.

§. 188. I. Coordinierende.

1) conjunctive:
et, -que, atque (= at -que) oder āc und.
quŏque, ĕtiam (et iam) auch.
nĕque oder nĕc (ne-que) und nicht.
nē-quĭdem nicht einmal, auch nicht.

2) disjunctive:
aut (für au-ti) oder.
vel (für vĕlīs) oder -vĕ oder.
sīve und seu oder wenn, oder.

3) adversative:
at, ast aber.
sĕd, alt auch sedum aber, (indessen).
autem (au-tem) aber.
atquī aber nun, irgendwie ja gewiß, aber.
cētĕrum, vērum, vero übrigens, aber.
Mit vero zusammengesetzt: enimvero ja aber.
tămĕn so auch, doch. at-tamen aber doch. verumtamen aber doch.
at ĕnim und sed enim aber ja.

4) limitierend: quĭdem irgendwie eben, zwar, nebst ĕquidem.

5) corrigierend: immo, īmo im innersten, vielmehr.

6) causal: ĕnim, ĕtenim, nam, namque nämlich, denn.

7) conclusiv: ergo daher, ităque daher, ĭgĭtur daher, von da aus.

8) optativ: ŭtĭnam daß doch! nē doch nicht!

9) fragend: -nĕ, nonnĕ, necnĕ, num, numnĕ, utrum-ăn, annĕ;
cūr warum? quidnī warum nicht? ubĭ wo? u. s. f.

§. 189. II. Subordinierende.

1) comparative: ŭtī, ut, sīcut, vĕlut wie.
prout demgemäß wie, præut im Verhältniß wie.
ceu wie, quam wie sehr.
tamquam, tamquam si, quăsi gleichwie, gleichsam.

2) temporale: quom (cum) wann.
quando wann, dum während, bis.
dōnec (alt donicum) bis.
priusquam, antequam, anteāquam bevor als, bevor.
postquam, posteāquam nachdem.
simulatque, simulac sobald als.
ut wie, als; ubi wann, als.

3) **causale:** quom (cum), quoniam, quod, quia weil.
quippe, utpŏtĕ wie ja, weil ja.

4) **conditionale:** sī wenn;
sīn (eig. wenn nicht, sondern) wenn, wenn aber; vgl. εἰ δὲ μή.
nĭsī, nī wenn nicht.
sīve, seu oder wenn.
dummŏdŏ, mŏdŏ, dum wenn nur.

5) **concessive:** etsi, etiamsi wenn auch, tametsi wenn auch.
quamquam, quamvis, quantumvīs, wenn auch noch so sehr, obgleich.
lĭcet es ist erlaubt, obgleich.

6) **finale:** uti, ut damit, so daß.
quō damit dadurch, damit desto.
quōmĭnus damit dadurch weniger, damit desto weniger, damit nicht.
quīn (wie nicht) daß nicht.
nē damit nicht.
nēve, neu oder damit nicht.
nēdum geschweige daß.

§. 190. Verzeichniß der gebräuchlichsten Interjectionen.

a bei Verdruß und in der Warnung.
ĕhŏ beim Ausrufe.
ei; eheu, heu beim Schmerz.
eiă, ĕhĕm bei Ermunterung und freudiger Ueberraschung.
euoe, īō bei bacchantischer Freude.
em deiktisch, besonders bei Demonstrativen,
zu unterscheiden von
ēn, ecce und Zusammensetzungen, sieh da!
hem zum Ausdrucke der Freude, wie des Schmerzes, der Ueberraschung, Bestürzung.
heus! höre! beim Zuruf.
nē vor Pronomina, versichernd.
prō bei Bewunderung und Abscheu.
vae bei Bedauern und Drohung.

Außer diesen und ähnlichen dienen einzelne Nominalformen und Verbalformen als Interjectionen, wie mălum zum Henker! macte (virtute) Heil dir! ăgĕ wolan! u. s. f. und nicht wenige zusammengerückte Wörter, wie neben hercŭles, hercŭle, hercle (auch die letztern Nominative mit abgeworfenem s), mēhercules, mēhercule, mēhercle möge mich Herkules beschützen! (Schwur der Männer), mēcastor, möge mich Castor beschützen! (Schwur der Frauen), neben pol d. i. Pollux (Pollūces, etrusk. Pultuke, Πολυδεύκης) ēdepol o Gott Pollux, wie ēcastor, mĕdius Fĭdius (dius = Ζεύς, Fĭdius von W. fid trauen) u. a.

Wortbildung.

§. 191. Die Wortbildung beschreibt die Art und Weise, wie Stämme aus Wurzeln, weiter Stämme aus Stämmen gebildet werden; und wie Wörter aus Zusammensetzung erwachsen.

§. 192. Unter Wurzel verstehen wir hier nur die eine Art derselben, nämlich die Bedeutungswurzeln oder die nennenden im Gegensatze der Deutewurzeln oder bloß die Beziehung ausdrückenden; wir behandeln demnach nur die wichtigsten Bildungsformen der abgeleiteten und zusammengesetzten Verba, Substantiva und Adjectiva. Aber auch unter den Bedeutungswurzeln scheiden wir nicht zwischen primären und secundären Wurzeln.

§. 193. Die indogermanischen Wurzeln sind durchaus einsilbig, übrigens in ihrer Lautgestaltung unbeschränkt. Sie werden gefunden durch Ablösung aller Beziehungselemente, welche ihnen nachfolgen, und durch Zurückführung des Wurzelvokales auf den bezüglichen Grundlaut. lĕg ist W. von lĕg-o, legio etc.; mĕn W. von mens, mentio, mŏneo u. s. f.; sŏp W. von somnus, sŏpor, sōpire u. s. f.

§. 194. Die Ableitungen sind primäre oder secundäre, d. h. solche, in denen nur eine einfache Ableitung aus der Wurzel stattfindet, oder solche, wo an eine erste Ableitung noch eine zweite u. s. f. antritt. Es gibt demnach auch primäre und secundäre Ableitungssuffixa; nicht selten ist aber im Lateinischen dasselbe Suffix zugleich primär und secundär. In weiterem Sinne heißen alle diejenigen Nominal-Suffixa primäre, welche an Verbalstämme antreten, seien diese letzteren einfach oder schon abgeleitet.

I. Abgeleitete Verba.

§. 195. Von den Verbalstämmen fallen die Bildungen der Tempus-, Modus- und Genusstämme hier aus unserer Betrachtung weg, also auch die sogenannten verba inchoativa auf -sco.

§. 196. Alle abgeleiteten Verba sind ursprünglich mit -ja gebildet. Die Silbe -ja tritt entweder unmittelbar an das einfache Verbalthema auf (ursprüngliches) ă mit oder ohne Einfluß auf den Wurzelvokal, oder an ein schon bestehendes oder vorausgesetztes Nomen. Die ersteren sind ursprünglich causativa zu ihren Stammverben, die letztern denominativa in engerem Sinne. Der Vokal vor -ja erscheint als ă, (ŏ), ĕ, ĭ, ŭ: dōna-j-o, mone-j-o, audi-j-o, argu-j-o. Die verschiedene Färbung der Vokale a, e, i war ursprünglich durch den Auslaut der Stämme, welche der Ableitung zu Grunde liegen, bedingt, oder durch Schwächung herbeigeführt, nach und nach bildeten sich bestimmte Analogien. Das inlautende j ist im Lateinischen durchweg geschwunden.

Nichts hindert Verbalableitung auch von solchen Wortstämmen anzunehmen, deren schließender Vokal abgeworfen ist, wie laedere für lavidere von lavid(o), W. lu.

§. 197. Verba causativa. Sie finden sich besonders in Conj. II., wie monēre mahnen, von mĕn (memini); torrēre dörren neben τέρσομαι, terra; terrēre schrecken von W. ters; nocēre schaden, neben nex; ciēre in Bewegung setzen von W. ci u. s. w., in Conj. I.: dŏmāre zahm machen, von W. dem, in Conj. IV. sōpīre einschläfern, von W. sōp.

§. 198. Verba denominativa im engern Sinne. Hier überwiegt die Bildung auf -āre, welche sich auch in Fällen eindrängt, wo der Stamm auf Consonant oder U auslautet und häufig den leichten Stammvocal I verdrängt: nōmĭnare nennen, von nomen, aestuare wallen, von aestus, lĕvare erleichtern, erheben, von lĕvis. Vorherrschend sind die verba denominativa von Conj. I. und IV. transitiv, diejenigen von Conj. II. intransitiv (ein Sein ausdrückend). Die denominativa von Conj. III. sind meistens transitiv: mĕtuĕre fürchten, arguĕre überweisen, laedĕre verletzen.

Einige Hauptarten von denominativa sind:

§. 199. a) Die verba meditativa (von meditari auf etwas sinnen), gebildet auf -esso, -isso. So capessĕre heftig ergreifen, arcessĕre (von ciĕo) kommen lassen, incessĕre losgehen, lacessĕre reizen, petessere, petissĕre heftig erstreben, incipissere eifrig beginnen. — Diese Verba sind entstanden aus abstracten Substantiven auf -ās, lat. -ūs.

§. 200. b) Verba frequentativa oder intensiva, welche ein häufiges (frequentare) oder ein angestrengtes (intendĕre) Thun bezeichnen. Sie sind gebildet auf -tāre, -sāre, -tĭtāre, -sĭtāre und schließen sich zunächst an participia perfecti an. Aber oft ist das einfache Verbum daneben nicht mehr gebräuchlich, wie bei gustare kosten von * gusto-, * guso, deutsch kiusu, gr. γεύω f. γεύσω, hortāri, alt hŏrĭtari, ermahnen, von archaischem horior, 3. Pers. hŏrĭtur, cunctari zaudern; oder es ist eine Participialform auf -ĭto statt -to vorausgesetzt, wie in agitāre treiben, cogitāre denken, oder auf -ĭto statt -āto, wie in vocitāre laut rufen von vocāto-, vocare. Solche Intensiva oder Frequentativa sind nun, abgeleitet vom einfachen Stamme: cantare singen vom St. canto-, cănĕre, dictare oft sagen, vorsagen, vom St. dicto-, dīcĕre, dormītāre schlafen vom St. dormīto-, dormīre. Schon von einem Frequentativum gebildet sind cursĭtāre hin und her laufen vom St. cursĭto- f. cursāto, cursāre, currĕre, dictĭtāre vom St. dictĭto- f. dictato, dictare. Oft ist das erste Frequentativ nicht mehr gebräuchlich, wie in scrīptitāre häufig schreiben neben scrībĕre, lēctitāre häufig lesen, neben lĕgere.

§. 201. c) Verba desiderativa, die ein Verlangen (desiderāre) ausdrücken, gebildet auf -tūrio, -sūrio, von einer nicht starken Form des Suffixes -tūrus (tūro) oder dessen Stammform -tor: ēsŭrīre zu essen wünschen, hungern, cēnatŭrīre die Malzeit einzunehmen wünschen, emptŭrīre zu kaufen wünschen.

Anm. Das einzige lateinische unmittelbar von einem Verbum stammende Desiderativum ist vīsĕre sehen wollen, besehen, für (vi)vidsere.

§. 202. d) Verba deminutiva, welche die Handlung ins Kleinliche ziehen (deminuere), gebildet auf -illāre. Sie setzen nomina deminutiva auf -illo voraus: sorbillare schlürfen vom St. sorbillŏ-; conscribillāre kritzeln; cantillare trillern. Daneben pullulāre hervorsprossen, albicāre weißeln, ins Weiße spielen, fŏdicāre stechen (sticheln), missiculāre oft schicken, pensiculāre kleine Dinge abwägen.

Anm. 1. Eine Menge abgeleiteter Verba können nicht mehr sicher auf ein noch nachweisbares Nomen zurückgeführt werden und sind entweder ursprüngliche Causativa oder nach der Analogie von Denominativen gebildet.

Anm. 2. Wahrscheinlich ist es, daß, wie im Griechischen, neben diesen Classen noch eine solche mit dem Vocal o vor j existiert habe, wie arguere für * argoere, aegrōtus von * aegroere u. a.

Zusammengesetzte Verba.

§. 203. Zu unterscheiden sind die uneigentlichen Composita, in denen Verben mit Verben, mit Substantiven und Adverbien zusammenrücken, und eigentliche Composita mit Formpartikeln. (Präpositionen).

§. 204. 1. Zusammensetzung von făcere und fieri mit andern Verben. Diese Verba erscheinen als Formen auf ĕ, und sind meist noch vorhandene verba intransitiva der zweiten Conjugation. Der Vokal e ist in der scenischen Poesie lang, wenn lange Silben, kurz, wenn kurze vorangehen; in der dactylischen Poesie kann er immer lang sein. Die damit zusammengesetzten facio und fio behalten den Accent; aber ursprünglich waren auch die ersten Theile betont. Solcher Zusammensetzungen gibt es eine Masse, z. B.

călĕfăcĕre = calēre f. warm machen, und calfăcere.
excandēfacere = candere f. flammen machen.
perfrīgēfacere = perfrigere f. erkälten.

So lābĕfacere (lăbāre f.) wankend machen, līquĕfieri (liquere f.) schmelzen, mădĕfacere feucht machen, expergēfactus aufgeweckt, pūtrĕfacere faulen machen, pūtĕfacere stinken machen, pallĕfacere erblassen machen, pătĕfacere offen machen, tĕpĕfacere warm machen, trĕmĕfacere zittern machen. Der Sinn von facere tritt ganz zurück in allĭcĕfăcere anlocken, condŏcĕfăcere abrichten, commŏnĕfăcere erinnern, perterrĕfăcere erschrecken, erschrecken machen.

§. 205. Von diesen Bildungen sind scharf zu unterscheiden:

1) denominative Verba, wie aedifĭcāre erbauen etc.

2) die Zusammenrückung mit Adverbien, wie fabrēfacere kunstreich machen, vacuēfacere leer machen neben vacēfieri leer werden, die Neubildung purēfacere u. a.

§. 206. 2. Zusammenrückung von Verben und Substantiven: animadvertere bemerken, für animum advertere, mānūmittere frei lassen, ūsūcapere durch Nutznießung nehmen, vaenumdāre und vendere verkaufen, vaenum ire und vaenire (von eo) verkauft werden, pessum dare zu Grunde richten, lucrīfacere gewinnen, crēdere Glauben schenken von cred, einem unmittelbar aus der Wurzel gebildeten Substantivum, und dāre.

§. 207. 3. Zusammenrückung von Verben mit Adverbien: satisfăcere und satisdāre Genüge leisten, bĕnĕdīcere gut reden, bĕnĕfăcere wol thun, mălĕdīcere übel reden, introīre hinein gehen, mālle lieber wollen, nōlle nicht wollen, nĕquire nicht können, und bei Plautus noch andere mit nĕ, wie nĕparcere nicht schonen. Vereinzelt steht ignoscĕre für ingnoscere, vgl. ἀτίω neben τίω u. a.

Zusammensetzung mit Formenpartikeln.

§. 208. a) mit solchen, die in der classischen Sprache oder überhaupt im Lateinischen nicht mehr selbständig vorkommen:

1) mit ambi (ἀμφί), amb-, am-, an- von beiden Seiten, ringsum, hin und her. So ambīre herumgehen, ambīgere hin und her treiben, zweifeln, amplecti umfassen, anhēlāre beiderseits, heftig keuchen.

2) dis- entzwei, d. i. in zwei, auseinander-, ent-, weg-, miß-: discurrĕre aus einander laufen, diffundere verbreiten, dīrimere auseinander nehmen, auflösen, dīdĕre vertheilen etc.

3) port-, porr-, por- (vor l- pol- u. s. f.) hin-, zu-: portendĕre entgegenstrecken, vorbedeuten, porrīgere darreichen, porrīcere darbringen, pollīcēri anbieten, versprechen, possidere f. porssidere besetzen, besitzen, wohl auch pōnere f. posnere, pors-sinere.

4) red-, re-, zurück-, wieder-, ab-, los-: reddĕre, wiedergeben, abstatten, reccīdere, rĕcīdere, recīdere zurückfallen, redīre zurückkehren, resolvĕre auflösen, rescindĕre los-, abbrechen.

5) sēd-, sē-, für sich, beiseits, abgesondert: sēpārāre trennen, sēlīgere auswälen; sēditio Zwietracht setzt ein sēdire voraus.

§. 209. b) mit trennbaren, d. h. selbständigen Formpartikeln, Präpositionen:

ab, abs, ā (au), ab-, weg-, ver-: abīre weggehen, abducere wegführen, abscondere verbergen, āmittere verlieren, aufūgere entfliehen.

ad zu-, hinzu-, an-, herbei-: adīre hinzugehen, adducere hinzuführen, afferre herbeitragen, assīdĕre dabei sitzen, hinsitzen.

ante, vorher-, voraus-: antepōnere voranstellen, antecurrere voranlaufen.

circum, circu-, um-, herum-: circumsaepīre umzäunen, circuīre herumgehen.

com, con, co-, zusammen-, mit-, oft, weil concentrierend, verstärkend: cŏmĕdĕre verzehren, contingere berühren, coīre zusammengehen, neben comitium, cohaerēre zusammenhangen, cōgere d. i. co-īgere zusammenbringen, zwingen, cōmere d. i. coĕmere zusammennehmen, ordnen.

dē hinab-, herab-, ab-: dēcurrĕre herab-, hinablaufen, dēpōnĕre ablegen.

ec, ex, ē, aus-, heraus-, hinaus-: ecfōdere und effodere ausgraben, exīgere hinaustreiben, excēdere hinausgehen, ēgĕrĕre hinaustragen.

in, ein-, auf-: inclūdĕre einschließen, impōnere auflegen.

ob, obs entgegen-: obsistĕre entgegen treten, ostendere entgegen spannen, zeigen, neben obtendere vor (etwas) legen, vorgeben.

per durch-, hindurch-, ver-: perāgrāre durchwandern, pellīcere verlocken.

post nach-, hintennach-: posthabēre gegen etwas anderes nachsetzen.

prae voran-, voraus-, vor-, zuvor-: praecēdere vorangehen, praedīcere voraussagen, praevenire zuvorkommen, praehendere, prehendere vorn anfassen, ergreifen.

praeter vorbei-, über-: praeterire vorbeigehen, übergehen.

prōd, prō, prŏ hervor-, vorwärts-, fort-, für-: prodīre hervor-, hinausgehen, propellere forttreiben, verjagen, provīdēre Vorsorge treffen, fürsorgen.

sub, subs, unter-, unten weg-, von unten hinauf-: subĭgere unterwerfen, surrĭpere untenwegreißen, suscĭpere unternehmen, über sich nehmen, suspĭcere hinaufschauen.

subter unter weg-: subterfŭgere entfliehen u. s. f.

sŭper überhin, darüber hinaus-: superfundere überhingießen, superaddĕre noch hinzufügen.

trans (trā) hinüber-: transcurrere hinüberlaufen, trājĭcĕre hinüberwerfen, übersetzen.

An Stelle der eigentlichen Composita mit diesen Partikeln kommen auch, namentlich in der ältern Zeit, noch uneigentliche vor, wie contractare neben contrectare, exaestumare neben existumare, exquaerere neben exquirere, und in guten Zeiten getrennt ad tribuere.

II. Bildung der Nomina.

§. 210. Es gibt eine Anzal Nomina ohne Ableitungssuffix, 1) solche, welche von der Declinationsendung abgelöst, in der Form von reinen Wurzeln erscheinen, wie pĕd- Fuß (N. pēs), grĕg- Herde, (N. grex), cord- Herz (N. cor), dŭc- Führer (N. dux), nĕc- Tod (N. nex), farr- für fars (N. făr) Spelt u. s. f., besonders auch zusammengesetzte Wörter: praesīd- Vorsitzer (N. praeses), conjŭg- Gatte, Gattin (N. conjux), interprĕt- Ausleger, Zwischenperson, (N. interprēs);

2) solche, in denen bloß der Wurzelvokal verlängert ist: rōs Thau, vās Gefäß neben vasa, vasorum, vorzüglich vor Gutturalen: lūc- Licht (N. lux), lēg- Gesetz (N. lex), pāc- Friede (N. pax), rēg- König (N. rex), vōc- Stimme (N. vox) u. s. f.

3) zälen wir hierher eine Reihe von Wörtern, welche durch Reduplication gebildet sind, wie carcĕr m. Gefängniß, furfŭr m. Kleie, Mar-mar m. Name des Mars, marmŏr n. Marmor, murmŭr n. Gemurmel, turtŭr m. Turteltaube, Gurgures montes im Sabinerlande.

Von diesen Wörtern mögen freilich einige ein Ableitungssuffix verloren haben.

§. 211. Nicht selten sind Ableitungen mit bloßen Vokalen ă (ŏ, ŭ) ā, ŭ, ī. Die dreigeschlechtigen Stämme auf Ŏ haben ein Femininum auf Ă.

§. 212. Das Suffix Ŏ (alt Ă), Ŭ bildet Adjectiva und Substantiva, erstere primär oder secundär. Die primär gebildeten adjectiva stehen in ihrer Bedeutung meist den activen Participien sehr nahe: fĕrus wild, mĕrus rein, lauter, văgus schweifend; oft mit Steigerung des Vokales: fīdus treu, rūfus roth, mīrus (passiv) wunderbar, vērus; redupliciert querquĕrus schaurig, zum Fiebern kalt ꝛc. Secundär ist o in den Formen auf -ōro (orus), wie dĕcōrus von dĕcor, und in vielen andern.

Substantiva masculina, oft nomina agentis, aber auch n. actionis und daraus erwachsene concreta: ăvus Großvater (der Liebende), cŏquus Koch, vīr (f. vīro) Mann (Wehrender), cădus Krug, tŏrus f. stŏrus Lagerstätte; pāgus Dorf, Gau, lūdus Spiel, vīcus Weiler, Quartier (Ansiedlung); farfărus Huflattich ꝛc.

Substantiva neutra: aurum (Leuchtendes) Gold, fŏrum (Einschließung) Marktplatz, mendum Fehler, pĭrum Birne u. s. f.

Substantiva feminina auf Ŏ und Ă.

1) Besonders Baumnamen, wie fāgus Buche, pīrus Birnbaum; dŏmus Haus, hŭmus Erdboden, cŏlus Spinnrocken. 2) Viel reicher sind diejenigen auf ă̄, wie ĕra die Herrin, neben ĕrus, lŭpa Wölfin neben lŭpus, porca Sau neben porcus, funda Schleuder, sponda Bettgestell, ulūla Eule; secundäre wie nūgae (naugae), für naucae, Possen von nux Nuß u. s. f.

§. 213. Besonders zu merken sind die masculina auf -ă̄, alt -as, welche die thätige Person bezeichnen (griech. -ης): scrība Schreiber, lixa Marketender, und besonders zusammengesetzte: agrĭcŏla Ackerbauer, aurīga (aureae, agere) Fuhrmann; zuweilen passiv: collēga (Verbundener), Amtsgenosse, indĭgĕna Eingeborner; Eigennamen wie Galba, von denen ursprüngliche Feminina, wie Sura, Scaevola zu unterscheiden sind.

§. 214. Die masculina und feminina auf -Ē sind nur scheinbar solche: dies hat stammhaftes -s, und ebenso sind plēbes, fĭdes S stämme, requies von einem Stamme auf T u. s. f.; die Wörter auf -iē, wie răbies etc., sind Stämme auf IA.

§. 215. Das Ableitungssuffix -ŭ findet sich in allen drei Geschlechtern im Substantivum, nur noch in Spuren im zusammengesetzten Adjectivum.

Substantiva masculina: arcus Bogen, currus Wagen, impĕtus Angriff, lăcus Teich, See.

Substantiva neutra: gĕnū Knie, gĕlū Kälte, pĕcū Vieh.

Substantiva feminina: ăcus Nadel, ănus die Alte, īdūs Vollmondtage, mănus Hand u. s. f. Auffallend ist die secundäre Verwendung in nŭrus Sohnesfrau, Schnur, und socrus Schwiegermutter; quinquātrūs Minervafest

Anm. 1. Nicht selten wechseln die Suffixe O und U, wie in dŏmus u. a. Besonders bei diesem Suffixe spricht manches dafür, daß ihm vollere Formen auf vŏ, vă zu Grunde liegen.

Anm. 2. Im Adjectivum zeigen sich von U stämmen nur Spuren in den Zusammensetzungen mit manus; sonst treffen wir hier statt der U stämme der verwandten Sprachen solche auf -vi: lĕvis neben ἐλαχύς, grăvis neben βαρύς, brĕvis neben βραχύς, suāvis neben ἡδύς.

§. 216. Das Suffix I zeigt sich 1) in Substantiven, a) in den männlichen orbis Kreisung, Kreis, piscis Fisch 2c., b) in den weiblichen ăvis Vogel, ŏvis Schaf, năvis Schiff 2c., c) in den ungeschlechtigen mări Meer (N. mărĕ), conclăvi Gemach (N. conclăve); 2) in Adjectiven: dulcis süß, jŭgis beständig, zusammenhängend, turpis häßlich 2c.

Anm. 1. Sehr häufig ist, namentlich in Adjectiven, das wortbildende i nicht ursprünglich, sondern aus ĕ, ŏ geschwächt, wie inermis neben inermus u. a., und in manchen Fällen tritt im Substantivum ein I statt des Suffixes ES ein, caedēs, caedĭs, g. caedis u. s. f.

Anm. 2. An die Bildungen auf I schließen sich substantiva feminina und einige masculina auf i-ōn an, wie communio Gemeinschaft, rebellio Aufruhr, pellio Pelzarbeiter.

§. 217. Suffix JO, IO, fem. JA, IA.

Primär in Adjectiven: exĭmius ausnehmend, vorzüglich, nĭmius übermäßig, plŭvius regnerisch, saucius verwundet;

2) in Substantiven: a) mascul.: gĕnius Schutzgeist, gladius Schwert, radius Stäbchen, sŏcius Genosse, Mămŭrius alt = Martius. b) neutr.: fŏlium Blatt, lăbium, Lippe, ŏdium Haß ꝛc. c) femin.: plŭvia Regen, vĕnia Gnade, Gunst, und neben solchen auf ia manche auf -iēs: acies Schärfe, Schneide, sĕries Reihe, spĕcies Anblick ꝛc.

Anm. An diese Bildung auf -io, -ia schließen sich subst. fem. auf -iōn an: obsīdio Besetzung, lĕgio (Lese) Legion, rĕgio (Richtung) Gegend, ŏpīnio Meinung, Glaube u. s. f., und einige männliche, wie centŭrio Hauptmann, (vom secundär gebildeten centŭria), pŭgio Dolch, scīpio Stab, curcŭlio Kornwurm u. a.

§. 218. Secundär, wenn nicht vielmehr an denominative Verbalstämme angefügt 1) in -ejo (aeo), -īo, -ĕo, -īo. a) in einer Reihe von Gentilnamen: Flavĕjus, Flavius, Opetrĕjus, Opetrius von Ŏpĭter, dem der Großvater Vater ist; Pompējus, Pompius; Lucējus, Lucīus, Lucīus; Luccaeus, Luccējus, Luccius u. s. f. Vgl. die Gentilnamen auf -ēdius, -īdius, -īdius, -ēlius, -īlius: Lucīdius, Lucīlius u. a. b) in Adjectivformen aus Stoffnamen, auf -ĕus: aureus gelben, argenteus silbern, plumbeus bleiern, ferreus eisern ꝛc.

2) Entschieden secundär ist -jo, -io häufig in vielen Adjectiv- und Substantivbildungen, wie in Adjectiven auf -ārio; in Substantiven auf -ārio (-ārium): grānarium Kornkammer, meist plur.; -cīnio (cīnium): patrōcinium Schutz, -mōnio (mōnium): patrimonium väterliches Erbgut, -tōrio (tōrium): portorium Zoll u. a., in sehr vielen weiblichen, wie in denen auf -antia, -entia: scientia u. a.

Anm. Neben -ia erscheint einzeln -ĕa: cochlea Schnecke u. a.

§. 219. Suffix -vo, -uo, -uu (-vus, -uus), zuweilen mit Schwächung -vi, -ui, primär und secundär.

1) Primär. a) Adjectiva: parvus f. sparvus! klein, salvus heil, ganz, arduus hoch, conspīcuus sichtbar, văcuus leer ꝛc.

Anm. Neben vacuus findet sich vacīvus (vocīvus), neben nocuus schädlich nocīvus u. a; -īvus auch in subsecīvus, rĕdīvīvus von W. dīv, Grădivus.

b) Substantiva. Subst. m.: nervus Sehne, Band, equus Pferd u. a.
Subst. n.: aevum Lebensalter, arvum Ackerland.
Subst. f.: alvus Unterleib, larua, larva Gespenst, Maske, pelvis Becken.

2) Secundär. a) Adjectiva: aestīvus sommerlich u. s. f.

b) Substantiva: patruus Vatersbruder, cervus (Gehörnter) Hirsch, jănua Thür von Janus.

Suffixe mit beginnender Labialis.

§. 220. Nicht selten werden Adjectiva und Substantiva mit -bo, -ba gebildet. So die Adjectiva ăcerbus herb, balbus stotternd, superbus übermütig, prŏbus rechtschaffen;

die Substantiva glŏbus Kugel, morbus Krankheit; verbum Wort, plumbum Blei; barba Bart, herba Grünes, Kraut, glaeba Erdscholle, turba Schaar, Lärm, tŭba Trompete, columba Taube.

Dieses b ist aber verschiedenen Ursprunges. In balbus, globus, verbum, barba u. a. ist es Wurzelbestandtheil; in acerbus, superbus, morbus u. s. f. ist es Ueberrest der Wurzel fu- „sein."

§. 221. Die Suffixe -brŏ, -brī bilden 1) eine Reihe meist secundär abgeleiteter Adjectiva: crēbro (N. creber) häufig, cĕlĕber berühmt, sălūber heilsam, fūnĕbris zur Leiche gehörig, lūgūbris traurig, mŭlĭĕbris zum Weibe gehörig, weibisch, auch die Monatnamen september, october, november, december, nämlich mensis. 2) -bro bildet a) substantiva masculina, wie făber Schmied, Mulcĭber (gen. -bĕri und -bri od. -bĕris, -bris) Name des Vulcan;

b) substantiva neutra (Bezeichnung des Mittels): crībrum Sieb, delūbrum Reinigungsstätte, Heiligthum; secundär candelābrum Leuchter.

c) -bra für substantiva femin., (Bezeichnung des Mittels): dŏlābra Axt, lībra Wage, tĕrĕbra Bohrer; secundär: tĕnĕbrae Finsterniß.

§. 222. Mit diesem Suffixe ist weiter gebildet -bernus in hibernus winterlich, -berna in tăberna Bude.

§. 223. Wie wir das Suffix -bro erklären mögen, sicher bleibt, daß aus demselben durch leichte lautliche Veränderung die Gestalten -bŭlo, -bŭla, -bīlī entspringen:

1) in den substantiva neutra, wie stăbulum Stall, pābulum Futter.

2) in den substantiva feminina: fābula Erzählung, fībula d. h. figbula Haftel, sūbula Schusteralse.

3) -bīli in einer großen Zal von Adjectiven: āmābilis liebenswürdig, nōbilis kennbar, edel, meist mit passiver Bedeutung, aber namentlich archaisch und dichterisch auch activ: flēbilis, illacrimābilis etc.

§. 224. Suffix -mo, -ma, im Adjectivum primär und secundär; -mo, -ma in Substantiven.

1) Adjectiva: formus, archaisch, warm = θερ-μός, almus nährend, hold, firmus stark, līmus für licmus schräg, ŏpīmus fett; secundär patrīmus den Vater —, matrīmus die Mutter noch am Leben habend.

2) Substantiva masculina: animus Geist, armus Schulterblatt, culmus Halm, fīmus Mist, fūmus Rauch (= θυμός), līmus f. slimus Schlamm.

Subst. neutra: arma, -ōrum die (angepaßten) Waffen, pōmum Baumfrucht.

Subst. fem., meist das Resultat einer Handlung bezeichnend: fāma Gerücht, flamma f. flagma Flamme, forma die (feste) Gestalt, gemma (vgl. γέμω) Sproß, Edelstein, līma Feile, rīma f. rīgma Ritze (vgl. ringor, rictus).

§. 225. -mĕn, -mĭnis, primär, bildet subst. neutra meist activer Bedeutung: āgmen Zug, flūmen Fluß, lūmen Lichtkörper, nōmen Name, tĕgūmen, tĕgīmen, tegmen Decke u. a. und das subst. mascul. flāmen Einzelpriester f. flagmen.

§. 226. -mentum d. h. men-tum, als ganzes genommen primäres Suffix, welches Substantiva bildet, die bestimmter als -men ein Mittel bezeichnen: ălĭmentum Nahrungsmittel, ĕlĕmentum, ebenfalls von W. al (el), Grundstoff, mŏnĭmentum und mŏnŭmentum Denkmal, tormentum f. torquimentum. Ar-mentum Herde scheint eigentlich Zusammenfügung, Haufe zu bedeuten; jumentum f. jugmentum das Gejochte, Zugvieh.

Anm. Seltener und archaisch sind Feminina auf -menta: armenta = armentum, Carmenta neben Carmentis f. Casm.

§. 227. -menti in sēmentis Saat neben sēmen Same.

§. 228. -met bildet einige subst. masc. (von welchen Zusammensetzungen wie comes, -ĭtis der Mitgehende, Begleiter, trāmes Fußpfad und das fem. sēmita Seitenweg zu unterscheiden sind: āmes f. ap-mes Tragstange, fōmes Feuerstoff (von fŏveo), līmes für liemes Querweg, palmes Schößling, tarmes der (durchbohrende) Holzwurm, termes Olivenzweig (Zärtling).

§. 229. -mĭno, -mĭna, -mno, -mna, d. h. măno etc.

Substantiva masculina: terminus Grenze, ălumnus Zögling, Vertumnus Gott der Wendung, Frühlingsgott, Volumnus neben fem. Volumna von vŏlo; secundär in autumnus Herbst (Sättigungszeit), Vitumnus Lebensgott.

Substantivum neutrum scheint damnum, doch ist zu merken, daß sonst die zugehörigen Neutra auf -men ausgehen.

Substantiva feminina: aerumna Mühsal, ălumna weiblicher Zögling, cŏlumna Säule, lāmina (vgl. ἐλαύνω d. h. ἐλα-νύω) Metallblech. Weiterbildung: călumnia Ränke.

§. 230. -mōn primär und secundär subst. masc. bildend: Almo (von ălere) Göttername, pulmo Lunge, Sēmo Göttername, sermo Rede, termo archaisch neben terminus. Secundär: Tellūmo Gott der Erde.

§. 231. -mōnio, -mōnia, primär und secundär.

Subst. neutra: ălimonium Unterhalt; secundär: mercimonium Waare, mātrimonium Ehre, pātrimonium väterliches Erbgut, testimonium Zeugniß.

Subst. feminina: ălimonia Unterhalt, quĕrimonia Klage; secundär: ācrimonia Schärfe, parsimonia Sparsamkeit u. a.

§. 232. -mŭlo, subst. masc., primär: cŭmulus Haufe, fámulus (οἰκεῖος) Diener, stĭmulus (f. stigmulus) Treibstachel, tŭmulus Hügel (vgl. tŭmēre, tumor). Adject.: aemulus nacheifernd (vgl. imitari).

Weiterbildung: fămilia Gesinde.

§. 233. -mōr, primär, subst. masc.: crēmor Brei, rūmor Gerücht. Andere Substantiva auf -mor stammen von Verben in denen m schon vorhanden ist, wenn dieses ursprünglich immerhin nominal sein mag: trĕmor von trĕmĕre, tĭmor von tĭmēre.

§. 234. Von weiter mit -mo, -ma zusammengesetzten Suffixen nennen wir noch -mec, -mic in cīmex Wanze, pūmex Bimsstein, rāmex plur. die Lungengefäße.

Suffixe mit Dentalen.

1) Suffixe mit D, welche eigentlich aus einem Verbalstamme entspringen mögen.

§. 235. -do, -di, primär und besonders zur Bildung von Adjectiven dienend, welche participialartig sind. Meist liegen Verbalstämme auf ē zu Grunde: ăvĭdus (von avēre) begierig, crūdus roh, rauh, lūcidus licht, mădidus feucht, nūdus d. h. nugdus nackt, răpidus reißend, săpidus schmackhaft, absurdus mißtönend, ungereimt, ūdus od. ūvidus feucht, vĭrĭdis grün u. s. f. Als -da in dem fem. forda trächtige Kuh.

§. 236. Mit demselben zunächst in -di geschwächten Suffixe sind gebildet: fraus f. (Bruch) Betrug, laus f. Lob, mercēs f. Lohn, hērēs m. Erbe; ferner căpis f. Henkelgefäß, cassis f. Metallhelm, f. scassis, scattis von W. skad decken, lăpis m. Stein, pĕcus f. ein Stück Vieh, pălūs f. Sumpf, custōs c. Wächter, Wächterin etc.

§. 237. Weiterbildungen mit -ōn sind die Fem.: albēdo Weiße, dulcēdo Süßigkeit, cupīdo Begierde, formīdo Furcht, lĭbīdo Lust u. s. f. Secundär ist d'on in Bildungen wie -tūdon (consuetudo), -undon (hĭrundo Schwalbe), -ūdon (hĭrūdo Blutegel, testūdo Schalenthier, Schildkröte) u. s. f.

§. 238. Dasselbe Suffix -do scheint enthalten in -ndo (-undo, -endo) des Gerundiums und der participia necessitatis, welche letztern ursprünglich auch active Bedeutung haben konnten, wie lābundus gleitend, sĕcundus folgend, rŏtundus (Rad machend) rund.

§. 239. Immer activ sind die Formen auf -bundus, -cundus: cunctābundus zaudernd, errābundus irrend, gĕmĕbundus seufzend, ludibundus spielend; făcundus beredt, jūcundus erfreulich, angenehm. Die Formen auf -bundus sind aus der Wurzel fu hervorgegangen, diejenigen auf -cundus sind Weiterbildungen von Stämmen auf -co.

Suffixe mit T.

§. 240. Schon in der Flexionslehre wurde das Suffix -to, -so für das Participium Perf. Pass. behandelt. Durch dasselbe werden außerdem eine große Anzal von Adjectiven, die zum Theile ursprüngliche Participien sind, und von Substantiven gebildet. Es ist primär und secundär.

§. 241. 1) Primär in Adjectiven: aptus (daran) gebunden, passend, beātus beglückt, castus f. cad-tus (καθαρός) rein, certus (cerno) entschieden, gewiß, cunctus f. cojunctus gesammt, curtus (von W. scur) gestutzt, fēstus heiter, festlich, infestus f. infe(n)d-tus (auf einen stoßend) feindselig, lātus breit f. stlatus d. i. strātus, pĕritus erfahren, pūtus (vgl. pūrus) rein ꝛc.

Secundär: libertus freigelassen, augustus ehrwürdig von *augus, jūstus gerecht, ŏnustus beladen, rōbustus von robur, ursprünglich robus, scĕlestus verbrecherisch neben sceleratus, auch modestus bescheiden von *mŏdus n. (vgl. moderari); in den superlativischen Bildungen wie quartus f. quatertus der vierte u. s. f. Besonders aber sind zu merken eine Anzal passiver Adjective, welche participialartig gebildet sind, wie ăcŭleatus mit einem Stachel versehen, von *aculeare, von aculeus, barbatus bärtig, făcētus heiter, witzig von *făcēre, fax, auritus geöhrt von *aurīre, auris, ăvītus großväterlich, mărītus vermählt, aegrōtus krank von *aegroere, argūtus scharfsinnig von *argoere, cornūtus gehörnt, nāsūtus gut mit Nase versehen, versūtus gewandt von versus, eigentlich Wendung, u. s. f.

§. 241. 2) Substantiva masc.: cŭbĭtus neben cŭbĭtum Ellbogen, dĭgĭtus (Empfänger, δέχομαι, δέκομαι) Finger, hortus Garten (vgl. cohors), lectus Bett (W. λεχ), ventus (wehender) Wind.

Subst. masc. auf -tă nach griechischer Analogie: citharista Lautenschläger, lanista Fechtmeister, poēta Dichter; secundär in nauta und navita Schiffer.

Subst. neutr.: zum Theile substantivisch gebrauchte Participia, wie factum That, responsum Antwort; dann ăcētum Essig, frĕtum Meerenge (Brausendes), frustum Stück von W. frud, vgl. fraus, frustra, lētum Tod, lŭtum (Spülicht) Koth, tectum Dach, scūtum Schild, von W. scu, vgl. obscurus.

Dieses Suffix wird auch verwendet, um Collectiva zu bilden, welche Orte bezeichnen, die reich mit Bäumen oder Gesträuchen bewachsen sind (die Formen auf -ē-tum setzen verba denominativa auf -ēre voraus): arbustum Baumpflanzung, frutectum und fruticētum Gesträuch, virgultum Gebüsch, von virgula, ŏlīvētum Olivengarten u. s. f.

Substantiva feminina auf -ta, -sa: hasta Lanze, multa Geldstrafe, porta Thor, secta Partei, Schule, testa s. tersta Schale, Scherbe, noxa Schade u. s. f. In ărista steckt ein Superlativsuffix. Mit vorausgehendem ĭ: ămĭta Vaterschwester, cŭcurbita Kürbis, culcita Kissen, orbita Einschnitt, Geleise. Mit vorausgehendem ī: pītuita Nasenschleim. Entschieden secundär in juventa Jugend, senecta Greisenalter.

Monēta Zuname der Göttin Juno und monēta Geld (Münze) sind von monēre abgeleitet; Mātūta, die Frühe, setzt ein Verbum matuĕre oder matoēre voraus.

§. 242. 3) Suffix -ti, -si bildet primär und secundär Adjectiva und Substantiva.

Adjectiva primär: trīstis u. a.

Substantiva masculina: fustis Prügel, hostis Feind, postis Pfosten, vectis Hebel.

Substantiva feminina: messis Ernte, sītis Durst, vestis Kleid, vītis Windung, Weinrebe.

Anm. -tiōn ist eine häufige Erweiterung von -ti, um weibliche Abstracta zu bilden: ambĭtio Ehrgeiz, dēdĭtio Uebergabe u. s. w.

Secundär. 1) Adjectiva und Substantiva, welche die Heimat, das Angehören bezeichnen: Cămers (Camertis) aus Camerīnum, Pīcens (Picentis) aus Picēnum, aber meist mit vorhergehendem ā, ī, selten ē, welche Vokale auf vorauszusetzende Denominativa hindeuten: Arpīnas (Arpinatis) aus Arpinum, īnfĭmas (infimatis) aus dem untersten Gebiete, nostrās aus unserm Lande, optimātes die zu den optimi gehörenden, Samnīs aus Samnium, Caeres, Caerētis oder Caerītis aus Caere etc.

Anm. Die volleren Formen auf -tis sind archaisch.

2) Adjectiva, welche das Befinden an einem Orte bezeichnen: agrestis ländlich, caelestis himmlisch u. a.

Anm. Hier scheint -ti an die Bildung auf -ensis angefügt.

§. 244. Suffix -t, aus -to, -ti verkürzt, bildet primär und secundär Adjectiva und Substantiva.

1) Eigentliche Adjectiva (primär): locuplēs begütert, indĭgēs eingeboren, superstēs überlebend, oft mit vorausgehenden ĕ, ĭ: dīves (glänzend) reich, hĕbĕs stumpf, tĕrĕs gedreht, rund.

2) Participia imperfecti. Eigentlich participia imperf. sind auch: frĕquens (vollmachend) häufig, prūdens (providens) klug, rĕcens frisch, rĕpens plötzlich.

Substantiva (primär): cŏmes c. Begleiter, Begleiterin, dens m. Zahn, fons m. Quelle, mons m. Berg, ars f. Kunst, mens f. Geist (neben archaischem mentis), quiēs Ruhe etc. Mit vorausgehendem ĕ, ĭ gurges m. Strudel, poples m. Kniekehle, vĕles Plänkler, mīles Soldat, āles Vogel, merges f. Garbe, sĕges f. (secare) Saat. Secundär in caeles Himmelsbewohner, ĕques Reiter (vgl. ἱππότης), pĕdes Fußsoldat; und weiter bildend ist t in ăbiēs f. Tanne, ăries m. Widder, Sturmbock, păries m. Wand, Hausmauer.

§. 245. Suffix -ento bildet Adjectiva und Substantiva. Die Adjectiva sind participialartig.

Adjectiva: cruentus blutig, fluentus flüssig, und secundär, wie es scheint, verba denominativa auf -ēre voraussetzend in -ōlentus, ŭlentus (solche Adjectiva bezeichnen eine Fülle): lŭtulentus schmutzig, ŏpulens und opulentus reich, violens und violentus gewaltsam, sanguĭnolentus blutig.

Substantiva: argentum (Glänzendes) Silber, plăcenta Kuchen, Laurentum etc.

§. 246. Suffix -tāti (-tāt), secundär, bildet substantiva fem. abstracta und collectiva: cīvitas Bürgerrecht, Bürgerschaft, făcultas Vermögen (abstract), lībertas Freiheit, mājestas Hoheit, paupertas Unbemitteltheit, vărietas Mannigfaltigkeit, vĕnustas Anmuth, vŏluntas Wille f. volunt-tas, vŏluptas Vergnügen (vom archaischen volup) u. s. f.

Daneben gehen mit derselben Bedeutung einige auf -tūti (-tūt): jŭventus Jugend, sĕnectus Greisenalter, servitus Knechtschaft, tempestus archaisch neben tempestas, virtus Mannhaftigkeit, Tugend.

§. 247. Aus drei Suffixen besteht das secundäre Suffix -tū-d'-on, welches substantiva feminina abstracta aus Nomina bildet: aegritudo Kummer, consuetudo Gewohnheit, fortitudo Tapferkeit, valētudo und valĭtudo f. valititudo Gesundheitszustand u. a. Vgl. unter Suffix -do.

§. 248. Ein ferneres Suffix zur Bildung von Abstracten und Collectiven aus Nomina ist -tio (-tiu), -tia, -tiē (fem.); servitium Sclavenstand, ăvārĭtia Habsucht, mollitia und mollitiēs Verweichlichung etc.

Primär ist das Suffix -tium d. h. -t'ium als Ganzes in initium Anfang spătium Raum.

Anm. Manche Nomina erzeugen aus sich für denselben Begriff mehrfache Formen, welche freilich oft nicht zu derselben Zeit gebräuchlich sind; so:

duritia, durities, duritas;
segnitia, segnities, segnitas;
pulcritas, pulcritudo;
vastities, vastitas, vastitudo u. s. f.

§. 249. -ti-co bildet (secundär) Adjectiva, welche das Angehören bezeichnen: domesticus im Hause sich befindend, rusticus auf dem Lande lebend, bäurisch, aquāticus im Wasser lebend, wässerig u. s. f.; aber als Ganzes primär in vēnāticus zur Jagd gehörig.

In canticum Gesang, trīticum Weizen ist -co an die Participialform canto, trīto (Nom. -um) angetreten.

§. 250. Das Suffix -ter (offenbar nur eine geschwächte Nebenform des im folgenden § besprochenen Suffixes) bildet (primär) wenige Wörter, die ursprünglich die thätige Person bezeichnen: pāter eigentlich Schützer, Erhalter, von W. pa, frāter eigentlich Träger, Erhalter, von W. fer, māter eigentlich Wirkerin, von W. ma, arbĭter Zeuge, Schiedsrichter, eigentlich Hinzugehender, von W. ba. — Dazu stellen wir noch vultur m. Geier, voller vulturius, vulturis, guttur f. cūtur (vgl. κύ-τος), arch. m., dann n., aber nicht culter Messer von W. kart.

Anm. Sŏror Schwester steht für svosor, svostor ohne Femininendung, wie uxor.

§. 251. Das regelmäßige Suffix, um die handelnde Person zu bezeichnen, ist -tor, -sor, fem. -trīc (N. -trīx): amātor Liebhaber, audītor Zuhörer, doctor Lehrer, lēctor Leser, tōnsor Scherer. Secundär in glādiātor Fechter, fundītor Schleuderer, ōlītor oder richtiger hōlītor (von olus, holus) Küchengärtner, vīnītor Winzer.

Anm. jānitor, alt janitos, steht für janituos Thürhüter.

-trix in vēnatrix Jägerin, tonstrix f. tond-trix Schererin u. s. f.

§. 252. Durch Erweiterung mit Suffix -o und -a sind gebildet die sogenannten participia futuri activi auf -tūro, -sūro und die substantiva fem. auf -tūra, -sūra, welche die Handlung und das Amt bezeichnen: cultura Anbau, tonsura Scheren, Schur, pictura Gemälde (That des pictor), censura f. censtura Amt des Censors.

§. 253. -tōrio, -sōrio bildet 1) Adjectiva, welche das einem Handelnden Zukommende, ihn Betreffende bezeichnen: ădūlatorius schmeichlerisch, āleatorius den Würfelspieler betreffend, tonsorius zum Scherer gehörig;

2) substantiva neutra zur Bezeichnung von Ort und Mittel: auditorium Zuhörersaal, adjutorium Hilfeleistung.

§. 251. -trŏ n. und -tra f. bezeichnen ein Mittel: ărātrum Pflug, claustrum f. claudtrum Verschluß, fĕrĕtrum Tragbare, lūstrum Reinigungsopfer, monstrum Vorzeichen, Ungeheuer, rostrum f. rodtrum Schnabel u. s. f.

Anm. Lūstrum, monstrum u. a. sind genau genommen Secundärbildungen.

Substant. femin.: fenestra Fensteröffnung (mit nominalem s), mulctra Melkeimer.

§. 255. Suffix -trīna (durch denominative Verba hindurchgegangen: -tor, -trīre, -trina). Dieses Suffix bildet Substantiva für die Handlung selbst oder für den Ort: doctrīna Unterricht, lātrīna f. lāvatrīna Bad, pistrīna Bäckerei.

Das Neutralsuffix -trīno bezeichnet den Ort der Handlung: pistrinum Stampfmühle.

§. 256. Suffix -tīlis, -sīlis (vgl. -bili, -ili) bildet Adjectiva, welche die Fähigkeit bezeichnen, eine durch den Stamm angedeutete Eigenschaft zu erwerben, dann den wirklichen Besitz derselben: ductīlis zieh-, dehnbar, coctilis gekocht. Secundär oder durch denominative Verba hindurchgegangen erscheint -ā-tilis, um das zu etwas Gehörende, darin Lebende, die Art von etwas Tragende zu bezeichnen: ăquātilis zum Wasser gehörend, im Wasser lebend, plūmatilis flammartig u. a.

§. 257. Suffix -tĭ-no bildet (secundär) Adjectiva mit Zeitbezeichnung: crastīnus morgig, diūtīnus lange dauernd, prīstīnus vormalig u. a.

§. 258. Suffix -tīno bildet (secundär) Adjectiva, welche das an einem Orte oder in einer Zeit sich befinden bezeichnen: intestīnus inwendig, vespertinus abendlich, mātūtīnus frühmorgendlich, rĕpentīnus für repent-tinus plötzlich.

§. 259. Suffix -ter-no, -tur-no bildet Adjectiva mit Zeitbezeichnung: aeternus f. aeviternus, diūturnus lange dauernd, hesternus gestrig.

§. 260. Suffix -tur-no aus -tor-no bildet Adjectiva und Substantiva, die eine bleibende Thätigkeit ausdrücken: taciturnus schweigsam, Sāturnus alt Saëturnus, Volturnus Name eines Flusses und Gottes, Jūturna, Manturna.

§. 261. -trŏ (-tru). Letzteres in tonitrus neben tonitruum. -tro an Numeralia angesetzt bezeichnet einen gewissen Tag nach den Iden, so ursprünglich quinquātro, dann bei den Römern Quinquatrūs, uum (vgl. unter Suffix -u) neben Quinquatres, Quinquatria (vgl. -ber in September u. s. f.)

§. 262. -astro (N. -aster) bildet Adjectiva und Substantiva mit verschlechternder Bedeutung: surdaster ein wenig taub, ŏlīvaster ein wilder Oelbaum, philosophaster ein Sophist, pullastra eine wilde Henne, mentastrum wilde Münze.

§. 263. Suffix -s-tri (N. -stris, -ster), bildet Adjectiva, die 1) einfach eine Beziehung zum Stammworte bezeichnen, 2) solche, die örtliche Beziehung ausdrücken. Es ist entstanden durch ein an -t (-s) tretendes -tri: ĕquestris (equester) von equit-, den Ritter, Reiter betreffend, pălūstris (palūd) zum Sumpf gehörig, bimēstris (mensis) zweimonatlich, an vorauszusetzendes -ĕt (-it) oder -ensis (vgl. bimestris) in terrestris auf der Erde befindlich, campestris in der Ebene befindlich u. s. f.

§. 264. Suffix -tu, -su (mit stammhaftem u, N. -tus, -sus) bezeichnet die Handlung und deren Ergebniß: aestus Hitze, (αἴθω), mĕtus Bedenken, questus Klage, saltus Sprung u. s. f.

§. 265. Suffix -ā-tu (N. ātus) von Nomina, durch ein denominatives Verbum hindurchgegangen, bildet Substantiva, die eine meist amtliche Stellung bezeichnen, und Collectiva: bīmātus Alter von zwei Jahren, consulatus Consulwürde, măgistratus Beamtung, sĕnatus Senat u. s. f.

§. 266. In s ist t übergegangen vor ursprünglichem i:

1) in dem Suffixe -ensi f. enti oder -entio, welches Adjectiva bildet, die meist Herkunft oder Aufenthaltsort bezeichnen: Fālēriensis von Falerii, Ambrāciensis von Ambracia, Sĭcĭliensis von Sicilia und nach der Analogie von solchen auch Atheniensis von Athenae, Corinthiensis von Corinthus, aber Parmensis von Parma, castrensis im Lager befindlich, von castra, fŏrensis zum forum gehörig u. s. f.

§. 267. 2) in -ōso, alt -onso, -osso f. -ontio, -oventio, welches Suffix (secundär) Adjectiva der Fülle bildet: ăquosus wasserreich, piscosus fischreich u. s. f.

§. 268. Ohne ursprünglich folgendes I ist T in S übergegangen in manchen der oben verzeichneten Bildungen auf -so, -sa, -su, -silis, in den Deminutivformen auf -sillus, -silla, wie taxillus Knöchel, paxillus Pfahl, maxilla Kinnbacken u. s. f.

Suffixe mit ursprünglichem S, welches häufig in R übergegangen ist.

§. 269. Nur wenige mit S gebildete Wörter zeigen vor diesem ein I: vōmis Pflugschar, neben vōmer, cĭnis, cineris Asche, cŭcŭmis, cucumeris Gurke, pulvĭs, pulveris Staub.

Die gewöhnlichen Formen sind:

§. 270. Die Neutra auf -ŭs (alt -ŏs), gen. -ŏris, -ĕris: corpus, corpŏris Leib (Gemächte), dĕcus, decoris Zierde, Ruhm, foedus, foederis Bündniß, frīgus, frigoris Kälte, gĕnus, generis Geschlecht, ŏpus, operis Werk, rōbus neben späterem robur, roboris Stärke, scĕlus, sceleris Verbrechen, tempus, temporis Zeit u. a.

Anm. 1. Einige so gebildete Wörter sind einsilbig geworden: aes, aeris, sanskr. ajas, Erz, vgl. umbr. ahesnus, lat. ahenus, jūs, jūris, d. h. jous, jovos Recht, rūs, rūris Land u. s. f.

Anm. 2. Das Suffix -us tritt auch secundär an, wie făcinŭs, facinoris That, fūnus, funeris Leiche, volnus, volneris Wunde; und die Genitive jĕcĭnoris der Leber, ĭtĭneris der Reise, setzen solche Nominative voraus; lītus, litoris Ufer, pectus, pectoris die Rippenfügung, Brust.

§. 271. Besonders sind aufzuführen das männliche lĕpŭs (alt lepos), lĕpŏris Hase, die Feminina arbōs (arbŏr), arbŏris (Wachsender) Baum, Vĕnus, Veneris (Anmut) Venus, und das Adjectiv vĕtus (Ϝέτος) urspr. jährig, vorjährig, während es von genus degĕner heißt.

§. 272. Dem Lateinischen wesentlich eigenthümlich ist das Suffix -ōs (or), um (meist primär) substantiva abstracta zu bilden. Immer erhält sich im Nominativ das alte s in den einsilbigen flōs Blume, mōs Sitte und rōs Thau. Solche Masculina sind ferner: honōr neben honōs Ehre, ămor Liebe, călor Wärme, cŏlōs und color Farbe, dĕcor Anstand, Schönheit, lăbor Arbeit u. a. Secundär oder durch denominative Verba hindurchgegangen ist die Bildung in aegror Krankheit, nigror Schwärze u. a.

§. 273. Wieder dem Lateinischen eigenthümlich sind Substantiva auf ES der dritten und fünften Declination: vātes Seher, Seherin, verres Eber, nūbes Wolke, sēdes Sitz, fămēs Hunger, plēbēs Volk u. a.

§. 274. An die männlichen auf -or schließen sich mit secundärem Suffixe O an Adjectiva, wie cănōrus sangreich, hŏnōrus ehrenvoll und einige Substantiva: aurōra Morgenröte, Flora u. s. f. Vgl. Suffix O.

Suffixe mit n-Laut.

§. 275. Suffix -no bildet primär und secundär eine Reihe von Nomina.

1) Primär bildet es participialartige Adjectiva: dignus würdig f. dicnus, magnus (gewachsen) groß, plānus f. placnus flach, eben, plēnus voll, vānus f. vacnus leer, eitel u. s. f.

2) Secundär bildet es Adjectiva, welche eine Beziehung im Allgemeinen ausdrücken, oder die stoffliche Eigenschaft bezeichnen: diurnus f. diusnus einen Tag dauernd, hodiernus heutig, hornus d. i. hojornus heurig, paternus vom Vater herrührend, veternus alt, vernus im Frühling herrschend, ficulnus von ficula aus Feigenbaumholz, pōpulnus aus Pappelholz, quernus f. quercnus eichen, salignus aus Weidenholz, und vielleicht nach deren Analogie abiegnus von Tannenholz, selbst oleāginus vom Oelbaum u. a.; juncīnus aus Binsen.

Anm. Oft verbindet sich mit -no im letztern Sinne noch -eo (n'eo): ĕburneus elfenbeinern, rōburneus aus Eichenholz u. a.

3) Ist -no nicht selten an locale Comparativformen und Adverbien angesetzt: externus äußerlich, internus innerlich, supernus obenbefindlich, prōnus vorwärts geneigt von prō, pōnĕ f. posne eigentlich Locativus: hinten.

4) Bildet -no die distributiven Zalwörter: bīni je zwei, terni, quīni, sēni u. s. f.

§. 276. Dieses gleiche Suffix bildet (primär) Substantiva:

1) masculina: alnus (die wachsende) Erle, furnus Backofen, pugnus Faust, somnus f. sop-nus Schlaf.

2) neutra: dōnum Geschenk, frēnum Zügel, regnum Königreich, signum Zeichen, tignum Balken.

3) feminīna (-na): cena f. cesna, scesna Malzeit, lūna f. lucna Mond, penna f. pesna Feder, prūna f. prusna Kohle, vēna f. vehna Ader u. s. f.; -nu mit -no wechselnd in pinus Fichte.

Anm. Secundär sind gebildet: alburnum Splint, căverna Höle, lucerna Leuchte, lanterna Lampe u. s. f.

§. 277. Suffix -ni bildet (primär) Substantiva und Adjectiva.

a) Adjectiva: immānis wild, inclīnis sich neigend, segnis träge u. s. f.

b) Substantiva: fīnis f. fidnis Ende, ignis Feuer, pānis Brod u. s. f.

§. 278. -Ino, -Ina bildet primär und secundär Adjectiva u. Substantiva.

1) Adjectiva: lĭcinus aufwärts gekrümmt; secundär: faecinus undf accinius Hefe bildend (vgl. unter -nus).

2) Substantiva: ăsinus Esel, dominus Herr, pāgina Blattseite, Prōserpĭna, sarcina Gepäck; secundär: pēdīcinus Fuß der Kelter, pastinum Hacke, sūcinum Bernstein, liscina Korb, păriĕtinae Gemäuer.

Anm. Weiterbildung in Lĭcinius.

§. 279. -āno, -āna ist primäres Suffix in Janus d. i. Diānus, Volcanus, Diana, vielleicht in tābanus Roßbremse; secundär bildet es eine große Zal von Adjectiven, die im Allgemeinen ein wozu Gehören oder ein Herkommen bezeichnen: dĕcumanus zum Zehnten (decuma) gehörig, dazu verpflichtet, fontanus aus der Quelle, humanus f. hominanus menschlich, veteranus altgedient. Substantivisch sind gebraucht: altanus Seewind, sōlanus Ostwind, zu ergänzen ventus.

§. 280. -ān'eo bildet primär und secundär Adjectiva; a) primär: succēdaneus stellvertretend, consentaneus übereinstimmend, natürlich; secundär: fōcaneus schlundartig, pĕdaneus einen Fuß lang, subitaneus plötzlich, subterraneus unterirdisch u. s. f. -ānio = an'io in Eigennamen: Afranius, Fundanius u. a.

§. 281. Suffix -ēno, -ēna bildet primär und secundär Adjectiva und Substantiva.

1) Adjectiva, primär: ĕgenus dürftig, sērenus heiter (vgl. σϝέλας); secundär: Calenus aus Cales, terrenus aus Erde, ălienus fremd.

2) Substantiva, primär: cătena Kette, hăbena Zügel, hārena f. fasena Sand (weißer), verbena Zweig, Ruthe; secundär: Aufidena, cantilena Lied, Camena f. Casmena, laniena Fleischerbude, venenum Gift, Vibidienus.

Erweitert zu -ēn'on in tolleno Schwingbalken.

§. 282. -īno, -īna bildet primär und secundär Adjectiva u. Substantiva.

1) Adjectiva, primär: nĕcŏpinus unvermutet; secundär: agninus zum Lamme gehörig, dīvinus göttlich, lŭpinus, vulpinus etc., sobrinus von einer Schwester stammend. f. sostrinus, sororinus.

2) Substantiva, primär: catinus, catinum Schüssel, angina Bräune, fŏdina Grube, răpina Raub, ruina Einsturz, vāgina Scheide u. a.; secundär: lātrinum Bad f. lavatrinum, lupinus und lupinum Wolfsbohne, pulvinus Polster, sălinus und salinum Salzfaß, tăbulinum Balken ꝛc., und besonders viele Feminina, zunächst gallina Henne, rēgina Königin, disciplina und discipulina Lehre, doctrina Unterricht, Wissenschaft; besonders Ausdrücke für Werkstätten, Zubereitungsorte, wie cŭlina f. coculina Küche, mŏlētrina Mühle, offīcina f. opificina Werkstätte.

Weiter gebildet ist rīcīnium Schleier.

§. 283. Suffix -ĕn bildet einige Substantiva, glūt-en Leim neben glutīnum, lien (ursprünglich im Genitiv liēnis) Milz, turben n. Kreisel, neben turbo. Rēnes Nieren, scheint zusammengezogen.

§. 284. Suffix -ōn (gen. -īnis) ist sehr häufig in Zusammensetzungen mit andern Suffixen oder suffixartig gebrauchten Verbalstämmen, wie in -ēdon, -āgon, -tūdon u. a., seltener für sich allein, wie in den männlichen: cardo Thürangel, margo Rand, dieses auch fem., ordo Reihe, Stand, turbo Kreisel, und in den weiblichen: aspergo Besprengung, Tropfen, ambāgo Umweg, compāgo Zusammenfügung, căro, carnis Fleisch, grando Hagel.

Anm. hŏmo, hŏmĭnis heißt ursprünglich und archaisch homō, homōnis, und ist mit secundärem Suffixe -ōn von hūmus f. hŏmus abgeleitet, Erdenkind.

§. 285. Suffix -ōn bildet primär und secundär männliche Substantiva.
1) primär nomina agentis: combĭbo Mittrinker, ĕdo Fresser, erro Landstreicher, lĭgo Hacke, praeco f. praevoco Herold, tīro Rekrut (vgl. τέρην).
2) secundär. Die damit gebildeten Substantiva bezeichnen oft denjenigen, der eine körperliche oder geistige Eigenschaft in hohem Grade besitzt: āleo Würfelspieler, ăquĭlo Nordwind (von aquĭlus schwarz), Căpĭto Großkopf, centurio Hauptmann, crābro Hornisse (gehört vielleicht unter 1, wie lătro Söldner und mucro Spitze), Nāso der Großnasige, Nĕro der Mannhafte.

§. 286. -ōno, -ōna, selten primär, meist secundär, bildet Substantiva. Wenn dieselben Personen bezeichnen, so sind es solche, die etwas zu ihrer Profession machen: annona Jahresvorrath, Bellona Kriegsgöttin, caupona Schenke, Schenkwirtin, cŏlonus, cŏlona, Bauer, Bäuerin, (primär wie cŏrona Kranz), Lătona, Latona, pătronus Ehrenvater, mātrona Ehrenmutter u. s. f.

§. 287. -ōnio, -ōnia bildet Adjectiva und Substantiva;
1) Adjectiva, wie cauponius dem Wirte gehörig, fullonius dem Walker gehörig u. s. f.
2) Substantiva: Făvonius Zephyr, Fĕronia Name einer Göttin, Pomponius, Sempronius u. s. f.; -ōnium bezeichnet das Handwerk: fullonium Walkerei, mangonium Krämerei u. s. f.

§. 288. Suffix -oenus nur in amoenus anmutig.

§. 289. Suffix -ūno, -ūna mit vorausgehendem ableitendem t findet sich in den Adjectiven importunus ungestüm, opportunus bequem, gelegen, in den Substantiven fortuna, Neptunus, und in mehreren von U stämmen abgeleiteten Nomina: trĭbunus Tribusvorsteher, lăcuna Graben, Weiher.
Weiterbildung: pecūnia Geld.

Suffixe mit R.

§. 290. Suffix -ro, -ra bildet primär Adjectiva und Substantiva;
1) Adjectiva: glăber kahl, intĕger unberührt, frisch, obscūrus dunkel, pulcer schön; aber cārus, dīrus, dūrus sind O stämme.
2) Substantiva: ăger Acker, laurus f. Lorbeer, lĭber Bast, lăbrum Lippe, flăgrum Geißel, căpra Ziege, neben caper Ziegenbock, serra Säge f. secra, umbra Schatten u. s. f.

§. 291. Suffix -rĭ, aus -ro geschwächt, bildet Adjectiva und Substantiva;
1) Adjectiva wie ăcer scharf, pŭter, pŭtris faul.
2) Substantiva wie imber m. Platzregen.

§. 292. Nicht wenige dieser Bildungen haben vor -r einen kurzen Vokal, welcher kaum bloßer Hilfsvokal ist; so die Adjectiva hilărus und hilaris heiter, lĭber frei, mĭser arm, elend, cămŭrus gewölbt, sătur satt; die Substantiva Caesar (Weiterbildung caesaries), gĕner Eidam, nŭmerus Zal, puer Knabe, (ŭmerus steht für umesus); jūgerum Morgen Landes; cămĕra Wölbung, cŭmĕra Getreidekasten, hĕdera Ephen.

Fortbildungen finden sich in Namen wie Rūbrius u. ä., longūrius eine lange Stange, longūrio ein langer Mensch, Mercūrius, tŭgūrium Bauernhütte.

§. 293. Bloßes -r mit vorausgehendem kurzem Vokale zeigt sich primär in mehrern Adjectiven und Substantiven; 1) in uber reichlich, als Substantivum Fülle, Euter, cicur zahm. 2) in den Substantiven anser m. Gans, gibber m. Höcker, later m. Ziegelstein, im fem. mulier Weib; in den neutra: ăcer Ahorn, cicer Kichererbse (in welchem aber r stammhaft sein dürfte), verber Schlag, vēr f. vesēr Frühling.

§. 294. Suffix -ārus: āvarus habsüchtig, āmarus bitter.

§. 295. Suffix -āris, secundär, Adjectiva und Substantiva bildend und mit -alis wechselnd in der Weise, daß, wenn im Stamme schon ein l sich findet, dann -aris steht, aber -alis, wenn im Stamme ein r sich findet.

1) Adjectiva: ālĕaris zum Würfelspiel gehörig, auxiliaris Hilfe leistend, consularis den Consul betreffend (substantivisch: gewesener Consul), mīlitaris im Kriegswesen erfahren, zu den milites gehörend u. a.

2) substantivisch: prīmipīlaris gewesener primipilus, pūgillares Schreibtafel, und einige Neutra auf -ăr f. -āre: calcar Sporn, exemplar Vorbild, pugillaria = pugillares, pulvīnar Götterpolster.

§. 296. -ārio, -āria, zum Theile aus -aris weiter gebildet, zum kleinsten Theile für -āsio — das letztere in Pinarii —, erscheint in Adjectiven und Substantiven.

1) Adjectiva: balnearius und balnearis zum Bade gehörig, mănipularius und manipularis zu einem manipulus gehörig, adversarius gegnerisch, agrarius zu den agri gehörend, auxiliarius zur Hilfe gehöre, honōrarius Ehren halber geschehend, nĕcessarius notwendig, tĕmĕrarius unbesonnen.

2) substantivisch, männlich, besonders um Namen von Handwerkern und Künstlern zu bilden: argentarius Wechsler, carbōnarius Kohlenbrenner, ferrarius Eisenarbeiter; die weiblichen Bildungen bezeichnen je nach der Ergänzung eine Werkstätte, ein Gewerbe u. s. f.: auraria Goldmine, argentaria Silbermine, Wechslerladen, Wechselgeschäft u. s. f.; die ungeschlechtigen Bildungen bezeichnen für gewisse Gegenstände gleicher Art eingerichtete Oertlichkeiten: ăpiarium Bienenstand, grānarium Kornkammer, pōmarium Obstgarten, Obstkammer, vīvarium Thierbehälter, Fischteich.

§. 297. Suffix -ĕro primär in sĕverus ernst, gălerus und galerum behaarte Haube.

§. 298. -ūris in den archaischen gnāruris = gnārus und ignaruris = ignārus, und in dem Substantivum sĕcuris f. Beil, dann in der Weiterbildung pēnūria Mangel. Hier dürfte r aus s entstanden sein.

§. 299. Nicht selten erscheint r mit anderen Suffixen verbunden, wo freilich R oft aus S entstanden ist, wie in Minerva f. Minesva von W. man streben, denken. Suffix -erto erscheint in lăcertus Oberarm, lăcertus und lacerta Eidechse; Suffix -erna in căverna Höle, vielleicht f. cavesna, lūcerna Leuchte, tăberna Bude. In lanterna Lampe ist ter-na; Suffix -urnus in mensurnus (spät) allmonatlich, und in somnurnus im Schlafe gesehen, Bildungen nach Analogie von diurnus, diuturnus; in den Substantiven alburnus Weißfisch, laburnum Markweide, viburnum Mehlbeerbaum, Schlingbaum. Vgl. unter Suffix -NO.

Suffixe mit L.

§. 300. -lo, -la bildet primär wenige männliche, mehr weibliche und ungeschlechtige Substantiva: *-pu-lus, neben puer, in discipulus, mālus m. Mastbaum, f. Apfelbaum; bellum Krieg, filum Faden, pīlum Mörserkeule und Speer, prēlum Presse, rallum Pflugschare, tēlum Geschoß, caulae Hölungen, pila Pfeiler, scālae Treppe u. s. f.

§. 301. Suffix -li in subtīlis fein f. subtexlis. Nicht gehören hieher incīlis, incīle und ancīle. 2) im Substantivum caulis Stengel (W. cu). In fīdēlis ist -li secundär.

§. 302. Oft erscheinen die Suffixe -lo und -li mit vorausgehendem kurzen Vokale I, U, um primär oder secundär theils Adjectiva, theils Substantiva zu bilden: 1) ilo in äquilus schwarz, stĕrilus neben sterilis unfruchtbar, sibilus zischend und sībilus m. das Zischen, nūbilus wolkig, pū-m-ilus zwerghaft und subst. Zwerg, mit der erweiterten Nebenform pumilio. Dahin gehört auch caelum f. cavilum Himmel.

§. 303. 2) -ĭlis, derselben Bedeutung mit -bĭlis, d. h. die meist passive Fähigkeit bezeichnend, in ăgilis beweglich, dŏcilis gelehrig, făcilis leicht zu machen, frăgilis zerbrechlich u. s. f.; secundär in hŭmilis niedrig, părilis, in den oben behandelten auf -tĭlis und -sĭlis u. s. f. Substantivisch: strīgilis Striegel, tĕgile Decke; mit abgeworfenem i vīgil wachend, Wächter u. a.

§. 304. -ŏlo, -ŭlo, -ŭla (primär) in einer Anzal von Adjectiven, die ein häufiges Thun bezeichnen, und (primär und secundär, doch im letzteren Falle wol ursprünglich deminutiv) in Substantiven, die meist ein Mittel bezeichnen.

1) Adjectiva: bĭbulus trinklustig, crēdulus leichtgläubig, quĕrulus leicht klagend, trĕmulus zitternd u. s. f. In dem poetischen caerulus neben caeruleus blau f. caelulus ist ŭlo secundär.

2) Substantiva, männl.: angulus Ecke, căpulus Griff, ŏculus Auge; secundär in cŭmulus Haufe, fămulus Diener, tŭmulus Hügel (vgl. Suffix-MO); ungeschl.: spĕculum Spiegel, tĕgulum Decke, torculum Presse, vinculum und vinclum Band u. s. f.; weiblich: cōpula Band, muscipula Mausfalle, rēgula Richtschnur, spĕcula Warte u. a.

§. 305. In diesem § fassen wir die Deminutivbildungen zusammen. Die einfachste Bildung von deminutiven Adjectiven und Substantiven, zunächst aus der A- und O-Declination, ist

a) diejenige auf -ŏlo, -ŏla bei vorausgehendem E, I, V, sonst in der classischen Sprache auf -ŭlo, -ŭla.

1) Adjectiva: aureŏlus goldartig, eburneolus elfenbeinartig, lacteolus milchweiß, frīvolus etwas abgerieben, helvolus gelblich, albulus weißlich, parvolus und parvulus ganz klein, fĕrŏculus etwas unbändig.

2) Substantiva: alvĕolus kleine Wanne, filiolus Söhnchen, rīvulus Bächlein, circulus kleiner Kreis, hortulus kleiner Garten, rēgulus kleiner König, Fürst, calculus Steinchen, nĕpōtulus Enkelchen; Neutra: balnĕolum kleines Badezimmer, praedĭolum Landgütchen, grānulum Körnchen, capitulum Köpfchen; Feminina: bractĕola Goldblättchen, filiola Töchterchen, cēnula kleine Malzeit, făcula kleine Fackel, aetātula weichliches Jugendalter.

b) -allo erscheint fast nur als Zusammenziehung von -ar-ulo und -an (ann)-ulo: rallus f. rarulus sehr fein, vallus f vannus Getreideschwinge.

c) -ello, -ella entsteht

1) in der Regel durch Assimilation von l in ulo mit stammhaftem R, N, oder Vereinigung mit stammhaftem L: misellus arm, elend, āgellus Aeckerchen, castellum Festung, puella Mädchen, pŏpellus Völkchen, tabella Täfelchen, gĕmellus verschwistert, 'bellus (bŏnus) artig, asellus Eselchen, catella Kettchen, femella Weibchen.

2) aus ul-ulo (doppelte Deminutivform): catellus junges Hündchen für catululus, capitellum Köpfchen, cistella Kistchen.

d) -illo, -illa in derselben Weise entstanden, wie -ello, bei Assimilation mit Einfluß eines vorhergehenden I: transtillum kleiner Querbalken (transtrum), bŏvillus (bŏvīnus) zum Rinde gehörig, pulvillus (pulvīnus) kleines Kissen, lapillus Steinchen f. lapidulus, sigillum f. sig(i)nulum Bildchen, salillum (salīnum) Salzfäßchen, pistrilla (pistrīna) kleine Stampfmühle, pusillus winzig f. pusululus von pusus, pauxillus und pausillus wenig f. pauxululus, codicilli Schreibtafel f. codicululi, oscillum kleines Gesicht, Grübchen an den Pflanzen, auricilla oder oricilla Oehrchen (auricula) u. a.

e) -olla: corolla f. corōnula Kränzchen, ōlla f. * aux-ula.

f) -ullo, -ulla: satullus f saturulus satt, ūllus f. ūnulus irgend einer; Sulla f. Sūrula, Catullus f. Catonulus, ampulla f. amporula Flasche.

§. 306. Suffix -āli, gleichbedeutend und wechselnd mit -āri, secundär, meist Adjectiva bildend: arvalis sich auf die Felder beziehend, vaenalis verkäuflich, rēgalis eines Königs würdig, talis so beschaffen, qualis wie beschaffen; cănalis Wasserröhre, sŏdalis gesellschaftlich, Genosse. Substantivisch gebrauchte Neutra werfen im Nom. Sing. i (e) ab: animăl lebendes Wesen u. s. f.

§. 307. -ēla (ella), primär und secundär Substantiva bildend, welche meist die Handlung bezeichnen: lŏquela und loquella Reden, Rede, mĕdela und medella Heilung, Heilmittel, suādela das Zureden; candela Kerze, cīcindela Leuchtwurm; cautela Vorsicht, clientela Schutzverhältniß, custōdela Bewachung.

§. 308. -ēli bildet secundär einige Adjectiva und Substantiva; so die Adjectiva crūdelis grausam, patruelis vetterlich, und die Substantiva carduelis Distelfink, albuelis eine Rebengattung. Weiterbildung in -ēlio, -ēlia: Aurelius, contumelia Beschimpfung.

§. 309. Sehr häufig ist -īlis in secundär gebildeten Adjectiven und Substantiven. 1) in Adjectiven: ănilis altweibermäßig, cīvilis bürgerlich, ĕrilis dem Hausherrn gehörig u. s. f. 2) Substantivisch: aedilis Aedil, cŭbile Lagerstätte, hastile Schaft, ŏvile Schafstall u. a.

§. 310. -ūli bildet primär selten, meist secundär Adjectiva: ĕdulis eßbar, īdulis zu den Idus gehörig, februlis (reinigend), Beiname der Juno; substantivisch: trībulis Zunftgenosse.

Anm. Streng wissenschaftlich gefaßt dürfte man nur von Suffixen -lo, -li sprechen, indem der vorausgehende Vokal entweder auslautender Stammvokal eines Nomens oder eines bestehenden oder vorauszusetzenden Verbums ist.

Suffixe mit Gutturalis.

§. 311. Suffix -gon -gĭnis bildet weibliche substantiva abstracta, die aber leicht in concreta übergehen können. Je nach dem Stammauslaute (primitiver oder denominativer Verba) gehen dem Suffix die Vokale ā, ū, ī voraus: aerugo Kupferrost, albugo Weiße, weißer Fleck, cālīgo Finsterniß (Schwärze), īmago Bild, ōrigo Ursprung, vōrago Schlund u. ä.

Anm. Vielleicht liegen in diesen Bildungen Zusammensetzungen mit W. ag (agere) vor, vgl. Suffix -don und Verba wie purgare u. s. f.

§. 312. Suffix -co bildet (secundär, selten primär) viele Nomina.

1) Adjectiva: cascus (W. cas, vgl. casnar der Alte) uralt, parcus für sparcus sparsam, pauci wenige, civicus bürgerlich, hiulcus klaffend, hosticus feindlich, mŏdicus mäßig, publicus (populicus) öffentlich, prīscus uralt; Africus, Faliscus von Falerii, Hernici von herna Fels.

2) Männl. Substantiva: jŏcus (Erheiterung) Scherz, lŏcus alt stlocus Stätte, Ort, mĕdicus Arzt, vīlicus Hausmeier.

Weibl. Subst.: esca f. edica Nahrung, Köder, vacca Kuh, vŏmica Beule; mănica Aermel, pĕdica Fußfessel u. a.

Anm. Ueber -ti-co vgl. unter -to, -ti.

§. 313. Suffix -āco findet sich nur in wenigen Adjectiven, wie mĕracus rein, von mĕrus, vielleicht in opacus dunkel (abliegend).

Suffix -āca in den Substantiven cloāca f. clovaca, und in dem entschieden secundär gebildeten verbēnaca Eisenkraut u. s. f.

§. 314. Suffix -ūco: cădūcus zum Falle neigend, hinfällig; -ūca in den Substantiven ērūca Kohlraupe, ūruca Raupe, verruca Warze; aeruca künstlicher Grünspan, festuca Grashalm.

§. 315. Suffix -īco in den Adjectiven amicus befreundet, apricus sonnig, pudicus schamhaft; anticus vorn befindlich, posticus hinten befindlich; -ĭco, -ĭca in einer Reihe von Substantiven: umbĭlicus Nabel, formica Ameise, vēsica Blase, lectica Sänfte, lōrica Riemenpanzer, rubrica rothe Erde, urtica Brennessel.

Anm. Longinquus fern und propinquus nahe scheinen für longicus, propicus zu stehen.

§. 316. Suffix -ĭc (Nom. -ex, -ix) bildet eine Reihe meist männlicher Substantiva: ăpex Spitze, Spitzmütze, cortex Rinde, frŭtex Staude, lătex Flüssigkeit, Naß, sĭlex (selten fem.) Kiesel, sĕnex Greis, vertex Wirbel; weiblich: Kräuter- und Baumnamen, wie ĭlex Steineiche. ī auch im Nominativ zeigt appendix Anhängsel. Entschieden secundär ist dieses Suffix in imbrex c. Hohlziegel, fornix m. Schwibbogen, sentix m. Hagebuttenstrauch.

§. 317. Reich sind die Bildungen namentlich von Adjectiven, in welchen dem -ci, -c ein langer Vokal, ā, ō, ī (selten ē) vorausgeht, so daß sich schließlich als Suffixe der betreffenden Adjectiva -āci, -ōci, -īci und als Suffixe der betr. Substantiva -āc, -ōc, -īc, -ēc herausstellen.

1) -āci (Nom. ax) bildet Adjectiva, welche eine große Neigung zu einer Thätigkeit bezeichnen: audax kühn, fūgax zum Fliehen geneigt, minax drohend, vērax wahrhaftig u. s. f.

Substantiva: fornax Ofen u. a.

2) -ōci (Nom. ox): atrox furchtbar, fĕrox wild, kühn, vēlox schnell.

Substantiv: cēlox c. Jachtschiff.

3) -ici (Nom. ix): felix glücklich.

Substantiva a) primär gebildet: rādix Wurzel, struix Haufe u. a.; b) secundär: cervix Nacken, cornix Krähe, cōturnix Wachtel, coxendix Hüfte; juvenix und jūnix junge Kuh, und die Bildungen auf -trix, wie victrix u. s. f.

Vervex Hammel ist mit -ēc gebildet.

§. 318. Häufig verbindet sich das Suffix -co mit andern Suffixen. Wir führen hier nur einige Verbindungen an. Sehr gebräuchlich ist das Doppelsuffix -co-lo (-cu-lo), um zunächst aus Consonanten-, E-, I-, U-stämmen deminutive Nomina zu bilden.

1) Adjectiva, wie dulciculus süß, und besonders von Comparativstämmen: meliusculus etwas besser, tardiusculus etwas langsam u. a.

2) Substantiva a) masculina: amniculus Flüßchen, avunculus (kleiner Großvater) Mutterbruder, carbunculus Köhlchen, Edelstein, flosculus Blümchen, igniculus Flämmchen, versiculus Verschen u. a. b) feminina: nāvīcula Schiffchen, spēcula kleine Hoffnung. c) neutra: corculum Herzchen, crēpusculum Dämmerung, mūnusculum Geschenkchen, ŏpusculum Werkchen u. a.

Anm. 1. Auch -ciōn bildet einige Deminutiva: homuncio, senecio.

Anm. 2. Suffix -cello, -cella; -cillo, -cilla d. i. -culuio etc. bildet deminutive Adjectiva und Substantiva: mollicellus etwas weich, nāvicella Schiffchen, pēnicillus und penicillum Pinsel.

Anm. 3. Eine Bildung auf -xillus d. i. -c-s-illus ist pauxillus (pausillus) klein.

§. 319. -cī-no und -cī-n'io. So vātĭcinus weissagend, und in den Substantiven: lātrōcinium Straßenraub, tīrōcinium erster Soldatendienst, vaticinium Weissagung.

§. 320. -cro, -cri bildet

1) Adjectiva, welche participiale Bedeutung haben: ălăcer (alacris) geschwind, munter, von W. ar, lūdicrus und ludicer unterhaltend, vŏlucer fliegend. Entschieden secundär ist mĕdiocris mittelmäßig.

Anm. Derselben Art, mit l statt r, sind rīdiculus lächerlich; secundär: anniculus jährig.

2) Ungeschl. Substantiva (in den Formen -cro, -clo, -culo), welche Mittel, Werkzeug, Ort bezeichnen: lăvācrum Bad, lūcrum Gewinn, sĕpulcrum Grab, băculum Stock, neben baculus, perīculum und periclum Versuch, Gefahr, pōculum und poclum Becher, vehīculum Fahrzeug u. a. (Vgl. -ber, -brum, -bulum; -tor (-ter), -trum (im Umbrischen -tlum).

Anm. Einige sehen in diesen Formen Zusammensetzungen mit W. cer machen, wie in denen auf -ber Zusammensetzungen mit fer tragen, in denjenigen auf -ter, -tor Zusammensetzungen mit ter durchführen.

§. 321. Suffix -āc-eo bildet Adjectiva, welche ein zu etwas Gehöriges, Derartiges bezeichnen: arundĭnaceus rohrähnlich, crētaceus kreideähnlich, liliaceus lilienartig, rŏsaceus aus Rosen u. a.; auch ērīnaceus m. Igel.

Daneben Suffix -āc-io in helvēnacius gelblich, und in manchen Eigennamen: Patulacius neben Patulcius, Veracia u. a.

§. 322. Suffix -īc-ĕo bildet einige Stoffadjectiva: palmiceus aus Palmen bestehend, pāniceus aus Brod bestehend.

Suffix -īc-īo bildet 1) Adjectiva des Stoffes, 2) solche, die das einem Gegenstande Angehörige bezeichnen: lātĕricius aus Ziegeln bestehend, strāmenticius aus Stroh bestehend, aedīlicius vom Aedilen ausgehend, trĭbūnicius vom Tribunen ausgehend, patricius von den patres ausgehend u. s. f.; auch ērīcius Igel.

§. 323. Suffix -īc-io in nŏvicius neu, sonst besonders an Participien auf -to: adventicius von außen kommend, collātĭcius zusammengetragen, facticius nachgemacht u. a.

§. 324. Suffix -ūc-eo, -ūc-io in pannuceus, pannucius zerlumpt.

Anm. Andere seltnere Verbindungen des Suffixes -co, wie in Ofincius neben Ofinius u. s. f. übergehen wir.

Composition der Nomina.

§. 325. Es ist zu unterscheiden zwischen bloßer Zusammenrückung mehrerer Wörter und wahrer Composition.

§. 326. Durch wahre Composition werden Wörter, d. h. selbständige und bereits geformte Sprachelemente, in der Art unter sich verbunden, daß ein neues Wort mit eigenem Begriffe daraus hervorgeht. Das zweite Wort ist in der Regel Grundwort, das erste Bestimmungswort.

§. 327. Die Zusammensetzungen zerfallen in eigentliche und uneigentliche. Die uneigentlichen sind solche, in welchen entweder eine Construction vorausgegangen und nun im Ganzen untergegangen ist, z. B. enormis = qui ex norma est, oder in welchen der erste Theil noch flectiert erscheint: legislator; und uneigentliche Zusammensetzungen dürfen auch Ausdrücke wie respublica, jusjurandum heißen.

§. 328. In den eigentlichen Zusammensetzungen ist oft die Form des zweiten Wortes nur zum Zwecke der Composition gebildet, d. h. kommt selbständig nicht vor, wie dĭcus, vŏlus u. a.; und nicht selten ist dasselbe durch Auswerfung von Vokalen verkürzt, wie in prīvignus Stiefsohn u. a. Aber auch den ersten Theil der Zusammensetzung treffen mehrfache Veränderungen. Endigt derselbe auf die Vokale a, o, so schwächt sich dieser vor Consonanten meistens in -ĭ: signĭfer Feldzeichenträger, causidicus Anwalt; oder das so entstandene i fällt aus: Opiter = Avipiter, Naepor = Naevipuer; echtes u kann zu i werden oder ganz ausfallen, wie in manip(u)lus Manipel, manifestus handgreiflich, manceps Unternehmer; ursprüngliches ī verschwand in naufrăgus schiffbrüchig, sinciput Hinterkopf, selbst ein schon durch starke Verkürzung in den Auslaut des ersten Wortes gekommenes ĭ in officina für opificina, operificina. Während ein i selbst vor Vokalen zuweilen geschrieben wird in semiermis halbbewaffnet, quadriennis vierjährig u. a., ist der auslautende Vokal des ersten Wortes in cavaedium u. a. auch in der Schrift gewichen. Consonantisch schließende erste Wörter behalten vor Consonanten entweder ihre Grundform, welche immerhin lautlich modificiert sein kann, wie in pelluvium s. pedluvium, oder sie werfen den schließenden Consonanten ab: munificus freigebig, homicida Mörder, lapicīda Steinhauer, oder endlich nehmen sie den Compositionsvokal ĭ oder seltener ŭ an: honorificus ehrenvoll, carnifex Henker u. s. f.

§. 329. Der erste Theil des Compositums kann sein 1) eine Partikel oder ein Adverbium; 2) ein Nomen; 3) am seltensten ein Verbum, wie in discipulus Lernknabe, Schüler, poscinummius Geld fordernd. Der zweite Theil ist ein Nomen.

§. 330. Zusammenrückung findet statt zwischen Präposition und Nomen oder zwischen Nomen und Nomen: 1) obviam gegen den Weg, entgegen, admodum bis aufs Maß, sehr, pro consule oder proconsul; 2. a) ususfructus Gebrauch und Genuß, Nießbrauch, pactum conventum Vertrag und Uebereinkunft, vielleicht auch in sacrosanctus, wenn ō, durch Heiliges geweiht; b) appositionell in Jupiter = Jŏvĭpiter, Jovispiter, Marspiter = Mars pater.

§. 331. An 2. a) schließen sich am nächsten an die copulativen Zusammensetzungen. Dieselben sind im Lateinischen nicht häufig und zum Theil erst von Komikern gebildet, wie gerulifigulus (eigentlich Träger und Bildner) Mithelfer. Hieher gehören undecim s. unus et decem, duodecim u. s. f., und ein Wort wie suovetaurilia, Opfer von Schwein, Schaf, Stier setzt derartige Zusammensetzung voraus.

§. 332. Die uneigentlichen Zusammensetzungen sind

1) Zusammensetzungen nur ihrer Bedeutung nach, in der Form bloße Zusammenschreibungen: senatusconsultum, duumvir ein Mann von zwei Männern u. s. f., jurisconsultus Rechtsgelehrter, paterfamilias Hausvater, domuitio d. i. domumitio Heimkehr, magnŏpere sehr.

2) Constructionen, welche in eine sprachliche Form verschmolzen sind: dēlīrus aus der Furche gerathen, irr, demens wahnsinnig, exanimus todt, exīlis dünn, ēgrĕgius ausgezeichnet, prŏfanus ungeweiht, prosper der Hoffnung gemäß, glücklich, Interamna die zwischen den Strömen, Interocrĕa die zwischen den Hügeln.

§. 333. Unter den eigentlichen Composita, welche solche der Bedeutung und der Form nach sind, unterscheiden wir die determinativen und possessiven oder attributiven.

§. 334. I. Determinative Composita.

Der zweite Theil, ein Nomen, ist bestimmt a) durch ein vorausgehendes Adjectivum: latifundium großes Landgut, merīdies s. medii-dies Mittag, prīvilegium Eigengesetz; durch ein Adverbium: altisonus hochtönend, altitonans hochdonnernd, bĕnĕvolus und benivolus wohlwollend, paeninsula Halbinsel, sēmiustus halbverbrannt, semideus Halbgott, sollicitus ganz erregt; durch ein Verbalthema: discipulus, horrisŏnus schauerlich tönend, perterricrĕpus schrecklich rauschend; durch ein Zalwort: bīmărītus zweimal vermählt, tergemīnus dreifach, sesquilibra anderthalb Pfund; durch eine Partikel: acclīvus und acclīvis ansteigend, dissŏnus mißtönend, permagnus sehr groß, praedūrus sehr hart, indignus unwürdig, negōtium Unmuße, Geschäft, necŏpīnatus unvermutet.

b) Der erste Theil enthält eine Casusbestimmung; ein Accusativverhältniß: armiger Waffenträger, homicida Mörder, mĕrŏbĭbus reinen Wein trinkend, sacrilegus tempelräuberisch; ein Genitivverhältniß: cordolium f. cordidolium Herzeleid, lectisternium Götterpolster, muscipula Mäusefalle, solstitium Sonnenstand, Sonnenwende, spīcilĕgium Aehrenlese, trīclīnium Lager für drei; ein Locativverhältniß: ălĭĕn gĕna Ausländer, aulicocia = in ollis cocta, Troiugena in Troja geboren, fūnambulus Seiltänzer; ein Instrumentalverhältniß: mănifestus handgreiflich, manceps Unternehmer tŭbĭcen Tubabläser, tībīcen d. i. tibiicen Flötenspieler; ein Dativverhältniß: mantēle Handtuch u. s. f.

§. 335. Die innigsten Zusammensetzungen sind II. die possessiven (mit „habend" auflösbar) oder attributiven. Sie sind wesentlich adjectivisch. Das letzte Wort ist immer ein Substantivum. Das Bestimmungswort kann sein a) ein Substantivum, und das Ganze ist dann mit „als, wie habend" aufzulösen: ālĭpes Flügel als Füße habend, Füße habend wie Flügel, Opiter, d. i. avipater, den Großvater als Vater habend; b) ein Adjectivum: Ahēnŏbarbus Rothbart, ahenipes erzfüßig, magnănimus großherzig, sollers volles Streben habend; c) Zalwörter: biennium sc. spatium ein Zeitraum von zwei Jahren, trivium ein Ort mit drei Wegen, quadrangulus mit vier Ecken; d) Partikeln: imberbis unbärtig, sēmianimus halb (nur noch) Leben habend, vaecors den Verstand draußen habend u. s. f.

Druckfehler.

Seite 6 Zeile 5 v. u. setze vor plaudere ,
» 7 » 5 v. o. lies sălio.
» 7 Mitte lies assīduos.
» 11 Zeile 8 v. o. setze vor quālum ;
» 11 » 10 v. u. setze vor beliebt ,
» 14 » 13 v. o. lies bīgae.
» 15 » 7 v. u. setze nach Ton im Lateinischen — hinein.
» 16 » 1 v. o. tilge G.
» 25 » 18 v. u. tilge die Klammer vor wie Arpīnās.
» 28 » 4 v. o. lies d e r L.
» 28 in der Mitte lies rĕg - ī.
» 30 Zeile 2 v. o. setze vor Göttertrank ,
» 34 lies Aenēās, Aenēān.
» 37 Zeile 14 v. o. lies īre.
» 44 Mitte lies peregrĕ̄.
» 44 tilge nach peregre . und setze ; vor damnas.
» 60 setze nach qui, quae, quod etc. ?
» 63 Mitte fülge nach tŏt ein: tŏtīdem eben so viele.
» 79 Zeile 17 v. o. lies: vor ī und ursprünglichem ĕ, und setze capĕ hinzu.
» 81 » 7 v. u. setze vor nachweisbar hinein m e h r.
» 82 » 1 v. o. streiche die Worte: oder durch Ersatz.
» 83 » 10 v. o. setze nach Dichtern hinein: ist.
» 85 » 6 v. u. lies Nebenform.
» 85 » 14 v. u. setze nach Compositis ,
» 90 lies ungo (unguo).
» 96 nach misereor setze Sonst hinein.
» 99 setze nach sagen ,
» 107 Zeile 13 v. u. setze nach mehr ,
» 115 » 1 v. o. lies Formpartikeln.
» 120 » 9 v. o. setze nach sind)
» 120 » 16 v. u. lies Ehe.'
» 121 » 9 v. u. setze vor Secundär 2)
» 127 » 19 v. u. streiche die Worte alnus — Erle, und setze Zeile 13 -no: alnus — Erle; -nu mit -no wechselnd &c.

Deutsches Sachregister.

(Anm. Von den Paragraphencitaten ist nur dann abgewichen, wenn die bequeme Auffindung es forderte.)

Lateinisches Register.

Halle, Buchdruckerei des Waisenhauses.

Arnold, Fr. A., Abriss der hebräischen Formenlehre. Zum Gebrauch auf Gymnasien und Universitäten. 1867. 11 Bog. gr. 8. geh. 20 Sgr.

Ciceronis, M. Tullii, Orationes selectae XIV. ed XX. emendat. cur. O. Heine. 1868. 24 Bog. gr. 8. geh. 20 Sgr.

(Pro S. Roscio Amerino. Pro lege Manilia s. de imperio Cn. Pompei. Orationes Catilinariae quattuor. Pro A. Licinio Archia poëta. Pro L. Murena. Pro T. Annio Milone cum Q. Asconii Pediani argumento. Pro P. Sestio. Pro Q. Ligario. Pro rege Deiotaro. Accusationis in Verrem liber quartus. Oratio Philippica secunda in M. Antonium.)

Cornelii Nepotis liber de excellentibus ducibus exterarum gentium. Accedit ex libro de latinis historicis vita Catonis et Attici. Für d. Schulgebrauch herausgeg. von Ludwig Breitenbach. Zweite verkürzte und vielfach berichtigte Auflage. 1866. 10 Bog. gr. 8. geh. 10 Sgr.

Koberstein, Prof. Dr. **Aug., Laut- und Flexionslehre** der mittelhochdeutschen und der neuhochdeutschen Sprache in ihren Grundzügen. Zum Gebrauch auf Gymnasien. 2. Aufl. 1867. 6 Bog. gr. 8. geh. 12 Sgr.

Merx, Dr. **Adalb., Grammatica Syriaca,** quam post opus Hoffmanni refecit. Partic. prima. 1867. 17 Bog. 4. geh. 2 Thlr.

— — Particula secunda. ca. 30 Bog. geh. 3 Thlr.

(Unter der Presse.)

Nagel, G., Tabellen zur Einübung der Formen des regelmässigen griechischen Verbums und ihrer Bedeutung. 1853. gr. fol. geh. 6 Sgr.

Schade, Prof. Dr. **Oskar, Paradigmen zur deutschen Grammatik.** Gothisch, althochdeutsch, mittelhochdeutsch, neuhochdeutsch. Für Vorlesungen. 2. Auflage. 1868. 6½ Bog. gr. 8. geh. 12 Sgr.

— — **Altdeutsches Lesebuch.** Gothisch, althochdeutsch, mittelhochdeutsch, neuhochdeutsch. Mit einem erklärenden Wortverzeichniss. In zwei Theilen. Erster Theil: Lesebuch. 1862. 24 Bog. gr. 8. geh. 1 Thlr. 15 Sgr.

— — **Altdeutsches Wörterbuch.** (Zweiter Theil des Lesebuches.) 1866. 49 Bog. gr. 8. geh. 4 Thlr.

Scheuerlein, Fr. W. A., Die Norm des griechischen Modusgebrauches besonders im Nebensatze. Anhang zur griechischen Syntax für die Prima der Gymnasien. 1860. 3¼ Bog. gr. 8. geh. 6 Sgr.

Schmidt, Herm., Der griechische Aorist in seinem Verhältnisse zu den übrigen Zeitformen. 1845. 5 Bog. gr. 8. broch. 10 Sgr.

Schmidt, H., und W. Wensch, Elementarbuch der griechischen Sprache. 1. Abtheil. Beispiele zum Uebersetzen aus dem Griechischen ins Deutsche. Sechste verb. und mit einem Anhange versehene Ausgabe. 1867. 26 Bog. 8. 20 Sgr.

— — 2. Abtheil. Beispiele zum Uebersetzen aus dem Deutschen ins Griechische. 7. Ausg. 1869. 9 Bog. 8. $7^1/_2$ Sgr.

— — **K. E. A., Beiträge zur Geschichte der Grammatik** des Griechischen und des Lateinischen. 1859. 39 Bog. gr. 8. geh. 2 Thlr. 15 Sgr.

Schröder, Dr. **Paul, Die Phönizische Sprache.** Entwurf einer Grammatik nebst Sprach- und Schriftproben mit einem Anhange enthaltend eine Erklärung der punischen Stellen im Pönulus des Plautus. 1869. 22 Bog. Lex. 8. Nebst 22 lithogr. u. autograph. Tafeln. geh. 4 Thlr.

Schulz, Dr. **Otto, Schulgrammatik der lateinischen Sprache,** herausgegeben von Dr. Fried. Aug. Eckstein. 18. verbesserte und vermehrte Aufl. 1865. $22^3/_4$ Bog. 8. $12^1/_2$ Sgr.

Seyffert, Moritz, (Professor am Königl. Joachimsth. Gymnasium zu Berlin), **Palaestra Musarum.** Materialien zur Einübung der gewöhnlicheren Metra und Erlernung der poetischen Sprache der Römer. Theil I: Der Hexameter und das Distichon. 6. Aufl. 1868. $10^1/_2$ Bog. geh. 15 Sgr.

Todt, B., Griechisches Vocabularium für den Elementarunterricht sachlich angeordnet. Zweite verb. Aufl. 1868. $5^1/_4$ Bog. gr. 8. $7^1/_2$ Sgr.

Trautmann, Dr. **Th., Elementarbuch** zur Einübung der lateinischen Formenlehre. 1863. 4 Bog. 8. cart. $7^1/_2$ Sgr.

Weiske, G. A., (Oberlehrer an der lat. Hauptschule zu Halle), **Materialien zum Uebersetzen** aus dem Deutschen ins Griechische mit Anschluß an die anomalen Verba. 1865. 17 Bog. 8. geh. 20 Sgr.

— — **Die griechischen anomalen Verba** für den Zweck schriftlicher Uebungen in der Schule. Zweite verbesserte Aufl. 1869. 3 Bog. gr. 8. geh. 5 Sgr.

Xenophon's Anabasis. Für den Schulgebrauch erklärt von Ludwig Breitenbach. Nebst einem kritischen Anhang. In zwei Hälften mit einer Karte von Professor Kiepert. 1865. 20 Bog. 8. geh. 25 Sgr.

Xenophontis Anabasis recognovit et cum apparatu critico edidit Ludovicus Breitenbach. 1867. 21 Bog. gr. 8. geh. 2 Thlr.

GEDRÄNGTE VERGLEICHUNG

DER

GRIECHISCHEN UND LATEINISCHEN DECLINATION

VON

LEO MEYER.

BERLIN,
WEIDMANNSCHE BUCHHANDLUNG.
1862.

JACOB GRIMM

ZUM GEBURTSTAGE.

4. JANUAR 1862.

Die einfachsten Elemente der Sprache sind die Laute, aus ihrer Verbindung mit einander entstehen Wörter, aus der Verbindung der Wörter mit einander entsteht der Satz. Darnach sind die drei Grundtheile einer jeden wissenschaftlichen Beschreibung einer Sprache unveränderbar gegeben.

Früher hat man vielfach die Lehre vom Satze als eigentlichen Haupttheil der Grammatik hingestellt und ihr gegenüber alles Uebrige in die Formenlehre, oder wie man es sonst etwa nannte, zusammengeworfen. Daneben haben nun Neuere und zwar zuerst Reisig in seinen Vorlesungen über lateinische Sprachwissenschaft noch als wesentlichen dritten Theil die sogenannte Bedeutungslehre aufgestellt und so eine ganz und gar verwerfliche Eintheilung geschaffen.

Alles Sprachliche hat diese doppelte Seite, einmal die äussere, gleichsam greifbare, die formelle, und dann die innere, die geistige, die bedeutende. So hat man zuerst die Laute zu betrachten nach ihrer äussern, formellen, Seite und dann nach ihrer innern, geistigen. Dieses letztere durchaus auch nothwendige Gebiet einer vollständigen Sprachbeschreibung ist das noch am aller Wenigsten aufgehellte, ja uns fast noch ein ganz unverständliches. Weiter hat man die Wörter zu betrachten nach dem bloss Aeussern, der Form, der Bildung, und auf der andern Seite nach ihrer Bedeutung, und dann ebenso den Satz, die Verbindung der Wörter, in ihrem innern Zusammenhang und andererseits in Beziehung auf das Formelle, die äussere Gestaltung dieser Verbindung.

Hier aber ist das Wichtigste und Hervorragendste die sogenannte Flexion der Wörter, die nach der ganz streng geordneten Eintheilung unserer vergleichenden Grammatik der griechischen und lateinischen Sprache (Erster Band, Berlin 1861) also erst dem dritten und letzten Haupttheile wird eingeordnet werden können.

Nun aber ist als sehr zweckmässig erschienen, noch vor der Fortführung des Ganzen und insbesondere vor der Beschreibung der Wortbildung wenigstens die Flexion der Nomina, die in unsern meisten griechischen und lateinischen Grammatiken nach ihrem fast ausschliesslich praktischen Zweck eine der allerersten Stellen einzunehmen pflegt, vorläufig im Abriss ans Licht treten zu lassen. Es sind dabei insbesondere die homerische Sprache (Bekkers Ausgabe, Bonn 1858) und für das Lateinische Lucrez (Lachmanns Ausgabe, Berlin 1860) und auch die Bruchstücke des Ennius (nach Vahlen, Leipzig 1854) etwas genauer ins Auge gefasst. Für das Ganze aber bleibt derselbe Gesichtspunct wie für das Hauptwerk gelten, den dem Griechischen und Lateinischen als sehr nah verwandten Sprachen zunächst zu Grunde liegenden gemeinsamen Zustand, das Griechisch-lateinische, wie wir kurz sagen, genauer zu erforschen.

Jenes äussere Mittel aber, die Stellung und Beziehung der Nomina im Satzgefüge zu bezeichnen, lässt sich wissenschaftlich weder nach drei Declinationen, wie man in den griechischen Grammatiken zu zählen sich gewöhnt hat, noch nach fünfen, wie sie in den lateinischen Grammatiken aufgestellt werden, anordnen, sondern in Wahrheit lässt sich ebensowohl nur von *einer* Declination, als von *einer* Conjugation oder Art, die Stellung des Verbs im Satze äusserlich zu bezeichnen, sprechen.

Die äussere Beschaffenheit der Wörter an und für sich, auf der die alte Eintheilung im Wesentlichen beruht, ist für ihre Stellung und Beziehung im Satze eine völlig gleichgültige. Wo im Satze zum Beispiel der Accusativ durch einwirkende Wörter bedingt ist, wird im Lateinischen bei männlichen oder weiblichen Wörtern für den Singular ein *m* angefügt und es wird zum Beispiel *terram,* die Erde, *sitim*, den Durst, *acum*, die Nadel, gebildet, wobei es für den Satz ohne alle weitere Bedeutung ist, dass hier die Grundform *acu*, dort *siti* und *terrā* lautet. Es kömmt im Satz eben ausschliesslich auf die Art jener Beziehung, im angezogenen Beispiele das

Accusativverhältniss an, auf die Stellung, die Art wie ein Wort im Satz auftritt (*πίπτει,* eigentlich »fällt«), auf den sogenannten Casus (*πτῶσις*).

Gleichwohl wird es auch für uns der Uebersichtlichkeit wegen einigen Werth haben, im Einzelnen die Casusbildung nach der Verschiedenheit des je zu Grunde liegenden Wortes, der Wortgrundform, zunächst zu betrachten. Ueber diese selbst aber ist das Nähere in der Betrachtung der Wörter, dem zweiten Haupttheil unserer Grammatik, darzulegen. Wortgrundform nennen wir eben das Wort an und für sich ohne alle satzliche Beziehung und daher ohne jedes äussere Zeichen dieser Beziehung, ohne jedes Casuszeichen. In allen einzelnen Fällen ist allerdings durchaus nicht leicht, die wirkliche Grundform bestimmt festzustellen, da wir alle Wörter nur in lebendiger Sprache und also in irgendwelcher satzlicher Beziehung kennen und jedes weitere Zerlegen der Wörter ein rein wissenschaftliches Verfahren ist. Mehrfach scheint die Grundform selbst sich auch in den verschiedenen Casus verschieden gestaltet zu haben, wie im Folgenden noch deutlicher werden wird. In den bei Weitem meisten Fällen löst sie sich indess deutlich aus den flectirten Wörtern heraus.

So lässt sich im Allgemeinen zweckmässig scheiden nach Grundformen auf Vocale und auf Consonanten. Von den ersteren dürfen die auf ursprüngliches *a*, an dessen Stelle im Griechisch-lateinischen *o* getreten ist wie in *ἀγρό* = *agro* = altind. *ágra-*, Acker (Band 1, Seite 108), voranstehen, denen die auf *â* und *ê*, welches letztere ja auch meistens an Stelle eines alten *â* getreten ist, sich bequem anreihen. Ihnen mögen die Grundformen auf *i* und darnach die auf *u* nachfolgen nebst dem, was sich hier im Einzelnen noch wird unterordnen lassen.

Die Grundformen auf Consonanten sind zu sehr grossem Theil aus ursprünglich vocalisch ausgehenden durch Lautbeeinträchtigung entstanden, und lassen das auch oft in einzelnen Fällen noch ganz deutlich erkennen. Aus Formen wie *βραχύτης* und dem entsprechenden *brevitâs*, Kürze, ergeben sich zum Beispiel zunächst als Grundformen *βραχύτητ-* = *brevitât-*, ganz ähnliche Bildungen aber wie zum Beispiel *cîvitâs*, Bürgerschaft, ergeben durch Casusformen wie den Pluralgenetiv *cîvitâti-um* (und deutlich auch durch entsprechende Bildungen in nahverwandten Sprachen, von denen wir aber hier ganz absehen können) ganz klar, dass die ältere Gestalt des hier in Frage kommenden Suffixes doch *tâti* war.

Unzählige Male sind diese am Ende von Grundformen eingebüssten Vocale noch in Zusammensetzungen enthalten, die eben, worüber auch in der Betrachtung der Wörter genauer zu handeln sein wird, gewöhnlich als erstes Glied die einfache Wortgrundform aufweisen, wie zum Beispiel in *χηνο-βοσκός*, Gänse fütternd, Gänse haltend, dessen erster Theil nach seinen Casusbildungen allerdings als *χήν-* anzugeben ist, in jenem *χηνο-* aber ohne Zweifel seine alterthümlichere und mit dem gleichbedeutenden altindischen *hansá-* übereinstimmende Grundform noch aufweist. Von einem Bindevocal zu sprechen ist hier und in den meisten Fällen durchaus unrichtig, sonst aber überall zum Wenigsten nicht recht passend und den tiefern Gesetzen der Wortbildung scharf widersprechend.

Der Casus selbst ergeben sich aus der Gesammtbetrachtung aller mittelländischen oder indogermanischen Sprachen mit Entschiedenheit acht, nach der gewöhnlichen Bezeichnung *Nominativ*, *Vocativ*, *Accusativ*, *Genetiv*, *Ablativ*, *Dativ*, *Locativ* und *Instrumental*, die aber, so weit unser Blick in der Geschichte der betreffenden Sprachen noch reicht, nirgend mehr vollständig ausgebildet erscheinen, am Wenigsten aber im Plural und namentlich im Dual. Ob nun da schon wieder Beeinträchtigungen eingetreten sind, was mehrfach jedenfalls sehr wahrscheinlich ist, oder ob auch erst nicht zu voller Ausbildung gelangte Ansätze der Sprache vorliegen, ist in allen einzelnen Fällen bestimmt zu entscheiden noch nicht wohl möglich.

Jedenfalls ist man gemeiniglich viel zu sehr geneigt, alles Sprachliche sich in ausgebildeten und vollständigen Systemen zu denken, während doch das wirklich Vorliegende überall Lücken zeigt. Die vollendetste geschichtliche Sprachbeschreibung würde die sein, die frei von allen zahllosen Vorurtheilen unserer Grammatiken ausschliesslich das vollständig verzeichnete, was als wirklich entwickelt vor Augen liegt.

Für die folgende gedrängte Vergleichung der griechischen und lateinischen Declination bemerken wir nur noch, dass die im ersten Bande unserer vergleichenden Grammatik ausführlicher dargelegten Lautverhältnisse im Wesentlichen als bekannt vorausgesetzt werden.

Nominativ.

Das Kennzeichen des Nominativs ist wie in allen mittelländischen Sprachen so auch im Griechisch-lateinischen bis auf wenige weiterhin zu nennende Ausnahmen ein einfaches *s*, wie es namentlich die männlichen Grundformen auf *o* deutlich erkennen lassen, wie *ἵππος* = *equus*, alt *equos*, Pferd, *ταῦρος* = *taurus*, Stier; *υἱός*, Sohn, Ilias 1, 489; 2, 705 ff., *γέλος*, Gelächter, il. 1, 599; *ἔρος*, Liebe, il. 3, 442; *ὅς*, welcher; *οὗτος*, dieser; *αὐτός*, er; *πολλός*, viel, il. 7, 156; *σόος*, unversehrt, il. 13, 773; od. 22, 28, dafür *σῶς* il. 22, 332; ähnlich *ζώς*, lebendig, il. 5, 887; attische *λεώς*, Volk, alt *λᾱϝός*, und *νεώς*, Tempel, alt *νᾱϝός*, mit Lautumgestaltungen, die nur die Grundform betreffen. Von *Τρώς*, Troer, *δμώς*, Diener, od. 24, 257; *μήτρως*, Oheim, *ἥρως*, Held, die vorläufig auch hier genannt sein mögen, ist die ursprüngliche Grundform nicht recht deutlich. Nach *v* hielt sich *o* länger, für das sonst *u* früh eintrat: *servos*, Diener, *avos*, Grossvater. Bei vorhergehendem *r* ist die Endung *os*, *us*, im Lateinischen oft verschwunden, namentlich wo noch ein Consonant vorherging, nach welchem dann vor auslautendem *r* ein *e* einrückte: *aper*, Eber, für *apros*; *ager*, Acker, für *agros* = *ἀγρός*; Adjective: *macer*, mager (*macro-*), *têter*, hässlich, *crêber*, häufig, *glaber*, glatt, *piger*, faul, *pulcher*, schön, *ruber*, roth, *sacer*, heilig, *âter*, schwarz, Lucr. 4, 314; 320. Von Grundformen auf *ero*: *socer*, Schwiegervater (*socero-* = *ἑκυρό-*), *gener*, Schwiegersohn (*genero* = *γαμβρό-*), *lîber*, frei, Grundform *lîbero-*, wobei die Uebereinstimmung mit *ἐλεύθερο-* zu beachten ist im Gegensatz zu *rubro-* = *ἐρυθρό-*, roth. Andre Adjective auf *ero* sind nur *miser*, elend (*misero-*), *gibber*, bucklig, *prosper*, glücklich, *lacer*, zerrissen, *asper*, rauh, *tener*, zart, *exter*, äusserlich, *alter*, der andere; und die auf *-fer* und *-ger*, tragend: *armi-fer* und *armi-ger*, Waffen tragend, *corni-ger*, horntragend; *dextero-* neben *dextro-*, recht, = δεξιτερό-. Noch gehören hieher *vir*, Mann, *lêvir*, Schwager, auch *satur*, satt. Das *us* schwindet nicht plötzlich, alt besteht auch *socerus*, Schwiegervater; Priscian Seite 697 und 738 nennt *puerus* statt des spätern *puer*, Knabe; Ennius ann. 141 hat auch noch *volturus*, Geier. Das *us* halten: *umerus* = ὦμος, Schulter, *numerus*, Zahl, *uterus*, Unterleib. Auch *famulus*, Diener, lautet alt bisweilen *famul*, Lucr. 3, 1035; Enn. ann. 316.

Lateinische Grundformen auf *ê* haben das *s* immer: *diês*, Tag, *rês*, Sache, *faciês*, Gesicht, *fidês*, Treue, *plêbês*, Volk, Enn. trag. 271. Meistens auch die griechischen männnlichen auf ᾱ oder η, wie ταμίᾱς, Schaffner, Ordner, ποιήτης, Dichter, πόρκης, Speerring, il. 8, 495; κλυτοτέχνης, kunstberühmt, il. 1, 571; Ἑρμείας il. ε, 104; od. 1, 42, dafür Ἑρμῆς od. 5, 54; 24, 1; Αἰνείας il. 2, 820, dafür Αἰνῆς (Bekker Αἰνέας) il. 13, 541. Das *s* ist früh eingebüsst in den homerischen νεφεληγερέτα, Wolkensammler, il. 1, 511; 517; 560 ff.; ἱππηλάτα, Rossetreiber, il. 4, 387 ff.; αἰχμητά, Lanzenschwinger, il. 5, 197; Θυέστα il. 2, 107; ἱππότα, Rossebändiger, il. 2, 336; 433; 5, 126 ff.; μητιέτα, Gebieter, il. 1, 175; 2, 197; 324 ff.; ϝηπύτα, Rufer, il. 7, 384; κυανοχαῖτα, dunkelhaarig, il. 13, 563; 14, 390; εὐρύϝοπα, weitdonnernd, il. 14, 203; 15, 724 ff.; στεροπηγερέτα, Blitzsammler, il. 16, 298; ἀκακῆτα, Heilbringer, il. 16, 185; od. 24, 10. Die zugehörigen lateinischen Formen haben nie mehr das *s*: *aurîga*, Fuhrmann; *con-vîva*, Tischgenoss; *agri-cola*, Ackermann; *parricîda*, Vatermörder; *scrîba*, Schreiber; *indigena*, Eingeborner; *poêta*, Dichter; *nauta*, Schiffer; *verna*, Haussclav; *Sulla*, *Cotta*, *Nerva*.

Grundformen auf *i*: *ovis* = ὄϝις, Schaf, il. 24, 125; ὄφις = *anguis*, Schlange; πόρτις, Rind; πόλις, Stadt; *hostis*, Feind; *nâvis*, Schiff; *piscis*, Fisch; τίς = *quis* = umbrisch *pis*, wer, οὔτις, keiner; *is*, er; *facilis*, leicht, *agilis*, beweglich; ϝίδρις, kundig, od. 23, 160; mit langem Vocal: κίς, Kornwurm; λίς, Löwe, il. 15, 275; 17, 109; 18, 318; *vîs* = ϝίς, Kraft, il. 15, 383; 17, 739; 21, 356; od. 2, 409; 9, 71; 23, 720. Für das Lateinische ist von vorn herein zu bemerken, dass die Grundformen auf *i* bei der Schwäche dieses Vocals ausserordentlich viele Beeinträchtigungen erfahren haben und oft nur in einzelnen Casus noch zu erkennen sind, ja mehrfach eine deutliche Sonderung der Grundformen auf *i* und derjenigen auf Consonanten hier kaum durchzuführen ist. Aehnlich wie oben fällt nach *r* oft der Ausgang *is* ganz ab und tritt dann auch *e* ein, wo noch ein Consonant vorhergeht: *imber* (*imbri-*), Platzregen; *acer* (*acri-*), scharf; *puter*, faul, *alacer*, munter, *celeber*, berühmt, *salûber*, heilsam, *volucer*, beflügelt. Alt bleibt auch oft noch das *is*, wie in *silvestris tumulus*, waldiger Hügel, *acris somnus*, fester Schlaf, Enn. ann. 369, doch ann. 406 *acer hiemps*, scharfer Winter. Später bleibt bei den hergehörigen Adjectiven das *is* nur in der weiblichen Form, in der das *i* ursprünglich lang war, wie in *acris*, heftige, bei Lucrez 3, 65 (*egestâs*); 3, 477 (*vîs*); 3, 741 (*violentia*); auch in *celeris*, schnelle, von der männlichen Grundform *celer-*. Oft, namentlich bei Bildungen durch das weibliche Suffix *ti*, ist vor dem nominativischen *s* das *i* ausgedrängt, wie in *mors* (*morti-*), Tod; *fors* (*forti-*), Zufall; *sors*, Loos, bei Plautus noch *sortis*; *mens*, Geist, bei Ennius Seite 168 zweimal *mentis*; ferner in *lîs* (*lîti-*), Streit, *vêritâs*, Wahrheit, *juventûs*, Jugend, *quiês*, Ruhe, und ähnlichen; in *strips*, Stamm, alt *stirpis*; *scrobs*, Spähne, alt *scrobis*; auch in Bildungen wie *nostrâs* (*nostrâti-*), unsrig, *Arpînâs*, aus Arpinum. Besonders beachtenswerth sind im Lateinischen noch weibliche Bildungen, die im Nominativ nicht *is*, sondern mit Vocalverstärkung *ês* zeigen: *nûbês* (*nûbi-*), Wolke; *sêdês*, Sitz, *môlês*, Last, *fidês*, Seite, *clâdês*, Niederlage, *torquês*, Kette, *tâbês*, Schwindsucht; *torrês*, Brand, Lucr. 3, 917; *trabês*, Balken, Enn. ann. 597, trag. 281; *canês*, Hund, Enn. ann. 518 für das gewöhnliche *canis*, wie Enn. sat. 36.

Grundformen auf *u*: *ἰχθύς*, Fisch, *πῆχυς*, Arm, *ὀρχηστύς*, Tanz, *βοητύς*, das Rufen; *σῦς*, *ὗς* = *sûs*, Sau; *δρῦς*, Eiche; *ὀφρύς*, Braue; *grus*, Kranich; *arcus*, Bogen; *anus*, alte Frau; *acus*, Nadel; *socrus*, Schwiegermutter; *pôtus*, Trank; *ductus*, Führung. Adjective hat nur der Grieche: *γλυκύς*, süss; *πολύς*, viel; *πραΰς*, friedlich, sanft; *βραχύς*, kurz; *ὠκύς*, schnell. Hieran schliessen wir, wenn auch vielleicht ihre Grundformen besser auf *υ* (*ϝ*) ausgehend angegeben werden, *ναῦς*, Schiff; *γραῦς*, alte Frau; *βοῦς* = lat. *bôs* = umbr. *bûs* (Aufrecht und Kirchhoff 128), Rind; *Ζεύς* = altind. *dyâus*, Himmel,

Rigveda 1, 22, 13, wofür *diūus* Rigv. 1, 8, 5; ἱππεύς, Reiter; φονεύς, Mörder; βασιλεύς, König; γραφεύς, Schreiber.

Consonantisch ausgehende Grundformen lassen *s* auch unmittelbar antreten, erleiden nur mancherlei lautliche Veränderungen. Bei den Kehllauten und Lippenlauten gestaltet sichs am Einfachsten: φύλαξ (φύλακ-), Wächter; κῆρυξ, Herold; *vôx*, Stimme; *jûdex*, Richter, *artifex*, Künstler, *senex*, Alter, *pollex*, Daumen, *supellex*, Hausgeräth; πνύξ, Versammlungsplatz in Athen; αἴξ (αἰγ-), Ziege; φλόξ, Flamme, il. 8, 135; *grex*, Heerde; *frux*, Frucht, Enn. ann. 318; 412; ὄψ (ὀπ-), Stimme; ὤψ, Gesicht; *auceps*, Vogelfänger; *particeps*, theilnehmend; *princeps*, Fürst. Telaute schwinden durchaus vor dem *s*: χάρις (χάριτ-) Gunst; *lapis (lapid-)*, Stein; λάμπας, Fackel; κληϜίς, Schlüssel, il. 8, 325; 12, 456; κόρυς (κόρυθ-), Helm, il. 12, 184; 13, 544; *comes*, Begleiter; *eques*, Reiter; *abiês*, Tanne; *ariês*, Widder; *pariês*, Wand; *vâs (vad-)*, Bürge; *pês (ped-)* = πούς (πόδ-), Fuss, neben den zusammengesetzten τρίπος, Dreifuss, il. 22, 164, ἀρτίπος, leichtfüssig, il. 9, 505; od. 8, 310, und ἀϜελλόπος, sturmfüssig; *compos*, mächtig; βραχύτης = *brevitâs*, Kürze; *aetâs*, Alter; *virtûs*, Tapferkeit; *palûs*, Sumpf; *mîles*, Krieger; *sacerdôs*, Priester; Perfectparticipe wie männliches τετυφώς (τετυφότ-), der geschlagen hat. Wo dem *t* noch Laute vorhergehn, weicht meistens jenes allein: *nox (noct-)* = νύξ (νύκτ-), Nacht; ἄναξ, Herr; *praeceps (-cept-)*, eilig, jäh, und *anceps*, unsicher, zweifelhaft; *concors (-cord-)*, einträchtig, *discors*, uneinig, *vêcors*, wahnsinnig; in δάμαρ (δάμαρτ), Gattinn, il. 14, 503, wich auch das *s* des Nominativs. Nach dem Nasal ist die Behandlung des Telauts verschieden: *ferens (ferent-)*, tragend, *legens*, lesend, *frons (front-)*, Stirn, *glans (gland-)*, Eichel, *frons (frond-)*, Laub, dafür *frûs* bei Enn. ann. 562; griechisch weicht meist auch der Nasal: ἱμάς (ἱμάντ-), Riemen; πᾶς, jeder; τύψας, schlagend; τυφθείς (τυφθέντ-), geschlagen; χαρίεις, lieblich; τιθείς, setzend, argivisch und kretisch τιθένς; αὐδήεις, gesangreich; ἰχθυόεις, fischreich; τιμήεις, geehrt; οἰνοῦς, weinreich; πλακοῦς, Kuchen; ἕλμινς (ἕλμινθ-), Wurm; διδούς (διδόντ-), gebend; ἁλούς, gefangen; ὀδούς, Zahn. Meist ist, wo dem ντ ein ο vorherging, das ς gewichen: λέγων (λέγοντ-), sagend, γέρων, Greis, φέρων, tragend, *δράκων*, Drachen, *ἑκών*, freiwillig, *θεράπων*, Diener, *λέων*, Löwe. Entsprechende Participbildungen zeigen im Altindischen im männlichen Nominativ einfach den Ausgang *an* (für ursprüngliches *-ants*), wie *bháran* = *φέρων*, tragend; dabei ist aber zu bemerken, dass in den alten Denkmälern für jenes *an* vor folgenden Vocalen noch ganz gewöhnlich ein volleres durch Assimilation entstandenes *ann* auftritt, wie *sánn ánu*, seiend in, Rigv. 4, 27, 1; *ni-sincánn a*—, ausgiessend, Rigv. 5, 83, 6; *abhi-kshipánn â*—, aufschlagend, Rigv. 5, 83, 3; *cárann upa-*, gehend, Rigv. 1, 33, 4; *jîvann aivá*, so lebend, Râmâyana 49, 26.

Wo sich das *s* an einfaches *n* schloss, wird im Griechischen oft der Nasal ausgestossen und dann gewöhnlich der Vocal gedehnt, wie in *τάλᾱς* (*τάλαν-*), unglücklich, *μέλᾱς*, schwarz; *κτείς* (*κτέν-*), Kamm; *εἷς*, einer; *ῥίς*, Nase, später *ῥίν*; *θίς*, Haufen, od. 12, 45, später *θίν*; *δελφίς*, später auch *δελφίν*, Delfin; *λᾶας*, Stein, gehört auch hieher als dem altindischen *grâvan-* entsprechend mit Nominativ *grâvâ* Rigv. 1, 28, 1. Viele Wörter verlieren auch durch Assimilation (Band 1, Seite 234) ihr *s* und zeigen vor dann auslautendem Nasal gedehnten Vocal: *χθών* (*χθόν-*), Erde; *χιών*, Schnee, Winter, il. 10, 7; *μείζων*, grösser; *τέκτων*, Zimmermann; *ἡγεμών*, Führer; *λιμήν* (*λιμέν-*), Hafen; *φρήν*, Seele; *τέρην*, zart; *Πάν*. Im Lateinischen haben nur wenige Wörter den Nasal, wie *tibîcen*, Flötenbläser, *cornicen*, Hornbläser, *pecten*, Kamm, *flâmen*, Priester, *liên*, Milz; die meisten büssen auch den ein: *homô (homon-)*, Mensch; *leô*, Löwe; *nâtiô*, Volk; *consuêtûdô*, Gewohnheit; *sermô*, Gespräch; *orîgô*, Ursprung; *virgô*, Jungfrau. Dazu stellen sich am Nächsten griechische Formen wie *Λητώ* il. 20, 40; *φειδώ*, Schonung, il. 7, 409; *χρειώ*, Bedürfniss, il. 10, 118; od. 2, 28; *ἠχώ*, Wiederhall; *πειθώ*, Ueberredungsgabe; *Καλυψώ* od. 1, 14, deren Grundform ursprünglich allerdings wohl auf *oni* ausging. Der in allen Casus mehr oder weniger sich zeigende Wechsel von Grundformen auf Consonanten und solchen auf *i* im Latein machte sich insofern auch schon im Nominativ geltend, als die Grundformen *can-*, Hund, und *juven-*, Jüngling, die Nominative *canis* und *juvenis* (altind. *yúvâ* Rigv. 1, 11, 4) bilden; ähnlich wird auch aus Livius

Andronicus (bei Priscian, Seite 684) der Nominativ *carnis* (Grundform *caron-*), Fleisch, angeführt; in gleicher Hinsicht darf auch der Nominativ *Jovis*, Jupiter, aus Enn. ann. 64 angeführt werden. — Von Grundformen auf *m* ist *hiems*, Winter, das einzige Beispiel, wofür *hiemps* sich findet bei Enn. ann. 406 und 482 und Lucr. 5, 747.

Von Grundformen auf *l* gehört aus dem Griechischen hieher nur *ἅλς*, Salz, Meer; der Lateiner hält das auslautende *s* nicht fest, bildet *sâl*, Salz, und ähnlich *sôl*, Sonne. Daneben stellen sich auch noch *pugil*, Faustfechter; *vigil*, wachsam; *mûgil*, Meerfisch; *praesul*, Vorgesetzter; *exsul*, Verbannter; *consul*, Consul, die zum Theil vielleicht alte Grundformen auf *i* hatten. — Bei den Grundformen auf *r* findet sich nominativisches *ρς* nur in äolischen Formen wie *μάκαρς*, glücklich, *χέρς*, Hand, sonst nicht; in *μάρτυς* (*μάρτυρ-*), Zeuge, ist wohl *ρ* vor *ς* gewichen, sonst ist immer der Zischlaut aufgegeben und dafür der vorhergehende Vocal meist gedehnt (1, Seite 235), wie in *πατήρ* (*πατέρ-*), Vater; *ἀνήρ*, Mann, *ἀήρ*, Luft, *ῥήτωρ*, Redner, *ἴστωρ*, Kundiger, *χείρ*, Hand, *μάκαρ*, glücklich, *ὄαρ*, *ϝόαρ*, Gattinn. Dem sind die lateinischen Formen ähnlich: *pater*, Vater, *mâter*, Mutter, *doctor*, Lehrer, *dator*, Geber, *fûr*, Dieb.

Die Grundformen auf *s* zeigen im Nominativ keinen doppelten Zischlaut mehr, dafür aber im Griechischen Dehnung des vorausgehenden Vocals und so auch oft im Lateinischen: *σαφής* (*σαφές-*), deutlich; *ὑγιής*, gesund; *εὐγενής*, edel; *δυςμενής*, übelwollend; *αἰδώς* (*αἰδός-*), Scham; *ἀναιδής*, unverschämt, od. 17, 449; homerisch *ἠϝώς* (*ἠϝός-*), Morgenröthe; *χρώς*, Haut, Farbe, mit den Casus *χροός*, *χροΐ*, *χρόα*, bei Homer; *ἱδρώς*, Schweiss, ist vielleicht auch so zu denken. Lateinisch sind *Cerês (Ceres-)*; *pûbês*, mannbar, später *pûber*; *honôs*, Ehre, später *honor*; Lucrez hat so nur *arbôs*, Baum, 1, 774, *colôs*, Farbe (= *χρώς*), 6, 208; 1074, und *vapôs*, Dunst, 6, 952; sonst mit dem Uebergang des *s* in *r* zum Beispiel *ûmor*, Feuchtigkeit, 1, 309; 809; *ardor*, Hitze, 1, 777; *error*, Irrthum, 2, 132; *vapor*, Dunst, 2, 150; *arbor*, Baum, 3, 784; *sûdor*, Schweiss, 2, 465; *odor calor et sapor*, Geruch Wärme und Geschmack, 3, 267. Der Uebergang in *r* ist nicht ganz gleichmässig eingetreten, mit *s* erscheinen noch *môs*, Sitte, *flôs*, Blume, *rôs*, Thau, *as* (*ass-*), Ganzes, As, *glis*, Bilchmaus; *tellûs*, Erde, *mûs* = μῦς, Maus; *mas*, männlich; *exos* (*exoss-*), knochenlos, Lucr. 3, 721; *vetus*, alt; *lepus*, Hase; *Ligus*, Ligurier; *Venus*; *pulvis*, Staub; *cinis*, Asche; *cucumis*, Gurke; *vômis*, Pflugschaar, Vergil Georg. 1, 162; mit *r* dagegen zum Beispiel *veter*, alt, bei Enn. ann. 17; *vomer*, Pflugschaar, bei Verg. Georg. 1, 46; *dêgener*, entartet; *bicorpor*, zweikörperig; *celer*, schnell. Bisweilen ist unsicher, ob *r* wirklich auf *s* zurück weist, oder etwa ursprünglich ist. —

Abgesehen von denjenigen Formen, die aus rein lautlichen Gründen das nominativische *s* einbüssten, zu denen wir unbedenklich auch solche wie *scrîba*, Schreiber, rechnen, giebt es von männlichen Wörtern nur sehr wenige Pronominalformen, für die ein ursprüngliches nominativisches *s* durchaus nicht angenommen werden darf, nämlich ausser ἐγώ = *egô*, ich, alt ἐγών, und σύ = *tû*, du, im Griechischen nur ὁ = altind. *sá*, der, und im Lateinischen nur *iste*, er, *ipse*, selbst, *ille*, jener, *quî*, welcher, und *hîc*, dieser, Lucr. 6, 1047, oder *hĭc*, Lucr. 6, 9.

Ausserdem aber fehlt für uns jede Spur eines nominativischen *s* bei den weiblichen Grundformen auf altes *â*, das im Latein im Nominativ sehr früh verkürzt ist: *terra*, Erde, *mensa*, Tisch, *bona dea*, gute Göttinn, *amîcitia*, Freundschaft; *aliqua*, irgend eine. Im Griechischen ist der fragliche Vocal grossentheils lang, theils als ᾱ theils in der jüngern Gestalt des η: χώρᾱ, Gegend, σοφίᾱ, Weisheit, ἀγαθή, gute, κόρη, Mädchen, δέρη, Hals, κόρρη, Schläfe; νύμφη, Nymfe, il. 6, 21; φυγή = *fuga*, Flucht; πόᾱ, Gras, στοά, Halle, ἐλάᾱ, Oelbaum, θεά, Göttinn, il. 1, 55; 195; 5, 721. Sehr oft ist aber das nominativische α kurz und zwar, wie es scheint, durchgehends in solchen Formen, die ursprüglich auf ια ausgingen und diesem Ausgang im Altindischen ein *î* gegenüber zu haben pflegen, wie πότνια il. 1, 357, = altind. *pátnî*, Herrinn. Wir nennen aus Homer θάλασσα, Meer, il. 1, 157; αἶσα, Geschick, il. 1, 416; γαῖα, Erde, il. 2, 95; 699; ἀργυρόπεζα, silberfüssige, il. 1, 538; 556; γλῶσσα, Sprache, il. 2, 804; ἄρουρα, Land, il. 2, 548; μοῖρα, Schicksal, il. 3, 101; αἶα, Erde, il. 3, 243; πίσσα, Pech, il. 4, 277; ἰοχέϝαιρα, Pfeilschiesserinn, il. 5, 53;

θύϝελλα, Sturm, il. 6, 346; *φύζα*, Flucht, il. 9, 2; *λύσσα*, Wuth, il. 9, 239; *χάλαζα*, Hagel, il. 15, 170; *τράπεζα*, Tisch, il. 24, 476; *δέσποινα*, Herrinn, od. 19, 83; *ἀνοπαῖα* (ein unbekannter Vogel). od. 1, 320; *ϝόσσα*, Stimme, od. 24, 413; *ἠχήϝεσσα*, rauschende, il. 1, 157; *πᾶσα*, jede, il. 2, 149; *δῖα*, himmlische, edle, il. 2, 714; od. 10, 455; *ὠκέϝα*, schnelle, il. 2, 786; 790; 795; *μία*, eine, il. 3, 238; *ἴα*, eine, il. 4, 437; 21, 569; — Ganz eigenthümlich in ihrer Bildung stehen *hac-c*, diese, und *quae*, welche; darin scheint ein altes weibliches *î* enthalten zu sein, wie es zum Beispiel im obengenannten altindischen *pátnî*, Herrinn, oder im altindischen *naptî*, Enkelinn, vorliegt, welchem letzteren genau entsprechend lateinisches *neptis* gegenübersteht, worin das nominativische *s* nicht gemieden wurde. —

Die ungeschlechtigen Wörter stellen sich nur im Nominativ und dem bei ihnen mit dem Nominativ stets übereinstimmenden Accusativ und Vocativ selbstständig neben die männlichen Wörter, haben aber auch in der bezeichneten Casusbildung vielerlei Eigenthümliches.

Als besonderes Zeichen haben unter den ungeschlechtigen Wörtern ein *m*, das hier im Griechischen überall in *ν* überging, nur die Grundformen auf *o* im Griechisch-lateinischen, ganz so wie die ihnen im Altindischen genau entsprechenden auf *a*, so altind. *yugám* = *ζυγόν* = *jugum*, Joch, das also griechisch-lateinisch *jugom* wird gelautet haben. Ferner *ᾠόν* = *ôvum*, Ei; *φύλλον* = *folium*, Blatt; *πότερον* = *utrum*, welches von beiden; *meum*, *ἐμόν*, meins; *tuum*, *σόν*, deins; *aevom*, Zeit, Lucrez 2, 561; 1094; 1171 und sonst; *novom*, neues, Lucr. 5, 298; *olîvom*, Oel, Lucr. 2, 392, = *ἔλαιον*; *ipsum*, selbst.

Ganz eigenthümlich, auch durch seine Beschränkung auf pronominelle Formen, ist das angehängte *d*, auf das mittels der Lautverschiebung auch unser scharfes *s* in *was*, *das*, *gutes* und ähnlichen Formen zurückführt. Im Griechischen ist es spurlos abgefallen im Gegensatz zu dem eben behandelten alten *m*, das sich doch in der Gestalt des *ν* noch erhielt. In Frage kommen hier *id*, es; *idem* (aus *id-dem*), das selbe; *illud*, jenes; *istud*, das; *hôc* oder *hŏc* (aus *hod-ce*), dieses; *quod*, welches; *quid* = *τί* (aus *τίδ*), was, nebst *ali-quid*, etwas, *ὅτι*, welches, dass, *οὔτι* und *μήτι*, nichts; *aliud* = *ἄλλο* (aus *ἄλλοδ*), anderes, wofür *alid* sich findet bei Lucr. 1, 263; 407; 1115; 3, 970; 5, 257; 1305; 1456, der 2, 507 *aliud* hat; — *τό* (aus *τόδ*) = altind. *tád*, das, nebst *τοῦτο*, dieses, *αὐτό*, es, *ταὐτό*, das selbe, und *τοσοῦτο* (neben *τοσοῦτον*), so grosses; *ὅ* (aus *jόδ*) = altind. *yád*, welches; *ἐκεῖνο* (neben *κεῖνον*), jenes.

Alle übrigen ungeschlechtigen Wörter lassen in ihrem Nominativ durchaus kein Zeichen zutreten, sondern geben die reine Grundform, die dann nur den nothwendigen Lautveränderungen, über die im ersten Bande von Seite 227 an gehandelt wird, unterworfen wird.

Grundformen auf *i* sind im Griechischen selten: *ἴδρι*, kundig; *τρόφι*, geschwollen, gross, il. 11, 307; im Lateinischen ist das auslautende *i* nie bewahrt, sondern in *e* übergegangen, in manchen Bildungen aber ganz geschwunden: *mare (mari-)*, Meer; *rête*, Netz; *facile*, leicht; *acre*, scharf; *mille*, tausend; *osse*, Knochen, später *os*; *lacte*, Milch, Enn. ann. 355; Platus Menaechmi 5, 9, 30, später *lac*; *sale*, Meer, Enn. ann. 378; *exemplâre*, Vorbild, Muster, Lucr. 2, 124, später *exemplar*; *calcar*, Sporn, *animal (animâli-)*, Thier. — Bei den Grundformen auf *u* ist die stete Länge dieses Vocals im Lateinischen im Auslaut auffallend: *genû* = *γόνυ*, Knie; *pecû* = *πῶϋ*, Vieh, il. 3, 198; *δόρυ*, Speer; *μέθυ*, Meth; *ἄστυ*, Stadt; *γλυκύ*, süss; *πολύ*, viel; *ἐΰ*, gut; *μῶλυ*, Wunderkraut, od. 10, 305; *cornû*, Horn; *verû*, Spiess.

Consonantisch ausgehende Grundformen werden viel verstümmelt. Auf *k* bietet sich *hâlec*, Fischlake; manche auf *t*: *caput*, Kopf; *lac (lact-)* = *γάλα* (*γάλακτ-*), Milch, dem ähnlich *cor (cord-)*, Herz, verstümmelt ist; *μέλι* (*μέλιτ-*) Honig, il. 11, 631; namentlich zahlreiche auf *nt*, die im Griechischen in der Regel das *t* einbüssten, so die Participia *φέρον* (*φέροντ-*), tragend; *λέγον*, sagend, *τιθέν* (*τιθέντ-*), setzend, *τύψαν*, schlagend; *πᾶν*, all; *χαρίεν*, lieblich. Der Lateiner lässt bei den entsprechend gebildeten Adjectiven und Participen das Ungeschlechtige auch durch die männliche Form vertreten, gebraucht daher Formen wie *prûdens*, klug, *ferens*, tragend, *praeceps*, eilig, *concors*, einträchtig, auch ungeschlechtig, wie Lucrez 1, 444: *inâne vacansque*, leer und ledig. Zu Grundformen auf *nt* gehören ursprünglich auch die, die im Griechischsn auf *αι* ausgehen und im Nominativ gar keinen auslautenden Consonanten mehr haben, wie *ὄνομα* (*ὄνοματ-*, eigentlich *ὄνομαντ-*), Namen; *βλῆμα*, Wurf, an die auch zum Beispiel *ἄλειφα*, Salböl, und *κάρη* (aus *κάραϝα*), Haupt, il. 2, 11; 259; 16, 341, sich anschliessen; auch *μέγα*, gross, il. 2, 43; nicht minder manche, die an Stelle des *τ* im Nominativ ein *ϱ* haben, das auf den Nasal zurückweist, wie die Form *ἄλειφαϱ* (aus *ἄλειφαν-*, *ἄλειφαντ-*, Genetiv: *ἀλείφατος*), Salböl; *ἦπαϱ* (*ἥπατ-*, *ἥπαντ-*), Leber; *φρέαϱ*, Brunnen; *στέαϱ*, Talg; *δέλεαϱ*, Köder; *εἶδαϱ*, Speise, il. 5, 369; *ὄναϱ*, Traum, il. 1, 63; *ἦμαϱ*, Tag, il. 1, 591; *ὕδωϱ*, Wasser; *σκώϱ*, Koth; *ἐϝέλδωϱ*, Wunsch, il. 1, 41; *τέκμωϱ*, Ziel, Gränze, il. 1, 526. Auslautendes einfaches *t* ist im Griechischen, namentlich nach *α* und *ο*, oft in *ς* übergegangen: *κέρας* (*κέρατ-*), Horn; *τέρας*, Wunderzeichen; *οὖας*, Ohr, dafür schon *οὖς* il. 11, 109; 20, 473; *τετυφώς* (*τετυφότ-*) geschlagen habend; *εἰδός*, *ϝειδός*, wissend, od. 9, 428. — Grundformen auf *n* hatten nach diesem ursprünglich auch oft noch ein *t*: *nômen* (*nômen-*, aus *nôment-*), Namen; *regimen*, Leitung, *sêmen*, Samen; anders gebildet *sanguen*, Blut, Lucr. 1, 860; *μέλαν*, schwarz, il. 16, 161; od. 10, 304; *τέρεν*, zart, *ἄρρεν*, männliches, *ἕν*, eins. Auf *r* ausgehende Formen, die auch mehrfach in das eben beschriebene Gebiet übergreifen, nennen wir noch *ἦϱ*, *ἔαϱ* = *vêr*, Frühling; *πῦϱ*, Feuer; *ἦτοϱ*, Herz; *ἄοϱ*, Schwert, il. 14, 385; *νέκταϱ*, Göttertrank; *ὕπαϱ*, wirkliche Erscheinung, od. 19, 547; 20, 90; *iter*, Weg; *jecur*, Leber; *femur* (neben *femen*), Oberschenkel; *jubar*, Glanz; *aequor*, Fläche; *rôbur*, Kraft; *ebur*, Elfenbein; *fulgur*, Blitz; — ausserdem *fâr* (*farr*), Spelt, das ganz ähnlich verstümmelt ist wie *mel* (*mell-*), Honig, und *os* (*oss-*), Knochen; noch nennen wir das Adjectiv *pâr*, angemessen, Lucr. 1, 361; 458; 2, 125; 849, dessen weitere Bildungen kurzes *a* haben.

Als Grundformen auf *s*, deren Bildung aber im Grunde gar nicht überall dieselbe ist, sich mehrfach auch mit den vorhin schon besprochenen Formen berührt, bieten sich auf den ersten Blick *aes*, Erz, *crûs*, Bein, *ôs*, Mund, *jûs*, Recht, *jûs*, Brühe; *vâs*, Gefäss, Lucr. 6, 555; *fâs*, Recht, Lucr. 5, 160; auch die lateinischen Comparative, wie *melius*, besser, *brevius*, kürzer, *levius*, leichter; im Griechischen viele Adjective auf *ες* wie *σαφές*, deutlich, ἀληθές, wahr, εὐμενές, wohlwollend. Namentlich zahlreich sind die Substantive mit dem Nominativ ος, in welchem Suffix im Lateinischen sich der Vocal wider früh verdunkelte: γένος = *genus*, alt *genos*, Geschlecht; βέλος, Geschoss; σκέλος, Schenkel; θέρος, Sommer, od. 11, 192; νέμος, Weideplatz, = *nemus*, Hain; *corpus*, Körper; φόως, Licht, il. 2, 49; 6, 6; 8, 282; 11, 2; 797 und sonst, ist wahrscheinlich nur eine falsche Form für φάϝος, Licht, il. 16, 95; 17, 615 und sonst. Viele zugehörige Formen hielten auch das alte reine α fest, so bei Homer κνέφας, Dunkelheit, il. 1, 475; 8, 500; δέπας, Becher, il. 1, 584; γῆρας, Alter, il. 1, 29; γέρας, Geschenk, il. 1, 118; 16, 457; σέλας, Glanz, il. 8, 76; δέμας, Körper, il. 11, 596; od. 4, 796; 5, 213; 24, 548; σέβας, Scheu, il. 18, 178; od. 3, 123; σκέπας, Decke, od. 5, 443; 6, 210; οὖδας, Boden, od. 8, 376; κρέϝας, Fleisch, od. 8, 477; 16, 443; 17, 344; κῶας, Vliess, od. 16, 47; σφέλας, Schemel, od, 18, 394.

Vocativ.

Der Vocativ hat überall kein besonderes Kennzeichen, die Grundform wird nur den bestimmten lautlichen Veränderungen unterworfen; dazu ist aber zu bemerken, dass sehr früh schon manche Vermengungen mit der Nominativform eintreten, ebensowohl schon im Homer als auch in der ältesten Geschichte des Lateinischen, sie fanden also wohl auch schon hie und da im Griechisch-lateinischen Statt. Dass die ungeschlechtigen Wörter ihren Vocativ vom Nominativ nie unterscheiden, ist schon bemerkt.

Die Grundformen auf *o*, also ursprüngliches *a*, haben im Griechischen und Lateinischen in genauer Uebereinstimmung an die Stelle dieses Vocals ein *e* treten lassen: υἱέ, Sohn, il. 2, 23; 4, 93; 338; ἆ δϝειλέ, Feigling, il. 24, 518; od. 11, 618; φίλε ϝεκυρέ, lieber Schwäher, il. 3, 172; φίλε Φοῖβε, lieber Foebos, il. 16, 667; φῖλε κασίγνητε, lieber Bruder, il. 21, 308; δῖε γεραιέ, edler Alter, il. 24, 618; *ô bone*, o Guter, Lucr. 3, 206; *Rômule die*, göttlicher Romulus, Enn. ann. 115; *nuncie*, o Bote; *Dêlie*, o Delischer. Nur bei Eigennamen fliesst im Lateinischen das *e* mit vorausgehendem *i* zu *î* zusammen: *Memmî*, o Memmius. Lucr. 1, 411; 1052; 2, 143 und sonst; *Vergilî*, o Vergilius; *Mercurî*, o Mercurius; *Hôrâtî*, Horatius; *Pompêî*, o Pompejus; *Gâî*, o Gajus. Dazu stellen sich noch *fîlî*, Sohn, aus *fîlie*, und *genî*, o Genius, Tibull 4, 5, 9; auch *mî*, mein, ist eigenthümlich statt *mee* (wohl aus *meje*). Beachtenswerth ist die Verbindung der männlichen Form mit der ungeschlechtigen, doch männlich gedachten, in **φίλε τέκνον**, liebes Kind, od. 2, 363; 3, 184; 15, 509, und dem anders gestellten **τέκνον φίλε** od. 15, 125, neben **φίλον τέκος**, liebes Kind, od. 16, 25. Wo *us* im Nominativ nach *r* abfiel, geht auch der Vocativ so aus: *puer*, o Knabe, doch zeigt in alter Zeit sich noch oft das *e*: *puere*, o Knabe, Plautus Asinaria 2, 3, 2. Uebereinstimmung im vocativischen Gebrauch des Nominativs zeigen **θεός** = *deus*, o Gott, im Gegensatz zum altindischen wirklichen Vocativ *daiva*, o Gott, Rigv. 1, 35, 11; Matthäus 27, 46 steht **θεέ μου θεέ μου**, mein Gott mein Gott. Noch steht vocativisch **φίλος**, lieber, od. 17, 415; **ὦ φίλος** od. 3, 375; **σύ φίλος**, du lieber, od. 8, 413; **φίλος ὦ Μενέλᾶϝε**, lieber Menelaos, il. 4, 189; **γαμβρὸς ἐμὸς θύγατέρ τε**, mein Schwiegersohn und meine Tochter, od. 19, 406, ist wohl anders gedacht.

Weibliche Formen auf altes *â* haben den Vocativ dem Nominativ ganz gleich: **θεά**, Göttinn, il. 1, 1; 401; 5, 815; **δῖα θεά**, himmlische Göttinn, il. 10, 290; **Μοῦσα**, o Muse, il. 2, 761, od. 1, 1; **ϝάνασσα**, Herrinn, od. 6, 149; 175; **φίλη κεφαλή**, liebes Haupt, il. 8, 281; **κούρη**, o Jungfrau, od. 8, 468; *ô bona dea*, o gute Göttinn. Vocalverkürzung findet sich im Aeolischen, wie in **κοῦρα**, Mädchen, Nominativ **κούρᾱ** (Ahrens 1, 109); bei Homer nur in **νύμφα φίλη**, liebe Frau, il. 3, 130; od. 4, 743 (Nominativ **νύμφη**, Nymfe, Il. 6, 21; od. 1, 71 und sonst. Oder liegt hier eine andre Form vor?).

Lateinische Bildungen mit *ê* wie *faciês*, Gesicht, gebrauchen ohne Unterschied die Nominativform auch vocativisch und ebenso die männliche des nominativischen *s* früh beraubten auf *a*, wie *scrîba*, Schreiber, bei denen vielleicht dann wirklich noch von einem Vocativ die Rede sein darf. Die gegenüberstehenden griechischen mit Nominativ **ης** (**ᾱς**) haben den Vocativ ohne *s*, bilden ihn also selbstständig: **Κρονίδη**, o Kronos' Sohn, il. 4, 25;

Ἀτρεϝίδη, o Atreus' Sohn, il. 1, 59; 122; *Πηλεϝίδη*, Sohn des Peleus, il. 1, 146; *Αἰνεῖᾰ*, o Aineias, il. 5, 180; 230; 6, 77; *ὦ Χρύση*, o Chryses, il. 1, 442; *Ἑρμείᾰ*, o Hermeias, od. 5, 87; il. 24, 334; *ὑψαγόρη*, Grossmaul, od. 2, 85; 303. Die Bildungen auf *της* im Nominativ aber haben im Vocativ sämmtlich mit kurzem Vocal *τα* : *τειχεσιπλῆτα*, Mauererstürmer, il. 5, 31; 455; *δολομῆτα*, Listiger, il. 1, 540; *ἠπεροπευτά*, Betrüger, il. 3, 39; 13, 769; *Θοῶτα*, o Thootes, il. 12, 343; *κυανοχαῖτα*, dunkelhaariger, il. 15, 174; 201; od. 9, 528; *πολεμιστά*, o Krieger, il. 16, 492; *τοξότα*, o Bogenschütz, il. 11, 385; *ποικιλομῆτα*, Schlauer, od. 13, 293; *συβῶτα*, o Sauhirt, od. 14, 55; 165; 360 und noch oft. In *δέςποτα*, o Herr, neben seinem Nominativ *δεσπότης* verschiebt sich auch der Accent. Daran schliessen sich auch *πάππα*, Väterchen, od. 6, 57, *κυνῶπα*, Hundsgesicht, il. 1, 159 und *παρθενοπῖπα*, Mädchenbegaffer, il. 11, 385; *εὐρύϝοπα*, weitdonnernder, il. 15, 241 und *μητιέτα*, Gebieter, il. 1, 508, lauten im Nominativ ebenso und ebenso wohl auch *ἰέτια*, Väterchen, il. 4, 412 und *ἄττα*, Vater, il. 9, 606; 17, 561, sie schliessen sich also in dieser Beziehung an die oben berührten lateinischen Bildungen.

Die Grundformen auf *i* und *u* haben nicht mehr im Lateinschen, wo also zum Beispiel der Nominativ *hostis*, Feind, auch vocativisch gebraucht werden kann, wohl aber im Griechischen deutlich den Vocativ neben dem Nominativ: *μάντι*, Seher, il. 1, 106; *Δύςπαρι*, Unglücksparis, il. 3, 39; 13, 769; *ῥυσίπτολι*, Stadtretterin, il. 6, 305; *Ϝῖρι ταχεῖα*, o schnelle Iris, il. 8, 399; 11, 186; 15, 158; 24, 144; *ταχύ*, schneller, il. 13, 249. Daran reihen sich auch *Σμινθεῦ*, o Smintheus, il. 1, 39; *ὦ Ἀχιλεῦ*, o Achilleus, il. 1, 74; *Ὀδυσσεῦ*, Odysseus, il. 4, 258; od. 11, 60; *Ὀδυσεῦ* od. 9, 517; 10, 64; 378; *ἱππεῦ*, o Rosselenker, il. 16, 20; *Ζεῦ πάτερ*, o Vater Zeus, il. 1, 503; *γρῆυ* od. 22, 395; 481 und *γρηῦ* od. 19, 383; 22, 411; o Alte, attisch *γραῦ*; *βοῦ*, o Rind. Dass Formen wie *ἠχώ*, Wiederhall, ursprünglich auch den Grundformen auf *i* angehörten mit wahrscheinlichem Ausgang *oni*, wie schon oben angedeutet wurde, zeigen ihre Vocative auf *οι*, wie *Λητοῖ*, o Leto, il. 21, 498, der einzige solche, der bei Homer begegnet. An diese Bildungen schliessen sich mit ihrem Vocativ auch *αἰδοῖ*, o Scham, und *ἠοῖ*, o Morgenröthe, deren Grundformen doch sonst als *αἰδός-* und *ἠός-*, *ἠϝός-* sich erweisen.

Bei den Grundformen auf Consonanten sondert der Lateiner nie mehr den Vocativ vom Nominativ, so dass nun sogar ein eigentlich männlicher Nominativ, wo wie oben bemerkt wurde, der ungeschlechtige durch seine Form nicht mehr von ihm geschieden wurde, auch als ungeschlechtiger Vocativ gebraucht werden kann, wie *fēlix*, glückliches, *prūdens*, kluges. Bei Grundformen auf Kehl- oder Lippenlaute pflegt auch der Grieche, abgesehen von *ὦ γύναι* (*γύναικ-*), o Frau, il. 3, 204; 24, 300; od. 19, 555; 583, den Nominativ vocativisch zu verwenden: *Φοῖνιξ*, o Foinix, il. 9, 606; 17, 561; *κῆρυξ*, Herold, od. 4, 681; 707; 8, 477; *Κύκλωψ*, o Kyklop, od. 9, 347; 364; 475; 502. Auch *ἥρως*, o Held, il. 10, 416; od. 7, 303; 10, 516, hat ihnen ähnlich nominativische Form. An jene Beispiele schliesst sich auch *ϝάναξ*, Herr, il. 16, 514; 19, 177; 146; od. 8, 339, obwohl seine Grundform auf *τ* ausgeht als *ϝάνακτ-*. Es begegnet indess auch der Vocativ *ϝάνα* (lautlich zunächst für *ϝάνακ*), Herr, il. 3, 351; 16, 233; od. 17, 354: denn bei Grundformen auf Telaute hat der Grieche meist deutlichen Vocativ, der dann den Telaut selbst natürlich auch verlieren muss: *πάϊ* (*πάϊδ-*) od. 24, 192 und *παῖ*, o Kind, od. 11, 553; *Ἄρτεμι* (*Ἀρτεμιδ-*), o Artemis, od. 20, 61; *Θέτι*, o Thetis, il. 24, 88; 104; *γέρον* (*γέροντ-*), Greis, il. 1, 26; 23, 618; 24, 379; 411; 460; *Κάλχαν* (*Κάλχαντ-*), o Kalchas, il. 1, 86; *Θόαν*, o Thoas, il. 13, 222; 228; *Πουλύδαμαν*, o Pulydamas, il. 12, 231; *Αἶϝαν*, o Aias, il. 7, 288; 11, 465 und sonst; *Λᾱϝόδαμαν*, o Laodamas, od. 8, 141; 153; *Ἀλκίμεδον*, o Alkimedon, il. 17, 475; 501; *Ἀμφίμεδον*, o Amfimedon, od. 24, 106; *κρεῖον*, o Herrscher, od. 8, 382; 401; 9, 2; *Θέμι*, o Themis, erscheint il. 15, 93 auch so, obwohl es als Grundform sonst *Θέμιστ-* bei Homer aufweist. Als Ausnahmen, also mit vocativischem Gebrauch des Nominativs, bieten sich noch *Θέτις*, o Thetis, il. 18, 385 und 424 (ob mit Recht? da doch il. 24, 88 auch *Θέτῑ* langvocalisch steht), und *γλαυκῶπις* (*γλαυκῶπιδ-*), o Glanzäugige, il. 8, 420 (verworfene Stelle); *ὦ πούς*, o Fuss, Sofokles Filokt. 786. Ausserdem behalten die Participia auf *ᾱς* (*τύψᾱς*, schlagend), *εις* und *ους* im Nominativ diese Form auch im Vocativ.

Die Grundformen auf *ν*, *ϱ* und *ς*, die im Nominativ Dehnung des letzten Vocals zeigen, wahren im Vocativ die alte Kürze: *πέπον*, o Trauter, il. 16, 492; 17, 120; *Ἀγάμεμνον* il. 23, 49; *Μαχᾶον* il. 14, 3; *κυλλοπόδῑον*, Lahmfuss, il. 21, 331; *κύον*, Hund, il. 8, 423; 11, 362 und sonst; *περίφρον*, verständige, od. 18, 245; 285; *τάλαν*, unglücklicher, od. 18, 327; 19, 68. In *Ἄπολλον* (*Ἀπόλλων*-) il. 2, 371; 7, 132 und *Ποσείδᾱον* (*Ποσειδάων*-) il. 14, 357; od. 8, 350 ist sogar der lange Vocal der Grundform verkürzt. Wörter mit betontem *ήν* oder *ών* im Nominativ halten es im Vocativ, zum Beispiel *ποιμήν*, Hirt. — Bei den Grundformen auf *ϱ* ist Accentzurückziehung, genau mit der altindischen übereinstimmend, zu bemerken bei *πάτεϱ* (altind. *pítar*), Vater, il. 24, 362; 21, 512; od. 8, 408, und *θύγατεϱ* (altind. *dúhitar*), Tochter, il. 5, 348; od. 20, 61, im Gegensatz zu ihren Nominativen *πατήϱ* = altind. *pitā́* und *θυγάτηϱ* = altind. *duhitā́*; auch Zusammensetzungen wie *δύσμητεϱ* (Nominativ *δυςμήτηϱ*), böse Mutter, od. 23, 97, schliessen sich jener Erscheinung an. Sonst sind zu nennen *μῆτεϱ*, Mutter, il. 1, 352; od. 11, 164; 23, 97; *δᾶεϱ*, Schwager, il. 6, 344; 355; *Ἕκτοϱ*, Hektor, il. 2, 802; *ἄνεϱ*, o Mann, il. 24, 725; *Μέντοϱ* od. 2, 243; 322; 240; *Νέστοϱ* od. 3, 79; 202; *Ϝελπῆνοϱ* od. 11, 57; *δῶτοϱ*, Geber, od. 8, 335. Lange Vocale der Grundform bleiben unbeeinträchtigt: *λωβητήϱ*, Schandbube, il. 11, 385. — Von Grundformen auf *ς* nennen wir: *Διϝόμηδες* il. 10, 477; *Πατρόκλεϝες* il. 1, 337; 11, 823; 16, 7 und sonst; *Ἄρες ἀρές*, verderblicher Ares, il. 5, 31; 455; *δῑογενές*, edler, il. 2, 173; od. 10, 443; *ἀγακλεϝές*, ruhmreicher, il. 17, 616; *διϝοτρεφές*, von Zeus ernährter, edler, il. 7, 109; *ἀναιδές*, schamloser, il. 1, 158; *ἀδϝεές*, unverschämter, il. 8, 423; 21, 481; *κελαινεφές*, dunkelwolkiger, od. 13, 147; *Λειῶδες* od. 21, 168. — Zum Schluss bemerken wir, dass der homerische Vocativ das Ausrufwörtchen *ὦ* sehr häufig vor sich hat, meistens allerdings nicht.

Accusativ.

Der Accusativ war im Griechisch-lateinischen ohne Zweifel überall durch ein angehängtes *m* gekennzeichnet;

im Lateinischen blieb es durchaus bewahrt, im Griechischen ging es in *ν* über oder verschwand und zwar letzteres im Allgemeinen bei allen auf Consonanten ausgehenden Grundformen.

Der alte Ausgang *om* bei den Grundformen auf *o* zeigt sich im älteren Latein sehr viel, später tritt *um* dafür ein, am Spätesten bei vorhergehendem *v* : *rîvom*, den Bach, Lucr. 5, 1393, der 2, 30 aber auch schon *rîvum* hat; *vîvom*, den lebendigen, Lucr. 4, 767; der Grieche hat dafür *ον* : *ἀγρόν* = *agrum*, den Acker; *ἵππον* = *equum*, das Pferd. Bei den Vertretern des alten *â* ist im Griechischen die Sache eben so einfach: *Πηνέλεων*, den Peneleos, il. 13, 92; *Ἑρμῆν*, den Hermes, od. 8, 334; *Ἑρμείᾱν*, il. 24, 333; *τὸν ποιήτην*, den Dichter; *τὴν σοφίᾱν*, die Weisheit; *τὴν τομήν*, den Schnitt; nicht minder bei den weiblichen Wörtern auf *α* : *φύζαν*, Flucht, il. 14, 140; 15, 62; im Latein wird vor auslautendem *m* jeder Vocal gekürzt: *fugam* = *φυγήν*, die Flucht, und *diem*, den Tag. Wir nennen hier noch *μέγαν*, den grossen, il. 1, 233; 4, 534 und *λᾶϝαν*, den Stein, il. 2, 319; 3, 12; auch *Μίνων*, il. 14, 322.

Grundformen auf *i* : *μῆνιν*, den Zorn, il. 1, 1; *μάντιν*, den Seher, il. 1, 62; *μῆτιν*, Einsicht, il. 2, 169; *πόσιν*, Gemahl, il. 3, 163; *μίν*, ihn, sie; *λῖν*, den Löwen, il 11, 480; so vielleicht auch *ϝῖν* (= *vim*), die Kraft, il. 5, 245; 7, 269; od. 9, 538, es wäre in der gewöhnlichen Deutung dann ebenso missverstanden, als man oft *Ζῆν* (= altind. *dyā́m*, den Himmel, Rigv. 1, 30, 19; 1, 31, 4; 1, 13, 14.), den Zeus, il. 8, 206; 14, 265; 24, 331 falsch aus *Ζῆνα* erklärt hat. Der Lateiner wird sehr früh unsicher im Festhalten des Ausgangs *im*, lässt oft *em*, das bei consonantischausgehenden Formen als der gewöhnliche Accusativausgang uns noch entgegentreten wird, dafür eindringen; einzelne Wörter halten das *im* allerdings fast durchgehends. Lucrez hat mit *im* zum Beispiel noch *sitim*, Durst, 2, 663; 5, 945; *puppim*, Schiffshintertheil, 4, 389; *febrim*, Fieber, 6, 656; doch mit *em* schon *ignem* (= altind. *Agním* Rigv. 1, 1, 1 und oft), Feuer, 2, 674; *nâvem (nâvi-)*, Schiff, 4, 390; *classem (classi-)*, Flotte, 2, 43; *imbrem (imbri-)*, Regenguss, 1, 784; 6, 1176; *orbem*, Kreis, 2, 613; 3, 989; 5, 655; *vestem*, Kleid, 3, 386; 614; *fînem*, Ende, 1, 107;

551; 3, 1093; *amnem*, Strom, 4, 1025. Ennius bietet mit *em* unter andern *avem*, Vogel, ann. 83; *hostem*, Feind, Enn. ann. 284; *pestem*, Verderben, trag. 15; 21; *piscem*, Fisch, Seite 166. Namentlich bei den Adjectiven dringt *em* früh ein: *acrem*, heftig, Lucr. 1, 69; *fortem*, tapfer, Enn. com. 3; *tâlem*, solchen, Enn. trag. 158; *omnem*, jeden, Enn. trag. 209. Weibliche Wörter mit Nominativ *ês*, wie *nûbês*, Wolke, haben stets *em*: *nûbem*. Mit *im* nennen wir noch *clâvim*, Schlüssel, Tibull 2, 4, 31; *turrim*, Thurm, Verg. Aen. 12, 673 und 674; *neptim*, Enkelinn, Curtius 6, 5, 7; *messim*, Ernte, Gellius 2, 29; einige Wörter sollen es immer haben, wie *tussim*, Husten, *sitim*, Durst, *secûrim*, Beil (Vergil Aen. 11, 656; 696; 2, 224), *râvim*, Heiserkeit, *Albim*, die Elbe, *Tiberim*, die Tiber, andere schwanken vielfach. Zu sicherem Urtheil müsste man alle Beispiele wissen.

Grundformen auf *u*: *ἰχθύν*, den Fisch; *πῆχυν*, den Arm; *ὠκύν*, den schnellen = altind. *âçúm*, Rigv. 1, 4, 7; *acum*, Nadel, *quercum*, Eiche, *ductum*, Leitung; alle sogenannten Supina auf *um* gehören auch dazu: *cubitum îre*, zum Schlafen gehen. Die Wörter *suem* (griechisch noch *σῦν* il. 9, 539; od. 14, 27; 16, 454; *ὗν* od. 14, 419), das Schwein, und *gruem*, den Kranich, mit den Grundformen *su* und *gru* sind den consonantisch ausgehenden Formen nach gebildet und ähnlich wie zum Beispiel altindisches *tanúam*, den Körper, Rigv. 3, 53, 8 und 7, 101, 3 oder spät griechische Formen wie *ὀφρύα* (statt *ὀφρύν*), die Braue. Schon Homer zeigt neben *εὐρύν*, breiten (altind. *urúm*, den weiten, Rigv. 1, 24, 8), il. 1, 229; 384; 19, 196; 257; 20, 299 und sonst die Nebenform *εὐρέϝα* il. 6, 291; 18, 140 und 21, 125, in der die bei Betrachtung der folgenden Casus noch weiter wichtige Vertretung des *υ* durch *εϝ* beachtenswerth ist. Grundformen auf *ευ* (alt wohl besser als *εϝ*- oder *ηϝ*- anzugeben) bilden den Accusativ *έα*, alt *έϝα*; bei Homer fast ausschliesslich *ῆϝα*: *ἱερῆϝα*, den Priester, il. 1, 23; 62; 377, später *ἱερέα*; *Ἀχιλῆϝα*, den Achilleus, il. 1, 558; 2, 3; *βασιλῆϝα*, den König, il. 6, 163; 7, 180; *Ὀδυσῆϝα* il. 8, 92; 10, 109; *ἡνιοχῆϝα*, Wagenlenker, il. 8, 321; Homer hat *έϝα* nur in den Namen *Καινέϝα*, den Kaineus, il. 1, 264; *Θησέϝα*, il. 1, 265; od. 11, 631; *Τυδέϝα* il. 6, 222; *Ϝιφέϝα* il. 16, 417; *Ἀμαρυγκέϝα* il.

23, 630; *'Οδυσσέϝα* (*'Οδυσσῆ'*?) od. 17, 301, und dem wohl auch hieher gehörenden *υἱέϝα*, den Sohn, il. 13, 350, das häufiger verkürzt *υἷα* lautet, wie il. 1, 21; 17, 89; 12, 129. Zu *ῆ* zusammengedrängt ist jenes *ῆϝα* oder *έϝα* bei Homer nur in *Τυδῆ*, den Tydeus, il. 4, 384, *Μηκιστῆ*, den Mekisteus, il. 15, 339, und *'Οδυσῆ*, den Odysseus, od. 19, 136 und 24, 497. An diese Formen mit *υ* oder *ϝ* schliessen wir noch *βοῦν*, den Stier (lat. *bovem*), il. 2, 402; 410, umbrisch *bûm* (Aufr. Kirchh. 128), und die spätern *γραῦν*, die Alte, und *ναῦν*, das Schiff; Homer hat nur *νῆϝα*, il. 1, 141; 308; 485 und sonst; einsilbiges *νέϝα* od. 9, 283 ist sicher falsch.

Alle Grundformen auf Consonanten nach der zunächst bequemen Auffassung und die sich weiter ihnen anschlossen hatten im Griechisch-lateinischen ohne Zweifel den Ausgang *am*, worin das *a* meist nicht gut als Bindevocal aufgefasst wird, vielmehr in die älteste Zeit der Wortbildung zurückweist und später erst aus Bequemlichkeit weiter gebraucht wurde. Im Griechischen ist das *m* geschwunden und nun macht das übrig bleibende *α* den Eindruck der Accusativbezeichnung, im Latein wurde das *a* in der Endung *am* zu *e* geschwächt, so entsprechen sich *πόδα* = *pedem*, den Fuss, das griechisch-lateinisch noch die Endung *am* gehabt haben muss, vielleicht *podam* lautete oder noch *padam*; *νίφα* = *nivem*, den Schnee; *ἅλα* = *salem*, das Salz. Vieler Beispiele bedarfs hier nicht; verschiedenartige Behandlung der Grundform wie in *θυγατέρα*, die Tochter, il. 5, 371 neben *θύγατρα* il. 1, 13; 95 ist hier wenig von Belang. Auffallend ist, dass das sonst nur nominativische oder vocativische *εὐρύϝοπα*, weitdonnernd, il. 1, 498; 8, 206; 14, 265; 15, 152; 24, 98 und 331 Accusativ ist, als lautete hier die Grundform *εὐρύϝοπ-*. Besonders hervorzuheben ist noch, dass schon oft bei Homer, noch mehr aber in späterer Zeit, Grundformen auf Telaute mit vorausgehendem unbetonten *ι* oder *υ* mit gänzlicher Nichtberücksichtigung der Telaute behandelt werden, als gingen sie bloss auf jene Vocale aus, und daher die Accusative *ιν* und *υν* bilden: *χάριν* (*χάριτ-*), Gunst, il. 5, 211; 874; 9, 613; *ἔριν*, Streit, od. 3, 136; 161; doch *ἔριδα*, il. 3, 7; *κόρυν* (*κόρυθ-*), den Helm, il. 13, 131; 16, 215; doch *κόρυθα*, il. 11, 375; 18, 611; *θοῦριν* (*θοῦριδ-*, il. 15,

322), die stürmische, il. 15, 308; 18, 157; *Θέτιν* (*Θέτιδ-*), die Thetis, il. 16, 574; il. 24, 74; *ἄναλκιν* (*ἄναλκιδ-*, od. 4, 334), kraftlose, od. 3, 375; doch *ἀνάλκιδα* il. 13, 777; 14, 126; 15, 62; *φύλοπιν*, Schlachtgetümmel, od. 27, 475; doch *φυλόπιδα* od. 11, 314. Aehnlich ist *μάστιν*, Geissel, od. 15, 182 neben häufigerem *μάστῖγα*, wie il. 5, 226; 840 und sonst. Auslautendes *ς* der Grundform wird vor dem accusativischen *α* als zwischen Vocalen stehend stets ausgeworfen (während der Lateiner es in *r* übergehen lässt: *Venerem* für *Venesem*, die Venus); die Vocale werden dann, bisweilen auch schon bei Homer, zusammengezogen; die Ausgaben haben diese Zusammenziehung meist nicht, wohl aber einige Male Zusammenziehung, wo sie nicht besteht; letzteres im Accusativ *αἰδῶ*, die Scham, der bei Homer nur *αἰδόα* (aus *αἰδόσα*) lautet, il. 2, 262; 13, 122; 15, 561; 661; 22, 75; 24, 111; 17, 351 und im Accusativ *ἠῶ*, Morgenröthe, statt des wirklich nur homerischen *ἠϝόα* (aus *ἠϝόσα*) il. 5, 267; 8, 565; 9, 240; 662; 11, 723; 12, 239; 18, 255; od. 2, 434; 7, 288; 9, 26; 151; 306; 436; 11, 375; 12, 7; 13, 240; 16, 368; 17, 497; 18, 318; 19, 50; 342; 319; 23, 243 und 246; ebenso findet sich *χρόα* (aus *χρόσα*), die Haut, den Körper, das auch die Ausgaben bieten il. 4, 139; 237; 5, 354 und sonst. In *χέρηα* (doch wohl aus *χέρησα*), einen geringeren, il. 4, 400, ist der lange Vocal beachtenswerth. Die bezeichnete Zusammenziehung fand Statt in *Πολυδεύκη* (Bekker *-κεα*), il. 3, 237; od. 11, 300; *Διϝομήδη* (Bekker *-δεα*), il. 4, 365; 5, 881; nicht in *Διϝομήδεα* il. 6, 235; 8, 138; *θεοϝειδῆ* (Bekker *-δέα*), den gottgleichen, il. 3, 27; 450; 24, 483; od. 21, 277; *πρωτοπαγῆ* (Bekker *-γέα*), neugefügt, il. 24, 267; *Εὐπείθη* (Bekker *-θεα*) od. 24, 523; *αἰνοπαθῆ* (Bekker ebenso), den unglücklichen, od. 18, 201. — Noch fanden einige anderartige Vocalzusammenziehungen, bei denen auch zum Theil *ς* ausfiel, Statt in *ἀκραϝῆ*, hochherstürmend, od. 2, 421; *ἰχῶ* (wohl aus *ἰχῶα, ἰχῶνα?*), Götterblut, il. 5, 416; *ἱδρῶ*, Schweiss, il. 4, 27; 11, 621; 21, 561; 22, 2; *κυκειῶ*, Mischtrank, il. 11, 624; 641; dafür *κυκεῶ* od. 10, 290; 316. Die in den Comparativen später häufige Zusammenziehung hat Homer nur in *ἀμείνω* (aus *ἀμείνοα, ἀμείνονα*), den besseren, il. 4, 400; 9, 423, und *ἀρείω*, der vorzüglicheren, il. 10, 237 und od. 3, 250 neben *ἀμείνονα* od. 24, 374; il. 7, 358; 9, 104; *μείζονα*, den grössern, il. 9, 202, *χείρονα*, den schlechteren, il. 17, 149, und anderen. Hier würden auch Accusative wie *ἠχώ*, den Wiederhall, *Σαπφώ* und ähnliche ihren Platz finden. Solcherlei Formverschränkungen brachten auch früh mancherlei Vermengungen consonantischer mit vocalisch auslautenden Grundformen, wie im Accusativ *Σωκράτην* neben *Σωκράτη* (alte Grundform *Σώκρατες*-).

Ganz eigenthümlich für sich stehen die pronominellen Accusative *ἐμέ*, *μέ*, mich, *σέ*, dich, *ἕ*, sich, und die stets langvocalischen lateinischen *mê*, mich, *tê*, dich, *sê*, sich, in denen sehr frühen Abfall eines auslautenden *m* anzunehmen vielleicht nicht zu gewagt ist. Im Altindischen liegen *mấm* und tonloses *mâ*, mich, *tvấm* und tonloses *tvâ*, dich, neben einander. Die in älterer Zeit wohl begegnenden *têd*, dich, Enn. trag. 203 und *mêd*, mich, Enn. Seite 167, sind möglicher Weise nur durch Verwechslung mit der Ablativform gebildet.

Die älteste Bedeutung des Accusativs ist ohne Zweifel die rein örtliche des Wohin, die allerdings früh zurückgedrängt, aber doch weder im Lateinischen noch im Griechischen ganz verdrängt ist. Dort sind *domum*, nach Hause (ganz entsprechend ist unser *heim* in *heim kehren* ein alter Accusativ), *rûs*, aufs Land, *Rômam*, nach Rom, und anderes immer lebendig geblieben, für das Griechische sind aus Homer anzuführen: *ἡμέτερον δῶ*, in unser Haus, od. 1, 176; *τὴν νῆσον*, zu der Insel, od. 5, 55; *μέγα σπέος*, zur grossen Grotte, od. 5, 57; *σέ*, zu dir, od. 9, 351; *οὐρανόν*, zum Himmel, il. 1, 317. Sehr häufig ist übrigens dergleichen nicht und es ist hier noch zu bemerken, dass Homer statt dessen gern eine besondere Bildung anhängt, nämlich das Wörtchen *δε*, das sich meistens an den Accusativ anschliesst, nämlich in: *Ὀλυμπόνδε*, zum Olymp, il. 1, 221; 394 und oft; *Ϝοικόνδε*, zum Hause, il. 1, 606; 2, 158 und oft; *Ϝόνδε δόμονδε*, in sein Haus, il. 16, 445; od. 1, 83; 3, 272 ff.; *δόμονδε*, ins Haus, il. 24, 717 ff.; *λόχονδε*, in Hinterhalt, il. 1, 227; od. 14, 217; *πεδίονδε*, ins Feld, il. 6, 393; 8, 21 ff.; *πτολεμόνδε*, in den Kampf, il. 2, 443; 589 und oft; *Δουλιχιόνδε*, il. 2, 629; od. 14, 397; *Πύλονδε*, nach Pylos, il. 11, 760 ff.; *χορόνδε*, zum Reigen, il. 3, 393; *φόβονδε*, zur Flucht, il. 5, 252 ff.; *Κύπρονδε*, nach

Kypros, il. 11, 21; *πέδονδε*, auf den Boden, il. 13, 796; od. 11, 598; *Αἰγυπτόνδε*, nach Aigyptos, od. 4, 483; 14, 246; 17, 426 ff.; *θανατόνδε*, zum Tode, il. 16, 693; 22, 297 ff.; *βουλυτόνδε*, zum Abend, il. 16, 779; od. 9, 58; *χέρσονδε*, aufs Land, il. 21, 238; *νομόνδε*, zur Weide, il. 18, 575; od. 9, 438; *ποταμόνδε*, zum Fluss, il. 21, 13; 120 ff.; *θαλαμόνδε*, ins Gemach, od. 2, 348 ff.; *ἠπειρόνδε*, zum Lande, od. 5, 56; 438 ff.; *ἡμετερόνδε*, zu unserm, od. 8, 39 ff.; *ὑμετερόνδε*, zu eurem, il. 23, 86; *θωκόνδε*, zur Sitzung, od. 5, 3; *λέκτρονδε*, aufs Lager, od. 8, 292; 13, 254; *πόντονδε*, zum Meere, od. 9, 495; 10, 48; *συφεόνδε*, in den Schweinestall, od. 10, 320; *σταθμόνδε*, in die Wohnung, od. 9, 451; *ἀγρόνδε*, auf den Acker, od. 15, 370; 379; 21, 370; *μεγαρόνδε*, ins Gemach, od. 16, 413; 21, 58; 23, 20; *μυχόνδε*, ins Innere, od. 22, 270; *Παρνησόνδε*, auf den Parnesos, od. 19, 394; 411 ff.; *Κόωνδε*, nach Koos, il. 14, 255; 15, 29; — *ἀγορήνδε*, zur Versammlung, il. 1, 54; 20, 4 ff.; *Φθίηνδε*, nach Fthie, il. 1, 169; 19, 330; *κλισίηνδε*, zum Zelt, il. 1, 185; 9, 712 ff.; *Λυκίηνδε*, nach Lykia, il. 6, 168; 171; *ὑσμίνηνδε*, in den Kampf, il. 2, 477; *Τρῴηνδε* (Bekker *Τροίηνδε*), nach Troia, il. 7, 390; 22, 116 ff.; *Ἰθάκηνδε*, nach Ithake, od. 1, 163; 11, 361 ff.; *Σπάρτηνδε*, nach Sparte, od. 1, 285; *Θρῄκηνδε*, nach Threke, od. 8, 361; *Ὑπερησίηνδε*, nach Hyperesie, od. 15, 254; *Σάμηνδε*, nach Same, od. 15, 367; *κρήνηνδε*, zur Quelle, od. 20, 154; *Κρήτηνδε*, nach Krete, od. 19, 186; — *πόλινδε*, zur Stadt, il. 5, 224; 4, 86 ff.; — *Ϝάστυδε*, zur Stadt, il. 18, 255; 24, 778 ff.; — *ἅλαδε*, ins Meer, il. 1, 308; 2, 165; 181 ff.; *εἰς ἅλαδε*, ins Meer, od. 10, 351; *ΠηλεϜιωνάδε*, zum Peliden, il. 24, 338; *Πυθῶδε*, nach Pytho, od. 11, 581; — *Ἄργοςδε*, nach Argos, il. 2, 348; *φόωςδε* (wohl besser *φάϜοςδε*), ans Licht, il. 2, 309; 16, 188 ff.; *τέλοςδε*, zum Ziele, il. 9, 411; 13, 602; *λέχοςδε*, ins Bett, il. 3, 447; od. 23, 294; *βένθοςδε*, in die Tiefe, od. 4, 780; 8, 51; *οὐδάςδε*, auf den Boden, il. 17, 457; od. 10, 440; *ἔρεβόςδε*, in das Dunkel, od. 20, 356; *νηϜάδε*, zum Schiffe, od. 13, 19. Vereinzelt steht das plurale *Θήβαςδε*, nach Thebai, il. 23, 679; dann sind noch besonders zu beachten das sehr häufige *Ϝοίκαδε*, nach Hause, il. 1, 19; 170; 179 ff. und *φύγαδε*, in die Flucht, il. 8, 157, 257 ff.; in *ἈϜιδόςδε*, zum Hause des Aïs, il. 7, 330; 16, 856 ff.

schloss sich das *δε* an den sonst auch so abgerissen gebrauchten Genetiv.

Dem *δε* ganz gleichbedeutend begegnet ein *ζε* (vielleicht leiten beide auf ein altes *dje tje* zurück) nur in *χαμᾶζε*, auf die Erde, il. 2, 29; 4, 419 ff.; *ἔραζε*, auf die Erde, il. 12, 156; 17. 619; 633 ff. und *θύραζε*, vor die Thür, hinaus, il, 16, 408; 18, 29; 447 ff. Damit zusammen hängt auch wohl das auch gleichwerthige *σε* in den Formen *κυκλόσε*, im Kreise, rings herum, il. 4, 212; *ἑτέρωσε*, auf die andere Seite, anderswohin, il. 4, 492; 8, 306 ff.; *κεῖσε*, dorthin, il. 3, 410; od. 4, 274 ff. *τηλόσε*, fernhin, il. 4, 455; 22, 407; *ὑψόσε*, in die Höhe, il. 10, 461; 14, 349 ff.; od. 9, 340; *πάντοσε*, überall hin, il. 3, 347; 356; 12, 266; 18, 479 ff.; *ὁμόσε*, nach dem selben Orte hin, il. 13, 337; *πόσε*, wohin, il. 16, 422; od. 6, 199; *ἔκτοσε*, heraus, od. 14, 277. Anders gebildet, aber doch dem *δε* offenbar nahverwandt und in der Bedeutung mit ihm übereinstimmend ist *δις*, das bei Homer nur auftritt in *χαμάδις*, auf die Erde, il. 3, 300; 6, 147; 7, 16 ff.; *ἀμοιβηδίς*, zum Wechsel, wechselweise, il. 18, 506; od. 18, 310; *ἐπαμοιβαδίς*, wechselweise, od. 5, 481; *ἄμυδις*, zusammen, il. 9, 6; 10, 300; 524 ff., und *ἄλλυδις*, anderswohin, il. 11, 486; 745; 12, 461 ff.

Genetiv.

Als Hauptbestandtheil der Genetivbildung lässt sich wohl der Zischlaut bezeichnen, weiter lassen sich aber die drei Genetivsuffixe, die, so weit wenigstens bis jetzt unser Blick reicht, aufgestellt werden können, nicht vereinigen, es sind in alter Gestalt *sja*, *as* und *jas*.

Jenes *sja* findet sich ausschliesslich bei den Grundformen auf ursprüngliches *a*; altindisches *ájra-*, Acker, zum Beispiel bildet den Genetiv *ájrasya*, des Ackers, und damit stimmt das alte gleichbedeutende *ἀγροῖο*, in dem das *s* zwischen den Vocalen ausfiel, genau überein, ohne Zweifel aber auch, obwohl viele es noch bestreiten, das lateinische *agrî:* hierin wurde das ältere *oi*, das sich auch durch Ausdrängen des *s* aus vorhergehendem *osj* bildete, zunächst zu *ei* und weiter zu *î* (wie im Pluralnominativ *agrî* = *ἀγροί*, die Aecker) geschwächt und dieser lange Vocal verschlang den folgenden kurzen, ganz ähnlich wie es zum Beispiel in *fîlî*, o Sohn, für *fîlie* und *âudî*, höre, für *audie*, *audîe*, geschah. Bei vorhergehendem *i* pflegte in der Blüthezeit des Lateinischen dieses mit dem genetivischen *î* auch noch zusammenzufliessen: *praesidî (praesidio-)*, des Schutzes, Enn. trag. 112; *auxilî*, der Hülfe, Enn. trag. 381; *flâgitî*, der Schande, Enn. trag. 426; *negôtî*, des Geschäfts, Enn. trag. 252; *stîlicidî*, des Tropfenfalls, Lucr. 1, 313. Dass jenes selbe Suffix *sjo* auch in den homerischen *ἐμέο*, *ἐμεῦ*, *ἐμεῖο* (aus *ἐμέσjo*), meiner, *σέο* ff., deiner, *Ϝέο* ff., später *οὗ*, seiner, steckt so wie im homerischen *τεῦ*, *τέο* (aus *τέσjo*), später *τοῦ*, wessen, liegt auf der Hand. Besonders beachtenswerth ist, dass die zwischen der alten bei Homer noch sehr häufigen Bildung *οιο* (*ἀγροῖο*) und der nach der Ausdrängug des *i* (oder *j*) daraus später gebildeten *ου* (*ἀγροῦ*) nothwendig in der Mitte liegende *οο* (*ἀγρόο*) bei Homer noch in deutlichen Spuren vorliegt. Solche sind *ὅο* (Bekker falsch *ὅου*) *κλέϜος*, dessen Ruhm, il. 2, 325; *ὅο* (Bekker wie eben) *κράτος*, dessen Kraft, od. 1, 70; *Αἰόλοο* (Bekker *Αἰόλου*) *μεγαλήτορος*, des gewaltigen Aiolos, Od. 10, 36; *Αἰόλοο* (Bekker wie eben) *κλυτὰ δώματα*, des Aiolos gepriesene Wohnung, od. 10, 60; *ἀδελφεόο* (Bekker *-φειοῦ*) *φρένας*, des Bruders Sinn, il. 6, 61; 7, 120; 13, 788; ähnlich *ἀδελφεόο* (Bekker *-φειοῦ*) *κταμένοιο*, des getödteten Bruders, il. 5, 21 (Homer hat sonst nur und zwar sechzehn Mal die Form *ἀδελφεό-*); *Ϝῑλίοο* (Bekker *Ϝιλίου*) *προπάροιθε(ν)*, vor Ilios, il. 15, 66; 21, 104; 22, 6; *ἀνεψιόο* (Bekker *-ψιοῦ*) *κταμένοιο*, des getödteten Verwandten, il. 15, 554; *Ϝῑφίτοο* (Bekker *Ϝιφίτου*) *μεγαθύμου* (wohl *-μοο*), des muthvollen Ifitos, il. 2, 518; *ὁμοιίοο πτολέμοιο* (Bekker *ὁμοιίου πολέμοιο*), des allgemeinen Kampfs, il. 9, 440; 13. 358; 635; 15, 670; 18, 242; 21, 294; od. 18, 264; 24, 543; *ἀγρίοο πρόσθεν* (Bekker *ἀγρίου*, *πρ-*), wildes-, il. 22, 313; *δήμοο φῆμις* (Bekker *δήμου φ-*), das Gerede des Volkes, od. 14, 239 (versschliessend). Genauer hierüber hat im zweiten Bande des Rheinischen Museums schon Ahrens gehandelt, dem auch sonst mancher sehr werthvolle Beitrag zur tieferen Kenntniss der homerischen Sprache verdankt wird. Aus dem Obigen folgt, dass überall, wo nicht besonderes dagegen spricht, das genetivische *ου*, das Homer allerdings auch schon oft hat, in *οο* wieder aufzulösen ist, so in *χαλκόο* des Erzes, il. 2, 457; *ὕπνοο*, des Schlafs, il. 9, 713; *νεκρόο*, des Todten, il. 5, 620; *τόξοο*, des Bogens, il. 11, 375; *μηρόο*, des Schenkels, il. 11, 844; *ἵπποο*, des Rosses, od. 8, 492; *νήσοο*, der Insel, od. 10, 72; *υἱόο*, des Sohnes, od. 22, 238; *ἀγρόο*, des Ackers, od. 24, 212; 308.

Die männlichen Wörter mit dem Nominativ *ης* oder *ᾱς*, also altem *â* als Kennzeichen, haben bei Homer im Genetiv die Endung *ᾱο* (aus *ᾱσjο*), wie *Ἀτρεϝίδᾱο*, des Atriden, il. 1, 203; 2, 9; 3, 193; 347; *Πριαμίδᾱο*, des Priamiden, il. 3, 356; *Φιλοκτήτᾱο*, des Filoktetes, il. 2, 725, oder das daraus durch Vocalzusammenziehung gebildete *ω*, wie *Πηληϝιάδω*, des Peliden, il. 1, 1; 322; *Ἀτρεϝίδω*, des Atriden, il. 2, 185; *Τῡδεϝίδω*, des Tydiden, il. 5, 16; *Μενοιτιάδω*, des Menoitiaden, il. 16, 554 und sonst, wo überall in unsern Ausgaben durch alten Irrthum die Form *εω* eingedrungen ist, die Homer gar nicht kennt. Nur bei vorhergehendem Vocal geben die Ausgaben auch einfaches *ω*: wie *Αἰνείω*, des Aineias, il. 5, 162; *ἐυμμελίω*, des speerbewaffneten, il. 6, 449; 8, 552. Die Attiker bilden in jenen Formen den Genetiv *ου*: *ποιήτου*, des Dichters, wie bei den Grundformen auf *ο*. Homerische Bildungen wie *Πετεῶο*, des Peteos, il. 2, 552; 4, 327; 338, sind hier auch noch anzuschliessen.

Von dieser Genetivbildung weicht die der griechischen weiblichen Wörter auf altes *â* durchaus ab, sie lautet überall mit langem Vocal, *ης* oder *ᾱς*, enthält also deutlich das weiterhin noch zu besprechende genetivische *as*, das mit dem Ausgang der Grundform zusammenfloss: *χώρᾱς*, der Gegend, *σοφίᾱς*, der Weisheit, *φυγῆς*, der Flucht, *θαλάσσης* (von *θάλασσα*), des Meeres. Auch im Oskischen und Umbrischen (*tûtâs*, der Stadt) haben wir die Endung *âs* (Aufrecht und Kirchhoff, Seite 111 und 115), im Lateinischen indess nur in *familiâs*, der Familie, in den Verbindungen wie *pater-familiâs*, Familienvater, und *mâter-familiâs*, Familienmutter, und ausserdem in ganz wenigen aus alter Zeit angeführten Beispielen, wie *terrâs*, der Erde, *escâs*, des Essens, *custôdiâs*, der Hut (bei Charisius 82, 83), *viâs*, des Wegs, Enn. ann. 421; *monêtâs*, der Münze, *Lâtônâs*, der Latona, aus Livius Andronicus; *fortûnâs*, des Glücks, aus Naevius, die letzten Formen bei Priscian 679 angegeben. Aus diesem *âs* kann das *ae* der lateinischen Blüthezeit, wie *fîliae,* der Tochter, *lûnae*, des Mondes, nicht entstanden sein. Vielmehr wirkte hier offenbar der Einfluss der vorhin besprochenen männlichen Formen mit der Grundform auf *o,* deren Flexion sich überhaupt viel mit der der weiblichen Wörter auf *â* berührt (wie im Pluralgenetiv *ârum : ôrum*, im Plurallocativ *îs* = *îs* und sonst); *ae* lautete alt *âî* (gewissermassen aus *âsja*). Letzteres liebt Lucrez sehr, er hat es in *mîlitiâî,* des Krieges, 1, 29; *viâî*, des Wegs, 1, 406; 659; 2, 249 und sonst; *ferâî,* eines Wilds, 1, 404; 6, 1138; *flammâî,* der Flamme, 1, 725; 900; *hôrâî,* einer Stunde, 1, 1016; *fugâî*, der Flucht, 1, 1047; 4, 713; *vîtâî*, des Lebens, 1, 415; 2, 79 und oft; *mâteriâî*, des Stoffs, 1, 516; 552; 565 und oft (*mâteriae,* 2, 425.); *îrâî,* des Zorns, 3, 303; *terrâî,* der Erde, 1, 212; 2, 1063; 3, 989 ff.; *nâtûrâî,* der Natur, 1, 586; 1116; 2, 302; *summâî*, der Summe, 1, 953; 984 ff; *purpureâî*, purpurner, 2, 52; *formâî,* der Gestalt, 2, 490; *nôtitiâî,* der Kenntniss, 2, 124; *aquâî*, des Wassers, 2, 663; 3, 427 und oft; *amîcitiâî,* der Freundschaft, 3, 83; *harmoniâî*, der Uebereinstimmung, 3, 131; *gelidâî,* kalter, 3, 693; *animâî,* der Seele, 1, 112; 3, 150; 161; 254 und oft; *lûnâî*, des Mondes, 5, 69; *patriâî,* des Vaterlands, 1, 41; *Triviâî,* der Trivia, 1, 84; *Iphianassâî*, der Ifianassa, 1, 95; *caveâî*, des Schauplatzes, 4, 78; *scaenâî,* der Bühne, 4, 79; 983 *(scênâî)*; *nigrâî*, schwarzer, 4, 537; *parmâî*, des Schildes, 4, 847; *linguâî*, der Zunge, 4, 624; *guttâî*, des Tropfens, 6, 614; *taedâî*, der Fackel, 9, 897; *pilâî*, des Balles, 5, 713; 720; 726; — Ennius hat *lûnâî*, des Mondes, ann. 16; *Albâî longâî*, der langen Alba, ann. 34; *Egeriâî*, der Egeria, ann. 122; *viâî*, des Weges, ann. 209; *silvâî frondôsâî*, des laubreichen Waldes, ann. 197; *suâî,* seiner, ann. 347; *Mêdêâî*, der Medea, trag. 292. An diese Bildung schliesst sich auch der Genetiv der Wörter auf *ê*, wie *rêî*, der Sache, *diêî*, des Tags, *fidcî* (*fidêî,* Enn. ann. 342; Lucr. 5, 102), des Vertrauens, neben denen alte Bildungen wie *rabiês*, der Wuth, bei Lucrez 4, 1083 und *diês*, des Tages, bei Enn. ann. 401, sehr vereinzelt sind, und auch der der männlichen Wörter auf *a*, die in ihrer Flexion überhaupt ganz mit den weiblichen auf *a* übereinstimmen: *scribae*, des Schreibers; *Géryonâi*, des Geryones, Lucr. 5, 28.

Von den behandelten Fällen und den sehr wenigen noch am Schluss zu nennenden abgesehen war die griechisch-lateinische Genetivendung *os*, die so im Griechischen immer bewahrt blieb und auch im ältesten Latein noch auftaucht, im spätern aber mit weiterer Schwächung des Vocals *is* lautet. Lateinische Grundformen auf *i* verlieren diess vor der Endung: *hostis*, des Feindes, für *hosti-is* (ganz alt *hosti-os*), wie *capis*, du nimmst, für *capiis; ignis*, des Feuers; *orbis*, des Kreises; — Grundformen auf *u* liessen es ursprünglich einfach antreten; Gellius 4, 14 führt aus Varro und Nigidius an *senâtuis*, des Senats, *domuis*, des Hauses, *fluctuis*, der Fluth; Ennius hat *anuis*, der alten Frau, trag. 232 (nach Vermuthung); ganz alt war *exercituos*, des Heeres, *domuos*, des Hauses; später zog man zusammen: *domûs*, des Hauses; *cornûs*, des Horns. Doch behielten *suis*, des Schweins, und *gruis*, des Kranichs, immer diese Form. Im Vorbeigehn zu erwähnen ist auch die mehrfache Verwechselung der Grundform auf *u* mit denen auf *o* im Genetiv, die schon durch den gleichausgehenden Nominativ herbeigeführt werden konnte, so *senâtî (senâtu-)*, des Senats, *gemitî*, des Seufzers, und *tumultî*, des Getümmels, bei Plautus. Die einfachste Genetivbildung bei den Grundformen auf *i* und *u* hat Homer häufig: *ὕβριος*, des Uebermuths, il. 1, 214; *πόσιος*, des Tranks, il. 1, 469; 2, 432; *πτόλιος*, der Stadt, il. 4, 514; *πόρτιος*, des Rindes, il. 5, 162; *ὄϝιος*, des Schafs, il. 9, 207; *κόνιος*, des Staubes, il. 13, 393; 16, 486; *μάντιος*, des Sehers, il. 13, 663; — *ἐδητύος*, des Essens, il. 1, 469; 2, 432; *συός*, des Schweins, il. 8, 338; 9, 208; 548; *ὑός*, des Schweins, il. 10, 264; *ὀιζύος*, des Jammers, il. 6, 285; *νέκυος*, des Todten, il. 13, 509; 16, 321; *ἀχλύος*, des Nebels, il. 15, 668; später ist diese Bildung auf nicht so sehr viele Formen beschränkt, die wir hier nicht genauer angeben wollen. Bei *δόρυ*, Speer, und *γόνυ*, Knie, tritt das *υ* im Homer im Genetiv immer zurück: *γουνός* (für *γόννος*), des Knies, od. 19, 450; *δουρός*, des Speeres, od. 19, 453; oft treten die volleren Grundformen mit *τ* ein: *γούνατος*, des Knies, il. 21, 591; *δούρατος*, des Speeres, il. 11, 387. Sehr alt ist bei den Grundformen auf *i* und *u* in der Flexion die Vertretung jener Vocale bezüglich durch *aj (ai)* und *av (au)*, die sich nicht so kurzweg als jüngere Bildung annehmen lässt. Wir finden sie auch schon bei Homer, doch mit kurzem Vocal vor dem Halbvocal nur bei den als auf *u* ausgehend angegebenen Grundformen, die im Genetiv dann den Ausgang *εϝος* zeigen: *ϝάστεϝος* (*ϝάστυ-*), der Stadt, il. 3, 140; 15, 351; 18, 207 und oft; *πλατέϝος*, des breiten, il. 5, 796; *πολέϝος*, vieles, il. 4, 244; 5, 597 und sonst; *ϝηδέϝος*, des süssen, od. 9, 197; 3, 51; *εὐρέϝος*, des breiten, od. 4, 403; *παχέϝος*, des dicken, od. 10, 439. Bei den Grundformen auf *i* hat Homer die beschriebene Bildung nur ein paar Mal mit langem Vocal, nämmlich mit *η* und zwar in *πόληος* (aus *πόληjος*), der Stadt, il. 16, 395; 549; 21, 516; 22, 110; 417; od. 1, 185; 6, 40; 263; 16, 383; 23, 121; 372; 24, 212; 308 und *μάντηος*, des Sehers, od. 10, 493; 12, 267. Die Form *πόλεος*, der Stadt, il. 2, 810 und 21, 567 ist beide Male zweisilbig und kann daher so geschrieben nicht richtig sein. Aus *πόληος*, der Stadt, entsprang durch die sogenannte Quantitätsumstellung (Band 1, Seite 306) das attische *πόλεως*, ganz ähnlich wie zum Beispiel aus *ϝάστεϝος*, der Stadt, das attische *ἄστεως* und so ist bei den Grundformen auf *i* und *υ* dieser Genetivausgang *εως* im Attischen überhaupt sehr häufig.

Bei den Grundformen auf Consonanten tritt die in Frage stehende Genetivendung, griechisch-lateinisch *os*, einfach an: *ποδός* = *pedis*, des Fusses; *παιδός*, des Kindes; *lapidis*, des Steins; *ἀνέρος*, des Mannes, il. 3, 61; *bovis* = *βοϝός*, des Rindes, il. 3, 375; *οὔατος*, des Ohres, il. 17, 617; 18, 272; *νηϝός*, des Schiffes, il. 1, 439; 476 und oft; *πατρὸς καὶ μητέρος* (so verschiedene Behandlung der Grundform ist für die Genetivendung nicht von Belang), des Vaters und der Mutter, il. 24, 466. Grundformen auf *s* büssen dieses, da es im Genetiv zwischen Vocale tritt, ein, während es hier im Lateinischen in *r* übergeht: *corporis*, des Körpers, für *corposis*. So bilden sich *μένεος* (aus *μένεσος*), des Zorns, il. 1, 103; *στήθεος*, der Brust, il. 3, 221; *δϝέεος* (Bekker hat *δείους*), der Furcht, il. 10, 376; 15, 4; *ἠϝόος* (Bekker *ἠοῦς*), der Morgenröthe, il. 8, 508; 12, 3; 13, 94; *τέ-*

γεος, des Daches, od. 11, 64; *σπέεος* (Bekker *σπείους*), der Grotte, od. 5, 68; 226; 9, 141; 330; 462; 12, 93; *γήραος,* des Alters, il. 22, 60; *αἰδόος* (Bekker *αἰδοῦς*), der Scham. od. 3, 14; 8, 480. Sehr durchsichtig blieben die hiehergehörenden Bildungen im Altindischen: *sádasas* (*sádas-* =*ἕδος-*), der Sitzung, Rigv. 1, 18, 6; *çrávasas*, des Ruhmes, Rigv. 7, 16, 10; *çávasas*, der Kraft, Rigv. 1, 11, 2; *áṅhasas,* der Schuld, Rigv. 1, 18, 5; *rájasas,* des Dunstkreises, Rigv. 1, 19, 3. Oft zieht auch Homer das *εο,* das im Attischen zu *ου* wird, zu *ευ* zusammen: *ἐρέβευς,* des Dunkels, il. 8, 368; od. 11, 37, attisch *ἐρέβους; εὐϝεργεῦς* (Bekker *-γέος*), wohlgearbeitetes, il. 16, 743; *θάρσευς,* des Muthes, il. 17, 573; *θέρευς,* des Sommers, od. 7, 118; *θάμβευς,* des Staunens, od. 24, 394, attisch *θάμβους.* Die Zusammenziehung von *οο* in *ου* trat ein in: *ἠϝοῦς,* der Morgenröthe, il. 8, 470; 525; 4, 188 und *αἰδοῦς,* der Scham, od. 20, 171.

Die seltenste Genetivendung dürfen wir für das Griechisch-lateinische wohl in der Form *jos* aufstellen; sie findet sich nur im Lateinischen noch und zwar nur in einigen pronominellen und ihnen sich näher anschliessenden Formen, in der Gestalt *jus* und noch häufiger, mit vorausgehendem *i* vereinigt, zu *ius* gestaltet. Es kommen hier nur in Frage: *éjus,* des selben, *hûjus,* dieses, und *cûjus*, wessen; ausserdem *illîus* (zunächst aus *illi-jus*), jenes; *istius,* dessen, *ipsîus,* des selben, *ullîus,* irgend eines, *nullîus,* keiner, *alîus*, des anderen, *ûnîus*, eines, *sôlîus,* des einen, *tôtîus,* des ganzen, *utrîus,* welches von beiden, *alterîus,* des andern. Dichter verkürzen das *î* oft, namentlich in *alterĭus;* Lucrez hat *tôtĭus* 3, 97; 5, 828; 834; 6, 652; 679; 713 ((*tôtius* 6, 682); *illĭus* 6, 824; 1085. In alter Zeit begegnen auch Formen wie *sôlî* und mit Unterscheidung des Weiblichen *sôlae*, der einzigen, *eae,* der selben.

Ablativ.

Durch die Bewahrung einer besondern Ablativform zeichnet sich das Lateinische vor dem Griechischen aus. Bopp erkennt sie im Griechischen noch in den als alte Ablative erklärten Adverbien auf *ως*, wie *οὕτως* (neben *οὕτω*), so, *καλῶς*, schön, *σαφέως* (aus *σαφέσως*), deutlich, die höchstwahrscheinlich zunächst aus *οὕτωτ* und so fort entstanden sind; es ist aber vielleicht zu fragen erlaubt, ob nicht in ihnen etwa auch das altindische Adverbialsuffix *vat* steckt, wie wir es zum Beispiel haben in *pratnávat*, auf alte Weise, wie vor Alters, neben *pratná-*, alt. Sehr bedenklich ist nämlich jene Deutung bei Formen wie *σαφέως*, deutlich, von *σαφές-*, die als Ablative im Altindischen gar keinen Halt finden. Hier findet sich nämlich eine deutliche Ablativendung (der Singularablativ stimmt sonst überall mit dem Genetiv überein) nur bei Grundformen auf *a* und *ájra-*, Acker, zum Beispiel bildet den Ablativ *ájrât*, vom Acker, woraus als besondere Endung wohl eher ein *at* als ein *ât* abzulösen ist.

Im Lateinischen erstreckt sich die entsprechende Bildung über alle Grundformen und zwar giebt es im Altlateinischen noch viele Ablative auf *d*; auch im Oskischen ist dieses ablativische *d* gewahrt wie in *túvtad*, von der Stadt, während es im Umbrischen (Aufrecht und Kirchhoff, Seite 111 und 115) durchaus geschwunden ist, ebenso wie in der Blüthezeit des Latein. Hier lautet der jenem altindischen *ájrât* entsprechende im alten Latein als *agrôd* lebende Ablativ vocalisch auslautend *agrô*; ähnlich *altô*, vom hohen, alt *altôd*; *terrá*, vom Lande, alt *terrâd*; *diê*, vom Tage, alt *diêd*; *mé*, von mir, alt *mêd*. In *sed*, aber, für sich (*sed-itiô*, Sondergehen, Empörung), liegt wahrscheinlich noch eine alte Ablativform mit bewahrtem *d* vor.

Bei den Grundformen auf *i* lautet der alte Ablativausgang *îd* und die alte Form *marîd*, vom Meere, ist zum Beispiel erhalten, die später *marî* lautet; so war *vî*, mit Gewalt, alt *vîd*, *ignî*, vom Feuer, alt *ignîd*. Wie nun aber bei dem Accusativ früh ein grosses Schwanken eintritt zwischen den Grundformen auf *i* und denen auf Consonanten und daher die Endung *em* mit *im* wechselt, so findet sich das selbe, wenn auch nicht in gleich grossem Umfange, auch beim Ablativ. Es ist oft *e* und auch schon altes *ed* eingetreten, wo man *î*, alt *îd*, erwartete, hie und da auch das Umgekehrte. Bei Beurtheilung von Fällen der letzteren Art ist allerdings Vorsicht nöthig; oft deutet das *î* ohne Zweifel auf ältere

Formen, wie in *audâcî*, mit kühnem, Enn. ann. 373, und ähnlichen; hier lautet ohne Zweifel die ältere Grundform nicht auf *âc* aus, sondern auf *âci-*. Man hat schon früh beobachtet, dass namentlich die Adjective und adjectivischen Participia (viel weniger wirkliche Participia), dann die ungeschlechtigen Wörter und eine kleine Reihe andrer, besonders die die auch im Accusativ das *im* fester halten, Ablative auf *î* zeigen; vollständige Beispielsammlungen aus neuen guten Ausgaben sind hier nothwendig. Wir geben nur weniges: *vî*, mit Gewalt, Lucr. 2, 193; *tussî*, Husten, Lucr. 4, 1167; *sitî*, Durst, Lucr. 6, 1294; *turrî* (seltner *turre*), vom Thurme; *imbrî*, Regenguss, Lucr. 1, 28; 715; 6, 266; seltner *imbre; igni*, im Feuer, vom Feuer, Lucr. 1, 490; 646; 636; 706; 2, 672; 3, 623; 4, 407; Horaz sat. 1, 5, 72; Verg. Aen. 2, 649; *nâvî*, im Schiffe, Lucr. 4, 387; sonst oft *nâve; collî*, Hügel, Lucr. 2, 317, 322; sonst oft *colle; orbî*, im Kreise, Lucr. 2, 543; 5, 74; 707; 1166; 6, 629; sonst auch *orbe; marî*, auf dem Meere, Lucr. 2, 1; Enn. ann. 425; trag. 87; dagegen *ê mare*, aus dem Meere, Lucr. 1, 161; *bîlî*, Galle, Lucr. 4, 664; *partî*, Theil, Seite, Lucr. 1, 1111; 3, 611; 4, 515; 5, 721; 6, 694; 721; doch *parte*, Lucr. 2, 5; 200; 3, 30; 792; 5, 734; 6, 409; *finî*, Ende, Lucr. 1, 978; doch *fine*, Lucr. 1, 864; 979; 4, 627; *sanguî*, Blut, Enn. trag. 40; *anguî*, Schlange, Enn. trag. 51; doch *angue* Enn. trag. 441; auffallend ist *lapî* (also *lapi-* statt des sonstigen *lapid-*), durch Stein, Enn. ann. 390; *secûrî*, mit dem Beil; *furfurî*, mit Kleie, Plaut. capt. 4, 2, 27; *carnî*, mit Fleisch, Plaut. capt. 4, 4, 6. Neben einander begegnen ausser den schon genannten auch *avî* und *ave*, vom Vogel; *cîvî* und *cîve*, vom Bürger; *clâvî* und *clâve*, mit dem Schlüssel; *febrî* und *febre*, Fieber; *fustî* und *fuste*, Knittel; bei *messe*, von der Ernte, *ove*, vom Schaf, *classe*, von der Flotte, *poste*, vom Pfosten, ist die ältere Form mit *î* wie *messî* seltener. Die ungeschlechtigen Wörter haben meist *î*: *animâlî*, vom Thier; *tribûnâlî*, Gerichtsbühne; doch begegnet ausser schon genanntem *mare* neben *marî*, Meer, zum Beispiel auch *rête*, vom Netz, neben *rêtî*. Bei den weiblichen Wörtern mit Nominativ *ês* ist der Ablativ meist *e*, in ältester Zeit *ê*, wie *nûbe*, alt *nûbê*, von der Wolke; *tâbê*, durch verderblichen Einfluss, Lucr. 1, 806; *î* selten, doch zum Beispiel *ê nûbî*, aus der Wolke, Lucr. 6, 145; *lâbi*, durch Krankheit, Lucr. 5, 930. — Als adjectivische und participielle Formen nennen wir beispielsweise nur noch *omnî*, in allem, Lucr. 1, 26; 3, 30; *fidêlî*, treuem, Lucr. 1, 52; *crûdêlî*, grausam, Enn. ann. 142; *gravî*, schwerem, Lucr. 1, 63; *horribilî*, grausigem, Lucr. 1, 65; *terribilî*, schrecklich, Enn. ann. 312; 452; *hostîlî*, feindlich, Enn. trag. 15; *minâcî*, drohendem, Lucr. 1, 276; *sagâcî*, scharfsichtig, Enn. ann. 345; Lucr. 1, 130; 368; 402; 5, 420; *teretî*, rund, Lucr. 1, 35; *hebetî*, stumpf, Lucr. 4, 44; *parî*, gleich, Lucr. 1, 88; 2, 341; 4, 191; 5, 643; *dîtî*, reich, Lucr. 1, 416; *dulcî*, süssem, Lucr. 1, 947; *lênî*, lindem, Enn. ann. 5; *caelestî*, himmlischem, Lucr. 2, 991; *tristî*, traurig, Enn. ann. 473; *acrî*, scharfem, Lucr. 3, 20; 953; *turpî*, schändlich, Lucr. 3, 49; *perennî*, immerwährend, Lucr. 1, 118; *fortî*, mit starkem, Enn. ann. 395; *muliebrî*, weiblichem, Lucr. 4, 1247; *tenuî*, feinem, Lucr. 3, 209; *tâlî*, solchem, Lucr. 1, 93; *sollemnî*, feierlich, Lucr. 1, 96; *memorî*, eingedenk, Lucr. 2, 582; 3, 858; *celerî*, schnellem, Enn. ann. 74; Lucr. 4, 210; 3, 182; 636; *ancipitî*, doppelt, Lucr. 6, 168; 377; *duplicî*, doppelt, Lucr. 4, 274; 1229; *triplicî*, dreifachem, Lucr. 5, 904; *inopî*, arm, hülflos, Lucr. 4, 1142; — *ardentî*, brennendem, Cicero nat. deor. 2, 44, 113; *splendentî*, glänzendem, Cic. nat. d. 2, 42, 110; *volantî*, fliegendem, Enn. ann. 408; *svâviloquentî*, süssredendem, Enn. ann. 304; *ingentî*, sehr grossem, Enn. ann. 391; *orientî*, aufgehendem, Lucr. 5, 664; *candentî*, strahlendem, Lucr. 5, 721; *vêmentî*, von heftigem, Lucr. 3, 156; *rotantî*, kreisendem, Lucr. 1, 294; *recentî*, frischem, Lucr. 2, 319; *maerentî*, trauerndem, Lucr. 3, 81; *minitantî*, drohendem, Lucr. 1, 68; *abundantî*, überströmendem, Lucr. 1, 282. Wo die Participia im Ablativ *e* zeigen, sind sie meist lebendiger participiell gebraucht, weniger adjectivisch, doch ist diess auch durchaus nicht durchgreifend, so *veniente columbâ*, beim Kommen der Taube, Lucr. 3, 752; *aevô flôrente*, in der Blüthe des Alters, Lucr. 3, 1008; doch auch *â sôle exoriente*, von der aufgehenden Sonne, Enn. epigr. 7; *ôre in ardente*, im brennenden Antlitz, Enn. trag. 437; *sine vî subigente*, ohne unterjochende Gewalt, Lucr. 2, 193. Bei den meisten Ablativbildungen auf *î* wird man mit Sicherheit auf alte Grundformen auf *i* schliessen dürfen, auch wo diese etwa sich sonst nicht aus ihrer Flexion ergeben sollten, bisweilen hat aber auch ohne Zweifel sich das *i* nur eingedrängt, weil überhaupt die Vermengung von Grundformen auf *i* und auf Consonanten im Lateinischen sehr weit vorrückte; so wenn zum Beispiel Comparativformen, was im Ganzen allerdings selten ist, im Ablativ *î* haben, wie bei Horaz Sat. 1, 9, 68: *meliôrî tempore* (nach Haupt), in besserer Zeit; die älteste Form des hier vorliegenden Comparativsuffixes, die sich erschliessen lässt, geht aus auf *ns* (nicht etwa auf *si*).

Die Ablativendung der Grundformen auf *u* lautet *û*, alt *ûd*, wie *senâtûd*, vom Senat, später *senâtû*; so *quercû*, von der Eiche; *acû*, mit der Nadel; *cornû*, vom Horne, und die übrigen. Die Bildungen *sue*, vom Schwein, und *grue*, vom Kranich, schliessen sich, wie auch in andern Casus, an die Bildung der consonantisch auslautenden Grundformen.

Diese letztern zeigen als Ausgang in der Regel *e*, alt *ed*, wie *duce*, vom Führer, alt *duced*; *pede*, vom Fuss, *vâse*, vom Gefäss, Lucr. 3, 793; 5, 137; *corpore*, vom Körper; *stercore*, aus Mist, Lucr. 2, 872. Die anzuführenden Besonderheiten sind die schon oben betrachteten häufigen Vermengungen mit den Grundformen auf *i*, die aber der bei weitem grössten Mehrzahl nach nur darin bestehen, dass alte Grundformen auf *i* diesen Vocal nicht fest hielten, wie *in morte (morti-)*, im Tode, Lucr. 3, 866 und sonst gewöhnlich; *peste (pesti-)*, vom Verderben, Lucr. 3, 347; das Umgekehrte ist selten und vielfach mit Unrecht angenommen.

Das Griechische hat den früh eingebüssten Ablativ, dessen Grundbedeutung die rein örtliche des Woher war, in der Regel durch den Genetiv ersetzt, so namentlich bei den Präpositionen ἐξ, aus, und ἀπό, von: ἐκ πτολέμοιο, *ê pugnâ*, aus dem Kampfe, il. 7, 119; ἀπ᾽ ἐμεῖο, *â mê*, von mir, il. 5, 214. Für jenes Woher aber ist ein bestimmteres ablativisches Suffix vielfach gebraucht, namentlich bei Homer, das den Verlust des alten Ablativs doch in etwas ersetzte, nämlich θεν, das wahrscheinlich mit dem altindischen *tas*, zum Beispiel in *anyátas*, von anderer Seite, Rigv. 1, 4, 5 und *viçvátas*, von allen Seiten, Rigv. 1, 10, 12, und dem diesem genau entsprechenden lateinischen *tus* völlig übereinstimmt. In Bezug auf den Schluss darf man *φέρομεν* = *ferimus* = altind. *bhárâmas*, wir tragen, vergleichen; die Aspirirung des Telauts, das Entstehen des *ϑ* aus *t*, aber hat vielleicht in dem Einfluss des ursprünglich folgenden Zischlauts ihren Grund. Das *tus* ist auch im Lateinischen nicht ungewöhnlich, und findet sich zum Beispiel in *caelitus*, vom Himmel herab; Lucrez hat es nur in *râdîcitus*, von der Wurzel aus, 3, 310; 877; *dîvînitus*, göttlich, eigentlich »vom Göttlichen her«, 1, 116; 150; 736; 2, 180; 4, 1278 ff.; *funditus*, von Grund aus, 1, 572; 620; 668; 673 und oft, und *penitus*, von innen heraus, gänzlich, 1, 145; 226; 262 und sonst oft; bei Ennius findet es sich auch in *funditus*, von Grund aus, ann. 132; 163 und *dîvînitus*, göttlich, ann. 11; ausserdem noch in *medullitus*, vom Mark aus, im Innersten, sat. 7; *hûmânitus*, menschlich, ann. 128 und *publicitus*, öffentlich, ann. 189. Jenes *ϑεν* ist bei Homer sehr gebräuchlich, die damit gebildeten Formen lassen sich oft am Einfachsten adverbiell übersetzen, wir haben es in: *οὐρανόϑεν*, vom Himmel, il. 1, 195; 208; 8, 19 und sonst oft; *τηλόϑεν*, von fern her, il. 1, 270; 2, 849; 857 ff.; *Ἀβυδόϑεν*, von Abydos, il. 4, 500; *Αἰνόϑεν*, aus Ainos, il. 4, 520; *ϝοῖκοϑεν*, von Haus, il. 7, 346; 391; 11, 632 ff.; *Λεσβόϑεν*, von Lesbos, il. 9, 664; *Καβησόϑεν*, von Kabesos, il. 13, 393; *Κυϑηρόϑεν*, aus Kythera, il. 15, 438; *Ϝιλιόϑεν*, von Ilios, il, 14, 251; od. 9, 39; *Σκυρόϑεν*, von Skyros, il. 19, 332; *ὑπερωϊόϑεν*, vom Obergemach her, od. 1, 328; *ἱππόϑεν*, vom Rosse her, od. 8, 515; 11, 531; *ἀγρόϑεν*, vom Felde her, od. 13, 268; 15, 428; *πεδόϑεν*, vom Boden, von Grund aus, od. 13, 295; *Πυλόϑεν*, von Pylos, od. 16, 323; *ϑεόϑεν*, von Gott, od. 16, 447; *δημόϑεν*, von Volks wegen, od. 19, 197; *αἰνόϑεν*, schrecklich, il. 7, 97; *σχεδόϑεν*, aus der Nähe, il. 16, 800; 807 ff.; — *Ἴδηϑεν*, vom Ida, il. 3, 276; 320; 4, 475 ff.; *Οἰχαλίηϑεν*, von Oichalie, il. 2, 596: *Σύμηϑεν*, von Syme, il. 2, 671; *Κρήτηϑεν*, von Krete, il. 3, 233; *Λυκίηϑεν*, von Lykie, il. 5, 105; *Θρῄκηϑεν*, von Threke, il. 9, 5; 72; *Αἰσύμηϑεν*, von Aisyme, il. 8, 304; *Σιδονίηϑεν*, von Sidonie, il. 6, 291; *Μυκήνηϑεν*, von Mykene, il. 9, 44; *Ἀρίσβηϑεν*, von Arisbe, il. 12, 96; *Σπάρτηϑεν*, von Sparte, od. 2, 327; 4, 10; *Ἀπείρηϑεν*, von Apeire, od. 7, 9; *Τρῴηϑεν* (*Τρῴηϑε* il. 24, 492), von Troja, od. 3, 257; 276 ff.; *κλισίηθεν*, aus dem Zelte, il. 1, 391; 9, 107; 11, 603 ff.; *ἀγορῆθεν*, aus der Versammlung, il. 2, 264; od. 12, 439; *πρύμνηθεν*, vom Hintertheile her, il. 15, 716; *δαίτηθεν*, vom Mahle her, od. 10, 216; *εὐνῆθεν*, aus dem Bette, od. 20, 124; *κατ᾽ ἄκρηθεν*, oben herab, od. 11, 588; — *ἐγγύθεν*, aus der Nähe, 11, 396; 12, 337; il. 17, 664; 18, 136 und oft; — *πατρόθεν*, vom Vater her, il. 10, 68; *πάντοθεν*, von allen Seiten her, il. 13, 29; 14, 395 ff.; *ΔιϜόθεν*, vom Zeus her, nach Zeus Willen, il. 15, 489; 24, 194; 561; *ἐξ ἁλόθεν*, vom Meere her, il. 21, 335; *λειμωνόθεν*, von der Wiese her, il. 24, 451; *ἠϜόοθεν* (die Ausgaben haben die durch attischen Einfluss in den Text gerathene ganz unhomerische Form *ἠῶθεν*), vom Morgen an, in der Frühe, il. 7, 372; 381; 11, 555 und sonst oft. Mehr pronomineller Natur sind: *ἑτέρωθεν*, von der andern Seite, il. 3, 230; 5, 668 ff.; *ἀμφοτέρωθεν*, von beiden Seiten, il. 5, 726; *ὁπποτέρωθεν*, von welcher von beiden Seiten, il. 14, 59; — *πόθεν*, woher, il. 21, 150; od. 17, 368 ff.; *ποθέν*, irgendwoher, il. 9, 380; od. 5, 490 ff.; *ὅθεν*, woher, il. 4, 58; 10, 200 ff.; *ὁππόθεν*, woher, od. 1, 406; 3, 80 ff.; *ὑψόθεν*, von oben her, il. 11, 53; 15, 18 ff.; *νειόθεν*, von unten, il. 10, 10; *ἄλλοθεν*, anderswoher, il. 9, 311; 671; 13, 551 ff. = altind. *anyátas*; *ἀπόπροθεν*, von fern her, fern, il. 17, 66; 501; *αὐτόθεν*, ebendaher, il 19, 77; 20, 120 ff.; *πρόσσοθεν*, vorwärts, il. 23, 533; *ἔνδοθεν*, von innen, il. 24, 161; od. 4, 74 ff,; *ἔκτοθεν*, ausserhalb, fern von, il. 13, 100; od. 1, 132; *οἰϜόθεν*, allein, il. 7, 39; 226; *ἀμόθεν*, irgend woher, od. 1, 10; *ὁμόθεν*, von demselben Orte, od. 5, 477; *ἔντοθεν*, von Innen, im Innern, od. 9, 239; 338; — *Ϝέκαθεν*, von fern, il. 2, 456; 13, 179; 16, 634 ff.; *ὄπιθεν*, von hinten, il. 1, 197; 2, 542; 16, 791 ff.; *ἐξόπιθεν*, von hinten, il. 4, 298 (hier hat Bekker *ἐξόπιθε*); 16, 611; 17, 521; 527; — *κεῖθεν*, von dort, il. 15, 254; 21, 42; 62 ff.; — *πάροιθεν*, vorn, vor, il. 4, 185; 14, 427; 20, 437; 23, 20 ff., öfter auch *πάροιθε*, wie il. 6, 319; 8, 494 ff.; *προπάροιθεν*, vorn, vor, nur il. 3, 22; 18, 615; 21, 104; 22, 197; 23, 804; od. 4, 225; 17, 277; 282 und 357; dafür häufiger *προπάροιθε*, wie 2, 92; 10, 476; il. 14, 297; 24, 286 ff.; — *ἄνευθεν*, fern von, ohne, il. 2, 27; 4, 277; 16, 89 ff.; nicht ganz so oft ἄνευθε, wie il. 5, 185; 22, 88 ff.; ἀπάνευθεν, entfernt, fern von, il. 17, 426; 18, 558; 23, 77 ff.; dafür häufiger ἀπάνευθε, so il. 1, 35; 2, 812; 4, 227 ff.; — ἔνθεν, von da, il. 4, 58; od. 9, 105; 565 ff.; — ϝεκάτερθεν, von beiden Seiten, il, 3, 340; 23, 329; 813 ff.; dafür ϝεκάτερθε il. 11, 27; 23, 153; od. 1, 335 ff.; ἀπάτερθεν, fern, il. 5, 445; ohne Schlussnasal il. 2, 587 und 18, 217; ὕπερθεν, von oben, il. 2, 218; 5, 122; 724 ff.; auch mehrfach ohne Nasal wie 5, 503; καθύπερθεν, von oben, il. 3, 337; 11, 42 ff. und fast ebenso oft καθύπερθε, wie il. 12, 153; 286 ff.; ἔνερθεν, von unten, il. 11, 252; od. 9, 385; etwas häufiger νέρθεν, wie il. 11, 535; 16, 347 ff.; beide Formen auch ohne schliessenden Nasal, so ἔνερθε il. 13, 75; 14, 274 ff. und νέρθε il. 7, 212; 11, 282 ff.; ὑπένερθεν, unten, unter, nur il. 4, 147 und 186; häufiger vocalisch auslautend, wie il. 2, 150; 3, 278 ff.; — ἔκτοσθεν, von aussen, ausserhalb, il. 7, 341; 440 ff.; ohne Nasal il. 10, 263; od. 17, 278 und 22, 385; ἔντοσθεν, innerhalb, il. 6, 364; 12, 416; 455 ff.; ohne Schlussnasal od. 2, 424; 15, 289; 17, 339 ff.; πρόσθεν, vorn, vor, il. 1, 251; 3, 317 ff.; sehr häufig auch πρόσθε, wie il. 3, 346; 5, 300 ff.; — ὄπισθεν, von hinten, hinten, il. 5, 595; 13, 834 ff.; etwa ebenso häufig ὄπισθε, wie il. 9, 332; 11, 397 ff.; μετόπισθεν, hinterwärts, il. 1, 82; 15, 645 ff.; häufiger ohne Nasal, so il. 9, 249; 504; 10, 490 ff. Fast möchte man glauben, dass in den letztbesprochenen Wörtern, in denen die Formen auf θεν und θε neben einander hergehen, noch eine besondere Bildung vorliege. Die letzten drei Formen, die wir hier nennen, und die nur mit schliessendem Nasal vorkommen, sind die von den Fürwörtern der ersten und zweiten Person und vom rückbeziehenden ausgehenden ἐμέθεν, von mir, σέθεν, von dir, ϝέθεν, von sich, die bei Homer ziemlich häufig vorkommen und im Allgemeinen mit dem Gebrauch des Genetivs ganz übereinstimmen.

Dativ.

Bei der Beschreibung des Dativs besteht eine Hauptschwierigkeit in der genauern Bestimmung seiner Gränze gegen den Locativ, von dem weiterhin noch gehandelt werden muss. Es ist wohl behauptet worden, und so insbesondere von Georg Gerland in seiner kleinen Abhandlung über den altgriechischen Dativ (Marburg 1859), der Dativ falle ganz mit dem Locativ und dann auch dem Instrumental zusammen. Das ist aber für das Griechische und Lateinische jedenfalls nicht richtig. Wir haben hier zum Beispiel eine alte Locativbildung in *οἴκοι*, *ϝοίκοι* = altind. *vaíçai*, im Hause, und dem ganz entsprechend gebildeten *domî* = altind. *dámai*, im Hause (von den Grundformen *ϝοῖκο* = altind. *vaíça* und *domo* = altind. *dáma-*), und davon sind die im Griechischen sowohl als Lateinischen ausgebildeten Dative *οἴκῳ*, *ϝοίκῳ* = *vîcô*, dem Wohnort, und *domô* = *δόμῳ*, dem Hause, ganz deutlich gesondert. Daraus ergiebt sich mit aller Wahrscheinlichkeit, dass auch das Griechisch-lateinische den Locativ und Dativ, zum Wenigsten bei den Grundformen auf *o*, deutlich aus einander hielt. Es ergiebt sich schon aus den angeführten Beispielen, dass das Kennzeichen des Locativs ein einfaches *i*, das des Dativs aber ein *i* mit noch vorhergehendem Elemente war oder in ältest erreichbarer Form ein *ai*. So zeigt es auch das Altindische zum Beispiel in *divaí (div-)*, dem Himmel, *çunaí (çun-, çván-)*, dem Hunde, *nấmnai (nấman-)*, dem Namen, wenn hier auch die Dative der Grundformen auf *a* noch ein wenig anders gebildet sind: *ájrâya (ájra-)*, dem Acker, nicht etwa *ájrâi* (wie *ἀγρῷ* = *agrô*); *dámâya*, dem Hause; *vaíçâya*, dem Hause.

Während im lateinischen Locativ der Grundformen auf *o*, ganz wie zum Beispiel im Pluralnominativ (*agrî* = *ἀγροί*, die Aecker), das alte *oi* zunächst wohl zu *ei* und dann zu *î (domî)* geschwächt wurde, schwand nach dem gedehnten *ô* des Dativausgangs im Lateinischen das auslautende *i* gänzlich (*domô* aus *domôi*), das im Griechischen doch in der Schrift immer fest gehalten wurde (*δόμῳ*, dem Hause). Wir finden dieses dativische *ῳ* der Grundformen auf *o* im Griechischen auch bei einigen Fürwörtern, wie *τῷ*, dem, *αὐτῷ*, ihm, *τούτῳ*, diesem; im Lateinischen ist dagegen bei den Fürwörtern und einigen ihnen sich näher anschliessenden Formen im Dativ einfach gedehntes *î* bemerkenswerth: *eî*, ihm; *huîc* (aus *hoî-ce*), diesem; *illî*, jenem, *istî*, dem; *cuî*, welchem, bei Dichtern sehr oft einsilbig gebraucht, wie bei Ennius ann. 244; 248; 511; *ullî*, irgend einem; *nullî*, keinem; *ûnî*, einem; *aliî*, dem andern; *utrî*, welchem von beiden; *neutrî*,, keinem von beiden; *alterî*, dem andern; *tôtî*, dem ganzen; *sôlî*, dem einzigen. Man wird diese Formen nicht ohne Weiteres zu Locativen stempeln dürfen; vergleichen lassen sich *ἐμοί, μοί*, mir; *σοί* (alt auch *τοί*), dir; *οἷ*, alt *Fοῖ*, sich.

Die weiblichen Wörter mit Grundformen auf altes *â* stimmen im Dativ im Lateinischen und Griechischen auch überein: *θεᾷ* = *deae*, der Göttinn, *φυγῇ* = *fugae*, der Flucht; im Gegensatz zum Beispiel gegen die alte Locativbildung *χαμαί*, auf der Erde (*χαμῇ* würde Dativ sein). Im Griechischen wurde im Datiz das *i* wieder untergeschrieben, im Lateinischen vereinigte es sich eng mit dem vorhergehenden *a* zu *ai*, auf das ja das *ae* der classischen Zeit fast immer zunächst zurückweist; alte Formen wie *terrâî frûgiferâî*, der fruchtbringenden Erde, Enn. ann. 479, sind nicht sehr häufig, während sie sich als Genetive, wie wir oben sahen, sehr oft finden. Wir reihen hieran auch noch die männlichen Wörter mit *â* als Kennzeichen: *ποιήτῃ* = *poêtae*, dem Dichter; *Αἰνείᾳ*, dem Aineias; *scrîbae*, dem Schreiber, und die lateinischen Grundformen auf *ê*: *diêî*, dem Tage, *reî*, der Sache, über die kaum etwas hinzuzufügen ist, als das Allgemeinere, dass das dativische *i* im Lateinischen überall, wo es selbstständig und mit vorhergehenden Vocalen nicht verschmolzen auftritt, gedehnt erscheint. Bei den Grundformen auf *ê* wird das dativische *êî* bisweilen zu *ê* zusammengedrängt, wie in *fidê*, der Treue, der Versicherung, Enn. ann. 111.

Grade diese Dehnung des dativischen *î* im Lateinischen scheint zu erweisen, dass wir hier wirklich einen dem altindischen genau entsprechenden Dativ (nicht Locativ) vor uns haben. Bei den Grundformen auf *i*, die im Dativ immer *î* zeigen, wie *hostî*, dem Feinde, *ovî*, dem Schafe, wäre auch eine Verschmelzung des *i* der Grundform mit dem kurzen locativischen *i* in genauerer Uebereinstimmung mit dem Griechischen (alt *ὄFῑ* aus *ὄFιι*, dem Schafe), wovon gleich noch zu handeln ist, möglicher Weise denkbar; bei den Grundformen auf *u* aber löst sich wieder deutlich ein langes (nicht erst durch jene Verschmelzung entstandenes) *î* als Dativzeichen ab:

fructuî, der Frucht; *ductuî*, der Führung; *ostentuî*, zum beweisen, Sall. Jug. 24, 10; 46, 6. Schon früh und häufig wurde auch das *uî* zu *û* zusammengedrängt, wie in *visû*, dem Blick, Lucr. 5, 101; *ûsû*, zum Gebrauch, Lucr. 3, 971; Gellius 4, 16 bringt bei aus Lucilius *victû*, zum Unterhalt, und *anû*, der alten Frau, aus Vergil *aspectû*, dem Anblick, und *concubitû*, der Begattung, aus Cäsar, der dieser Form ausdrücklich den Vorzug gegeben habe, *dominâtû*, der Herrschaft, und *ornâtû*, dem Schmuck.

Bei den Grundformen auf Consonanten im Lateinischen tritt das dativische *î* überall deutlich heraus: *pedî*, dem Fusse; *vôcî*, der Stimme; *lapidî*, dem Steine; *hominî*, dem Menschen; *patrî*, dem Vater.

Ebenso deutlich als hier, wo wir also *î* zunächst für älteres *ei* und weiter für das ganz alte dativische *ai* haben, löst sich dieses dativische Zeichen und zwar in der letztgenannten ältesten Form ab in einigen griechischen Bildungen. In meinem »Infinitiv der homerischen Sprache« (Göttingen 1856) ist weiter ausgeführt, auch von syntaktischer Seite, dass sämmtliche griechische Infinitive, die auf drei Grundformen zurückkommen, alte Dativbildungen sind. Es haben nämlich, von dem des sogenannten ersten Aorists abgesehen alle Infinitive des Activs so wie auch die der passiven Aoriste übereinstimmend das später nirgend vollständig erhaltene und zwar in verschiedenster Weise beeinträchtigte alte Suffix *μεναι* als altes Kennzeichen, wie es sich bei Homer noch sehr oft findet: *ἔμμεναι*, *ἔμεναι*, sein, Ilias 1, 117 und oft, später *εἶναι* (zunächst aus *ἔεναι*); *φευγέμεναι*, fliehen, il. 10, 359 ff., später *φεύγειν* (aus *φεύγεεν*, *φευγέμεν*); *ἱστάμεναι*, stellen, il. 7, 341, später *ἱστάναι*; *δόμεναι*, geben, il. 1, 116, später *δοῦναι* (zunächst aus *δόεναι*); *ἑστάμεναι*, stehen, il. 10, 480, später *ἑστάναι*; *μιχθήμεναι*, gemischt worden sein, il. 11, 438, später *μιχθῆναι*. Ohne Zweifel hat Bopp durchaus Recht, der in diesem *μεναι* einen alten Dativ sieht der alten ungeschlechtigen Abstractbildung auf *man* im Altindischen, wie wir zum Beispiel einen haben im altind. *jánmanai*, dem Geschlecht, Rigv. 1, 20, 1; 1, 31, 7, von der Grundform *jánman-*, oder in altind. *dấmanai*, dem Geben, der Gabe, von *dấman-*, worin also jenes *μεναι* dem alten *manai* genau entsprechend gegenüberstehen würde. Die gewöhnliche Flexion der jenen altindischen auf *man* entsprechenden Wörter zeigt im Griechischen allerdings ein *τ*, wo jene ein *n* haben (*δόματος*, der Gabe, von *δόματ-*, aber ursprünglich *δόμαντ-*, wie schon oben angeführt wurde; im Gegensatz zu altind. *dā́manas*, der Gabe); sehr viele zugehörige Bildungen zeigen indess auch im Griechischen nur den Nasal, wie *κακό-ϝειμον-*, schlecht gekleidet, Od. 18, 40, von *ϝεῖμα*, Kleid, mit der Grundform *ϝεῖματ-*, ursprünglich *ϝεῖμαντ-*, und die ähnlichen. Im Lateinischen haben die jenen Formen auf *man* (griechisch *ματ-*), deren älteste Form nach der Vergleichung des verschiedenartigen Verwandten wir also unbedenklich als *mant* angeben dürfen, in der Regel auch nur den Nasal, wie *tegimen* oder *tegumen*, Bedeckung; daneben begegnen dann auch mehrfach volle Nebenformen auf *mentum*, die also der ältesten Bildung wieder nahe kommen, wie zum Beispiel auch *tegimentum* oder *tegumentum*, Bedeckung, vorkömmt. Was also den Infinitiv anbetrifft, um auf ihn nun zurückzukommen, so würde ein altes *στεγέμεναι*, bedecken, das wir für das spätere *στέγειν* ansetzen dürfen, äusserlich dem lateinischen *tegiminî*, der Bedeckung, genau entsprechen, und zum Beispiel *ὀρέγειν*, *ὀρεγέμεναι*, recken, strecken, dem Dativ *regiminî*, der Lenkung.

Ganz vereinzelt in Bezug auf die Bildung seines Infinitivs steht der sogenannte erste Aorist: *λέξαι*, sagen, *μεῖναι* (aus *μένσαι*), bleiben. Es ist hier offenbar das Dativzeichen einfach an den Aoriststamm getreten, wie wir es denn im Altindischen gar nicht selten unmittelbar mit der Wurzel verknüpft finden, wie in *â-rábhai*, zu erlangen, Rigv. 1, 24, 5; *drçaí*, zu sehen, Rigv. 1, 23, 21; 7, 15, 5; *vṛdhaí*, zum Siege, Rigv. 1, 34, 12; 5, 9, 7.

Mit dem griechischen Aoristinfinitiv auf *σαι* hat man wohl den lateinischen unmittelbar zusammen gestellt, der allerdings auch ursprünglich überall ein *s* vor seinem Schlussvocal hatte, wie in *esse*, sein, *fûdisse*, gegossen haben; also *legere*, lesen, aus *legese*, *ferre*, tragen, aus *ferse*. Indessen gehört dort der Zischlaut deutlich zum sogenannten Tempusstamme, im Lateinischen dagegen einem besondern Nominalsuffix. Es ist nicht daran zu zweifeln, dass der lateinische Infinitiv einem alten Dativ ungeschlechtiger Abstracta auf altes *as* genau entspricht und daher zum Beisziel *gi-gnere* (aus *gi-gnesc*), erzeugen, mit dem Dativ *generî* (aus *genesî*, alt *ganasai*) in seiner Schlussbildung genau übereinstimmt. Dass der Schlussvocal des Infinitivs im Gegensatz zu dem gewöhnlichen Dativ so sehr verkürzt wurde, kann nicht weiter auffallen, da das Verständniss der Infinitivbildung überall früh verloren wurde und zum Beispiel im Homer auch neben den vollen Formen auf μεναι schon sehr viele auf verstümmeltes μεν hergehen, wie μενέμεν, bleiben, il. 5, 486; ἔμεν, sein, il. 4, 299. Die nämliche Dativbildung eines alten ungeschlechtigen Abstracts auf *as*, die wir im lateinischen Infinitiv erkannten, findet sich auch im Altindischen oft dem alten Infinitiv ganz ähnlich gebraucht, so in *cákshasai* (Dativ von *cákshas-*), zum Sehen, Rigv. 1, 8, 3; *sáhasai*, zur Stärkung, Rigv. 1, 16, 6; *ávasai*, zum Helfen, zur Hülfe, Rigv. 1, 17, 1; 1, 22, 6; 10; 1, 34, 12; *dhấyasai*, zum Geben, zum Halten, Rigv. 1, 31, 13; 1, 72, 9; *jívásai*, zum Leben, Rigv. 1, 25, 21; 3, 53, 18.

An der Dativbildung des medialen Infinitivs auf σθαι im Griechischen, wie γίγνεσθαι, entstehen, ist auch nicht wohl zu zweifeln. Im Weiteren ist man aber über seine Bildung noch nicht im Reinen, nur so viel scheint festzustehen, dass wir sein getreues Abbild in altindischen Bildungen haben, wie *píbadhyâi*, zu trinken, Rigv. 4, 27, 5; *ishayádhyâi*, zur Stärkung, Rigv. 6, 64, 4; *vandádhyâi*, lasst uns preisen (Infinitiv für Imperativ), Rigv. 1, 27, 1. In ihnen ist ohne Zweifel vor dem *dh* ein alter Zischlaut, den das Altindische in dieser Stellung nicht erträgt, früh ausgedrängt.

Eine ganz besondere Dativbildung findet sich in *mihî*, mir, dem das gleichbedeutende altindische *máhyam* (aus *mábhyam*) ganz nah steht, in *tibî*, dir, neben dem altindischen *túbhyam*, dir, womit wohl auch das alte τεΐν (wohl τεϜίν), dir, il. 11, 201; od. 4, 619; 829; 11, 560 und 15, 119, übereinstimmt, und in *sibî*, sich, in welchen drei lateinischen Formen der Schlussvocal indess auch kurz gebraucht vorkömmt. Im Altindischen schliessen sich der Bildung nach auch noch an *asmábhyam*, uns, und *yushmábhyam*, euch.

Locativ.

Das Kennzeichen des Locativs ist, so weit der Blick in unsern Sprachen reicht, ein einfaches *i*, wie es sich zum Beispiel leicht ablöst in den altindischen *diví (div-)*, im Himmel, Rigv. 1, 6, 1; 1, 7, 3; *çármani (çárman-)*, im Schutz, Rigv. 1, 4, 6; *yudhí*, im Kampfe, Rigv. 1, 8, 3; *rā́jani* oder *rā́jni*, im Könige, *mánasi (mánas-)*, im Geiste, und auch zum Beispiel in *padái (padá-)*, am Ort, auf der Stelle, und *vaíçai (vaíça-)*, im Hause. Mit dieser letzten Form stimmt, wie schon oben bemerkt wurde, genau überein **οἴκοι**, alt **Ϝοίκοι**, im Hause, il. 1, 113; 24, 240; od. 1, 11; 8, 324; 13, 42; 15, 15; 178, eine der wenigen Locativformen von Grundformen auf *o*, die sich im Griechischen erhalten haben. Dazu kömmt noch **πέδοι**, zu Boden, zur Erde, Aeschylos Prometheus 272, das mit dem vorhingenannten altindischen *padaí*, auf der Stelle, genau übereinstimmt; ferner **πύλοι**, in Pylos, das nur in der homerischen Zusammensetzung **πυλοι-γενής**, in Pylos geboren, il. 2, 54; 23, 303, erhalten blieb. Man hat längst erkannt, dass das Lateinische den in Frage stehenden genau entsprechende Locativbildungen bewahrt hat in *humí*, auf der Erde; *domí* = altind. *dámai*, im Hause, *bellî domíque*, im Krieg und Frieden, *domî focíque*, zu Hause und am Heerde, Terenz Eunuch. 4, 7, 45; ferner in *Ephesî*, in Efesus, *Corinthî*, in Korinthus, *Cyprî*, in Kypros, Nepos 12, 3; *Dêlî*, in Delos, Enn. trag. 425; *Aenî*, in Aenus, *Abydí*, in Abydos, *Brundusiî*, in Brundusium, *Tarentî*, in Tarentum, *Surrentí*, in Surrentum, letztere fünf Formen bei Ennius Seite 166; *Aegyptî*, in Aegypten, Valer. Max. 4, 1, 15; *vesperî*, am Abend. Gellius 10, 24 spricht über die hie und da vorkommenden alten Ausdrucksweisen *diê quintî*, am fünften Tage, *diê nônî*, am neunten Tage, *diê pristinî*, am gestrigen Tage, *diê crastinî*, am morgenden Tage, *diê proximî*, am nächsten Tage; die gehören sämmtlich hieher, ebenso wie die ersten Theile von *postrî-diê*, am folgenden Tage, und *quoti-diê*, an jedem Tage, täglich. Von weiblichen Wörtern schliessen sich ihnen an: *terrae (marîque)*, zu Lande (und auf dem Wasser); *(domî) militiae(-que)*, (im Frieden und) im Kriege; *Rômae*, in Rom, Horaz epist. 1, 8, 12 und sonst oft;

Rômae Numidiaeque, in Rom und Numidien, Sall. Jug. 33, 4; *cunctae Graeciae*, in ganz Griechenland, Cicero für Archias 3, 4, und andere, denen das Griechische kaum etwas anderes als *χαμαί*, auf der Erde, il. 4, 482; 526; 5, 442 und sonst oft, auch in *χαμαι-εύνης*, auf der Erde lagernd, il. 16, 235, gegenüberstellen kann. Die schon oben erwähnte häufige nahe Berührung von Dativ- und Locativbildungen, die doch noch nicht berechtigt beide Casus völlig zusammenzuwerfen, zeigt sich zum Beispiel auch darin, dass namentlich in ältester Zeit die wirklichen Dative von Grundformen auf *o* sowohl als auf altes *â* gradezu locativisch gebraucht vorkommen, wie *Βουπρασίῳ*, in Buprasion, il. 23, 631; *Ϝῑλίῳ*, in Ilios, il. 24, 67; *μυχῷ*, im Innern, il. 6, 152; od. 24, 6; *Ἄργεϊ μέσσῳ*, mitten in Argos, il. 6, 224; *εὐρέϜι πόντῳ*, im weiten Meere, od. 1, 197; 4, 498; 552; *ὥρῃ*, im Frühling, il. 2, 468; *ἀκροτάτῃ κορυφῇ*, auf dem höchsten Gipfel, il. 5, 754; *Θήβῃ ὑποπλακίῃ*, in Thebe am Berge Plakos, il. 6, 397; *Κρήτῃ*, in Krete, od. 17, 523.

Unter den weiteren nahen Berührungen oder wenn man will Vermengungen des Locativs und Dativs ist nun aber eine der wichtigsten die, dass abgesehen von den Grundformen auf *o* und altes *â* im Griechischen der Dativ ebenso wie der alte Locativ durch einfaches *ι* bezeichnet wird. Auch bei diesen noch weiter zu betrachtenden Dativen, die nun also wirklich alte Locative sind, zeigt sich noch mehrfach die Locativbedeutung, so in *κρητῆρι*, im Kruge, il. 3, 269; *αἰθέρι*, im heitern Himmel, il. 2, 412; 4, 167; od. 15, 523; *ὑσμῖνι*, im Kampfe, il. 2, 863; *Λακεδαίμονι*, in Lakedämon, il. 3, 387; *Ἄργεϊ*, in Argos, il. 14, 119; od. 4, 174; *Ἑλλάδι*, in Hellas, il. 16, 595; *πτυχί*, in der Schlucht, il. 20, 22; *μέσῳ ἕρκεϊ*, mitten im Hof, il. 24, 306; *λειμῶνι*, auf der Wiese, od. 21, 49, und sonst.

Was nun noch weiter die Behandlung der verschiedenen Grundformen vor dem locativischen *i* anbetrifft, so pflegt in der homerischen Sprache bei Grundformen auf *i* dieses letztere mit dem locativischen einfach zu *ῑ* sich zu vereinen, so in *πτόλῑ* (aus *πτόλι-ι*), der Stadt, il. 5, 686; 6, 88; 297; 317; 7, 345; 22, 172; od. 8, 569, 13, 152; 158; 177; 183, wo das *ῑ* vor jedesmal folgendem Vocal überall metrisch kurz gebraucht wird, ebenso wie in *κόνῑ*, dem Staube, il. 24, 18; od. 11, 191; ferner haben wir das *ῑ* in *πόλῑ*, der Stadt, il. 24, 706; od. 6, 9; *κνήστῑ*, mit dem Reibeisen, il. 11, 640; *μάντῑ*, einem Seher, il. 13, 69; *ἀγύρῑ*, der Versammlung, il. 16, 661; 24, 141; *δυνάμῑ*, an Macht, il. 23, 891; *πόσῑ*, dem Gemahl, od. 11, 430; 17, 555; 19, 95; *ὕβρῑ*, dem Uebermuth, od. 14, 262; 17, 431; *νεμέσσῑ*, aus Unwillen, il. 6, 335; *μήτῑ*, durch Klugheit, il. 23, 315; 316; 318; auch *Θέτῑ*, der Thetis, il. 18, 407, ist so gebildet, obwohl andere Bildungen, wie *Θέτιδος*, der Thetis, il. 8, 370, auf eine vollere Grundform *Θέτιδ-* weisen, und ganz ähnlich *μάστῑ*, mit der Geissel, il. 23, 500, das sonst die Grundform *μάστῑγ-* zeigt, aber zum Beispiel od. 15, 182 auch entsprechend den schon oben angeführten Accusativ *μάστιν* bildete. Da hiernach zum Beispiel ein homerisches *ὄϝῑ*, dem Schafe, das selbst allerdings grade nicht belegt ist, mit dem lateinischen *ovî*, dem Schafe, worin nach unserer obigen Auseinandersetzung wirklich das alte Dativzeichen *ai* (nicht bloss locativisches *i*) steckt, äusserlich ganz genau übereinstimmt, so liesse sich denken, dass hier doch auch ganz die nämliche Bildung, nämlich die alte locative, vorläge und die Vermuthung möchte doch nicht ganz ungerechtfertigt sein, dass die lateinische Dativ-(Locativ-)Bildung von der griechischen im Grunde gar nicht abweiche. Es würde dann nur das hier zu bemerken sein, dass bei der schon mehr erwähnten auch sonst häufigen Vermengung der Grundformen auf Consonanten und derer auf *i* im Lateinischen das dativische (also im Grunde doch locativische) *i* im steten Anschluss an die Grundformen auf *i* überall als gedehntes *î* sich anschloss, was um so leichter durchgehendes Gesetz werden konnte, als auslautendes kurzes *i* im Lateinischen meist vermieden wird, theils durch gänzlichen Abfall (*est*, er ist, für *esti* = *ἐστί*), theils durch Uebergang in *e* (*mare*, Meer, für *mari*). Dafür spricht noch, dass im Lateinischen wirklich locativisches *i*, wo es deutlich in dieser Bedeutung erhalten blieb, bei consonantisch auslautenden Grundformen stets nur als langes erscheint, wie in: *rûrî* (*rûs-*), auf dem Lande; *lûcî*, bei Tage, Lucr. 4, 235; Plautus Amph. 1, 1, 11 ff., und namentlich in Ortsnamen wie *Tiburî*, in Tibur, Cicero an Atticus 16, 3; *Anxurî*, in

Anxur; *Carthâginî*, in Carthago, Plaut. Cas. prol. 71; Livius 28, 26; 30, 9; *Lacedaemoni*, in Lakedämon, Nepos Vorwort; *Sicyônî*, in Sikyon, Plaut. Pseud. 4, 2, 38; *Acheruntî*, in Acheruns, Plaut. Capt. 5, 4, 1.

Einiges Weitere, was noch für die homerische Sprache bei den Grundformen auf *ι* zu bemerken ist, schliesst sich an schon früher über diese gesagtes; es erscheint für jenes *ι* bisweilen eine Lautgestaltung, die auf altes *aj* (oder mit langem Vocal *âj*) zurückleitet, die auch im Altindischen nicht ungewöhnlich ist und die wir zum Beispiel haben in den Dativen *pîtáyai*, zum Trinken, Rigv. 1, 16, 3; *sûráyai*, dem Priester, Rigv. 1, 31, 7; *vîtáyai*, zum Mahle, Rigv. 1, 13, 2, als deren Grundformen man anzusehen pflegt bezüglich *pîtí-*, Trinken, *sûri-*, Priester, *vîtí-*, das Mahl. Von homerischen Bildungen gehört hieher *πόσεϊ* (aus *πόσεjι*), dem Gemahl, il. 5, 71; *πτόλεϊ* (aus *πτόλεjι*), der Stadt, il. 17, 152; 24, 107; mit innerm langen Vocal: *πόληι* (aus *πόληjι*), der Stadt, il. 3, 50. Hieran schliessen sich die gewöhnlichsten Dative von Grundformen auf *ι* in der spätern Zeit, wie *πόλει*, der Stadt, *κτήσει*, dem Besitz; jene Umgestaltung fehlt nur bei wenigen Wörtern, wie zum Beispiel bei *ἴδρις*, kundig, mit späterem Dativ *ἴδρῑ*.— Hieran schliessen wir noch Formen wie *Πυθοῖ*, in Pytho (mit Nominativ *Πυθώ*), il. 9, 405; od. 8, 80; *χρειοῖ*, aus Zwang, il. 8, 57; *Λητοῖ*, der Leto, il. 20, 72; 24, 607; *γρηϝὶ καμῑνοῖ*, einem alten Ofenweibe, od. 18, 27.

Den Grundformen auf *ι* ganz ähnlich werden die auf *υ* behandelt; sehr oft schliesst sich das locativische *ι* einfach an und wird dann mit dem *υ* bei Homer meist zu einsilbigem *υι* vereinigt: *νέκυι*, dem Todten, il. 16, 326; 565; 24, 108; *πληθυῖ*, der Menge, il. 22, 458; od. 11, 514; 16, 105; *ἰξυῖ*, der Hüfte, od. 5, 231; 10, 455; *ὀιζυῖ*, dem Jammer, od. 7, 270; *ὀρχηστυῖ*, im Tanz, od. 8, 253; 17, 605; *θρήνυι*, mit dem Schemel, od. 17, 504. Getrennt blieben *υ* und *ι* in *συΐ* dem Eber, il. 4, 253; 11, 293; 17, 281 und *δρυΐ*, der Eiche, il. 18, 558, womit die lateinischen Dative *suî*, dem Eber, und *gruî*, dem Kranich, sich am nächsten vergleichen lassen. Dann ist hier auch noch zu nennen *δουρί* (aus *δόρυι*) mit dem Speer, il. 1, 203; 300; 329 und sonst oft. Aus dem Altindischen kann man Bildungen vergleichen wie den

Dativ *tanúai* (von *tanú-*), dem Leibe, Rigv. 1, 23, 21, im Gegensatz zu weiterhin noch zu nennenden. Die Vertretung des *υ* durch homerisches *εϝ* (für altes *av*) haben wir in *ϝάστεϝι* (Bekker *ϝάστει*), der Stadt, od. 8, 525, und mit Vocalzusammenziehung in *πήχει* (oder *πήχεϝ' ἑλών?*), dem Arme, od. 21, 419; dann besonders den Adjectiven, wie *εὐρέϝι*, dem weiten, il. 4, 76; od. 4, 498; 552 ff.; *ϝηδέϝι*, dem süssen, il. 4, 131; od. 10, 519 ff.; *ὀξέϝι*, dem scharfen, il. 4, 490; 540; 5, 73; 132, und oft; *ὠκέϝι*, dem schnellen, il. 15, 238; 16, 583, und mit Zusammenziehung in *πλατεῖ* (oder *πλατέϝ' Ἑλλησπόντῳ?*), dem breiten, il. 7, 86 und od. 24, 82. Aus dem Altindischen nennen wir als ganz entsprechend gebildet die Dative *manyávai*, dem Zorn, Rigv. 1, 25, 2; *kârávai*, dem Sänger, Rigv. 1, 31, 9, *sûnávai*, dem Sohne, Rigv. 1, 26, 3; 1. 34, 6, und *Mánavai*, dem Manu (ersten Menschen), Rigv. 1, 31, 4, deren Grundformen man als *manyú-*, *kârú-*, *sûnú-* und *Mánu-* anzusetzen pflegt. Auch später haben bei den Attikern namentlich die Adjective auf *υ* den Dativ *ει*, wie *ἡδεῖ*, dem süssen, dann aber auch die meisten Substantive, wie *πήχει*, dem Ellenbogen, und Dative wie *ἐγχέλυϊ*, dem Aal, sind auf wenige Formen beschränkt. Die Wörter mit dem Nominativ *εύς* haben homerisch vor dem *ϝ* meist den langen Vocal, wie *Ἀχιλλῆϝι*, dem Achilleus, il. 1, 283; 13, 324 ff.; *βασιλῆϝι*, dem Könige, il. 1, 9; 277; 3, 170 ff.; *Ὀδυσσῆϝι*, dem Odysseus, il. 5, 674; 9, 180 ff.; *Πηλῆϝι*, dem Peleus, il. 16, 381; 867; 17, 443; *ϝοικῆϝι*, dem Diener, od. 4, 245; 14, 63. Mit kurzem Vocal erscheinen von den in Frage stehenden Wörtern nur: *Ἀτρέϝι*, dem Atreus, il. 2, 105; *Τυφωέϝι*, dem Tyfoeus, il. 2, 782; *Τυδέϝι*, dem Tydeus, il. 4, 372; 10, 285; *Πορθέϝι* (Bekker *Πορθεῖ*, weil er der Ansicht ist, zu Anfang des Verses müssen möglichst viele Spondeen stehen, was aber durchaus nicht in der Weise auf alte lebendige Formen einwirken darf, wie seine Ausgabe es zeigt), dem Portheus, il. 14, 115; *Πηλέϝι*, dem Peleus, il. 24, 61; — mit Zusammenziehung der Vocale nur *Ἀχιλλεῖ*, dem Achilleus, il. 23, 792 (am Versschluss), und *Ὀδυσεῖ*, dem Odysseus, od. 5, 398 und 13, 35, wo beide Male vielleicht *Ὀδυσῆϝ' ἀσπαστόν* stehn darf, da das Verschwinden des locativischen *ι* vor folgendem Vocal, wenn auch nicht sehr häufig, so doch auch nicht gar unerhört ist; so liest man il. 5, 5 ἀστέρ᾽ ὀπωρινῷ, dem herbstlichen Sterne, il. 13, 289 ἐν αὐχέν᾽ ὄπισθε, von hinten in dem Nacken, und od. 5, 62 χρυσείῃ κερκίδ᾽ ὕφαινεν, mit goldnem Weberschiffchen webte sie. Die Regel, dass dieser Abfall nur Statt finden dürfe, wo nebenstehende Wörtchen namentlich Adjective das Wortgefüge unmittelbar deutlich machten, ist eine modern gemachte. Die Wörtchen νηϜί, dem Schiffe, il. 1, 183; 300; 329 ff. und γρηϜί, der alten Frau, il. 3, 386; od. 1, 191 ff., ohne andre Nebenformen bei Homer, sind hier auch zu nennen. Da Benfey (Orient und Occident 1, Seite 265) das griechische υἱός, Sohn, als dem gleichbedeutenden altindischen *sûnús,* Sohn, ganz entsprechend ansieht, muthmasslich alte Formen *sunva-* = ὑνϜό, worin der Nasal ausgestossen und später Ϝ durch ι vertreten sei, ansetzend, so wollen wir seine bei Homer auftretenden Dativ-(Locativ-) -Formen hier auch noch nennen: υἱῷ nur il. 16, 177 (versschliessend); — υἱέϊ il. 3, 174; 20, 81; 21, 141; od. 4, 10 (Bekker hat diese vier Male, da hier das Wort zu Anfang des Verses steht, die Form υἱεῖ); 15, 455; 24, 112; od. 3, 369; 4, 5; 16, 438; 452; 23, 61; 24, 213; — mit zusammengezogenen Vocalen findet sich υἱεῖ il. 21, 34 mit dem εῖ in Vershebung vor folgendem πρ (ganz so wie υἷι il. 2, 791); il. 18, 144; 458 und od. 11, 273 mit vor folgendem Vocal verkürztem εῖ, und od. 14, 435 versschliessend; die Form wird also ganz zu verbannen und durch υἷι zu ersetzen sein und ebenso ohne Zweifel auch jenes vereinzelte υἱῷ il. 16, 177; — dieses verkürzte υἷι begegnet noch il. 2, 20; 791; 13, 216; 22, 302; 23, 383; od. 4, 143 und 771.

Am Einfachsten ist die Anfügung des locativischen ι bei den Grundformen auf Consonanten: ποδί, dem Fusse, γέροντι, dem Greise, κήρῡκι, dem Herold. Verschiedene Behandlung der Grundform, wie γαστέρι, dem Bauche, il. 6, 58, neben γαστρί il. 5, 539; 616; μητέρι, der Mutter, il. 6, 87, neben μητρί il. 1, 572; 577; 585; ἀνέρι, dem Manne, il. 16, 516; 716; 17, 73 neben ἀνδρί il. 2, 618; 3, 170 und ähnliches ist für die Casusbildung selbst nicht von Bedeutung. Wegen besonderer Verkürzungen der Grundform selbst mögen noch genannt werden πολύϜαρνι, dem schafreichen, il. 2, 106; κρᾱτί, dem

Kopfe, il. 3, 336; 15, 480 ff.; (κράατι od. 22, 218); ἀλκί, der Kraft, il. 5, 299; 13, 471 ff.; λᾶϝι, mit einem Steine, il. 16, 739; auch wohl λιτί, in eine Decke, il. 23, 254, aus denen die wirklich alte Grundform sich nicht so ohne Weiteres ergiebt; auch ἐν δαΐ, im Kampfe, il. 13, 286; 14, 387 und 24, 739 stellt sich dazu. Die Grundformen auf ς werfen dieses wie in den früher schon besprochenen Fällen vor folgendem Vocal weg: Ἄργεϊ (Ἀργες-), in Argos. il. 1, 30; 2, 108; βέλεϊ, mit dem Geschoss, il. 4, 99; γήραϊ, dem Alter, il. 5, 153; 10, 79; 3, 150 (an dieser Stelle γήραι bei Bekker im Versanfang); κάρτεϊ (Bekker κάρτει) τε σθένεϊ, an Kraft und Stärke, il. 15, 108; σπέεϊ, der Grotte, il. 18, 402; 24, 83; od. 2, 20 ff. (Bekker hat überall das schlecht überlieferte σπῆϊ); — ferner χροΐ (aus χροσί), der Haut, dem Körper, il. 7, 207; 8, 43; 298; 9, 596 ff.; αἰδόϊ (aus αἰδόσι), der Scham, il. 10, 238; od. 8, 172; 324; 14, 505; ἠϝόϊ, der Morgenröthe, il. 7, 331; 9, 618; 682; 11, 685; 13, 794; 24, 600; od. 4, 407; 6, 31; 7, 222; 12, 24; 14, 266; 15, 396; 16, 2; 270 und 17, 435. Bekker giebt hier überall αἰδοῖ und ἠοῖ, die homerische Sprache hat die fragliche Vocalzusammenziehung aber nur bei den Grundformen auf ας und ες, wie in: σέλαι, im Glanz, il. 8, 563; 21, 246; κέραι, mit dem Bogen, il. 11, 585; δέπαι, im Becher, od. 10, 316; γήραι, dem Alter, od. 11, 136, an welchen letzteren drei Stellen das αι vor folgendem Vocal kurz gebraucht ist; — ferner γένει, an Geburt, il. 3, 215; ϝέπει, durch Worte, il. 1, 395; 504; 15, 106; ἔγχει, mit dem Speere, il. 4, 307 (ἔγχεϊ il. 2, 389; 3, 380; 431); ὑπερμενεῖ, dem gewaltigen, il. 11, 727 (ὑπερμενέι il. 13, 226); ἐυστρεφεῖ, mit wohlgedrehetem, il. 13, 716; καταπρηνεῖ, mit hastiger, il. 16, 792; od. 13, 164; προαλεῖ, abhängigem, il. 21, 262; κελαινεφεῖ, dem dunkelwolkigen, il. 21, 520; in den meisten dieser Formen erscheint das ει als kurz vor folgendem Vocal. Zu ihnen stellt sich noch Ἄρει, dem Ares, il. 5, 757, mit ει in der Vershebung; il. 21, 112 und 431 mit ει vor folgendem Vocal, wo also Ἄρῃ zu lesen möglich sein würde, und versschliessend od. 8, 266 (Ἄρεϊ il. 2, 479, wo Bekker auch Ἄρει schreibt). Weit häufiger ist dafür Ἄρηι, so il. 2, 385; 515; 627 ff., dem das vereinzelte χέρηι, dem geringen, il. 1, 80, wohl in seinem

Ausgang ganz gleich ist. Da aus dem Aeolischen (Ahrens 1, Seite 121), die Formen Ἄρευι, dem Ares, ff. neben einem Nominativ Ἄρευς aufbewahrt sind, liesse sich als möglich denken, dass auch jenes homerische Ἄρηι und die weiter zugehörigen Formen als Ἄρηϝι ff. aufzufassen wäre; entgegen stände freilich der Nominativ Ἄρης, il. 4, 439 und oft, und der Vocativ Ἄρες il. 5, 31 und 455.

Von Locativbildungen mit besonderen Suffixen dürfen noch genannt werden die lateinischen *ibî*, dort, Lucr. 2, 75 ff.; *ibî-dem*, ebendaselbst; *ubî*, wo, Lucr. 3, 728; 6, 517; *ubî-que*, überall; *alicubî*, irgendwo; *alibî*, anderswo; *utrubî*, an welchem von beiden Orten, wo; *utrobî-que*, auf jeder von beiden Seiten, deren auslautendes *i* auch mehrfach kurz gebraucht vorkömmt, wie in *ibi* Lucr. 3, 28; 213. Es ist wohl weniger wahrscheinlich, dass das hier vorliegende *bi*, wie ich früher (1, Seite 51, wo *ubi* = πόθι gesetzt wurde) annahm, mit dem griechischen θι übereinstimmt, als dass es mit weiterhin noch zu betrachtenden Dativ- und Instrumentalsuffixen zusammenhängt, die im Altindischen ein *bh* enthalten. Damit bringen Aufrecht und Kirchhoff auch ebensowohl das umbrische *mem* des singularen Locativs, wie in *ukremem,* auf dem Berge, *tôteme,* in der Stadt, als das umbrische *fem* des pluralen Locativs zusammen, dem gegenüber das Oskische das alte locative *i* getreu bewahrt hat, von dem im Umbrischen nur wenige Spuren geblieben seien.

Gleich wie für die alte örtliche Bedeutung des Accusativs, das Wohin, im Griechischen das Suffix δε und für die Grundbedeutung des Ablativs, das Woher, das θεν, so hat sich im Griechischen auch für die alte Bedeutung des Locativs, der durch seine Berührung mit dem Dativ doch vielfach aus dem Gleise wich, für das Wo, ein besonderes Suffix sehr ausgebreitet, nämlich θι, das die homerische Sprache in folgenden Wörtern aufweist: οὐρανόθι (πρό), (vor) dem Himmel, il. 3, 3; Κορινθόθι, in Korinthos, il. 13, 664; Ἀβυδόθι, in Abydos, il. 17, 584; Ϝιλιόθι (πρό), vor Ilios, il. 8, 561; 10, 12; 13, 349; od. 8, 581; ϝοίκοθι, im Hause, il. 8, 513; od. 3, 303; 19, 237 (ϝοίκοθ'); 21, 398; τηλόθι, in der Ferne, fern, il. 1, 30; 8, 285 ff.; ἔνδοθι, drinnen, il. 1, 243; 18, 287 ff.; ἔκτοθι, ausserhalb, il. 15, 391;

22, 439; ὅθι, wo, il. 2, 722; 4, 516 ff.; αὐτόθι, ebenda, dort, il. 3, 428; 9, 617 ff.; παραυτόθι, ebenda, il. 12, 302; 13, 42; ὑψόθι, in der Höhe, il. 10, 16 ff.; ἀγχόθι, in der Nähe, il. 14, 412; 23, 762 ff.; καταυτόθι, dort, il. 21, 201; νειόθι, zu unterst, il. 21, 317; ϝεκάστοθι, an jedem Orte, od. 3, 8; ἀπόπροθι, in der Ferne, il. 23, 832; od. 4, 757 ff.; ἄλλοθι, anderswo, od. 16, 44; 17, 318; 18, 401; τόθι, dort, od. 15, 239; πόθι, wo, od. 1, 170; 10, 325 ff.; ποθί, irgendwo, irgendwie, il. 10, 8; 1, 128; ὁππόθι, wo, il. 9, 577; od. 3, 89 (ὁππόθ'); — ἑτέρωθι, auf der andern Seite, anderswo, il. 5, 351 ff.; θύρηθι (θύρηθ'), vor der Thür, draussen, od. 14, 352; — κεῖθι, dort, il. 3, 402; od. 8, 519 ff.; ἐκεῖθι, dort, od. 17, 10; — ἐγγύθι, nahe, il. 10, 561; od. 1, 120 ff.; — αὖθι, da, dort, il. 3, 291; — κῆροθι, im Innern, il. 9, 300; 21, 136 ff.; ἠϝόοθι (πρό), vor dem Morgen, il. 11, 50; od. 5, 469 und 6, 36, wo die Ausgaben ἠῶθι geben. Ganz für sich sei hier noch das locativische ἦχι, wo, il. 1, 607; 3, 326 ff., genannt.

Instrumental.

Noch blieb aus der Reihe der Casus allein der Instrumental zurück, dessen alte sinnliche Grundbedeutung die der Begleitung, des Mit, war, und der deshalb auch wohl Comitativ genannt worden ist; später bezeichnet er gewöhnlich das Mittel. Von ihm weisen das Griechische und Lateinische die wenigsten Spuren auf, namentlich von der Bildung, die im Altindischen als die durchaus vorwiegende hervortritt. Sie besteht in der Anfügung eines gedehnten *â*, das sich zum Beispiel deutlich ablöst in *nâvấ*, mit dem Schiffe, *nấmnâ (nấman-)*, mit dem Namen, *bhrấtrâ (bhrấtar-)*, mit dem Bruder, *pátyâ (páti-)*, mit dem Herrn, *ghanấ* (von *ghaná-*, das später den Instrumental *ghanaina* bildet), mit der Keule, Rigv. 1. 8, 3. Wie in unsern Wörtchen *wie, so* und *desto* (in seinem Schlusstheil) hieher gehörige alte Instrumentalbildungen erkannt worden sind, so ist von vornherein auch wahrscheinlich, dass das Griechische unter seinen adverbiellen Wörtchen noch manche hieher gehörige Form besitzt, namentlich unter denen auf *η*, so wohl *πῇ*, wie, *πή*, irgendwie, *πάντη*, überall, *ἁπάντη*, allenthalben, *λάθρη* (Bekker *λάθρῃ*), heimlich, il. 2, 515; das homerische *φή*, wie, nur il. 2, 144 und 14, 499, das höchstwahrscheinlich aus *σφή* entstand und dem gothischen *svê*, wie, entspricht. Auch *ἀλλαχῇ*, anderswo, *δεκαχῇ*, zehnfach, gehören wohl hieher; vielleicht auch *δή*, ja, nun, wohl, und *μή*, dass nicht, das dem altindischen *mâ* genau entspricht. Aus dem Lateinischen hätte man wohl die Adverbia auf *ê* hieher ziehen mögen, wie *rapidê*, reissend, Lucr. 1, 294; *aequê*, gleich, Lucr. 1, 364; *altê*, hoch, Lucr. 1, 596; *bellê*, schön, Lucr. 1, 643; *rârê*, selten, Lucr. 1, 648; *êgregiê*, ausgezeichnet, Lucr. 1, 735; *levissimê*, leicht, indessen durch eine alte Form *facillumêd*, sehr leicht, scheint diese Auffassung zurückgestossen zu werden und jene Formen in das Gebiet des Ablativs eingeordnet.

Eine eigenthümliche Instrumentalbildung, die ihrer Bedeutung nach aber auch in das Gebiet des Dativs, Locativs und sogar Ablativs (nicht Genetivs) bisweilen hinübergreift, wie der griechische Dativ ja auch wieder ganz gewöhnlich instrumentalisch gebraucht wird wie in *χειρί*, mit der Hand, il. 1, 210; *βίῃ*, an Gewalt, il. 1, 404, weist das Griechische noch auf in seinen Formen auf *φιν* (oder *φι*), die sich ohne Zweifel am Nächsten anschliessen an die altindischen pluralen Instrumentale auf *bhis*, wie *gaúbhis*, mit Kühen, Rigv. 1, 7, 3. Sehr oft erscheint jenes *φιν* (oder *φι*) auch in pluralen Formen, meistens indess in singularen, was der Zusammenhang im Einzelnen ergiebt: denn eine etwaige äussere Unterscheidung, etwa nach Anhängung von *φιν* oder *φι*, ist durchaus nicht zu erkennen. Namentlich in der homerischen Sprache ist jene Bildung sehr beliebt und zwar finden wir sie da in den folgenden Wörtern, bei denen wir aus dem eben angedeuteten Grunde nach Singular und Plural hier nicht unterscheiden: *ἀπὸ στρατόφιν*, vom Heere, il. 10, 347; *πλάγχθη δ' ἀπὸ χαλκόφι χαλκός*, vom Erz prallte das Erz ab, il. 11, 351; *ἀπὸ πλατέϝος πτυόφιν*, von der breiten Wurfschaufel, il. 13, 588; *πάντες ἐπ' αὐτόφιν ἥατο* (Bekker *εἵατο*), alle sassen während des, il. 19, 255; *ἐκ θεόφιν*, von Gott, auf Antrieb eines Gottes, il. 17, 101; *ὑπὸ ζυγόφιν*, unterm Joch, il.

19, 404; *ὑπὸ ζυγόφιν λύον ἵππους*, unterm Joch aus spannten sie die Rosse, il. 24, 576; *κατὰ Ϝῑλιόφιν* (muss hier wohl heissen *Ϝῑλίοο*) *κλυτὰ τείχεα*, in Ilios' gepriesene Mauern, il. 21, 295; *ἀπὸ πασσαλόφι*, vom Nagel, il. 24, 268; *ἐκ πασσαλόφιν*, vom Nagel herab, an den Nagel, od. 8, 67; 105; *ἐπ' ἐσχαρόφιν*, auf dem Heerde, od. 5, 59; 19, 389; *ἀπ' ἐσχαρόφιν*, vom Heerde, od. 7, 169; *καθύπερθε μελαθρόφιν*, vom Dachgebälk herab, od. 8, 279; *ἐκ ποντόφιν*, aus dem Meere, od. 24, 83; — *θεόφιν μήστωρ ἀτάλαντος*, ein den Göttern gleicher Berather, il. 7, 366; il. 17, 477; od. 3, 111; 409; das selbe im Accusativ il. 14, 318; (il. 11, 200 steht in dem selben Wortgefüge der Dativ *ΔιϜί*, dem Zeus); *ἀπ' αὐτόφιν*, von ihnen (den Speeren), il. 11, 44; *δακρυόφιν πλῆσθεν*, mit Thränen wurden gefüllt, il. 17, 696; 23, 397; od. 4, 705; 19, 472; *δακρυόφιν πίμπλαντο*, mit Thränen wurden gefüllt, od, 10, 248; 20, 349; *δακρυόφιν τέρσοντο*, von Thränen wurden getrocknet, od. 5, 152; *ὅς ἐκ θεόφιν γένος ἦεν*, der von den Göttern stammte, il. 23, 347; *ἐπ' ἰκριόφιν*, auf dem Verdeck, od. 3, 353; 13, 74 (hier liest Bekker unrichtig *ἰκριόφι*); 15, 283; *ἀπ' ἰκριόφιν*, vom Verdeck, od. 12, 414; 15, 552; *ἐπὶ δεξιόφιν*, auf der Rechten, il. 13, 308; *ἐπ' ἀριστερόφιν*, auf der Linken, il. 13, 309; *ἀπ' ὀστεόφιν*, von den Gebeinen, od. 14, 134; *φθινύθει δ' ἀμφ' ὀστεόφιν χρώς*, es schwindet um die Gebeine das Fleisch, od. 16, 145; *πολὺς δ' ἀμφ' ὀστεόφιν θίς | ἀνδρῶν πῡθομένων*, od. 12, 45, wird gedeutet »rings war eine grosse Menge von Gebeinen faulender Menschen«; darnach würde also hier *ἀμφ' ὀστεόφιν* ganz anders stehen, als in der eben genannten Stelle (od. 16, 145) und *ὀστεόφιν* einfach genetivisch, was beides durchaus unwahrscheinlich ist; es liegt wohl ursprünglich etwas drin vom »faulen (des Fleisches) um das Gebein«, freilich wird il. 4, 174 (*ὀστέα πύσει*) und od. 1, 161 (*λεύκ' ὀστέα πῡθεται*) das Faulen auch vom Gebein gesagt.

Mehrfach ist das *φιν* (oder *φι*) auch an weibliche Grundformen auf *η* angefügt, so in *ὡς φρήτρη φρήτρηφιν ἀρήγῃ*, dass ein Geschlecht dem Geschlechte helfe, il. 2, 363, wo dann weiter verbunden wird *φῦλα δὲ φύλοις*, und Stämme den Stämmen; *βοῦς ἀγέληφι μέγ' ἔξοχος ἔπλετο*, ein Stier ragt in der Heerde hervor, il. 2,

480; ἀγέληφι μετελθών, in die Heerde kommend, il. 16, 487; παλάμηφιν ἀρήρειν, es passte in die Hand, il. 3, 338; 16, 139; od. 17, 4; ἐκ δέ μοι ἔγχος | ἠΐχθη παλάμηφι, der Speer flog mir aus der Hand, il. 3, 368; πεποίθᾱσίν τε βίηφιν, sie vertrauen auf die Stärke, il. 4, 325; ähnlich τεράεσσι πεποιθότες ἠδὲ βίηφιν, auf Zeichen vertrauend und Stärke, il 12, 256; χείρεσσι πεποιθότες ἠδὲ βίηφιν, auf die Hände vertrauend und Stärke, il. 12, 135; λᾱϝοῖσιν πεποιθότες ἠδὲ βίηφιν, auf die Leute vertrauend und Stärke, il. 12, 153; ϝῆφι βίηφι πιθήσας, auf seine Stärke vertrauend, il. 22, 107; χερσίν τε βίηφί τε ϝῆφι πιθήσας, auf die Hände und seine Stärke vertrauend, od. 21, 315; βίηφι δὲ φέρτεροι ἦσαν, an Stärke waren sie überlegen, od. 6, 6; βίηφί τε φέρτερος εἰμί, an Stärke bin ich überlegen, od. 21, 371; εἰ χερσίν τε βίηφί τε φέρτερος εἴην, wenn ich mit Händen und an Stärke überlegen wäre, od. 21, 373; μήτῑ τοι δρυτόμος μέγ' ἀμείνων ἠὲ βίηφιν, durch Klugheit vermag auch ein Holzhauer mehr als durch Stärke, il. 23, 315; οἳ χερσίν τε βίηφί τε φέρτατοι ἦσαν, die durch ihre Hände und Stärke am Meisten sich hervorthaten, od. 12, 246; ὑπὸ Πηλεϝίδᾱο βίηφιν, durch die Stärke des Peliden, il. 15, 614; ἐδάμασσε βίηφιν, bewältigte durch Stärke, il. 16, 826; καμόμεσθα βίηφί τε δουρί, wir erarbeiteten mit Gewalt und mit dem Speere, il. 18, 341; ὅς τις βίηφιν | κτήματ' ἀπορραίσει'(ε), der mit Gewalt das Gut entreisse, od. 1, 403; τεῖρε δ' ἀυτμή | Ἡφαίστοιο βίηφι, es quälte der Rauch durch die Kraft des Hefaistos, il. 21, 367; νικῆσαι κρατερῆφι βίηφιν, mit starker Kraft besiegen, il. 21, 501; κτείνει δόλῳ ἠὲ βίηφιν, tödtet mit List oder mit Gewalt, od. 9, 406; 408; ἑταίρους | ἔδμεναι κρατερῆφι βίηφιν, die Gefährten verzehren mit herber Gewalt, gewaltsam, od. 9, 476; ϝεῖλει κρατερῆφι βίηφιν, er drängte mit starker Gewalt, od. 12, 210; ἱπποσύνῃ τε καὶ ἠνορέηφι πεποιθώς, auf Wagenlenkerkunst und Tapferkeit vertrauend, il. 4, 303; ἀγλαΐηφι πεποιθώς, auf die Vorzüglichkeit vertrauend, il. 6, 510; 15, 267; ἀναγκαίηφι δαμέντας, mit Gewalt bewältigte, il. 20, 143; ἑτέρηφι λάζετο πέτρον, mit der andern (Hand) ergriff er einen Stein, il. 16, 734; ἑτέρηφι γέντο πυράγρην, mit der andern (Hand) fasste er die Feuerzange, il. 18, 477 (Vers 476 steht γέντο χειρί); ἑτέρηφι μαζὸν ἀνέσχεν, mit der andern (Hand) hielt sie die Brust in die Höhe, il. 22, 80; *φάρυγος λάβε δεξιτερῆφιν*, fasste die Kehle mit der Rechten, od. 19, 480; *Fοῖνον ἔχουσ' ἐν χειρὶ δεξιτερῆφιν*, den Wein in der rechten Hand haltend, il. 24, 284; od. 15, 148; *ἀπὸ νευρῆφιν*, von der Sehne, il. 8, 300; 309; 13, 585; 21, 113; 15, 313; 16, 773; *ὁπλότατος γενεῆφιν*, der jüngste an Geburt, il. 9, 58 (mit dem Dativ *γενεῇ προγενέστερος*, an Geburt älter, il. 9, 161; auch il. 15, 166: *γενεῇ πρότερος*, an Geburt älter); *γενεῆφι νεFώτατος*, der jüngste an Geburt, il. 14, 112; *γενεῆφι νεFώτερος*, an Geburt jünger, il. 21, 439; *ἐπὶ νευρῆφιν*, auf der Sehne, od. 11, 607; *ἅμα ἠFόι φαινομένηφιν*, mit der erscheinenden Morgenröthe, il. 9, 618; 682; 11, 685; 24, 600; od. 4, 407; 5, 31; 7, 222; 12, 24; 14, 266; 15, 396; 16, 270 und 17, 435; *ἐπὶ στεφάνην κεφαλῆφιν ἀFείρας θήκατο*, hob den Helm auf und setzte ihn aufs Haupt, il. 10, 30; *ἀμφὶ δέ Fοι κυνέην κεφαλῆφιν ἔθηκεν*, er setzte ihm den Helm aufs Haupt, il. 10, 257; 261; *τοῦ δ' ἀπὸ μὲν κτιδέην κυνέην κεφαλῆφιν ἕλοντο*, von seinem Haupte nahmen sie den Wieselfellhelm, il. 10, 458; *κακὸν ὄναρ κεφαλῆφιν ἐπέστη*, ein böses Traumbild stand über dem Haupte, il. 10, 496; *τιτυσκόμενος κεφαλῆφιν*, zielend nach dem Haupte, il. 11, 350; *κεφαλῆφιν ἐπεὶ λάβεν*, nachdem er an das Haupt gefasst hatte, il. 16, 762; *παρεστάμεναι κεφαλῆφιν*, neben dem Haupte stehen, od. 20, 94; *κλισίηφι λέλειπτο*, er war im Zelte gelassen, il. 13, 168; *ἐξ εὐνῆφι*, aus dem Lager, il. 15, 580; od. 3, 405; 4, 307; 2, 2 (hier mit schliessendem *ν*); *Φθίηφι*, in Fthie, il. 19, 323; *λεῖπε θύρηφιν*, er liess vor der Thür, draussen, od. 9, 238; *τά τ' ἔνδοθι καὶ τὰ θύρηφιν*, das im Innern und das vor der Thür, od. 22, 220.

Von einer Grundform auf *ι* ausgegangen ist unter den Bildungen auf *φι* (*φιν* kommt hier nicht vor) nur *Fῖφι*, mit Kraft, das in den folgenden Verbindungen vorkömmt: *Fῖφι μάχεσθαι*, mit Kraft kämpfen, il. 1, 151; 2, 720; 4, 287; 5, 606; 12, 367; 18, 14; 21, 486; *Fῖφι Fανάσσειν*, mit Kraft herrschen, il. 6, 478; od. 11, 284; 17, 443; *Fῖφι Fανάσσεις*, du herrschest mit Kraft, il. 1, 38; 452; *Fῖφι κταμένοιο*, des mit Kraft getödteten, il. 3, 375; *Fῖφι δαμῆναι*, mit Kraft bewältigt werden, il. 19, 417; od. 18, 157; *Fῖφι δαμέντα*, den mit Kraft bewältigten, il. 21, 208, und *Fῖφι δαμάσσῃ*, mit Kraft bewältige er, od. 18, 57.

Die hergebrachte Erklärung stellt *ϝῖφι*, das wir mit dem oben schon genannten *ϝίς*, dem Accusativ *ϝῖν*, und dem lateinischen *vis*, Kraft, mit dem Accutativ *vim* und Ablativ *vî* verbinden, zu *ϝῖνα*, die Sehne, il. 17, 522, *ϝῖνες*, die Sehnen, od. 11, 219 und *ϝίνεσιν*, den Sehnen, il. 23, 191, neben denen vielmehr ein *ϝῑνόφιν* würde gebildet sein.

Von Grundformen auf *υ* mit dem Suffix *φιν* gehört hieher nur *ναῦφιν*, Schiffen, das dem altindischen *naûbhís*, mit den Schiffen, wohl genau entspricht, und das wir finden in den Verbindungen *ναῦφιν ἀφορμηθεῖεν*, sie stürmten von den Schiffen, il. 2, 794; *παρὰ ναῦφιν*, von den Schiffen, il. 12, 225; 18, 305; od. 14, 498; il. 8, 474; 16, 281 (an den letzten beiden Stellen ohne Schlussnasal); *ἀπὸ ναῦφι*, von den Schiffen, il. 16, 246; *ναῦφιν ἀμῡνόμενοι*, den Schiffen abwehrend, il. 13, 700.

Aus der Reihe der consonantisch ausgehenden Grundformen gehört hieher die vereinzelte Bildung (*πρὸς*) *κοτυληδονόφιν*, an den Sangnäpfchen (des Meerpolypen), od. 5, 433, worin aber doch eine ursprünglich vocalischauslautende Grundform steckt, da das dem *φιν* hier vorausgehende Suffix in seiner ältesten Gestalt nicht *δον*, sondern *δονο* lautet. Ausserdem finden wir von den consonantisch auslautenden Grundformen bei Homer nur solche auf den Zischlaut mit *φιν* (oder *φι*) verbunden, die wir wieder sämmtlich hersetzen: *ἐξ ἐρέβεσφιν*, aus dem Dunkel, il. 9, 572; *ὑπὸ κράτεσφι*, unter dem Haupte, il. 10, 156 (wenn diese Form wirklich richtig überliefert ist, kann hier keine andere Grundform Recht haben, als *κράτες-*); *σὺν ἵπποισιν καὶ ὄχεσφιν*, mit Rossen und Wagen, il. 4, 297; 5, 219; 9, 384; 12, 119; 18, 237, und ohne *σύν* od. 4, 533; *σὺν ὄχεσφιν*, mit dem Wagen, il. 22, 22; 23, 518; *ξὺν ὄχεσφι*, mit dem Wagen, il. 16, 811; *παρ' ὄχεσφιν*, neben dem Wagen, il. 5, 28; 8, 565; 12, 91; 15, 3; *παρ' ἵπποισιν καὶ ὄχεσφιν*, bei den Rossen und dem Wagen, il. 5, 794; *πρόσθ' ἵπποιϝιν καὶ ὄχεσφιν*, vor den Rossen und dem Wagen, il. 5, 107; *δύω ἵππους αὐτοῖσιν ὄχεσφιν*, zwei Rosse mit dem Wagen, il. 8, 290; *ἵπποι αὐτοῖσιν ὄχεσφιν*, Rosse mit dem Wagen, il. 11, 699; *ἵπποισιν καὶ ὄχεσφιν ἀγαλλόμενος*, auf Rosse und Wagen stolz, il. 12, 114; *ὑπ' ὄχεσφι*, unter (an) den Wagen, il. 8, 41; 13, 23; *ὑπ' ὄχεσφιν*, unter (an) dem Wagen, il. 8, 136; *ποταμοὶ κατ' ὄρεσφι ῥέϜοντες*, von den Bergen fliessende Ströme, il. 4, 452; *κατ' ὄρεσφιν*, vom Berge herab, il. 11, 493; *ὅς τε ἔρχηται δι' ὄρεσφι*, der durchs Gebirge geht, il. 10, 185; *ὄρεσφιν*, im Gebirge, il. 11, 474; 22, 139; 189 (hier ohne Nasal); *ὑψόθ' ὄρεσφιν*, hoch im Gebirge, il. 19, 376; *διὰ δὲ στήθεσφιν ἔλασσεν*, er traf durch die Brust, il. 5, 41; 57; 8, 259; 11, 448; od. 22, 93; *διὰ στήθεσφιν ἔλασσον*, ich stiess durch die Brust, il. 22, 284; *ἀπὸ στήθεσφι*, von der Brust, il. 11, 374; 14, 214 (hier mit schliessendem *ν*); *ἐκ στήθεσφι*, aus der Brust, il. 14, 150.

Hier an schliesst sich wohl noch die Bildung *νόσφιν*, entfernt, fern von, il. 2, 347; 5, 322; 803 ff., das fast ebenso oft ohne schliessenden Nasal erscheint, wie il. 1, 349; 4, 9 ff. Dazu gehört auch das minder häufige *ἀπόνοσφιν*, entfernt, fern von, il. 1, 541; 15, 548 ff. oder *ἀπόνοσφι*, wie il. 2, 233; od. 10, 528 ff.

Dual-Nominativ (-Vocativ und -Accusativ).

Im Dual ist die Casusfülle am Wenigsten ausgebildet oder wohl richtiger am Frühesten beeinträchtigt. Schon das Altindische zeigt im Dual nur drei Casusformen, von denen die eine den Nominativ, Accusativ und Vocativ umfasst, die zweite den Dativ, Ablativ und Instrumental, und die dritte den Genetiv und Locativ. Das Griechische zeigt nur noch zwei; davon umfasst die erste auch den Nominativ, Vocativ und Accusativ, die zweite alle übrigen Casus, nach der gewöhnlichen Auffassung der griechischen Grammatik nur den Genetiv und Dativ. Ebenso mags im Griechisch-lateinischen gewesen sein, denn um darauf Schlüsse zu ziehen sind wir ausschliesslich auf das Griechische angewiesen, da das Lateinische, wie innerhalb des Griechischen auch das Aeolische, den Dual fast völlig verloren hat. Seine letzten wenigen Spuren, die das Umbrische auch nicht mal mehr erhalten hat, zeigt das Lateinische noch in den männlichen und ungeschlechtigen *duo* (= *δύω*), zwei, und *ambo* (= *ἄμφω*), beide, die beide auch noch häufig accusativisch gebraucht werden, in allen übrigen Casus aber und namentlich auch in der weiblichen Form sich durchaus an den Plural anschliessen.

Für den Nominativ und die ihm gleichlautenden Casus zeigt das Altindische in den meisten Fällen das deutlich ablösbare Suffix *â* (in späterer Zeit *âu*, was uns hier nicht näher angeht), wie in *açvinâ (açvín-)*, die beiden Rosselenker; *bhrấtarâ* (später *bhrấtarâu*), die beiden Brüder. In den Weden findet sich an Stelle des *â* bisweilen auch (das doch wohl durch Verkürzung daraus entstandene) *a*, wie in den von Benfey (Einleitung zum Sâma-Veda, Seite LX) beigebrachten *daiva*, beide Götter; *Mítrâvaruṇa*, o Mitra und Waruna, Rigv. 1, 15, 6; *Mitra*, Mitra und Waruna (eigentlich »beide Mitra«); *dhṛtavrata*, ihr beiden pflichttreuen, Rigv. 1, 15, 6; *asura*, die beiden Götter; wir fügen noch hinzu *Indrâ-varuṇa*, o Indra und Waruna, Rigv. 1, 17, 3; 7; 8; 9. Dem sehen die gewöhnlichsten griechischen Dualbildungen consonantisch auslautender Grundformen ganz ähnlich, wie παῖδε (παῖδ-), zwei Kinder, nach denen man als einfaches Suffix ein blosses ε, also ursprüngliches *a*, würde ansetzen können. Möglicher Weise ist diess wirklich das älteste Dualzeichen.

Die Grundformen auf *a* haben das Dualzeichen mit ihrem Ausgang im Altindischen zu *â* vereinigt, wie in *nárâ (nára-)*, beide Männer, Rigv. 1, 3, 2; 1, 2, 6; *ubhấ daivấ*, beide Götter, Rigv. 1, 22, 2. Diesem *â* stellen die entsprechenden griechischen Grundformen auf *o* ihr ω gegenüber: τώ = altind. *tấ*, die beiden, Rigv. 1, 2, 6; 1, 17, 1; ὥ, il. 11, 104; 12, 423; od. 16, 264 = altind. *yấ*, welche beiden; τεϝώ ἵππω, deine beiden Rosse, il. 5, 230; 237; ποταμώ, beide Flüsse, il. 5, 773. Neben δύω = altind. *dvấ*, zwei, ist das verkürzte δύο häufig, wie od. 10, 142; il. 1, 250; 2, 346; 5, 572. Die Grundformen auf altes *â* zeigen im Dual diesen Vocal noch ganz rein, wie κόρᾱ, beide Mädchen, Sofokles Antigone 799. An dieser Stelle findet sich auch das weibliche Demonstrativ τά, die beiden, das sonst im Attischen sehr selten ist und durch das männliche τώ mit vertreten wird. Von weiblichen Formen habe ich bei Homer kein Beispiel gefunden, von männlichen ὠκυπέτᾱ, zwei schnell laufende, il. 8, 42; κορυστά, die beiden gewaffneten, il. 18, 163; *'ΑτρεϝίδᾱA*, beide Atriden, il. 1, 16; 17; 375; 19, 310.

Während die Grundformen auf *i* im Altindischen im Dual *î* zeigen, wie in *pátî* (*páti-*), die beiden Herren, Rigv. 1, 3, 1; 1, 23, 3; *kavî*, die beiden Weisen, Rigv. 1, 2, 9; 1, 13, 8, bleibt im Griechischen das dualische *ε* deutlich neben der Grundform, die übrigens in derselben Weise behandelt wird, wie es aus der vorhergehenden Betrachtung der Casus sich bereits ergeben hat, so dass die homerische Sprache, in der ein hiehergehöriges Beispiel indess gar nicht vorzukommen scheint, bilden würde *ὄϝιε*, beide Schafe, von *ὄϝι-*, und von *πόλι-*, Stadt, zum Beispiel *πόλιε*, *πόλεε* (auch attische Form) oder auch *πόληε*, beide Städte. Von Grundformen auf *υ*, über deren Behandlung im Wesentlichen das Selbe wie bei denen auf *ι* gilt, findet sich: *δοῦρε* (aus *δόρυε*), beide Speere, il. 3, 18; 10, 76; 21, 145 und oft; *πήχεϝε* (*πῆχυ-*), beide Arme, il. 5, 314; od. 17, 38; 23, 240; 24, 347; *εὐρέϝε*, beide breiten (Schultern) il. 16, 791; 23, 480; *ταχέϝε*, beide schnellen (Rosse), il. 5, 356; 23, 545; *τοκῆϝε*, beide Eltern, od. 8, 312. Aus dem Altindischen mag genannt sein *sûnû́* (*sûnú-*), beide Söhne; daneben aus oben angedeutetem Grunde das gleichbedeutende stark verkürzte *υἷε*, il. 2, 865; 5, 27; 152; 542; 11, 102 ff.

Am Einfachsten schliesst sich das Dualzeichen an consonantische Grundformen, im Altindischen *â*, wie in *çrṇvántâ* (*çrṇvánt-*), die beiden Hörenden, Rigv. 1, 34, 12; *yúvanâ pitárâ*, beide junge Eltern, Rigv. 1, 20, 4; *náktâ-ushásâ* (*ushás-*) *su-paíçasâ*, Nacht und Morgen die beiden schöngestaltigen, Rigv. 1, 13, 7; — im Griechischen *ε*: *ἀνέρε*, beide Männer, il. 11, 328; 17, 378 ff.; dafür *ἄνδρε* il. 11, 432; 23, 659 ff.; *δύο φῶτε*, zwei Männer, il. 5, 572; *παῖδε*, zwei Kinder, il. 7, 279; *γῦπε*, zwei Geier, od. 11, 578; *ἄμφω χεῖρε*, beide Hände, il. 4, 524; *ῥέϝοντε*, beide fliessende, il. 5, 773; *στάντε*, beide stehenden, il. 11, 622; *δύω κύνε*, zwei Hunde, il. 10, 360; *βόϝε*, zwei Stiere, il. 13, 703; od. 13, 32; *λᾶϝε*, zwei Steine, il. 23, 329; *δοιὼ λέχε'* (-*ε*? oder -*α*? da Homer oft Plural mit Dual verbindet), zwei Lager, il. 24, 648; ebenso fraglich *δύο φάρε'* (-*ε*? oder -*α*?), zwei Mäntel, il. 24, 580.

Als Besonderheiten dürfen noch ein paar pronominelle Formen angeführt werden. Das Altindische hat für »wir beiden« *âvấm*, und für »ihr beiden« *yuvấm*, die dem allgemeinen Gesetz nach beide auch accusativisch gebraucht werden können, für die letztere (und nicht nominativische) Bedeutung aber auch noch die Nebenformen *vâm*, euch beiden, und *nâu*, uns beiden, aufweisen. Im schliessenden *m* der erstgenannten Formen steckt wohl wie zum Beispiel auch in *ahám*, ich, und *tvám*, du, ein altes Suffix, das mit der Bildung der Casus nichts zu thun hat; mit *nâu*, das in älterer Zeit ohne Zweifel nur *nâ* lautete, scheint *νώ*, wir beiden, uns beiden, il. 5, 219 und od. 15, 475, genau übereinzustimmen. Daneben ist aber viel häufiger, und auch wohl älter, die Form *νῶι*, wie il. 5, 224; 235; 718; 809 ff. Ebenso liegen neben einander *σφώ*, ihr beiden, euch beiden, il. 11, 782; 12, 47; 15, 146 und das etwas häufigere *σφῶι*, il. 5; 287; 10, 552; 11,776 ff. Für das hier dualisch gebrauchte *ι* findet sich kaum irgend ein bestimmter Anhaltspunct, wenn man nicht etwa altindische weibliche Formen, wie *putrái* (Grundform *putrấ-*), beide Töchter, *dvái* (*dvấ-*), zwei, *ubhái* (*ubhấ-*), beide, oder ungeschlechtige, wie es zum Beispiel *dvái*, zwei, und *ubhái*, beide (dann von der Grundform *dvá-* und *ubhá-*), auch sind, oder wie *vấrinî* (*vấri-*), zwei Wasser, oder *tấlunî* (*tấlu-*), zwei Gaumen, in denen ein dualisches *î* sich rein ablöst, vergleichen darf. Zuletzt nennen wir aus der homerischen Sprache noch das accusativische *σφωέ*, sie beiden, il. 1, 8; 10, 546; 15, 155; 17, 531; od. 8, 317, worin sich offenbar wieder das allgemein griechische Dualzeichen *ε* geltend gemacht hat.

Dual-Dativ (und -Genetiv).

Für den Genetiv und zugleich Locativ giebt es im Altindischen eine gemeinsame Endung, nämlich *aus*, wie in *bhrấtraus* (*bhrấtar-*), der beiden Brüder (oder »in den beiden Brüdern«), *çunáus*, der beiden Hunde (oder »in den beiden Hunden«), von der sich im Griechischen keine Spur mehr findet. Dagegen haben wir in der griechischen dualischen Endung des Dativs und zugleich Genetivs ohne Zweifel ein getreues Abbild desjenigen altindischen Suffixes, das den Dativ, Instrumental oder auch Ablativ bezeichnet und das als *bhyám* sich überall ganz deutlich erkennen lässt und zum Beispiel auch in den pronominellen *âvábhyâm*, uns beiden, und *yuvábhyâm*, euch beiden, vorliegt. In Bezug auf die Behandlung der verschiedenen Wortgrundformen vor diesem Suffix mag hier nur bemerkt sein, dass das auslautende *a* in der Regel davor gedehnt wird, wie in *áçvâbhyâm* (*áçva-*), den beiden Pferden; wir nennen noch *háribhyâm*, mit zwei Rossen, Rigv. 5, 30, 1; *çubhrábhyâm háribhyâm*, mit zwei glänzenden Rossen, Rigv. 1, 35, 3. In ältester Zeit steht an der Stelle des Halbvocals in dem Suffixe nicht selten auch der Vocal *i*, wie in *násatiábhiâm*, den nicht unwahren, Rigv. 1, 20, 3; *raúdasîbhiâm*, dem Himmel und der Erde, Rigv. 1, 136, 6.

Die vollste Form der fraglichen griechischen Dualendung haben wir in homerischen Bildungen wie **τοῖιν ἵπποιιν**, den beiden Pferden, die sich also mit entsprechenden altindischen *tábhyâm áçvâbhyâm*, den beiden Pferden, müsste vereinigen lassen. In etwas weichen die Bildungen allerdings offenbar von einander ab, nämlich in Bezug auf die Behandlung des Ausgangs der Grundform vor dem Suffix, wir haben altindisch *â*, wo das Griechische **οι** zeigt. Diesem letzteren entspricht jenes *â* nicht, man darf ihm aber wohl das *ai* in altindischen Pluralbildungen wie dem Dativ *daivaíbhyas* (von *daivá-*), den Göttern, oder alten Instrumentalen wie *daivaíbhis*, mit den Göttern, von denen weiterhin noch die Rede sein wird, gegenüberstellen. Wie nun aber weiter der Uebergang vom alten *bhyâm* zum griechischen **ιν** sich im Einzelnen gestaltete, ist nicht mit voller Entschiedenheit zu sagen, wenigstens nicht in Bezug auf das in jenem **ιν** spurlos verwischte *bh*. Hier aber ist doch wohl weniger wahrscheinlich, dass das *bh* sich zunächst zum blossen Hauch schwächte und dann ganz wich, als dass es zunächst in den Halbvocal *v* (ϝ) überging, was ohne Zweifel mehrfach im Griechischen der Fall gewesen ist, wie zum Beispiel im Altgriechischen **ϝρήγνῡμι** (später **ῥήγνῡμι**), ich reisse, ich breche, neben dem altindischen *bhanj* (aus *bhranj*), zerbrechen, und gleichbedeutenden lateinischen *frangere*. So wäre auch nicht ganz unwahrscheinlich, dass jenes τοῖιν ἵπποιιν in wirklich homerischer Form noch lautete τοῖϝιν ἵπποιϝιν. Der Schluss ιν aber führt hier auf das *yâm* (*iâm*) zurück, da der Grieche überhaupt kein auslautendes *m* hielt und die volle Silbe *yâ*, zunächst wohl mittels der Verkürzung zu *ya*, ihres *a*-Vocals ganz beraubte und dann zu *i* vocalisirte, ganz wie zum Beispiel auch in πρίν, früher, das auf einen alten deutlichen Comparativ πρίον zunächst zurückweist; das Lateinische hat diese letztere Lautumgestaltung bekanntlich in *magis*, mehr, aus *magius, magios*.

Hieher gehörige Formen aus der homerischen Sprache sind τοῖιν, den beiden, il. 11, 110, 12, 66; 23, 336; ἵπποιιν, den beiden Pferden, il. 5, 13; 107; 19, 396 ff.; ὤμοιιν, den beiden Schultern, il. 5, 622; 13, 511; 15, 308 ff.; ἀλλήλοιιν, einander, il. 16, 65; 16, 765; 22, 128 ff.; ἀμφοτέροιιν, beiden, il. 5, 207; 23, 736; 20, 327; βλεφάροιιν, den Augenliedern, il. 10, 187; μαρναμένοιιν, der beiden kämpfenden, il. 1, 257; 17, 387; ὀφθαλμοῖιν, den beiden Augen, od. 4, 154; ἡμιόνοιιν, der beiden Halbesel, od. 7, 2; 8, 124; σταθμοῖιν, der beiden Pfeiler, od. 6, 19. Von consonantisch auslautenden Grundformen bieten sich nur ποδοῖιν (ποδ-), den beiden Füssen, il. 14, 228; 477; 15, 18 ff., und Σειρήνοιιν, der beiden Sirenen, od. 12, 52; 167 (neben dem Plural Σειρῆνες, od. 12, 44), die also in dem vollen Ausgang οιιν von den *o*-auslautenden Grundformen gar nicht abweichen. Das spätere Griechisch hat das alte οιιν überall zu οιν vereinigt, wie in ἵπποιν, beiden Pferden, ποδοῖν, beiden Füssen, und ganz entsprechend auch bei den Grundformen auf altes *â* zu αιν, wie in κόραιν, beiden Mädchen, ein altes αιιν, dessen homerische Form ohne Zweifel ηιν lautete (κούρηιν, beiden Mädchen; Ἀτρεϝίδηιν, beiden Atriden), aber nirgend mehr begegnet. — Aus der Reihe der Fürwörter dürfen hier wieder besonders genannt werden νῶιν, uns beiden il. 8, 374; 10, 478; 13, 326; 14, 273 ff., das in späterer Zeit νῷν lautet; σφῶιν, euch beiden, il. 1, 257; 4, 341; 8, 413; 416 ff., in späterer Zeit σφῷν (so auch od. 4, 62 in unechter Stelle), und σφωίν, ihnen beiden, il. 1, 338; 8, 402; 11, 628; 23, 281 ff.

Plural-Nominativ (und -Vocativ).

Da wir den Vocativ des Plurals seiner Bildung nach vom Nominativ niemals unterschieden sehen: denn der Unterschied, den das Altindische in der Betonung macht, wie in *túdantas*, o stossende, im Gegensatz zum Nominativ *tudántas*, die stossenden, ist von ganz untergeordneter Bedeutung, so ist in dem Suffix des pluralen Nominativs ursprünglich wohl nur das plurale Verhältniss bezeichnet und nicht ausdrücklich das nominative, wie diess doch im Singular in der Regel deutlich zu erkennen ist.

Das ausgebreitetste Suffix für den Nominativ des Plurals ist ein altes *as*, das sich meist auch da noch ganz deutlich herauslösen lässt, wo es sich mit einem etwa vorausgehenden Vocale zu einem langen Vocale vereinigt hat, wie im altindischen *ájrâs* (aus *ájra-as*) und zum Beispiel im entsprechenden gothischen *akrôs* (zunächst für *akrâs*), die Aecker. Im Griechisch-lateinischen würde, wo nicht eine abweichende Bildung sich geltend gemacht hätte, der genannten Form ein *agrôs* entsprochen haben, das im griechischen Gewande als ἀγρώς, im lateinischen auch als *agrôs* würde aufgetreten sein. Es ist das eine vollkommen missrathene Ansicht, die für das Lateinische eine alte Pluralendung *is* aufstellt und mittels ihr aus einem *agro-is* das spätere *agrî*, die Aecker, deuten will. Diese Deutung ist eine durchaus verfehlte und auf ganz unrichtiger Auffassung von Sprachgeschichte beruhende, selbst wenn die auf alten Inschriften mehrfach entgegen tretenden Pluralformen auf *eis* (Corssen 1, Seite 220), wie *vireis*, Männer, *gnâteis*, Söhne, *eis*, sie, einen tieferen Grund haben sollten, und nicht, wie wir für durchaus wahrscheinlich halten, nur entstanden sind durch einen Missgriff der Sprache, die den Plural noch mal bezeichnete, wo er bereits ausgedrückt war. Häufiger sind neben jenen Formen auf *eis* in der alten Zeit die Pluralformen auf *ei* (Corssen 1, 220), wie *filiei*, Söhne, *quei*, welche, *virei*, Männer, *agrei*, Aecker, die auf noch ältere mit *oi* zurückweisen, wie *poploi* oder *populoi*, Völker. Als umbrische Pluralbildung von Grundformen auf *o* (Aufrecht und Kirchhoff, Seite 115 bis 121) erscheint ein auslautendes *ûs*, wie in *poplûs*, Völker, als oskische ein *ús*, die beide, so weit ich sehe, nie ein *i* enthalten und deshalb gegen die lateinische einen wesentlichen Gegensatz bilden, ebenso wie auch die umbrischen weiblichen Plurale auf *âs*, wie *urtâs*, gegen die lateinischen auf *ae*, alt *ai*, wie das jenem *urtâs* sonst genau entsprechende *ortae*, entstandene.

Die griechischen und lateinischen Grundformen auf *o*, also altes *a*, weichen in der Bildung ihres Pluralnominativs darin von fast allen übrigen Grundformen ab, dass sie hier ein über alle mittelländischen Sprachen ausgebreitetes aber sonst fast ganz auf die Pronominalflexion beschränktes Suffix antreten lassen, das, so weit unser Blick reicht, in einem blossen *i* besteht. Die Uebertragung dieser Bildung aber von den Fürwörtern auch auf andere Nomina mit *a*-auslautender Grundform war dadurch leicht herbei geführt, dass auch die meisten Pronominalstämme auf altes *a* ausgehen. Im Altindischen sind auf die angegebene Art gebildet die männlichen *tái*, die, vom Demonstrativstamm *tá*; *tyái*, die; *aitái*, diese; *imái*, sie; *yái*, welche; *kái*, welche; *anyái*, andre; *sarvái*, alle; — im Gothischen zum Beispiel *þai* (= altind. *tái*), unser *die*; *jainai*, jene, und andere, und darnach auch alle Adjective wie *gôdai* (*gôda-*), gute, *liubai*, liebe, *sutjai*, süsse. Im Griechischen und Lateinischen finden sich zum Theil auch mit den eben genannten genau übereinstimmende Formen **οἱ**, die; **τοί** (= altind. *tái*), die, il. 1, 447; 2, 52; 149; 152 ff.; *istî*, die; **οὗτοι**, diese; **τοιοῦτοι**, solche; **αὐτοί**, sie; **οἵ** (= altind. *yái*), welche; *quî* (= altind. *kái*), welche; *hî*, diese; *iî*, alt auch *eî*, dieselben; *illî*, jene; *ipsî*, sie selbst; **ἄλλοι** = *aliî* (= altind. *anyái*), andere; **ἐκεῖνοι**, jene. Daran schliessen sich dann also die Nomina, wie **ἵπποι** = *equî*, Pferde; **ἀγροί** = *agrî*, Aecker; **ταῦροι** = *taurî*, Stiere; *vesperî* = **ἕσπεροι**, Abende; *lîberî* = **ἐλεύθεροι**, freie; **θεοί** (das il. 1, 18, wenn kein alter Irrthum drin steckt, einsilbig also **θοί** zu lesen ist) = *deî* (neben *diî* und auch *dî*), Götter, und andre, die also für das Griechisch-lateinische auch mit auslautendem *oi* werden anzusetzen sein.

Für das Griechische und Lateinische, und also aller Wahrscheinlichkeit nach auch das Griechisch-lateinische, hat sich diese Pluralendung *i* auch über die Grundformen auf altes *á* ausgebreitet, hier aber in Bezug auf die Pronomina schon im Gegensatz zu dem Altindischen und zum Beispiel auch Gothischen. Im Altindischen ist das weibliche *tā́s,* die, vom männlichen *tái*, die, wesentlich verschieden gebildet, das weibliche *anyā́s*, andere, vom männlichen *anyái* und ebenso zum Beispiel im Gothischen weibliches *þôs,* die, neben männlichem *þai;* im Griechischen und Lateinischen aber, in denen die in so vielen Puncten im Gegensatz zu allen übrigen Grundformen eigenthümlich gleichmässige Behandlung der Grundformen auf *o* und altes *â* sehr beachtenswerth ist, schliessen sich die weiblichen **αἱ**, die; **ταί**, die, il. 3, 5; 7; 4, 9; 18, 67 ff.; *istae,* die; **αὗται,** diese; **τοιαῦται,** solche; **αὐταί**, sie; **αἵ** (altind. *yā́s*), welche; *quae,* welche; *hae,* diese; *eae,* dieselben; *illae*, jene; *ipsae*, sie selbst; **ἄλλαι** = *aliae*, andere; **ἐκεῖναι,** jene, eng an die vorhingenannten männlichen **οἱ, τοί**, *istî*, die, und die andern. Mit diesen weiblichen Pronominalpluralen stimmen dann im Griechischen und Lateinischen auch die der übrigen weiblichen Nomina mit Grundformen auf altes *â* wieder überein, wie **ὗλαι** = *silvae*, Wälder; **ἐλεύθεραι** = *lîberae,* freie; **ἐρυθραί** = *rubrae,* rothe. Im Griechisch-lateinischen wird in den entsprechenden Bildungen die Endung auch *ai* gewesen sein und für jenes **ὗλαι** = *silvae,* Wälder, wird man als griechisch-lateinische Grundform wohl ein *sulvai* anzusetzen haben. An diese weiblichen Bildungen schliessen sich auch die männlichen mit Grundform auf altes *â* ganz an, wie **ναῦται** = *nautae*, die Schiffer, mit dem Nominativ **ναύτης** = *nauta*, wie **Κρονίδαι,** Kroniden, und andere. Für das Lateinische ist noch besonders hervorzuheben, dass die Grundformen auf *ê*, das doch meist auch altem *á* gegenübersteht, das pluralische *s* immer haben, wie *diês* (*diê-*), Tage, *rês,* Sachen.

Von den soweit behandelten Fällen abgesehen hat nun im Griechischen und Lateinischen als Pluralzeichen für das männliche und weibliche Geschlecht sich ausschliesslich die dem altindischen *as* entsprechende Form festgesetzt, die, wo sie sich ganz deutlich ablöst, was namentlich im Griechischen fast durchgehends der Fall ist, überall als **ες** erscheint und so auch für die griechisch-lateinische Zeit wird anzusetzen sein, im Gegensatz zu der alten schon oben behandelten Genetivendung *as,* deren griechisch-lateinische Form aller Wahrscheinlichkeit nach *os* war. So haben im Griechischen und Lateinischen die aus dem alten *a* neu entwickelten *o* und *e* vielfach eine deutlichere Formunterscheidung herbeigeführt, als, wenigstens in seiner Schrift, das Altindische sie aufweist, wie sie aber in vielen Fällen vielleicht schon tief begründet war.

Bei den Grundformen auf *i* kömmt im Griechischen die schon mehr berührte verschiedenartige Behandlung der Grundform vor dem Casussuffix, die für dieses letztere von gar keiner tiefern Bedeutung ist, wieder in Betracht. Am Einfachsten gebildet sind die homerischen Σίντιες, Sintier, il. 1, 594; ὄϝιες, Schafe, il. 4, 433; 23, 31; od. 9, 184; 425; 431; ἐπάλξιες, Brustwehren, il. 12, 424; 430; μάντιες, Seher, il. 24, 221; ϝίδριες, kundige, od. 7, 108; πόριες, Kälber, od. 10, 410; νήστιες, nüchterne, od. 18, 370; πόλιες, Städte, od. 15, 412. Neben der letzteren Form erscheint auch πόληες (aus πόληjες), il. 4, 45; 51; od. 19, 174. Zu denken sind daneben auch noch Plurale mit innerm kurzen Vocal, wie πόλεες (aus πόλεjες), die den geläufigsten altindischen Bildungen am Nächsten liegen würden, wie *váyas* (*ví-*), Vögel, Rigv. 1, 25, 4; 6, 64, 6; *sûráyas*, die Weisen, Rigv. 1, 22, 20; *râtáyas*, Gaben, Rigv. 1, 11, 8. Aus diesen Bildungen auf εες ging die gewöhnlichste Form der späteren attischen Sprache, wie πόλεις, Städte, τύρσεις (aus τύρσεες), Thürme, hervor. Von solcher Bildung ist aus der homerischen Sprache nur etwa zu nennen das Zahlwort τρεῖς (aus τρέjες = altind. *tráyas*), drei, il. 2, 671; 4, 51; 9, 144 ff. Ihm entspricht das lateinische *três*, drei, das auch nicht auf *tries* zurückführt, sondern auf ein altes *trejes*, und ganz ähnlich dann alle die gewöhnlichen Plurale der lateinischen Grundformen auf *i*, wie *cîvês* (aus *cîvejes*, von der Grundform *cîvi-*), Bürger, Ennius ann. 16; 174; *omnês mortâlês*, alle Sterblichen, Enn. ann. 551; *amnês perennês*, fortwährende Ströme, Enn. Seite 156; *aurês*, Ohren, Lucr. 3, 549; *nârês*, Nase, Lucr. 3, 551. Ganz so findet sich im Umbrischen *ukrês*, Berge, von *ukri-*. Vereinzelt findet sich im älteren Latein auch der Plural auf *îs*, wie *hostîs*, Feinde, Enn. ann. 291; *imbrîs*, Regengüsse, Lucr. 5, 216.

Auch die Grundformen auf *u* lassen im Griechischen

noch oft das plurale *ες* einfach antreten, so bei Homer in *σύες*, Schweine, il. 9, 467; od. 10, 243; 283; 11, 413 ff.; dafür *ὕες* il. 23, 32; od. 15, 556; *δρύες*, Eichen, il. 12, 132; *νέκυες*, Todte, il. 21, 302; *βότρυες*, Trauben, il. 18, 562; *ἐγχέλυες*, Aale, il. 21, 203; 353; *ἰχθύες*, Fische, il. 21, 203; 353; od. 14, 135; 24, 291; *ἐρῖνύες*, die Rachegöttinnen, il. 15, 204; 19, 259; 418; od. 11, 280; 17, 475. Von den Wörtern *su-*, Schwein, und *gru-*, Kranich, die sich fast überall eng an die Casusbildung der Grundformen auf Consonanten anschliessen und daher im Plural auch einfach *ês* anhängen, abgesehen vereinigen die hiehergehörigen lateinischen Wörter ihr *u* durchaus mit der Pluralendung zu *ûs*, so *domûs*, (von *domu-*), Häuser; *fructûs*, Früchte; *arcûs*, Bogen; *lacûs*, Seeen. Die nämliche Vocalverengung im Griechischen zeigt *ἄρκῦς*, Jagdnetze, aus *ἄρκυες*, in Xenofons Buch von der Jagd 2, 9; 6, 2; 10, 2 und 19. Die häufigere und insbesondere bei Adjectiven herrschende Bildung im Griechischen ist die, wo dem Pluralsuffix nicht einfaches *υ*, sondern dafür die vollere schon früher behandelte Silbe *εϜ* vorhergeht, dass also die gewöhnlichen Plurale von Grundformen auf *u* im Altindischen, die den Ausgang *avas* haben, genau entsprechen, wie *kaitávas* (*kaitú-*), Strahlen, Rigv. 1, 24, 7; *çátravas*, Feinde, Rigv. 1, 5, 4; *kârávas*, Lobsänger, Rigv. 1, 11, 6; *bahávas*, viele, Râmâyana 49, 18. So findet sich *ὠκέϜες* (= altind. *âçávas*, Rigv. 1, 5, 7; 1, 135, 6), schnelle, il. 5, 257; 8, 88; 10, 474 ff.; *πολέϜες*, viele, il. 2, 417; 610; 619; 4, 143 ff.; *ταχέϜες*, schnelle, il. 3, 26; 5, 885 ff.; *ὀξέϜες*, scharfe, il. 4, 214; 12, 64 ff.; *βραδέϜες*, langsame, il. 8, 104; *ἡμισέϜες*, halbe, il. 21, 7; od. 3, 155; 157; *εὐρέϜες*, breite, il. 22, 153; 4, 605; 18, 68; *ἐννεϜαπήχεϜες*, neun Ellen lange, od. 11, 311; so auch *θαμέϜες*, häufige, il. 11, 552. Zusammenziehung der Vocale liegt schon vor in *πολεῖς* (aus *πολέϜες*), viele, il. 11, 708; sie ist später im Attischen das Regelmässige, wie in *ἐγχέλεις*, Aale; *πήχεις*, Ellen; *πρέςβεις*, Alte, und ist es ebenso im Pluralnominativ derjenigen Wörter, deren singularer auf *εύς* ausgeht, wie in *βασιλεῖς* (zunächst aus *βασιλέϜες*), Könige, von *βασιλεύς*, König; *ἱππεῖς*, Reiter, von *ἱππεύς*. Bei den älteren Attikern findet sich der Plural solcher Wörter oft auch auf *ῆς* gebildet, das aus älterem ἧες entstand und in noch älterer Zeit ἦϝες gewesen sein muss. Das Letztere ist auch der regelmässige Pluralausgang der Grundformen auf ευ- bei Homer, so in βασιλῆϝες, Fürsten, il. 2, 86; 445; 4, 143 ff.; ἱππῆϝες, Rosselenker, il. 2, 810; 23, 133; 287 ff.; ὀχῆϝες, Halter, il. 4, 132; 12, 445 ff.; χαλκῆϝες, Schmiede, il. 4, 187; 216; ἡνιοχῆϝες, Zügelhalter, il. 5, 505; ἀριστῆϝες, die Edeln, il. 7, 73; 159; 227 ff.; νομῆϝες, Hirten, il. 17, 65; 18, 525; 577 ff.; φορῆϝες, Träger, il. 18, 566; οὐρῆϝες, Maulthiere, il. 23, 115; ἱερῆϝες, Priester, il. 24, 221; τραπέζῆϝες, zum Tisch gehörige, il. 23, 173; od. 17, 309; τοκῆϝες, Eltern, od. 1, 170; 8, 554 ff.; πομπῆϝες, Begleiter, od. 3, 325; 376; 4, 362 ff.; ϝοικῆϝες, Diener, od. 17, 533; ἀμφιφορῆϝες, Krüge, od. 13, 105; πορθμῆϝες, Fährmänner, od. 20, 187; ἁλιῆϝες Fischer, od. 22, 384.

An consonantisch auslautende schliesst sich das pluralische ες am Einfachsten an: κύνες, Hunde, il. 3, 26; 13, 623; θυγατέρες, Töchter, il. 2, 492; ἀνέρες, Männer, il. 2, 1; 604; 4, 41 ff.; dafür ἄνδρες, il. 1, 403; 594; 5, 187 ff.; μηκάδες αἶγες, meckernde Ziegen, il. 11, 383; γῦπες, Geier, il. 16, 836; od. 22, 30; νῆϝες, Schiffe, il. 2, 303; 333; 524 ff.; dafür mit kurzem Vocal νέϝες il. 2, 509; 516; 602; 680; 733 ff.; βόϝες, Rinder, il. 9, 406; 11, 172 ff. Genannt sein mag hier auch noch das stark verkürzte υἷες, Söhne, il. 1, 161; 237; 276 und sonst sehr oft; daneben ist seltener υἱέες, il. 2, 641; 666; 5, 10; 11, 138; 692 ff. und mit Zusammenziehung der Vocale υἱεῖς il. 5, 464; od. 15, 248; 24, 387. Bisweilen findet diese Vocalzusammenziehung auch in den Comparativformen Statt, in denen dann zuvor der Nasal ausgestossen wurde, wie in ἀρείους, vorzüglichere, aus ἀρείονες, il. 16, 557 und od. 9, 48 versschliessend; κακίους, schlechtere, nebst jenem ἀρείους, bessere, in dem verworfenen Verse od. 2, 277; πλείους, mehr, od. 24, 464, wo aber wohl πλέονες herzustellen ist; doch ist jenes πλείους wohl zu schreiben od. 18, 247 im Versanfang, wo πλέονες zweisilbig gelesen werden soll. Gewöhnlicher sind doch Formen, wie πλέονες, mehr, il. 5, 531; 15, 563 ff.; ἀμείνονες, bessere, il. 18, 106; 23, 479; ὀλίζονες, kleinere, il. 18, 519; χείρονες, geringere, il. 23, 572; 577; καλλίονες, schönere, od. 10, 369; μείζονες, grössere, od. 10, 396; κρείσσονες, stärkere, od. 22, 353. Sehr stark im Innern verkürzt ist πλέες, mehr, il. 11, 305. Auch bei den Grundformen auf ς fand, da dieser Laut in der Pluralform als zwischen Vocalen stehend früh schwinden musste, bisweilen Zusammenziehung dieser Vocale Statt, vereinzelt auch, wo die Ausgaben sie umgehen; so in πρωτοπαγεῖς (aus -παγέσ-ες), neu gefügt, unmittelbar neben νεϜοτευχέες, neubereitet, il. 5, 194; πρηνεῖς, vornüberstürzend, il. 11, 179; ἐπιδευεῖς, ermangelnd, il. 13, 622; ζαχρηεῖς (oder ζαχραέες?), stürmische, il. 12, 347; 360; 13, 684; ἐναργεῖς, offenbar, il. 20, 131; od. 7, 201; 16, 161; ἀσκηθεῖς (Bekker ἀσκηθέες), unbeschädigt, od. 14, 255. Frei neben einander blieben die Vocale häufiger, so in πρηνέες, vornüber stürzend, il. 2, 418; 16, 379; εὐφυέες, schön gewachsen, il. 4, 147; ὑψηχέες, hochwiehernd, il. 5, 772; ἀκλεϜέες (Bekker ἀκληεῖς), ruhmlose, il. 12, 318; διϜοτρεφέες, himmelernährte, il. 14, 27. Mit innerm langen Vocal ist wieder hervorzuheben χέρηες, geringe, od. 15, 324. — Im Lateinischen hat sich die schon bei mehreren Casus bemerkenswerthe Vermengung der Grundformen auf *i* und derer auf Consonanten in Bezug auf die Bildung des Plurals so durchgreifend geltend gemacht, dass die alte Endung *es* mit kurzem Vocal, wie sie noch im Griechischen sich deutlich anfügt, ganz und gar aufgegeben ist und dafür überall das langvocalische *ês* von den Grundformen auf *i* her eingedrungen, so haben *bovês (bov-)*, Rinder, *pedês (ped-)*, Füsse, *patrês (pater-)*, Väter, *ferentês (ferent-)*, tragende, und andre Wörter den selben Ausgang wie *hostês* (aus *hostejes*; von *hôsti-*), Feinde, *ovês*, Schafe.

Aus der Reihe der Pronomina mögen hier noch genannt sein ἡμεῖς und das alte ἄμμες, wir, il. 21, 432; od. 9, 303; 321; 22, 55, ὑμεῖς und das alte ὔμμες, ihr, il. 1, 274; 335; 14, 481 ff.; σφεῖς, sie (nicht bei Homer) und die lateinischen *nôs*, wir, und *vôs*, ihr, die offenbar sämmtlich das alte Pluralzeichen *as* enthalten im Gegensatz zu den altindischen *vayám*, wir, und *yûyám*, ihr. Möglicherweise steckt in ihnen das schon oben besprochene pronominelle Pluralzeichen *i* (*va-i-am*, *yû-i-am?*), es ist aber auch sehr wohl denkbar, dass hier ursprünglich der Plural gar nicht ausdrücklich bezeichnet wurde, da ja *ihr* (das ist »du und irgend andere«) eigentlich gar kein Plural zu *du* ist und noch viel weniger *wir* (»ich und andre«) ein wirklicher Plural zu *ich*.

Als fast ganz durchgehendes Plural-Nominativzeichen der *ungeschlechtigen Wörter*, bei denen wieder im Voraus zu bemerken ist, dass sie auch im Plural den Accusativ ebenso wie den Vocativ äusserlich nie vom Nominativ unterscheiden, ergiebt sich für das Griechisch-lateinische mit Bestimmtheit ein reines kurzes *a*. Entsprechende Pluralbildungen zeigt das Altindische nur von Grundformen auf *a*, die in späterer Zeit an der Stelle dieses kurzen Vocals im Plural allerdings in der Regel *âni* zeigen, in der ältesten Zeit aber statt dessen noch sehr häufig ein blosses langes *â*, wie in *kắmiâ*, geliebte, Rigv. 1, 8, 10; *raucanắ*, Strahlen, Rigv. 1, 6, 1; *tắ*, die, später *tắni*. Oft laufen beide Endungen neben einander her, so in *viçvâni pắunsiâ*, alle Heldenkräfte, Rigv. 1, 5, 9; *viçvâni ádbhutâ*, alle Wunder, Rigv. 1, 25, 11; *viçvâ vắriâni*, alle Reichthümer, Rigv. 7, 17, 5; *viçvâ bhúvanâni*, alle Wesen, Rigv. 1, 35, 5. Für die Vergleichung des Lateinischen und Griechischen hat nur jene alte indische Endung *â* der Grundformen auf *a* für uns Bedeutung, die wir wohl in zwei kurze *a* (*viçvâ* aus *viçva-a*) zerlegen dürfen, dass sich also als Casusendung ein blosses *a* ergeben würde.

Im Griechischen und Lateinischen ist jenes *a* überall kurz, auch bei den Grundformen auf altes *a*, während unter diesen doch zum Beispiel im Gothischen noch das eine *þô*, die, das dem alten indischen *tắ* lautlich genau entspricht und abgesehen von der Vocalquantität dann auch dem griechischen *τά* und dem lateinischen *(is)-ta*, die, seine alte Vocallänge bewahrte. So entspricht *ὠά* dem *ôva*, Eier; ähnlich *δῶρα, dôna*, Gaben; *ζυγά* = *juga*, Joche; *alia* = *ἄλλα*, andere.

Beispiele von Grundformen auf *i* sind *τρία*, il. 6, 196; od. 17, 515, = *tria*, drei; möglicher Weise *Fίφια*, kräftige, il. 5, 556; 8, 505; 544 ff.; dann aber noch *ἄσσα* (aus *ἄ-τjα, ἄ-τια*), welches, il. 1, 554; 9, 367; 10, 208; 409; 20, 127; od. 5, 188; 7, 197; 11, 74, und *ὁπποῖά-σσα* (aus *-τjα, -τια*), was für welche, od. 19, 218. Auch im Lateinischen schliesst sich das *a* einfach an das vorhergehende *i*, dabei ist aber in Bezug auf das Verhältniss der Grundformen auf *i* zu denen auf Consonanten wieder zu bemerken, dass das *ia*, da das Lateinische ziemlich viele Adjective auf *i* besitzt, überhaupt ein sehr beliebter Ausgang des Plurals ungeschlechtiger insbesondere adjectivischer Wörter geworden ist und auch sehr oft dann erscheint, wo nach sonstigen Bildungen die fragliche Grundform vielmehr als consonantisch auslautend aufgefasst werden möchte. Wir nennen *moenia (moeni-)*, Mauern; *mûnia*, Amtsverrichtungen; *mîlia*, tausende; *brevia*, kurze; *suávia*, süsse; *grandia*, grosse, Lucr. 1, 289; *acria*, scharfe, Lucr. 4, 709; *expertia*, untheilhafte, Lucr. 5, 357; *discordia (cord-)*, uneinige, Lucr. 5, 894; *paria*, gleiche, Lucr. 2, 694; 724; *plûria*, mehrere, Lucr. 1, 877; 5, 587; 1134. Namentlich auch bei Participien, deren ältester Ausgang doch *nt* zu sein scheint, ist das *ia* gewöhnlich: *lâbentia (lâbent-)*, gleitende, Lucr. 1, 2; *flammantia*, flammende, Lucr. 1, 73; *pallentia*, blasse, Lucr. 1, 123; *pâlantia*, umherirrende, Lucr. 2, 1031; *horrentia*, starrende, Enn. ann. 288; *dîtia*, reiche, ist auch alte Participform. — Im Altindischen haben die gegenüberstehenden Formen den Ausgang *íni*, dem aber ebenso wie dem *âni* der spätern Zeit ein altes *â*, wie oben bemerkt wurde, so in den ältesten Denkmälern vielfach ein blosses *î* gegenübersteht. So in *trî́ cakrấ*, drei Räder, Rigv. 1, 34, 9, das später nur *trî́ni cakrấni* lautet. Wir sehen hier jenem griechisch-lateinischen *τρία* = *tria*, drei, ein altindisches *trî́* in ganz ähnlicher Weise gegenüberstehen, wie zum Beispiel einem alten griechischen Dual *ὄϝιε*, zwei Schafe, ein hier entsprechendes *ávî* gegenübersteht, von *ὄϝι-* = altind. *ávi-*, Schaf.

In Bezug auf die Grundformen auf *u* treten für das Griechische die schon früher behandelten Erscheinungen auch hier wieder zu Tage. Das *α* schloss sich einfach an das *υ* in *δάκρυα*, Thränen, il. 7, 426; 13, 658; 16, 3 ff.; dann auch in *δοῦρα* (aus *δόρυα*), Speere, il. 2, 135; 11, 571; 12, 465 ff., und *γοῦνα* (aus *γόνυα*), Kniee, il. 6, 511; 14, 437; 468 ff., neben denen in *δούρατα*, Speere, il. 5, 618; 656; 11, 594 und *γούνατα*, Kniee, il. 4, 314; 7, 271; 8, 371; 9, 610 ff. vollere Grundformen vorliegen. Das *εϝ* an Stelle jenes *υ* erscheint wieder namentlich in Adjectiven, so in *πλατέϝα*, breite, il. 2, 474; 11, 679 ff.; *ὀξέϝα*, scharfe, il. 5, 495; 619; 6, 104 ff.; *βαρέϝα*, schwere (mehrfach adverbiell gebraucht), il. 8, 334;

13, 423; 538 ff.; *βαθέϝα*, tiefe, il. 20, 490; *εὐρέϝα*, breite, il. 2, 159; od. 4, 313; 3, 142 ff.; ferner in *ϝάστεϝα*, Städte, il. 2, 660; od. 1, 3; 9, 128 ff.; *πώεϝα*, Heerden, il. 11, 678; 18, 528; od. 11, 401; 12, 129 ff. Im Lateinischen schliesst sich das *a* überall an die Grundformen auf *u* einfach an: *cornua*, Hörner; *genua*, Kniee; *pecua*, Vieh, Livius 35, 21.

Bei den Grundformen auf Consonanten ist für das Lateinische nur das schon oben bemerkte häufige Hinüberstreifen in die Reihe der Grundformen auf *i* zu beachten. Einfache Bildungen sind *capita*, Köpfe; *corda*, Herzen, Lucr. 1, 13; *ossa*, Gebeine, Lucr. 1, 135; *corpora*, Körper; *sîdera*, Gestirne, Lucr. 2, 1031; *vetera*, alte; *mâjôra*, grössere; *minôra*, kleinere, Lucr. 2, 389; *complûra*, mehrere. Im Griechischen sind die Bildungen auch ganz einfach: *πυρά*, Feuer, il. 8, 554; *οὔατα*, Ohren, il. 10, 535; 11, 636; *πίϝονα*, fette, il. 11, 773; 12, 283; *πλείονα*, mehr, il. 13, 355; 23, 312 ff.; *χερείονα*, schlechteres, od. 18, 404; mit Vocalzusammenziehung *ἀμείνω* (aus *ἀμείνοα*, *ἀμείνονα*), besseres, od. 7, 310; 15, 71. Von Grundformen auf *ς* erscheinen bei Homer noch sehr oft die vollen Formen, doch natürlich ohne den Zischlaut, wie *ἔγχεα* (für *ἔγχεσα*), Speere, il. 4, 447; 8, 61; 10, 152 ff.; *βέλεα* (für *βέλεσα*), Geschosse, il. 8, 159; 15, 590 ff.; *κώεα*, Vliesse, il. 9, 661; *ὄχεα*, Wagen, il. 11, 160; *ἀριπρεπέα*, sehr kostbare, il. 8, 556; *οὔρεα*, Berge, il. 1, 157; *ϝέπεα*, Worte, il. 1, 201; 2, 7; 109 und sonst oft; vereinzelt steht wieder *χέρηα*, schlechtes, il. 14, 382; od. 18, 229 und 20, 310, mit langem Vocal im Innern. Mehrfach findet sich in den hiehergehörigen Formen bei Homer auch schon die Zusammenziehung der Vocale, die aber in den Ausgaben umgangen zu werden pflegt; so in *ϝέτη* (Bekker *ϝέτεα*), Jahre, il. 2, 328; *σάκη* (Bekker *σάκεα*), Schilde, il. 4, 113; *τεύχη* (Bekker *τεύχεα*), Rüstung, il. 7, 207; od. 24, 534; *στήθη* (Bekker *στήθεα*), Brust, il. 11, 282; *ϝέπη* (Bekker *ϝέπεα*), Worte, il. 15, 35; 89; 145; 22, 81; od. 2, 269; 5, 117; 7, 236; 8, 442; 460; 23, 34; *βέλη* (Bekker *βέλεα*), Geschosse, il. 15, 444; *ἄλγη* (Bekker *ἄλγεα*), Schmerzen, il. 24, 7; *ὑψερεφῆ* (Bekker *ὑψερεφέα*), hoch gewölbte, od. 4, 757; *τεμένη* (Bekker *τεμένεα*), das Königsgut, od. 11, 185; *ἀλλοϝειδῆ* (Bekker *ἀλλοειδέα*), andersgestaltete, od. 13, 194, welche letztere Form so nicht richtig sein kann, da sie im Innern nur eine Länge oder zwei Kürzen haben muss. Besonders beachtenswerth sind die starken Verkürzungen in *κρέϝα* (aus *κρέϝαα*), Fleisch, il. 4, 345 (hier vor folgendem Vocal, in welcher Stellung Bekker od. 3, 33 *κρέαἰ* liest); 8, 231; 9, 217; 11, 776; 22, 347; 24, 626; od. 1, 112; 9, 162; 557 ff.; das vor folgendem Vocal sogar auch sein *α* einbüsste od. 9, 297; 3, 65; od. 3, 470; 20, 279; und das od. 9, 347 versschliessend einsilbig gelesen werden soll; *γέρα* (aus *γέραα*), Ehrengeschenke, il. 2, 237; od. 4, 66; *κέρα* (aus *κέραα*), Hörner, il. 4, 109; od. 19, 211; 21, 395; *κλέϝα* (aus *κλέϝεα*), Ruhm, il. 9, 189; 524; od. 8, 73; *σφέλα*, Schemel, od. 17, 231; *δέπα*, Becher, od. 15, 466; 19, 62; 20, 153, in denen allen das schliessende *α* kurz gebraucht erscheint. Da nun aber die genannten Formen abgesehen von dem sehr häufigen *κρέϝα* und von *γέρα* il. 2, 237 ausschliesslich vor jedesmal folgendem Vocal stehen, so scheint hier allein das schliessende *α* nach den gewöhnlichen Regeln des Vocalabfalls ausgestossen zu sein.

Ganz vereinzelt in Bezug auf ihre Bildung stehn die lateinischen ungeschlechtigen Plurale *quae*, welche (fragend und bezüglich), und *hae-c*, diese, mit denen sich vielleicht obengenannte altindische wie *tắni*, die, alt *tắ*, *kắni*, welche, alt *kắ*, und ähnliche würden vergleichen lassen, wenn sich an die Ausstossung des Nasals zwischen den Vocalen denken liesse. Zunächst stehen jene beiden Formen ohne Zweifel für alte *quai* und *hai-ce*, enthalten also als Schlusstheil ein *i*. Von den oben angegebenen Fällen abgesehen schliesst dieser Vocal im Altindischen fast jeden Pluralnominativ ungeschlechtiger Wörter, wie *vârîni*, die Wasser, von *vâri-*; *áçrûni*, Thränen, von *áçru-*; *nắmâni*, Namen, von *nắman-*.

Plural - Accusativ.

Abgesehen von den ungeschlechtigen Wörtern, die, wie schon verschiedentlich bemerkt wurde, ihren Accusativ vom Nominativ nie äusserlich unterscheiden, ergiebt sich uns als ältester Ausgang des pluralen Accusativs die Consonantenverbindung *ns*. Am Getreusten finden wir sie im Gothischen bewahrt, wo die männlichen *fiska-*, Fisch, *gasti-*, Gast, *sunu-*, Sohn, die Pluralaccusative *fiskans*, Fische, *gastins*, Gäste, *sununs*, Söhne, bilden und zum Beispiel die weiblichen *qvêni-*, Frau, und *handu-*, Hand, die fraglichen Casus als *qvênins*, Frauen, und *handuns*, Hände. Sehr früh scheint in den hiehergehörigen Bildungen der Nasal verdrängt zu sein bei unmittelbar vorhergehendem langen Vocal, so fehlt er durchaus im Pluralaccusativ der gothischen Grundformen auf altes *â*, wie in *hairdôs*, die Heerden, von der Grundform *hairdâ-*, und genau entsprechend in den nämlichen Bildungen im Altindischen, wie in *târā̆s*, Sterne, von *târā̆-*, und ganz entsprechend auch zum Beispiel in Formen wie *daivī̆s*, Göttinnen, und *vadhū̆s*, Frauen, mit langem Schlussvocal der Grundform. Die männlichen Formen haben das *ns* im Altindischen viel länger bewahrt, wenn auch in der Regel der Zischlaut durch Assimilation verschlungen und diese dann durch Dehnung des vorausgehenden Vocals ersetzt worden ist, wie in *ájrân* (zunächst für *ájrann*, weiter für *ájrans*), Aecker, *pátîn* (aus *pátins*), Herren, *sûnū̆n* (aus *sûnuns*), Söhne. Das *s* zeigt sich aber noch deutlich da, wo nach dem Ausdruck unserer Grammatiken in manchen Fällen nach dem schliessenden Nasal eines Worts vor gewissen folgenden Lauten ein Zischlaut eingeschoben wird, wo also zum Beispiel der Pluralaccusativ *tā̆n* (aus *táns*), die, vor folgendem *ca*, und, zu *tā̆ns* wird (*tā̆ns ca*) und ebenso vor folgendem *ch* (*tā̆ns ch-*) oder zum Beispiel vor *t* wie in *tā̆ns tā̆n*, die und die, mancherlei, Râmâyana 50, 13. In den vedischen Texten finden wir statt schliessender *în*, *ûn* und *ṛîn* vor folgenden Vocalen oft bezüglich *înr*, *ûnr*, *ṛînr* und auch hier haben wir wieder in der Gestalt des *ṛ* jenes alte accusativische *s* vor uns, so zum Beispiel in *ṛtū̆nr ánu* (zunächst für *ṛtū̆ns ánu*), nach Ordnungen, Rigv. 1, 15, 5; 1, 49, 3, und *ishudhī̆nr asakta* (zunächst für *ishudhī̆ns asakta*, eigentlich *ishudhins-*), er hängte den Köcher um, Rigv. 1, 33, 3, im Gegensatz zum Beispiel gegen die anders gestellten Accusative *rasmī̆n*, die Zügel, Rigv. 1, 28, 4 und *dyū̆n*, Tage, Rigv. 1, 33, 11.

Dass dieses alte schliessende *ns* wenigstens der männlichen Pluralaccusative auch im Griechisch-lateinischen noch erhalten war, ergiebt sich einmal aus mundartlichen griechischen Formen, namentlich kretischen und wahrscheinlich auch ältern argivischen (Ahrens 2, Seite 227), die es noch haben, zum Beispiel *τόνς ἵππονς*, die Pferde, dann aber auch daraus, dass zum Beispiel die einander genau entsprechenden *ἀγρούς* und *agrôs*, die Aecker, nicht wohl aus einander gebildet sein können, vielmehr beide auf eine gemeinsame Grundform zurückweisen, die keine andere als *agrons* gewesen sein wird, auf die auch zum Beispiel noch andere dorische Bildungen wie *ἀγρώς* und *ἀγρός* (Ahrens 2, Seite 226) sich leicht zurückleiten. Während in der letztgenannten Form der Nasal rein ausgestossen wurde, übte er in dem gewöhnlichen griechischen *τοὺς ἀγρούς* trübenden Einfluss auf den vorhergehenden Vocal, der ausserdem gedehnt wurde, ganz ähnlich wie zum Beispiel *φέρουσι*, sie tragen, zunächst aus *φέρονσι* entstand. Im dorischen *ἀγρώς* und ihm genau entsprechenden *agrôs* äusserte sich der Einfluss des ausgedrängten Vocals auch noch in der Dehnung des Schlussvocals der Grundform *agro-* = *ἀγρό-*. Andre Beispiele von Grundformen auf *o* sind *ἵππους* = *equôs*, Pferde; *θεούς* = *deôs*, Götter; *ταύρους* = *taurôs*, Stiere; *λύκους* = *lupôs*, Wölfe; *ἐλευθέρους* = *līberôs*, die Freien.

Die gewöhnliche Accusativbildung der Grundformen auf altes *â* zeigt im Griechischen sowohl als im Lateinischen vom Nasal keine Spur: *ποιητᾶς*, Dichter; *νεανίᾶς*, Jünglinge; *scrîbâs*, Schreiber; *ὕλᾶς* = *silvâs*, Wälder; *terrâs*, Länder; *χώρᾶς*, Gegenden. Im Kretischen sind, wenigstens für die männlichen Wörter, Bildungen von Bedeutung wie *πρειγευτάνς* (Ahrens 2, Seite 105), das dem sonst griechischen *πρεσβευτᾶς*, Gesandte, entspricht. Im Dorischen erscheint das *α* im Accusativ oft verkürzt (Ahrens 2, Seite 172), wie in *πᾶγάς*, Quellen, *ὥρας*, Stunden. Das kömmt im Lateinischen nie vor und hier behalten zum Beispiel im Accusativ die Grundformen auf *ê* diesen Vocal auch immer lang: *rês*, Sachen, *diês*, Tage.

Die Grundformen auf *i* zeigen in ältester Bildung im Griechischen sowohl als im Lateinischen den Ausgang *îs*, der nach dem oben Gesagten aus *ins* entstanden sein muss. So findet sich bei Homer *πόλῑς*, Städte, il. 2,

648; 18, 342; 490; od. 8, 560; 574; *ὄϝῖς*, Schaafe, il. 11, 245; od. 2, 56; 9, 244; 341; 17, 180; 535; 20, 250; *ἐπάλξῖς*, Brustwehren, il. 12, 308; 375; *ἧνῖς*, einjährige, il. 6, 94; 275; 309; *νήστῖς*, nüchterne, il. 19, 156; 207; *ἀκοίτῖς*, Gemahlinnen, od. 10, 7. Im Lateinischen hat die schon mehr genannte vielfach gleichmässige Behandlung von Grundformen auf *i* und solchen auf Consonanten von der Blüthezeit der Litteratur an nach und nach das alte *îs* fast ganz durch *ês* verdrängen lassen und es bildet zum Beispiel *hosti-*, Feind, den Pluralaccusativ *hostês* ganz wie *pedês*, Füsse, das von *ped-* ausging. In älterer Zeit ist das *îs* aber noch sehr gewöhnlich und bisweilen, namentlich in adjectivischen Formen, auch da eingetreten, wo die Grundform des Worts sonst keine Spur von auslautendem *i* zeigt. Bei Lucrez, der schon oft die Formen auf *ês* nebenhergehen hat, finden sich: *ignîs (igni-)*, Feuer, 2, 882; 4, 606 (*ignês* 5, 523; 585; 6, 210); *nâvîs (nâvi-)*, Schiffe, 5, 1001; *collîs*, Hügel, 5, 784; *avîs*, Vögel, 6, 831; *hostîs*, Feinde, 5, 1309; *nârîs*, Nase, 1, 299 (*nârês*, 2, 415; 6, 792); *partîs*, Theile, 1, 309; 397; 2, 508; 829; 1048; 1134; 3, 124; 5, 469 (*partês* 2, 826; 5, 439); *aurîs*, Ohren, 1, 417; 644; 2, 1024; 3, 156 (*aurês* 4, 912); *gentîs*, Leute, 1, 465; 2, 1076; *fînîs*, Gränzen, 1, 555 (*fînês* 3, 60); *turrîs*, Thürme, 4, 353; *orbîs*, Kreise, 2, 1075 (*orbês* 6, 551); *imbrîs*, Regengüsse, 1, 762; 2, 929; 6, 107; 611; *vestîs*, Kleider, 5, 617 (*vestês* 5, 1449); *postîs*, Pfosten, 4, 1178 (*postês* 4, 275); *trîs*, drei, 5, 94; *urbîs*, Städte, 5, 412; 1163; 6, 596 (*urbês* 6, 587); *vîrîs*, Kräfte, 1, 576; 2, 1161; 4, 953; 989; 6, 342 (*vîrês* 4, 868; 5, 379), daneben *vîs multâs*, viele Kräfte, 2, 586; *aedîs*, Gebäude, 2, 1101; 4, 451 (*aedês* 2, 24); *fontîs*, Quellen, 4, 2; 6, 613; 828; *montîs*, Berge, 4, 406; 575; 955 (*montês* 5, 41); *nûbîs*, Wolken, 6, 484; 500 (*nûbês* 4, 133; 5, 253); *fascîs*, Bündel, 5, 1234 (*fascês* 3, 996); *omnîs*, alle, 1, 353; 409; 478; 2, 1097 (*omnês* 2, 880; 879; 3, 656); *venientîs*, kommende, 1, 299; *parentîs*, Eltern, 3, 85; *putrîs*, faule, 2, 1145; *suâvîs*, liebliche, 1, 39; *dulcîs*, süsse, 2, 1159; *inânîs*, eitle, 3, 116; *acrîs*, scharfe, 3, 311; 461; *levîs*, leichte, 3, 418; *mortâlîs*, Sterbliche, 3, 416; *ferâcîs*, fruchtbare, 2, 1098; *sequâcîs*, nachgiebige, 3, 315; *tenuîs*, feine, 4, 912; *viridîs*, grüne, 2, 805; *vo-*

lantîs, fliegende, 3, 386; 5, 253; *pâlantîs*, umherirrende, 4, 575; *inmânîs*, heftige, 3, 460; *praecipitîs*, abschüssige, 4, 509; *saltantîs*, tanzende, 4, 980; *moventîs*, bewegende, 4, 980; *loquentîs*, redende, 4, 981; *aventîs*, begehrende, 5, 524; *plûrîs*, mehrere, 5, 1050; *meliôrîs*, bessere, 1, 209; 2, 509. Nur vollständige Sammlung der Beispiele würde das historische Verhältniss dieser Bildungen in genügendes Licht stellen können. Aus dem Griechischen nennen wir noch das homerische *πόληας* (aus *πόληjας*, wie aus dem Früheren schon deutlich geworden ist), Städte, od. 17, 486, neben dem auch ein *πόλεας* (aus *πόλεjας*) denkbar wäre, das den Uebergang bilden würde zum späteren attischen *πόλεις*, nach welchem Muster im Attischen überhaupt eine sehr grosse Anzahl Pluralaccusative aus Grundformen auf *ι* gebildet worden ist, wie *ὄφεις*, Schlangen, *μάντεις*, Seher, *κτήσεις*, Besitzungen. Zu diesen Formen stellt sich auch *τρεῖς*, drei, das sich auch schon bei Homer findet il. 2, 671; 11, 59; 13, 447; 19, 293; od. 9, 429, falls an diesen Stellen wirklich so und nicht etwa *τρίς* gelesen werden muss. Manche hiehergehörige Bildungen zeigen im Attischen auch noch den Ausgang *ῑς*, wie zum Beispiel *πόρτῑς*, Rinder, und daneben treten auch Formen auf wie *πόρτιας*, wo sich die Endung *ας* von den Grundformen auf Consonanten her also auch an die auf *ι* gedrängt hat. Die letztere Bildung findet sich auch schon in der homerischen Sprache, nämlich in *πόλιας*, Städte, il. 4, 309; *πόσιας*, Gatten, il. 6, 240; *Σίντιας*, die Sintier, od. 8, 294; *ἄκριας*, Berggipfel, od. 9, 400; 10, 281; 14, 2; 16, 365, welche letzten beiden Formen allerdings auch *ῑ* statt *ια* zu lesen erlauben und das mag wohl das richtige sein.

Mit den Grundformen auf *i* zeigen überall grosse Aehnlichkeit in der Behandlung die auf *u*; sie zeigen im Lateinischen überall den Pluralaccusativ *ûs*, das aus *uns* entstand, wie *domûs*, Häuser; *fructûs*, Früchte, *arcûs*, Bogen; besonders stehen in ihrer Anlehnung an die consonantisch auslautenden Grundformen wieder *gruês*, Kraniche, und *suês*, Schweine, Lucr. 5, 1309. Jene einfachste Bildung zeigt sich auch im Griechischen mehrfach, wo dann der Ausgang *ῡς* ist, so bei Homer in *νέκῡς*, Todte, il. 7, 420; od. 24, 417; *δρῦς*, Eichen, il. 11, 494; 23, 118; *ἐρῑνῦς*, Rachegöttinnen, il. 9, 454; od. 2, 135;

ὀφρῦς, Brauen, il. 16, 740; *κλιτῦς*, Hügel, il. 16, 390; *ἰχθῦς*, Fische, od. 5, 53; 10, 124; 12, 331; 19, 113; *σῦς*, Schweine, od. 10, 338; 433; 14, 107; *γραπτῦς*, Verletzungen, od. 24, 229. Daneben liegen auch Formen mit dem von den consonantisch auslautenden Grundformen entlehnten *ας*, so *νέκυας*, die Todten, il. 7, 418; 10, 298; 11, 534; 15, 251; 20, 499; od. 11, 94; 22, 407; 437; 448; *ἐρῑνύας*, Rachegöttinnen, il. 21, 412; *Φλεγύας*, die Flegyer, il. 13, 302; *ὀφρύας*, Brauen, od. 9, 389; *ὕας*, Schweine, od. 8, 60; 16, 341; 17, 604; dafür *σύας* od. 14, 41; 81; 17, 181; 593; 18, 105; 20, 251; *ἰχθύας*, Fische, od. 22, 384, in deren einigen vielleicht wieder das bessere ist, *ῡς* statt des *υας* zu lesen. Vergleichen lassen sich aus dem Altindischen Pluralaccusative, wie *tanúas*, die Körper, Rigv. 1, 31, 12. Auch in späterer griechischer Zeit begegnen noch manche Formen wie *σύας*, Schweine, *ἰχθύας*, Fische, statt deren aber die attischen Schriftsteller die alterthümlicheren *σῦς*, *ἰχθῦς* vorziehen. Mit innerm *εϝ* an Stelle des *υ*, von welcher Erscheinung im Vorhergehenden schon mehrfach die Rede gewesen ist, erscheinen insbesondere adjectivische Bildungen: *ὠκέϝας*, schnelle, il. 3, 263; 5, 240; 261 ff.; *εὐρέϝας*, breite, il. 3, 210; 337; 16, 360 ff.; *πολέϝας*, viele, il. 3, 126; 4, 230; 298; 385 ff.; *θήλεϝας*, weibliche, il. 5, 269; *ταχέϝας*, schnelle, il. 11, 818; 18, 584; od. 22, 3; 24, 178. Diese Endung *εϝας*, später *εας*, bildet wieder den Uebergang zu der im Attischen gewöhnlichsten, *εις*, wie in *πήχεις* (*πῆχυ-*), die Arme, *γλυκεῖς*, süsse, und andern Wörtern. Dieses *ει* steckt auch vielleicht schon in ein paar homerischen Formen, in denen in unsern Ausgaben *εα* einsilbig gelesen werden soll, nämlich *πολέας*, viele, il. 1, 559; 2, 4; 13, 734; 15, 66; 20, 313; 21, 59; 131; od. 3, 262; 4, 170, und *πελέκεας* (*πέλεκυ-*), Aexte, il. 23, 114; 851; 856; 882; od. 19, 573; 21, 120; 260. Neben einander liegen im Homer *βοῦς*, Rinder, Stiere, il. 1, 154; 6, 93; 174; 274; 308 ff. und *βόϝας*, il, 5, 556; 8, 505; 544; 12, 137 ff.; daneben nennen wir auch das sehr häufige *νῆϝας*, Schiffe, il. 1, 12; 168; 306; 328 ff. und das kurzvocalische *νέϝας*, il. 1, 487; 13, 96; 101 ff., neben denen kein etwaiges *ναῦς* auftritt. Auch mag hier noch angeführt sein das stark verkürzte *υἷας*, Söhne, il. 1, 240; 2, 72; 83; 129 ff. neben dem volleren *υἱέας* il. 2, 693; 5, 149; 11, 123 ff. Die Wörter mit dem Nominativ *ευς* zeigen bei Homer wieder durchaus langen Vocal vor dem *ϝ* : *οὐρῆϝας*, Maulthiere, il. 1, 50; 23, 111; *Αἰθιοπῆϝας*, Aethiopen, il. 1, 423; *ἀριστῆϝας*, die Herren, il. 2, 404; 10, 117 ff.; *βασιλῆϝας*, Fürsten, il. 2, 250; 277; 9, 59 ff.; *ἱππῆϝας*, Rosselenker, il. 4, 297; 11, 151 ff.; *ϝοικῆϝας*, Hausgenossen, il. 5, 413; 6, 366; *ἱερῆϝας*, Priester, il. 9, 575; *νομῆϝας*, Hirten, il. 11, 696; 16, 3; 27; *τοκῆϝας*, Eltern, il. 14, 296; 17, 28; 20, 203 ff.; *ὀχῆϝας*, Halter, il. 21, 537; 24, 446 ff.; *τραπεζῆϝας*, Haushunde, il. 22, 69; *ἀμφιφορῆϝας*, Krüge, il. 23, 170; *ἁλιῆϝας*, Fischer, od. 16, 349; *φονῆϝας*, Mörder, od. 24, 434; *πομπῆϝας*, Geleiter, od. 20, 364. Die spätere attische Form ist hier *έας* und dafür begegnet dann auch *εῖς* mehrfach, zum Beispiel bei Xenofon *γονεῖς*, Eltern, *ἱππεῖς*, Reiter, und andere.

Die Grundformen auf Consonanten zeigen schon im Altindischen nur den Ausgang *as*, in dem das *a* ohne Zweifel ursprünglich der jedesmaligen Grundform angehört und darnach der Nasal sehr früh ausgestossen sein muss. So erscheinen *kakúbhas (kakúbh-)*, die Gipfel, Rigv. 1, 35, 8; *gíras*, Gesänge, Rigv. 1, 3, 2; *mâsás* (= *μῆνας*), Monate, Rigv. 1, 25, 8; *nâvás*, Schiffe, Rigv. 1, 25, 7; *surấdhasas*, reiche, Rigv. 1, 23, 6; 2, 53, 13; *bhû́yasas*, mehr, Rigv. 1, 31, 7. Im Griechischen ist die entsprechende Endung auch *ας*; es ist aber doch wahrscheinlich, dass sie im Griechisch-lateinischen noch den Nasal vor dem Zischlaut enthielt, dafür spricht einmal, dass das alte reine *α* darin erhalten blieb, was im Griechischen ja namentlich da häufig geschah, wo ein Nasal danach verschwand, und dann, dass das Lateinische durchaus langvocalisches *ês* gegenüberstellt, das ohne Zweifel zunächst aus *ens* hervorging. Es wurde schon bemerkt, dass dieses *ês* auch oft auf Grundformen auf den Vocal *i* überging und bisweilen auch *îs* von jenen entlehnt wurde. Hier genügt es einige Formen auf *ês* zu nennen, die wir wieder dem Lucrez entnehmen: *noctês*, Nächte, 1, 142; 3, 62; *volpês*, Füchse, 3, 742; *dentês*, Zähne, 4, 1080; *laudês*, Lobeserhebungen, 5, 3; *nivês*, Schnee, 5, 746; 6, 107; 964; dafür *ninguês* 6, 736; *adipês*, Fett, 4, 641; *frûgês*, Früchte, 2, 994; 5, 14; *vermês*, Würmer, 2, 871; *flôrês*, Blumen, 1, 8; 4, 3;

pecudês, Thiere, 1, 116; *facês,* Fackeln, 2, 206; 6, 1285; *mentês,* die Gemüther, 1, 132; 261; 2, 14; *vītês,* Weinstöcke, 1, 175; *cautês,* Felsen, 1, 271; *quiêtês,* Ruhe, 1, 405; *dêteriôrês,* schlimmere, 2, 508; *potestâtês,* Gewalten, 2, 287; *veprês,* Dornenbüsche, 4, 62; *dissimilês,* unähnliche, 2, 781; *bovês,* Rinder, 2, 1161; *caedês,* Niederlagen, 3, 648; *falcês rapâcês,* raffende Sicheln, 3, 650; *secûrês,* Beile, 3, 996; 5, 1234; *trabês,* Balken, 4, 77; *faucês,* Schlund, 4, 528; 628; 6, 1151; 1189; *sêdês,* Sitze, 5, 146; *lêgês,* Gesetze, 5, 1448; *amnês,* Ströme, 5, 342; *môlês,* Massen, 6, 194. Ein paar reihen wir noch aus Ennius an: *spêrês,* Hoffnungen, ann. 132; *veterês,* alte, ann. 2, 53; *fontês,* Quellen, ann. 5, 46; *vīrês valentês,* starke Kräfte, ann. 481; *potentês,* fähige, ann. 337; *pecudês,* Vieh, ann. 192; *noctês,* Nächte, ann. 338; *urbês,* Städte, Seite 169. Im Griechischen ist über die Anfügung des *ας* an die consonantisch ausgehenden Grundformen nichts besonderes zu bemerken: *κύνας,* Hunde, il. 1, 50; *πατέρας,* Väter, il. 4, 410; *ἀνέρας,* Männer, il. 1, 262; 3, 185 ff.; dafür *ἄνδρας,* il. 2, 362 ff.; *ἀνάλκιδας,* kraftlose, il. 5, 349; 9, 41; *Τρῳάδας,* Troerinnen, il. 6, 442; 7, 297; *αἶγας,* Ziegen, il. 11, 245; *ἀμείνονας,* bessere, il. 23, 605; *πλέονας,* mehr, od. 7, 189; 9, 57; dafür das stark verkürzte *πλέας* il. 2, 129; *δαΐδας,* Fackeln, od. 1, 428; 434; 18, 310; *ϝρῶγας,* Risse, Spalten, od. 22, 143; *ποδώκεας* (aus *-κεσας*), schnellfüssige, il. 2, 764; *ὀϝέτεας* (aus *-τεσας*), gleichaltrige, il. 2, 765; *ἀϝολλέας,* versammelte, il. 9, 89; *ἐυκλέϝεας* (Bekker *ἐυκλεῖας*), ruhmvolle, il. 10, 281; od. 21, 331; *ταμεσιχρόας* (aus *-χρόσας*), leibzerschneidende, il. 13, 340; *ταρφέας,* häufige, il. 15, 472. Die spätere attische Form hat *ει* an Stelle jener *εα: σαφεῖς* (alt *σαφέας*), deutliche, *τριήρεις,* dreiruderbänkige Schiffe. Vielleicht besteht dieses *ει* auch schon in einer homerischen Form, nämlich in *ἀσινέας,* unbeschädigte, od. 11, 110 und 12, 137, in der das *εα* einsilbig gelesen werden soll.

Die meisten pronominellen Formen enthalten das Zeichen des pluralen Accusativs auch deutlich, so *nôs,* uns, *vôs,* euch, die den *illôs,* jene, *hôs,* diese, *quôs,* welche, ganz ähnlich sehen. Ebenso im Griechischen die alten *ἡμέας,* uns, il. 10, 211; 11, 695; 15, 136; od. 2, 86; 244; 4, 294; 16, 381; 19, 384 ff.; *ὑμέας,* euch, od. 2,

75; 21, 198, und σφέας, sie, il. 13, 152; 17, 278; od. 7, 40; 12, 40; 225 ff., statt deren später mit Vocalzusammenziehung ἡμᾶς, ὑμᾶς, σφᾶς gebraucht werden, die aber auch schon in der homerischen Sprache auftreten, wenn sie gleich in den Ausgaben umgangen werden, so ἡμᾶς (Bekker ἡμέας), uns, il. 13, 114; 20, 135; od. 2, 330; 4, 178; 452; 652; 6, 297; 9, 43; 251; 9, 545; 13, 269; 15, 82; 16, 319; 385; ὑμᾶς (Bekker ὑμέας), euch, od. 2, 210; 12, 163; 24, 396, und σφᾶς (Bekker σφέας), sie, il. 15, 145; 23, 235; od. 4, 77; 6, 6; 8, 315; 480; 10, 430; 13, 276; 22, 415; 23, 66; 24, 389; 440; dafür findet sich einmal σφάς geschrieben od. 2, 237 zu Anfang. Mit ganz verkürztem Vocal in der Schlusssilbe erscheint auch ἧμας, uns, od. 16, 372 und σφάς, sie, il. 5, 567. Ganz schlecht ist die Form σφεῖας, sie, od. 13, 213, wo vielleicht zu lesen ist Ζεὺς σφέας τίσαιτο ἱκετήσιος, Zeus möge sie strafen, der Hort der Schutzflehenden, wie schon von Ahrens vorgeschlagen worden ist. Besonders zu beachten sind noch die alten des schliessenden Zischlauts entbehrenden Formen ἄμμε, uns, il. 1, 59; 7, 292; 378; 397; 10, 346 ff., ὔμμε, euch, il. 23, 412, und σφέ, sie, il. 11, 111. Aus der Sprache der attischen Dichter darf hier noch genannt werden νίν, sie, das ebensowohl auch singular für „ihn, sie" oder „es" gebraucht erscheint, gleichwie im Lateinischen das allgemein rückbeziehende Wörtchen *sē* für den Singular sowohl als den Plural gilt.

Plural - Genetiv.

Für den Genetiv des Plurals darf man als griechisch-lateinisches Suffix mit Entschiedenheit ein *ôm* aufstellen, das von dem im selben Casus geltenden altindischen *âm* sich nur durch den getrübten Vocal unterscheidet. Das Griechische, das kein μ im Auslaut erträgt, setzte ν an seine Stelle, während im Lateinischen zwei andere durchgreifende Lauterscheinungen sich auch hier geltend machten, die Verkürzung eines langen Vocals vor auslautendem *m* und dann die Trübung eines alten *o* zu *u* vor dem genannten Nasal. So stellt das Lateinische hier dem griechischen ων ein *um* gegenüber.

Die Grundformen auf *o* lassen mit diesem Vocal im Griechischen das *ω* der Endung einfach zusammenfliessen: *ἀγρῶν* (aus *ἀγρό-ων*), der Aecker, *ἵππων*, der Pferde, *θεῶν*, der Götter, *φύλλων*, der Blätter. Das Lateinische aber zeigt von dieser einfachen Bildung bei den Grundformen auf *o* und, fügen wir sogleich hinzu, bei den weiblichen auf altes *â* nur noch wenige Spuren und zwar fast nur in der älteren Zeit oder in einzelnen bestimmten Wendungen. Bei Lucrez erscheint häufig *deum* (von *deo-*), der Götter, so 1, 54; 68; 2, 168; 352 ff. und zum Beispiel auch bei Ennius trag. 5; 353; 383; sehr oft hat Lucrez auch das alterthümliche *dîvom* (mit Bewahrung des *o* nach *v*), der Götter, 1, 1; 155; 2, 646; 3, 982; 4, 1008 ff. und dafür schon *divum* 1, 1015; 2, 434; 3, 18; 5, 1218 ff.; letzteres auch Ennius ann. 179; 254; 444; 561; 566; 567 (ann. 18 ist von Fleckeisen *dîum* hergestellt); *omnigenumque deum*, mancher Götter, Vergil aen. 8, 698; *virum (viro-)*, der Männer, Lucrez 1, 95; 728; 2, 326; 4, 1232; 5, 311 ff.; Ennius epigr. 4; ann. 280; 394; Vergil aen. 5, 369; Catull 68, 90; *meum factum*, meiner Thaten, Enn. trag. 81; *superum atque inferum*, der Oberen und Unteren, Enn. trag. 163; *signiferum*, der Fahnenträger, Lucil. fragm. 3; *squâmigerum*, der Schuppentragenden, Lucrez 2, 1083; *Danaum*, der Danaer, Lucrez 1, 86; *Siculum*, der Siculer, Lucr. 6, 642; *Grâjum*, der Griechen, Lucr. 2, 600; 5, 405; 6, 754; *modium*, der Scheffel, Cicero gegen Verres 3, §. 90; 100, und so bei ähnlichen Wörtern des Maasses häufiger, wie *talentum*, der Talente, *nummum*, *sestertium*, *dênârium* (bestimmter Geldsorten); *praefectus fabrum*, Feldzeugmeister. Hierzu stellen sich auch *nostrum*, unser, von uns, und *vestrum*, euer, von euch, mit denen zum Beispiel bei Plautus auch *nostrôrum* und *vestrôrum* gleich gebraucht werden. Von Grundformen auf altes *â* begegnen *caelicolum*, der Himmelbewohnenden, Enn. ann. 483; *agricolum*, der Ackerbauer, Lucr. 4, 586; *Aeneadum*, der Aeneaden, Lucrez 1, 1; *Hesperidum*, der Hesperiden, Lucr. 5, 32; *Helicôniadum*, der Helikoniaden, Lucr. 3, 1037; *Pîeridum*, der Musen, Lucr. 1, 926; 4, 1.

Die gewöhnlichste Genetivendung aber der Grundformen auf *o* im Lateinischen ist *ôrum* : *agrôrum*, der

Aecker, *equôrum*, der Pferde, *deôrum*, der Götter. Darin steht das *r* ohne Zweifel für altes *s*, das ergiebt sich schon aus den offenbar ganz ähnlich gebildeten Formen auf *ârum*, denen im Altgriechischen ein *άων* gegenüber steht, wie in *ὑλάων* = *silvârum*, der Wälder; im Griechischen wich der alte Zischlaut zwischen den Vocalen, während er im Lateinischen in *r* überging. Ausdrücklich bestätigt wird das aus jenen Formen schon sicher geschlossene *s* aber auch noch durch entsprechende oskische Formen, wie *tovtâzum*, der Städte, im Gegensatz zu denen in umbrischen wie dem hier entsprechenden *tutârum* auch ein *r* an die Stelle des alten *s* trat. Weiter darf man hier aber auch anführen, dass im Altindischen sehr viele pronominelle Formen (und mit der Flexion der Pronomina zeigten die griechischen und lateinischen Grundformen auf *o* auch schon im Nominativ des Plurals eine eigenthümliche Uebereinstimmung) vor dem genetivischen *âm* einen noch nicht tiefer erklärten Zischlaut aufweisen, so *taíshâm*, derer (männlich und ungeschlechtig), von dem Demonstrativstamm *tá-; yaíshâm (yá-)*, welcher; *aishā́m (a-)*, derselben; *kaíshâm (ká-)*, welcher; *anyaíshâm (anyá-)*, anderer; *amī́shâm (amí-)*, jener. Auch in den entsprechenden gothischen Bildungen haben wir den Zischlaut, namentlich im hinweisenden *þizê* (von *þa-*), der selben, und dann den ganz so flectirten Adjectiven, wie *gôdaize (gôda-)*, guter, *liubaizê*, lieber, *diupaizê*, tiefer. Jenem weichen Zischlaut *z* entspricht noch unser *r* in Pluralgenetiven wie *der*, *jener*, *aller*, *guter*, *lieber*. Vielleicht dürfen wir zu weiterer Erklärung jenes aus altem *s* entstandenen *r* in *equôrum* (aus *equôsum*), der Pferde, *agrôrum* (aus *agrôsum*), der Aecker, auch noch ein anderes anführen. Im Altindischen ist der gewöhnliche Ausgang des pluralen Genetivs von Grundformen auf *a* nicht einfaches *âm* (wie es in den älteren Denkmälern allerdings auch bisweilen vorkömmt: *daivā́m*, der Götter, aus *daivá-âm*), sondern *ânâm: daivā́nâm (daivá-)*, der Götter, *ájrânâm* (*ájra-*), der Aecker. Nun ist nicht daran zu denken, dass, wie doch gewöhnlich angenommen wird, hier ein eitles *n* zwischen die Vocale eingeschoben sei, vielmehr scheinen die genannten Genetive noch auf uralte volle Grundformen mit dem Nasal hinzuweisen, wie denn nach Benfeys Ansicht ja alle Grundformen auf *a* aus uralten auf volles *ant* abgestumpft sind. Ebenso enthalten ohne Zweifel die statt der späteren einfach auf *âs* ausgehenden in den Weden nicht ungewöhnlichen Pluralnominative auf *ásas* in dem innern *âs* noch uralte Ausgänge der Grundformen, so dass also *daivắsas,* Götter, Rigv. 1, 3, 8; 1, 3, 9; 1, 3, 7, in *daivắs-as* zu zertheilen sein würde und namentlich nicht nach der gewöhnlichen doch gewiss seltsamen Auffassung das Pluralsuffix zweimal enthielte. So begegnen zum Beispiel noch *putrắsas,* Söhne, Rigv. 3, 53, 7, später *putrắs*; *mártâsas,* die Sterblichen, Rigv. 5, 9, 1; *putắsas*, gereinigte, Rigv. 1, 3, 4; *aúmásas,* hülfreiche, Freunde, Rigv. 1, 3, 7; *ûtắsas,* unterstützte, Rigv. 1, 8, 2 und 3; *saumắsas*, Somatränke, Rigv. 1, 5, 5; *víprâsas*, Weise, Rigv. 1, 8, 6; *pánthâs pắrviâsas,* alte Pfade, Rigv. 1, 35, 11. Auf die nach Benfeys Vermuthung allen spätern Grundformen auf *a* zu Grunde liegende alte Form *ant* würde sich nun ebenso wie das aus den Genetiven entnommene *ắn*- (*ân-âm*), so auch das aus den Nominativen herausgelöste *âs*- (*âs* - *as*) lautlich sehr wohl zurückführen lassen. Man würde darnach auch etwaige alte Genetive auf *âs-âm* vermuthen können und denen würden die lateinischen auf *ôrum* lautlich genau entsprechen. Wir wollen aber diese schwierigen Untersuchungen über den Ursprung der den lateinischen Genetiven auf *orum* mit Zischlaut zu Grunde liegenden Formen hier nicht weiter verfolgen.

Während den lateinischen Genetiven auf *ôrum* die der griechischen Grundformen auf *o* überall nur ein einfaches *ων,* nirgend ein etwa längeres *ώων* (aus *ώσων*), gegenüberstellen, ist, wie schon oben bemerkt wurde, bei den Grundformen auf altes *â* die Bildung des pluralen Genetivs im Griechischen und Lateinischen offenbar ganz übereinstimmend und wir dürfen zum Beispiel für *ὑλῶν,* alt *ὑλάων* = *silvârum,* der Wälder, unbedenklich eine griechisch-lateinische Form *sulvâsôm* aufstellen. Bei Homer ist jenes alte *άων* (aus *άσων*) noch die ganz gewöhnliche Form und findet sich zum Beispiel in *μουσάων,* der Musen, il. 1, 604; *μελισσάων ἀδινάων,* der summenden (?) Bienen, il. 2, 87; *ἐρχομενάων,* der kommenden, il. 2, 88; *κλισιάων,* der Zelte, il. 2, 91; 208; 464; *πολλάων,* vieler, il. 2, 117; *θεάων,* der Göttinnen, il. 4, 6; τάων, der, il. 4, 46; 54; ἐγχειάων, der Lanzen, il. 5, 167; ὠκειάων, schneller, il. 4, 500; μελαινάων, schwarzer, il. 4, 191; αἰϝειγενετάων, ewiger, il. 2, 400; αἰχμητάων, der Lanzenschwinger, il. 3, 49; ἀσπιστάων, der beschildeten, il. 4, 90. Die homerische Sprache hat indess auch schon mehrfach die zusammengezogene Form ῶν, die in unsern Ausgaben allerdings als έων aufzutreten pflegt, das dann mit Synizese gelesen werden soll, und zwar in folgenden Fällen: βουλῶν (Bekker βουλέων), der Rathschläge, il. 1, 273; 12, 236; ἐφετμῶν (Bekker ἐφετμέων), der Aufträge, il. 1, 495; od. 4, 353; ἑδρῶν (Bekker ἑδρέων), der Sitze, il. 1, 534; 581; od. 13, 56; πολλῶν, vieler, il. 2, 131; 9, 544; od. 4, 813; κεφαλῶν, der Köpfe, il. 3, 273; μελαινῶν, schwarzer, il. 4, 117; σῶν ἐφετμῶν, deiner Aufträge, il. 5, 818; πᾱσῶν, aller, il. 9, 330; 18, 431; od. 4, 608; 723; 20, 70; 22, 443; ἁπᾱσῶν, aller, od. 8, 284; ἀγορῶν, der Versammlungen, il. 9, 441; ἀρῶν, der Flüche, il. 9, 566; κρῑθῶν, der Gerste, il. 11, 69; ὁπλῶν, der Hufe, il. 11, 536; 20, 501; αὐτῶν, der selben, il. 12, 424; τῶν πρωτῶν (Bekker τῶν πρωτέων), der ersten, il. 5, 656; θυμοραιστῶν, lebenzerstörender, il. 16, 591; 18, 220; ϝρῑζῶν, der Wurzeln, il. 21, 243; πηγῶν, der Quellen, il. 21, 312; ἀργεννῶν, weisser, il. 18, 529; Ἀθηνῶν, der Stadt Athen, od. 3, 278; καιρουσσῶν δ' ὀθονῶν (Bekker καιροσέων δ' ὀθονέων, Ahrens καιρουσσέων δ' ὀθονέων), vom dichtgeketteten Gewebe, od. 7, 107; κρηνῶν, der Quellen, od. 10, 350; ναυτῶν, der Schiffer, od. 9, 138; νυμφῶν, der Nymfen, od. 12, 318; πληγῶν, der Schläge, od. 17, 283; κυνοραιστῶν, der Hundsfliegen, od. 17, 300; θυρῶν, der Thüren, od. 21, 47; ψῡχῶν, der Seelen, od. 22, 245; ὠτειλῶν, der Wunden, od. 24, 189. Geschrieben findet sich dieses durch Zusammenziehung der Vocale ᾱ und ω gebildete ῶν, das auch die gewöhnliche attische Form wurde, in den Homerausgaben schon bei noch vorhergehendem Vocal, so in Σκαιῶν πυλάων, des skäischen Thores, il. 6, 307; τρυφαλειῶν, der Helme, il. 12, 339; κλισιῶν, der Zelte, il. 23, 112; παρειῶν, der Wangen, il. 24, 794; od. 4, 198; 223; 11, 529; 16, 190; Μαλειῶν, des Vorgebirgs Maleiai, od. 19, 187. Die jüngere ionische Form, in der das alte ᾱ vor ω sich stark zu ε verkürzte und so erhielt, ist bei Homer sehr selten, wir finden sie in *πυλέων ἐξ*, aus dem Thor, il. 7, 1; *πυλέων*, des Thors, il. 12, 340, und *ἐκτὸς θυρέων*, ausserhalb des Thors, od. 21, 191. — Im Lateinischen sind den Bildungen wie *terrârum*, der Länder, *fîliârum*, der Töchter, auch die der nur selten auftretenden Pluralgenetive von Grundformen auf *é* ganz ähnlich, wie *rêrum*, der Dinge, *diêrum*, der Tage.

Die Grundformen auf *i* fügen in der homerischen Sprache das *ων* einfach an: *πολίων*, der Städte, il. 1, 125; 2, 117; 131; 3, 400; 5, 744 ff.; *ὀϝίων*, der Schafe, il. 3, 198; 18, 529; od. 9, 167; 441; 443 ff. Statt des letzteren begegnet mit Zusammendrängung der Vocale auch oft *οἰῶν*, so il. 11, 678; 696; 15, 523; 18, 588 ff. Anschliessen darf man hier auch noch das fragende *τέων*, welcher, il. 24, 387; od. 20, 192, für das od. 6, 119 und 13, 200 einsilbiges *τῶν* (Bekker *τέων*) gebraucht wird, und das damit gebildete *ὅτεων*, welcher, od. 10, 39; der Singularnominativ *τίς*, wer, sowie das ungeschlechtige *τί* (aus *τίδ*), was, zeigen deutlich die Grundform *τι-*. Auch das Attische hat noch viele Bildungen wie *πορτίων*, der Rinder, die meisten Grundformen auf *ι* aber zeigen hier im Pluralgenetiv den Ausgang *εων*, wie *πόλεων*, der Städte, das zunächst aus *πόλεjων* sich bildete, wie aus der vorhergehenden Darstellung sich bereits ergiebt. Im Lateinischen schliesst sich das genetivische *um* auch an das auslautende *i*, es ist aber dazu gleich wieder zu bemerken, dass manche Grundformen, die wir nach andern Bildungen als auf Consonanten ausgehend ansehen dürfen, doch im Pluralgenetiv auch jenes *i* zeigen, dagegen andre, die wir doch als auf *i* ausgehend annehmen möchten, vor dem genetivischen *um* jenen Vocal nicht zeigen. Für jetzt genügt, einige Formen auf *i-um* anzugeben: *hostium*, der Feinde; *imbrium*, der Regengüsse, Enn. trag. 146; *utrium*, der Schläuche; *nâvium*, der Schiffe; *turrium*, der Thürme; *avium*, der Vögel, Enn. ann. 97; *marium*, der Meere; *forium*, der Thür; *mîlium*, der Tausende; *montium*, der Berge; *noctium*, der Nächte; *arcium*, der Burgen; *nivium*, der Schneegestöber; *ossium*, der Gebeine; *vîrium*, der Kräfte; *mûrium*, der Mäuse, Cicero nat. deor. 2, 63; *cohortium*, der Schaaren; *laudium*, der Lobeserhebungen, Cicero Filipp. 2, 12 (sonst *laudum*); *cîvitâtium*, der Staaten,

Tacitus ann. 4, 14, sonst auch *cîvitâtum*; *voluptâtium*, der Vergnügungen, Livius 7, 38; *necessitâtium*, der Bedürfnisse, Livius 9, 8; *simultâtium*, der Feindschaften, Livius 9, 38; *sapientium*, weiser, Sallust Cat. 11, 8; *locuplêtium*, reicher, Sall. Cat. 21, 2; *fêlîcium*, glücklicher; *rapâcium*, räuberischer; *vêlôcium*, schneller; *artificium*, der Künstler, Quintilian 7, Anfang.

Ebenso fügt das Lateinische an Grundformen auf *u* das genetivische *um* einfach an: *fructuum*, der Früchte; *artuum*, der Glieder; *acuum*, der Nadeln; *cornuum*, der Hörner; *gruum*, der Kraniche, Lucr. 4, 181; 910; *manuum*, der Hände, Lucr. 2, 1165; *âlituum*, der Vögel, Lucr. 2, 928; 5, 801; 1039; 1078; 6, 1216. Die ganz entsprechenden Bildungen sind auch im Griechischen sehr gewöhnlich: **νεκύων**, der Todten, il. 1, 52; 8, 491; 10, 199; 343; 387 ff.; **συῶν**, der Schweine, il. 11, 679; od. 10, 239; 11, 131 ff., dafür **ὑῶν**, od. 14, 525; 15, 39; **γενύων**, der Kinnbacken, il. 23, 688; **γούνων** (aus **γονύων**), der Kniee, il. 1, 407; 512; 557; 6, 45 ff.; **δούρων** (aus **δορύων**), der Speere, il. 22, 243; od. 17, 384. Insbesondere die Adjective haben das schon mehr erwähnte **εϜ** statt des **υ**, so in **πολέϜων**, vieler, il. 5, 691; 15, 680; 16, 398 ff.; **λιγέϜων**, laut tönender, il. 13, 334; 14, 17; 15, 620; od. 3, 289; **ἡμίσεϜων**, der halben, od. 4, 464. Mit Zusammenziehung dieser ursprünglich durch **Ϝ** getrennten Vocale begegnen schon **πολῶν** (Bekker **πολέων**), vieler, il. 16, 655, und auch **πελέκων** (Bekker **πελέκεων**), der Beile, od. 19, 578; 21, 76; 421. Ganz eigenthümlich steht, wenigstens nach der gewöhnlichen Auffassung, die ihn zu **ἐύ-**, gut, stellt, der Genetiv **ἐάων**, der Güter, das il. 24, 528 im Gegensatz zu **δώρων κακῶν**, böser Gaben, steht, od. 8, 325 aber in der die Götter näher bezeichnenden Verbindung **δωτῆρες ἐάων**, Geber der Güter, und od. 8, 335 mit unmittelbar vorhergehendem **δῶτορ**, o Geber der Güter, vom Hermeias gesagt. Benfey hat diesen Ausdruck längst zusammen gestellt mit dem auffällig ähnlichen altindischen *dâtâras vásûnâm*, Geber der Güter (von den Göttern), in dem die ungeschlechtige Grundform *vásu-*, Gut, steckt, die nach eigenthümlich indischer Weise vor dem genetivischen *âm* den Nasal eintreten liess. Diesem *vásu* könnte das homerische **ἐύ** (aus **Ϝεσύ**), gut, wohl entsprechen, wenn auch der entschiedene (nur nicht il. 24, 528: δὲ ἐάων) Mangel des anlautenden ϝ befremdet, der sich aber vielleicht aus dissimilirendem Einfluss eines alten an die Stelle jenes Zischlauts im Innern zunächst getretenen Hauchs erklärt (ϝεσύ, ϝεῦ?). Dass nun aber der Pluralgenetiv nicht ἐέϝων (wie πολέϝων, vieler) oder etwa ἐήϝων (wie der Singulargenetiv ἐῆϝος, des guten, il. 1, 393; 15, 138; 19, 342; 24, 422; 550; od. 14, 505 und 15, 450 möchte erwarten lassen), sondern ἐάων (ἐάϝων?) lautet, ist höchst auffallend und erklärt sich kaum genügend aus dem noch vorhergehenden Vocal. Da ist doch vielleicht ein sonst nicht nachweisbares weibliches ἐά, das Gut, anzusetzen, dem il. 24, 528 auch gar nicht bestimmt widerspricht, wie man doch meist annimmt, da dem hier nah vorhergehenden ungeschlechtigen δώρων κακῶν, böser Gaben, das ἐάων sehr wohl ganz selbstständig substantivisch gegenüber stehen könnte. Der lange Vocal, das η, zeigt sich wieder bei den Wörtern mit dem Nominativ εύς: βασιλήϝων, der Fürsten, il. 1, 176; 2, 98; 8, 236 ff.; Φωκήϝων, der Foker, il. 2, 517; 525; 15, 516 ff.; τοκήϝων, der Eltern, il. 3, 140; 15, 663 ff.; ἱππήϝων, der Rosselenker, il. 11, 51; 746; οὐρήϝων, der Maulthiere, il. 10, 84 (verworfener Vers); ἀριστήϝων, der Ersten, il. 9, 396; od. 11, 227; ϝοικήϝων, der Diener, od. 14, 4; 16, 303. Mit kurzem Vocal tritt neben dem schon genannten τοκήϝων, der Eltern, auch auf τοκέϝων, il. 15, 660 und 21, 587. Im Attischen ist der fragliche Vocal durchaus kurz, wie in βασιλέων, der Könige, ἱππέων, der Reiter. Wir reihen noch an νηϝῶν, der Schiffe, il. 2, 152; 154; 493; 576; 713, neben dem auch sehr oft mit kurzem Vocal auftritt νεϝῶν, wie il. 1, 48; 2, 91; 135; 208 ff.; βοϝῶν, der Stiere, il. 8, 231; 240; 11, 548; 550 ff.; auch das im Innern verkürzte υἱῶν, der Söhne, il. 21, 587; 22, 44 und od. 24, 223.

Von consonantisch ausgehenden Grundformen mögen genannt sein μακάρων, der seligen, il. 1, 339; πλεόνων, mehrerer, il. 5, 673; 12, 412; χηνῶν, der Gänse, il. 2, 460; Ἀχαιιάδων, der Achäerinnen, il. 5, 422; 424; πατέρων, der Väter, il. 4, 405; 6, 209 ff.; θυγατρῶν, der Töchter, il. 2, 715; 3, 124; 6, 252; κράτων, der Köpfe, od. 22, 306; 24, 185; κεράων (für altes κεράτων), der

Hörner, il. 17, 521; od. 3, 439; 19, 566; ganz ähnlich κρεϝάων (Bekker κρειῶν), des Fleisches, il. 11, 551; 12, 300; 17, 660; od. 1, 141; 5, 57; 87; 9, 9; 14, 28; 456; 15, 334; 507; 16, 49; 17, 258; 412, und mit Vocalzusammenziehung κρεϝῶν od. 15, 98; τεράων, der Götterzeichen, il. 12, 229; δεπάων, der Becher, il. 7, 480; διϝοιρεφέων (aus -τρεφέσων), der himmelernährten, il. 2, 98; τεκέων (aus τεκέσων), der Kinder, il. 3, 301; ὀρέων, vom Gebirge, il. 8, 410; 11, 196; ἐκ λεχέων, aus dem Lager, il. 11, 1; ἀνεμοσκεπέων, windabwehrender, il. 16, 224; ϝεπέων, der Worte, il. 20, 249; θυέων, der Opfergaben, od. 15, 261. Mit langem Vocal erscheint δυςαϝήων, gefährlich wehender, od. 13, 99. Bisweilen hat der Zwang des Verses im Homer das ε und ω auch zu ῶ zusammengedrängt, wo die Ausgaben wieder die störende Schreibweise glauben festhalten zu müssen; so in ἐριθηλῶν (Bekker -θηλέων), üppig grünender, il. 5, 90; στηθῶν (Bekker στηθέων) ἐκ-, aus der Brust, il. 10, 95; ἐνϝεργῶν (Bekker ἐνϝεργέων), der Wohlthaten, od. 4, 695; 22, 319; κερδῶν (Bekker κερδέων), des Gewinns, od. 8, 164; ἀλσῶν (Bekker ἀλσέων), von den Hainen, od. 10, 350; τευχῶν (Bekker τευχέων), der Waffen, od. 11, 554. Im Attischen finden wir diese Zusammenziehung überall, so in γενῶν (aus γενέων, γενέσων = *generum*), der Geschlechter, σαφῶν, deutlicher, und sonst.

Für das Lateinische ist nur die schon erwähnte Berührung mit den Grundformen auf *i* hier besonders beachtenswerth, wie wenn *mûs*, Maus, das doch sonst überall diese einsilbige Grundform zu haben scheint, den Pluralgenetiv *mûrium*, der Mäuse, bildet, wie von einer Grundform *mûsi-*, die ja auch aus unserm *Mäuse*, alt *mûsi*, noch hervorblickt. Im Uebrigen genügen wenige Beispiele: *pedum*, der Füsse, Enn. trag. 248, = ποδῶν; *quadripedum*, der Vierfüssigen, Lucr. 2, 536; *frâtrum*, der Brüder, umbrisch ebenso; *caelitum*, der Himmlischen, Enn. trag. 227; 353; *caelestum*, der himmlischen, Lucr. 6, 1274; Enn. epigr. 9; *tempestâtum*, der Unwetter, Livius 40, 45; *vâtum*, der Seher, Lucrez, 1, 102; 109; *boum* (für *bovum*), der Rinder, Lucr. 3, 302; *frûgum*, der Früchte, Lucr. 4, 1093; *opum*, der Hülfstruppen, Enn. ann. 168; 404; *parum*, gleicher, Lucr. 2, 723; *mâjôrum*, der grösseren; *hominum*, der Menschen; *rêgum*, der Könige; *sêdum*, der Sitze; *canum*, der Hunde, = κυνῶν; *juvenum*, der Jünglinge; *senum*, der Alten; *gregum*, der Schaaren; *celerum*, der schnellen; *veterum*, alter; *divitum*, reicher; *alti-volantum*, hochfliegender, Enn. ann. 84; *bâlantum*, der Schafe, Enn. ann. 192; *induperantum*, der Gebietenden, Enn. ann. 413; *parentum*, der Eltern, Sallust Cat. 51, 9. Die Participia, insbesondere im mehr adjectivischen Gebrauche, zeigen oft im Pluralgenetiv den Ausgang *ium*, als ginge ihre Grundform auf *i* aus, weniger aber in älterer Zeit und zum Beispiel Lucrez bildet nur den Ausgang *um*: *animantum*, der lebenden Wesen, 1, 4; 194; 350; 1033; 1038; 2, 78 ff.; *parentum*, der Eltern, 1, 598; 2, 605; 664; 4, 1213 ff.; *salûtantum*, der begrüssenden, 1, 318; *meantum*, der Gehenden, 1, 318; *sapientum*, weiser, 2, 8; *bâlantum*, der blökenden, 2, 369; *canentum*, der Singenden, 4, 585; 5, 1385; *infantum*, der Kinder, 5, 810; *penni-potentum*, beflügelter, 2, 878; 5, 789; *volantum*, der Fliegenden, 2, 1083; *carentum*, der Entbehrenden, 4, 35; *vênantum*, der Jagenden, 4, 999; *amantum*, liebender, 4, 1077; 5, 962; *salientum*, der Springenden, 4, 1200. Horaz bietet *fugientum*, fliehender, carm. 3, 18, 1; *imminentum*, drohender, 3, 27, 10; *recentum*, frischer, 1, 10, 2. Auch im Altindischen erweist sich die Grundform der entsprechenden Participia durchaus als auf *ant* ausgehend; im Pluralgenetiv büsst sie ihren Nasal ein: *pátatâm* (*pátant-*), der fliegenden, Rigv. 1, 25, 7; *jáyatâm* (*jáyant-*), der Sieger, Rigv. 1, 23, 11; 1, 28, 5.

Auch die Fürwörter zeigen im Pluralgenetiv in der Regel deutlich das in Frage stehende Suffix ων = *um*, so die vollen homerischen ἡμείων, unser, il. 5, 258; 20, 120; od. 24, 159; 170; ὑμείων, euer, il. 4, 348; 7, 195; 19, 153; od. 21, 318, und σφείων, von sich, il. 4, 535; 5, 626; 13, 148 und 688, statt deren aber schon etwas häufiger die sind, die das innere ι aufgaben und dann die Vocale ε und ω zu ῶ zusammenfliessen liessen, wie es auch die attischen Formen haben: ἡμῶν (Bekker ἡμέων), unser, il. 3, 101; 11, 318; 21, 458; od. 1, 33; 9, 498; 12, 187; 14, 271; 16, 185; 17, 440; ὑμῶν (Bekker ὑμέων), euer, il. 7, 159; 15, 494; od. 13, 7; 20, 351; 22, 219, und σφῶν (Bekker σφέων), ihrer, il. 18, 311; od. 3, 134; 20, 348; 24, 381. In der Verbindung σφῶν αὐτῶν, ihrer selbst, il. 12, 155 und 19, 302, schreiben die Ausgaben auch so, nicht σφέων. Die eigenthümlich lateinischen *nostrî*, unser, *vestrî*, euer, und *suî*, seiner, treten fast auf wie Singulargenetive von abstracten *nostrum*, »das Unsre« oder »das Wir«, und so fort.

Plural-Dativ (und -Ablativ.)

Für den Dativ und Ablativ des Plurals zeigt das Altindische nur éin Suffix, während doch im Singular beide Casus durchaus aus einander gehalten werden. Mit Bestimmtheit lässt sich noch nicht behaupten, ob hier wirklich eine uralte Gemeinsamkeit der Form vorliegt oder ob etwa erst in späterer Zeit eine Vermengung eingetreten ist. Jenes altindische Suffix aber lautet *bhyas* und findet sich zum Beispiel in *arbhakaíbhyas*, den kleinen, Rigv. 1, 27, 13; *âçinaíbhyas*, den Alten, Rigv. 1, 27, 13; *víbhyas*, den Vögeln, Rigv. 4, 26, 4; *sákhibhyas*, von den Freunden, Rigv. 1, 4, 4; *aparîbhyas*, für die folgenden Zeiten, Rigv. 1, 32, 13; *síndubhyas*, den Strömen, Rigv. 1, 23, 18; *mahádbhyas*, den grossen, Rigv. 1, 27, 13; *yúvabhyas*, den Jungen, Rigv. 1, 27, 13; *stautríbhyas*, den Lobsängern, Rigv. 1, 11, 3; 1, 30, 14; 1, 33, 2; *jaritríbhyas*, durch die Lobsänger, Rigv. 1, 30, 10. Sehr oft findet sich in den ältesten Denkmälern auch die Form *bhias*, wie in *jánaibhias*, von den Leuten weg, Rigv. 1, 7, 10; *daivaíbhias*, den Göttern, Rigv. 1, 13, 11; *grhaíbhias*, zu den Wohnungen, Rigv. 3, 53, 20; *ántaibhias*, den Enden, Rigv. 1, 49, 3; *çyainaíbhias*, den Falken, Rigv. 4, 26, 4; *Marúdbhias*, den Sturmgöttern, Rigv. 1, 64, 1.

Im Lateinischen entspricht jenem Suffix bei seiner Abneigung gegen Hauchlaute im Wortinnern und mit dem Uebergang des alten *a* in *u*, wie er zum Beispiel bekannt ist aus *ferimus* = altind. *bhárâmas*, wir tragen, und dann auch noch mit gänzlicher Verdrängung des *i* oder *j* vor dem folgenden Vocal, wie sie zum Beispiel auch eintrat in *minus*, weniger, aus *minius (minjus)*, die Suffixform *bus*, die auch den Ablativ und Dativ umfasst, übrigens aber fast ganz auf die Grundform auf *i*, *u*, *ê*, und Consonanten beschränkt ist. Von den Grundformen auf *o* zeigen unser Suffix, abgesehen von ganz vereinzelten ungewöhnlichen Bildungen auf Inschriften, nur die Wörter *duôbus*, zweien, und *ambôbus*, beiden, von den Grundformen *duo-* und *ambo-*, in denen die Dehnung des Vocals sich mit der ganz entsprechenden in den altindischen Dualdativen *dvā́bhyâm (dvá-)*, zweien, und *ubhā́bhyâm (ubhá-)*, beiden, vergleichen lässt. Die gewöhnliche Endung des pluralen Dativs (und Ablativs) der Grundformen auf *o* so wie der Grundformen auf *â* wird weiterhin noch zur Sprache kommen; unter den letzteren findet sich das *bus* nur in den weiblichen *duâbus*, zweien, und *ambâbus*, beiden, und ausserdem in einigen wenigen Wörtern, deren weiblichen Charakter die Sprache so von den männlichen Pluraldativen auf *îs* deutlich unterscheiden wollte, insbesondere in *deâbus*, den Göttinnen, neben *deîs* oder *diîs*, den Göttern, und *filiâbus*, den Töchtern, neben *filiîs*, den Söhnen. Die übrigen so gebildeten Formen tauchen doch nur sehr vereinzelt auf oder werden aus älterer Zeit angeführt, so *equâbus*, den Stuten (*equîs*, den Pferden); *asinâbus*, den Eselinnen (*asinîs*, den Eseln); *mûlâbus*, den Mauleselinnen; *dominâbus*, den Herrinnen, *famulâbus*, den Dienerinnen, *servâbus*, den Dienerinnen, *nâtâbus*, den Töchtern, *animâbus*, den Seelen, *lîbertâbus*, den Freigelassenen, *sociâbus*, den Genossinnen, *nymphâbus*, den Nymfen, *paucâbus*, wenigen, *puellâbus*, den Mädchen, *portâbus*, den Thoren, *pudîcâbus*, den keuschen, *raptâbus*, geraubten, *oleâbus*, Oelbäumen. — Von Grundformen auf *ê* begegnen nur *diêbus*, den Tagen, und *rêbus*, den Sachen; die Form *speciêbus*, den Gestalten, tadelt Cicero Topica 7, ebenso wie den Genetiv *speciêrum*, der Gestalten, wie denn überhaupt im Lateinischen von den Grundformen auf *ê* nur sehr wenige Pluralformen vorkommen.

Die Grundformen auf *i*, die ebenso wie die auf *u* und die auf Consonanten ihre Dative und Ablative des Plurals durch *bus* bilden, fügen es einfach an: *nâvibus*, den Schiffen, von den Schiffen; *hostibus*, den Feinden, *maribus*, den Meeren, *gentibus*, den Geschlechtern, *foribus*, den Thüren, *mîlibus*, tausenden, *levibus*, leichten, *quibus*, welchen. Ebenso die Grundformen auf *u: acubus*, den Nadeln, *arcubus*, den Bogen, *partubus*, den

Geburten, *lacubus*, den Seen, *pecubus*, den Thieren, *quercubus*, den Eichen, *specubus*, den Grotten, *artubus*, den Gliedern, Enn. ann. 36; Lucr. 1, 260; 3, 7; 620; 644; 4, 632; *subus*, den Schweinen, Lucr. 5, 969; 6, 974; 977, später meist *suibus*. Hiebei ist aber noch zu bemerken, dass die meisten Grundformen auf *u*, ebenso wie es zum Beispiel geschehen ist in *corni-ger* (für *cornu-ger*), gehörnt, den dunkeln Vocal vor der Endung *bus* zu *i* schwächen, so *manibus (manu-)*, den Händen, Lucr, 1, 95; *ălitibus*, (*ălitu-*, wie auch in dem schon genannten Genetiv *ălituum*, der Vögel, sich zeigt), den Vögeln, Lucr. 6, 818; *veribus*, den Speeren, Verg. georg. 4, 515; Tacitus ann. 4, 14; *domibus* (*domu-*), den Häusern; *genibus*, mit Knieen, Enn. ann. 354; Lucr. 1, 92. In manchen Formen findet auch ein Schwanken in Bezug auf den fraglichen Vocal Statt, so wird neben dem schon genannten *veribus*, die Speere, auch das alterthümlichere *verubus* angeführt, neben *genibus*, den Knieen, auch noch *genubus*, neben *portibus*, den Häfen, auch noch *portubus*, und anderes.

Von vereinzelten Formen, wie *bûbus* (*bov-*), den Stieren, Lucr. 6, 1131, abgesehen, zeigen alle Grundformen, die man im Lateinischen als consonantisch ausgehend anzusehen pflegt, vor dem Casuszeichen *bus* ein kurzes *i*, das man hier einen Bindevocal zu nennen sich gewöhnt hat. Indessen dürfen wir hier auch wieder darauf hinweisen, dass im Lateinischen die Grundformen auf Consonanten und die auf *i* in fast allen Casusbildungen irgendwelche Vermengung oder Gleichmässigkeit der Behandlung zeigen und es darf daher gar nicht auffallen und kann auch gar nicht von einem ganz neu hergeholten Bindevocal die Rede sein, wenn bei der grossen Empfindlichkeit des Lateinischen gegen zusammenstossende Consonanten bei einer mit *b* anlautenden Casusendung durchgehends statt consonantisch auslautender Grundformen solche auf *i* gebraucht werden. Es ist ja ausserdem hier wieder hervorzuheben, dass wirklich sehr viele Grundformen, die wir als consonantisch ausgehend aufzufassen pflegen, doch ursprünglich einen schliessenden Vocal enthielten, wie denn zum Beispiel *greg-*, Schaar, mit dem Pluraldativ *gregibus*, den Schaaren, dem gleichbedeutenden noch vollern λόχος (aus γλόχος) entspricht, und andererseits auch zum Beispiel der Pluraldativ *rêgibus*, den Königen, von *rêg-*, dem altindischen *rấjabhyas* von einer noch volleren Grundform *rấjan-*, König. Weitere Beispiele sind kaum nöthig: *ducibus*, den Führern; *canibus*, den Hunden, *patribus*, den Vätern, *nôminibus*, den Namen; *séminibus*, den Samen, Lucr. 2, 284; *mâjôribus*, den grössern, neben dem im fraglichen Puncte abweichenden altindischen *máhîyaubhyas* (für *máhîyasbhyas*).

Aus der Reihe der Pronomina schliessen sich im Lateinischen hier wohl noch eng an *nôbîs* (aus *nôbias?*), uns, und *vôbis* (aus *vôbias?*), euch.

Die griechischen Dative ἡμῖν, uns, und ὑμῖν, euch, sondern sich ab und enthalten wohl das selbe Suffix mit den altindischen *asmábhyam*, uns, Rigv. 1, 7, 6; 1, 17, 8, und *yushmábhyam*, euch, neben denen in den ältesten Denkmälern auch die Formen ohne schliessendes *m* vorkommen, wie *asmábhya*, uns, Rigv. 1, 10, 8. Dazu stellt sich auch das homerische und auch sonst bei Dichtern vorkommende σφίν, ihnen, il. 1, 73; 253; 2, 78; 251 ff., das unter den bestimmten Bedingungen auch seinen Schlussnasal verliert und dann also σφί lautet, wie il. 1, 110; 2, 614; 4, 245; 510 und sonst. Statt des gewöhnlichen ἡμῖν, uns, begegnet bei Homer bisweilen auch ἥμιν mit verkürztem Vocal in der Schlusssilbe, wie il. 17, 415; 417; od. 8, 569; 11, 344; 20, 272. Ausserdem aber finden sich mehrfach auch die Formen ἄμμιν, uns, il. 13, 379; od. 12, 375, öfters ohne das schliessende ν als ἄμμι, wie il. 1, 384; 2, 137; 4, 197; 207 ff., und ὔμμιν, euch, il. 4, 249; 10, 380; 13, 95 ff., ohne Schlussnasal il. 6, 77; 7, 387; 13, 625 ff., die in Bezug auf die Casusbildung selbst von den vorhingenannten Formen wohl gar nicht abweichen.

Das Griechische hat das Casuszeichen *bhyas* wahrscheinlich ganz eingebüsst und bildet seinen Pluraldativ mittels eines ursprünglich entschieden locativen Suffixes, von dem sogleich die Rede sein wird.

Plural - Locativ.

Für den Locativ des Plurals zeigt das Altindische durchgehend das Suffix *su*, wie in *rấjasu*, in den Königen, *vā́rishu* (für *vā́risu*), in den Wassern, *táishu* (zunächst für *táisu*), in denen, und sonst. Im Griechischen oder im Lateinischen liegt keine dem *su* genau entsprechende Suffixform vor, da das oft damit gleichgestellte *σι* schon im Vocal entschieden abweicht und sich auch, wie doch einige wohl gemeint haben, noch keineswegs so leicht damit vereinigt, wenn man das altindische *su*, wie man des entsprechenden altbaktrischen *hva* (unter bestimmten Lautverhältnissen *shva*) wegen wohl darf, zunächst auf ein altes *sva* zurückführt. Ein enger Zusammenhang dieser beiden Suffixformen wird allerdings wohl als sehr wahrscheinlich gelten müssen, und wir haben allen Grund auch das Griechische *σι*, und was ihm im Lateinischen entspricht, ein altes Locativsuffix zu nennen. Bei den auch sonst so zahlreichen Berührungen des Dativs und Locativs und der ja auch schon im griechischen Singulardativ fast durchgehenden Vertretung durch ein altes Locativsuffix kann es nicht weiter auffallen, dass das alte Suffix des pluralen Dativs, das im Lateinischen jedenfalls beeinträchtigt wurde, wie sich schon oben zeigte und zwar, wie wir weiterhin noch sehen werden, durch das Locativsuffix, im Griechischen fast ganz oder auch ganz, wenigstens in der gewöhnlichen Flexion, verdrängt wurde und überall durch das alte Locativsuffix vertreten, mit dem wir auch innerhalb des Griechischen noch mehrfach blosse Locativbedeutung verbunden sehen, wie zum Beispiel in *κορυφῆσι*, auf den Gipfeln, il. 3, 10; *ὤμοισιν*, auf den Schultern, il. 1, 45; *σῇσι φρεσί*, in deinem Sinn, il. 2, 33; 70 ff.; *Θήβῃσι*, in Thebä, il. 14, 114; *θύρῃσιν*, an der Thür, draussen, od. 1, 120.

Man darf das in Frage stehende griechische Suffix nicht einfach *σι* nennen; vor der Hand muss sogar die Möglichkeit zugestanden werden, dass der darin unter bestimmten Verhältnissen auftretende Nasal (*σιν*) einen tiefern etymologischen Grund hat; dann aber ist die vollste Form des Suffixes unzweifelhaft das in der homerischen Sprache, die das kurze *σι* (*σιν*) allerdings auch sehr häufig hat, sehr gewöhnliche *εσσι* (*εσσιν*), das in seinem tiefern Grunde uns noch nicht verständlich ist und sich durchaus nicht so leicht abthun lässt, wie manche vermeint haben.

Ausser diesem *εσσι* (*εσσιν*) und dem kurzen *σι* (*σιν*) begegnet dann aber noch sehr häufig die Form *σι* (*σιν*) mit vorausgehendem *ι* und zwar ausschliesslich bei den Grundformen auf *ο* und altes *ᾰ*, hier aber auch durchgehends, dass also dann der Locativausgang bei Homer dort *οισι* (*οισιν*) und hier *ησι* (*ησιν*) ist, welches letztere aus altem *ᾰισι* hervorging. Bei Homer überwiegen diese vollen Formen über die auf *οις* und *ης* ausgehenden bedeutend und da die letztern in den bei Weitem meisten Fällen vor folgenden Vocalen oder auch am Versende stehen, so darf nicht gezweifelt werden, dass die Formen auf *οις* und *ης* (attisch *αις*) nur Verkürzungen aus den vollern auf *ι* ausgehenden sind. So urtheilt mit Recht auch Georg Gerland, der im neunten Bande der Kuhnschen Zeitschrift (Seite 36 bis 68) besonders für die homerische Sprache die betreffenden Zahlenverhältnisse genauer angiebt, nur nicht genau genug, da zum Beispiel das homerische Wau ganz unberücksichtigt bleibt. Von den sehr zahlreichen homerischen Formen auf *οισι* (*οισιν*) und *ησι* (*ησιν*) genügt es hier einige zu nennen: *οἰωνοῖσι* (*οἰωνό-*), den Vögeln, il. 1, 5; *σοῖσι*, mit deinen, il. 1, 42; *ὤμοισιν*, auf den Schultern, il. 1, 45; *τοῖσι*, unter ihnen, il. 1, 68; 101; *ἑϝοῖσι* (Bekker unrichtig *ϝεοῖσι*), in seinen, il. 1, 83; *Δαναοῖσιν*, den Danaern, il. 1, 97; 109 (ohne Schlussnasal); *ϝετάροισιν*, den Genossen, il. 1, 183; *ἀταρτηροῖσι*, mit feindseligen, il. 1, 223; *οὐτιδανοῖσι*, nichtswürdigen, il. 1, 231; *ϝήλοισι*, mit Nägeln, il. 1, 246; *ἄλλοισι θεοῖσι*, den andern Göttern, il. 8, 437. — *κοϝίλησιν*, den hohlen (Schiffen), il. 1, 26; *ὑπεροπλίησι*, durch Uebermuth, il. 1, 205; *ϝῇσιν*, in seinen, il. 1, 333; *Ἀτρεϝίδησιν*, den Atriden, il. 2, 762; 7, 351; *θεῇσιν*, den Göttinnen, il. 8, 305. Verkürzte Formen sind *σοῖς*, deinen, il. 1, 179; *θεοῖς*, den Göttern, il. 1, 218; *χρυσείοις*, mit goldenen, il. 1, 246; — *κοϝίλης*, den hohlen (Schiffen), il. 1, 89; *ϝῇς*, durch seine, il. 1, 205; *σῇς*, deinen, il. 1, 179; *ἐν παλάμης*, in den Händen, il. 1, 238; *Ἀτρεϝίδης*, den Atriden, il. 7, 374. Diese kürzeren Formen sind auch die der attischen Zeit: *τοῖς θεοῖς*, den Göttern, *ἀγγέλοις*, den Boten, *σοῖς*, deinen. Bei den Grundformen auf *ᾰ* schützte das Attische im Gegensatz zur homerischen Sprache den reinen A-laut auch im Difthong und zeigt daher den Ausgang αις : ταῖς χώραις, den Gegenden, κοίλαις, den hohlen, πολίταις, den Bürgern, an Stelle des zu Grunde liegenden ᾱισι, auf das das homerische ῃσι auch zurückweist.

Bei der fast ganz durchgreifenden Neigung des Lateinischen, schliessende kurze *i* zu zerstören, wie sie zum Beispiel hervorgeht aus Bildungen wie *ferunt*, sie tragen, im Gegensatz zum Griechischen φέρουσι und dem hier zu Grunde liegenden griechisch-lateinischen *feronti*, hat im Lateinischen das fragliche Locativsuffix überall sein auslautendes *i* aufgegeben. Wir finden es aber nicht etwa noch in einer ganz durchgehenden Casusbildung, sondern nur noch bei den Grundformen auf *o* und altes *â*, und zwar hier ganz durchgehend bis auf die wenigen oben behandelten Fälle, wo das zugleich dative und ablative *bus* (*ambôbus*, beiden; *fîliâbus*, den Töchtern) sich auch hier geltend machte, das sonst alle übrigen Plural-Dative und Ablative im Lateinischen bezeichnet. In jenem näher bezeichneten Gebiet ist nun unser altes Locativsuffix durch den Einfluss der sonstigen Ordnung der lateinischen Sprache dem formell ganz abweichenden *bus* ganz gleich gebraucht worden. Sehr beachtenswerth bleibt aber doch, wie bei pluralen Städtenamen die alte Locativbildung auch noch die reine Locativbedeutung zeigt. Was aber noch weiter die äussere Gestaltung jenes alten οισι und αισι im Lateinischen betrifft, so ist ausser dem Abfall des schliessenden ι in beiden Fällen gleichmässig der alte Difthong zu *î* zusammengedrängt, dass nun also ebensowohl die Grundformen auf *o* als die auf altes *â* den pluralen Locativ, der dann ebensowohl auch dativisch und ablativisch gebraucht wird, auf *îs* ausgehen lassen. Die angedeutete Locativbedeutung haben wir noch in Formen, wie *forîs*, an der Thür, draussen; *Cûmîs*, in Cumä, Enn. Seite 166; *Athênîs*, in Athen, Cicero off. 3, 22, 87; *Philippîs*, in Filippi; *Esquiliîs*, auf dem esquilinischen Berge, Cicero nat. d. 3, 25; *Delphîs*, in Delfi; vereinzelt wird dann auch bei den Formen, die diese Bildung nicht mehr aufweisen, das *bus* locativisch gebraucht, wie in *Sardibus*, in Sardes, Plinius 5, 29, 30; Livius 37, 18; *Gâdibus*, in Gades, Lucr. 11, 608. Weitere Formen auf *îs* anzugeben ist kaum nöthig: *agrîs* = ἀγροῖσι, ἀγροῖς, den Aeckern, *equîs* = ἵπποισι, ἵπποις, den Pferden; *foliîs* = φύλλοισι;

φύλλοις, den Blättern; *aliis* = *ἄλλοισι*, *ἄλλοις*, andern; *silvis* = *ὕλῃσι* (homerisch), *ὕλαις*, den Wäldern, wornach man ein griechisch-lateinisches *sulvâisi*, in den Wäldern, würde ansetzen dürfen.

Ohne über die Entstehung des vollen Suffixes *εσσι* (*εσσιν*), von dem im Lateinischen keine Spur vorhanden ist, neues vermuthen zu wollen, beschränken wir uns hier darauf, den Umfang seines Gebrauchs und dann zum Vergleich auch den des kürzeren *σι* aus der homerischen Sprache vollständig darzulegen. Während sich das besprochene *σι* (*σιν*) mit vorhergehendem *ι* auf die Grundformen auf *ο* und auf altes *â* beschränkt, ist das alte *εσσι* und dann das kürzere *σι* über alle übrigen Grundformen ausgebreitet und namentlich auch die auf die Vocale *ι* und *υ*. Von den Grundformen auf *ι* bieten sich nur: *πολίεσσιν*, den Städten, od. 21, 252; 24, 355; *ὀϜίεσσιν*, den Schafen, il. 5, 137; 6, 424; 10, 486; od. 6, 132; 17, 472, dafür mit Verdrängung des innern *ι* *ὄϜεσσι* il. 6, 25; 11, 106; od. 9, 418; mit anderer Verkürzung *ἴρισσι*, Regenbogen, il. 11, 27. — Auch von Grundformen auf *υ* begegnen nicht sehr viele Formen: *νεκύεσσι*, Todten, il. 5, 397; 10, 349; 15, 118 ff.; *σύεσσι*, den Schweinen, il. 12, 146; od. 13, 407; 14, 25 ff., dafür *ὕεσσι*, od. 13, 410; 14, 8; 372 ff.; *σταχύεσσιν*, den Aehren, il. 23, 598, dafür *ἀσταχύεσσιν* il. 2, 148; *γούνεσσι* (aus *γονύεσσι*), den Knieen, il. 9, 488; 17, 451; 569; *δούρεσσι* (aus *δορύεσσι*), den Speeren, il. 12, 303; od. 8, 528; mit Verkürzung *γένυσσιν*, den Kinnbacken, il. 11, 416; *πίτυσσι*, den Fichten, od. 9, 186; *νέκυσσιν*, den Todten, od. 11, 569; 22, 401; 23, 45. Noch in anderer Weise verkürzt sind *πελέκεσσι* (aus *πελεκέϜεσσι*), mit Aexten, il. 13, 391; 15, 711; 16, 484; *πολέσσι* (aus *πολέϜεσσι*), vielen, il. 13, 452; 17, 236; 308. Die volleren Formen liegen vor in *πολέϜεσσι*, vielen, il. 5, 546; 12, 399; 15, 258; 16, 262 ff.; *ταχέϜεσσι*, den schnellen, il. 8, 339; 20, 189; 21, 564 ff. Daneben nennen wir *ἀριστήϜεσσιν*, den Ersten, il. 1, 227; 5, 206; 7, 184; 9, 334; 421 ff.; ferner *βόϜεσσιν*, den Stieren, il. 2, 481; 7, 474; 11, 674; 12, 105 ff.; *νήϜεσσιν*, den Schiffen, il. 1, 71; 2, 175; 688; 4, 239; 7, 229; 8, 166 ff. und dafür mit kurzem Vocal *νέϜεσσιν* il. 3, 46; 240; 440; 13, 333; 14, 51; 15, 409 ff.; auch *λάϜεσσιν*, mit Steinen, il. 3, 80; 24, 798; od. 6, 267; 10, 211 ff. Angereiht sein mögen hier auch noch *Τρώεσσι*, den Troern, il. 1, 408; 509; 521; 5, 810; 834; 6, 110 und sonst sehr oft; *ἡρώεσσιν*, den Kämpfern, il. 2, 483; 579; 13, 346; 16, 144; 19, 391 ff.; *δμώεσσιν*, den Dienern, od. 6, 71; 11, 431; 14, 80 ff.

Von den Grundformen auf Consonanten, unter denen auch die mit *ϝ* aus dem Nächstvorhergehenden hätten ihre Stelle finden dürfen, führen wir die auf Kehllaute, und dann Lippenlaute zuerst auf: *Θρήκεσσι*, den Thrakern, il. 6, 7; *Αἰθίκεσσι*, den Aethikern, il. 2, 744; *Κιλίκεσσι*, den Kilikern, il. 6, 397; *κηρύκεσσι*, den Herolden, il. 2, 50; 442; 9, 10; 23, 39; od. 2, 6 ff.; *φυλάκεσσι*, den Wächtern, il. 10, 58; 10, 127; 180 ff.; *σάρκεσσι*, dem Fleisch, il. 8, 380; 13, 832; *μυλάκεσσι*, mit Mühlsteinen, il. 12, 161; *ϝοιήκεσσιν*, mit Ringen, il. 24, 269; *Φαιήκεσσι*, den Fäaken, od. 5, 386; 6, 241; 270 ff.; *σφήκεσσι*, Wespen, il. 16, 259; *σκυλάκεσσι*, jungen Hunden, od. 20, 14; — *αἴγεσσι*, Ziegen, il. 10, 486; *τεττίγεσσι*, Grillen, il. 3, 151; *τανυπτερύγεσσι*, breitgeflügelten, il. 12, 237; *πτερύγεσσιν*, mit Flügeln, il. 2, 462; od. 2, 149; — *ὀνύχεσσι*, in den Krallen, il. 8, 248; 12, 202; 220 ff.; — *Δολόπεσσι*, den Dolopern, il. 9, 484; *μερόπεσσι*, den sterblichen (?), il. 2, 285; *γύπεσσιν*, den Geiern, il. 11, 162; *σκολόπεσσιν*, mit Pfählen, il. 12, 55; 15, 344; 18, 177; od. 7, 45; *Κυκλώπεσσι*, den Kyklopen, od. 1, 71; 9, 125; 357; 510; *Αἰθιόπεσσιν*, den Aethiopen, od. 5, 287; *ῥίπεσσι*, mit Rohrgeflecht, od. 5, 256. — An Te-laute trat das *εσσι* in *κτεάτεσσι*, den Besitzungen, il. 5, 154; 6, 426; 9, 482 ff.; *Κουρήτεσσι*, den Kureten, il. 9, 551; *Κρήτεσσι*, den Kretern, il. 3, 230; 4, 251; od. 14, 205; 234; 382; *ἱμάντεσσι*, mit Riemen, il. 8, 544; *πάντεσσι*, allen, il. 9, 121; 528; 10, 173 ff.; *Γιγάντεσσιν*, den Giganten, od. 7, 59; *ἀκουόντεσσι*, den hörenden, od. 1, 352; *Χαρίτεσσιν*, den Chariten, il. 17, 51; *Αἰϝάντεσσι*, den beiden Aias, il. 4, 273; 280; 12, 353; 17, 668; 707; *μιμνόντεσσι*, den bleibenden, il. 2, 296; *σπευδόντεσσιν*, den eilenden, il. 17, 745; *κλαιόντεσσι*, den weinenden, od. 12, 311; daneben genannt sein mögen *τεράεσσι* (aus *τεράτεσσι*), den Zeichen, il. 4, 398; 408; 6, 183 ff.; *κεράεσσι* (aus *κεράτεσσι*), den Hörnern, il. 13, 705; od. 19, 563; — *πόδεσσι*, den Füssen, il. 3, 407;

10, 346; 11, 476; 16, 809; 17, 27; 18, 599 ff.; *ὠκυπόδεσσιν*, den schnellfüssigen, il. 2, 383; 23, 504; *εἰλιπόδεσσιν*, den schleppfüssigen, il. 6, 424; 16, 488; *νιφάδεσσι*, Schneeflocken, il. 3, 222; *νεκάδεσσιν*, in Leichenhaufen, il. 5, 886; *ἀνδραποδέσσιν*, für Knechte, il. 7, 475; *σπιλάδεσσιν*, den Klippen, od. 3, 298; 5, 401; *παΐδεσσι*, den Kindern, od. 3, 381; 5, 394; 11, 431 ff.; *ἀγκαλίδεσσι*, in Armen, il. 18, 555; 22, 503; *ἐπηγκενίδεσσι*, mit Brettern, od. 5, 253; *πραπίδεσσιν*, mit Kunstfertigkeit, il. 1, 608; 18, 380; 482; 20, 12 ff.; *κληϝίδεσσιν*, den Ruderbänken, od. 12, 215; *λιθάδεσσιν*, mit Steinen, od. 14, 36; 23, 193; *σανίδεσσιν*, den Thürflügeln, od. 21, 137; 164. Hieneben stellen wir das eigenthümliche pronominelle *τοίςδεσσι*, denen, il. 10, 462; od. 2, 47; 165; 13, 258, in dem man gewöhnlich wunderlich genug das adverbielle *δέ*, aber, für wieder flectirt hält; — *κορύθεσσι*, mit Helmen, il. 7, 62; 14, 372; 17, 268 ff.; *ὀρνίθεσσιν*, Vögeln, il. 17, 757; 22, 303.

Auch an den Nasal hat sich das *εσσι* sehr oft angeschlossen, so in *κύνεσσιν*, den Hunden, il. 1, 4; 12, 41; 23, 183 ff.; *Μυρμιδόνεσσι*, den Myrmidonen, il. 1, 180; 16, 12; 15; 65 ff.; *πλεόνεσσι*, mehreren, il. 1, 281; 325; 13, 739 ff.; *ἀκτίνεσσι*, den Strahlen, il. 10, 547; od. 11, 16; *ἡγεμόνεσσιν*, den Führern, il. 12, 87; 13, 801; 16, 198; *κανόνεσσι*, mit Querstäben, il. 13, 407; *Παφλαγόνεσσιν*, den Paflagonen, il. 13, 661; *λιμένεσσι*, den Häfen, il. 23, 745; *σταμίνεσσιν*, mit Querhölzern, od. 5, 252; *δαιτυμόνεσσιν*, den Schmausenden, od. 7, 102; 22, 12; *Κικόνεσσι*, den Kikonen, od. 9, 39; 47; *περικτιόνεσσι*, den Umwohnenden, il. 18, 212; 19, 109; *ἠιόνεσσιν*, den Gestaden, od. 5, 156; *ϝάρνεσσιν*, den Schafen, il. 16, 352; *Κεφαλλήνεσσι*, den Kefallenen, od. 24, 378. — Grundformen auf *ρ* liegen vor in *χείρεσσι*, mit den Händen, il. 3, 271; 367; 5, 559 ff.; *μακάρεσσι*, seligen, il. 1. 599; 5, 340; 819 ff.; *ἄνδρεσσι*, Männer, il. 5, 546; 874; 6, 397 ff.; *ϝοάρεσσιν* (Bekker *ϝώρεσσιν*), den Gattinnen, il. 5, 486; *ἀορτήρεσσιν*, mit Tragbändern, il. 11, 31; *κηρεσσι-φορήτους*, von Keren herbeigeführt, il. 8, 527; *θυγατέρεσσιν*, den Töchtern, il. 15, 197; *θήρεσσι*, wilden Thieren, od. 5, 473; 14, 21; *μνηστήρεσσιν*, den Freiern, od. 1, 91 (*μνηστήρεσσ' ἀποϝειπέμεν*; Bekker hat *μνηστήρεσσιν ἀπειπέμεν*); 2, 395; 15, 315; 16, 410 ff. — Die einzige hiehergehörige Bildung von einer Grundform auf λ ist ἅλεσσι, mit Salz, od. 11, 123 und 23, 270.

Sehr häufig schliesst sich das volle εσσι an Grundformen auf den Zischlaut und zwar fast nur solche mit dem bestimmten Ausgang ες, die dann das ς vor dem folgenden Vocal natürlich einbüssen müssen und also den Ausgang έεσσι zeigen. Wie wenig Werth die mehrfach wiederholte Erklärung der Casusformen auf εσσι aus ursprünglicher Anfügung des einfachen σι an Grundformen auf ες (εσ σι) und dann späterm Weiterumsichgreifen dieses Ausgangs hat, zeigt sich grade in jenem Ausgang έεσσι (aus έσεσσι) am besten, worin eine Wiederholung des Suffixes ες annehmen zu wollen doch sehr bedenklich bleiben muss. Die homerische Sprache bietet von diesen Bildungen auf έεσσι: ϝεπέεσσιν (aus ϝεπέσεσσιν), mit Worten, il. 1, 304; 582; 2, 75 und sonst häufig; λεχέεσσιν (aus λεχέσεσσιν), in Betten, il. 3, 448; 21, 124; 22, 87 ff.; τεκέεσσι, den Kindern, il. 3, 160; 4, 162; 12, 221 ff.; τελέεσσιν, Schaaren, il. 7, 380; 11, 730; 18, 298; διηνεκέεσσι, mit weithinreichenden, il. 12, 134; od. 14, 437; διϝοτρεφέεσσι, den himmelernährten, il. 5, 463; od. 5, 378; βελέεσσιν, mit Geschossen, il. 5, 622, 11, 576; 589 ff.; δυςμενέεσσι, übelwollenden, il. 5, 488; 6, 453; 10, 193 ff.; νεφέεσσιν, den Wolken, il. 5, 867; od. 5, 293; 303 ff.; θυέεσσιν, Opfergaben, il. 6, 270; 9, 499; ὀχέεσσι, dem Wagen, il. 5, 722; 18, 231; πρυλέεσσι, Fusskämpfern, il. 5, 744; 21, 90; ξιφέεσσι, mit Schwertern, il. 7, 273; 16, 337; 17, 530; ὁμηγερέεσσι, den versammelten, il. 15, 84; ἐυρραφέεσσι, wohlgenäheten, od. 2, 354; 380; κατωρυχέεσσι, mit eingegrabenen, od. 6, 267; 9, 185; ἐυστρεφέεσσιν, mit wohlgedreheten, od. 9, 427; σπεέεσσι (Bekker σπήεσσι), in der Grotte, od. 9, 400; 10, 404; 424; 16, 232; σακέεσσι, den Schilden, od. 14, 477; ἀρτεμέεσσι, wohlbehaltenen, od. 13, 43; μελέεσσι, den Gliedern, od. 13, 432; ἰθαιγενέεσσιν, den ebenbürtigen, od. 14, 203; ἀχέεσσι, Schmerzen, od. 19, 167; ϝρακέεσσι, mit den Lumpen, od. 19, 507; — δεπάεσσιν (aus δεπάσεσσιν?), mit Bechern, il. 1, 471; 3, 295; 4, 3 ff.

Die kürzere und ohne Zweifel wirklich verkürzte Bildung, aus der einfach ein Suffix σι (σιν) abzulösen zu sein scheint, die in späterer Zeit und namentlich im Attischen allein noch besteht, hat die homerische Sprache auch schon sehr häufig und zwar in den folgender Wörtern, die wir den vorhergehenden wieder ganz entsprechend nach dem Ausgang der Grundformen anordnen. Von Grundformen auf ι darf man wohl das pronominelle σφίσιν, ihnen, il. 1, 368; 2, 93; 206 ff. hier nennen; ausserdem nur ἐπάλξεσιν (ἔπαλξι-), an Brustwehren, il. 22, 3, und οἴεσιν (ὄϝι-), den Schafen, od. 15, 386, für das Ahrens οἴϝεσσ' vorschlägt. Etwas häufiger sind die hieher gehörigen Bildungen von Grundformen auf υ: ὀφρύσι, mit den Brauen, il. 1, 528; 9, 620; 13, 88 ff.; συσί, den Schweinen, il. 5, 783; 7, 257; od. 14, 14; δάκρυσι, mit Thränen, il. 9, 570; 23, 16; 24, 162 ff.; δρυσίν, Eichen, il. 14, 398; od. 9, 186; ἰχθύσιν, den Fischen, il. 19, 268; 21, 122; 24, 82 ff.; ἐρινύσιν, den Rachegöttinnen, od. 20, 78; mit abweichender Bildung πώεσι, in der Heerde, od. 4, 413; πολέσιν (für volles πολέϝεσσιν), vielen, il. 4, 388; 9, 73; 10, 262; 11, 688; ὀξέσιν (für ὀξέϝεσσιν), scharfen, il. 12, 56; 15, 711, und auch θαμέσιν, mit häufigen, od. 5, 252, von einer vermuthlichen Grundform θαμύ-, die auch durch die häufige weibliche Pluralform θαμεῖαι erwiesen wird und weiter noch durch den Comparativ θαμύντεραι bei Hesychios. Dazu stellen sich auch βασιλεῦσι, den Fürsten, il. 2, 214; 247; 3, 270 ff.; ἱππεῦσιν, den Rosselenkern, il. 4, 301; 322; 11, 720 ff.; τοκεῦσιν, den Eltern, il. 4, 476; 477; 15, 439 ff.; οὐρεῦσι, den Maulthieren, il. 24, 716; ἀμφορεῦσι, in Krügen, od. 2, 290; 349; 379 ff.; βοϝεῦσιν, mit Riemen, od. 2, 426; 15, 291; ἁλιεῦσι, Schiffern, od. 24, 419; ferner βουσί, den Rindern, il. 5, 161; 6, 424; 7, 333 ff., und das sehr häufige νηυσί, den Schiffen, il. 1, 26; 170; 179; 344; 415; 421 ff., mit der Nebenform ναυσι- in Zusammensetzungen wie ναυσί-κλυτος, schiffberühmt, od. 8, 191; 369 ff. Daneben nennen wir hier auch noch Τρωσί, den Troern, il. 2, 40; 160; 176; 304 ff., und δμωσί, den Dienern, od. 17, 389, so wie auch υἱάσι, den Söhnen, il. 5, 463; 24, 248; 546 ff. — Unter den consonantisch auslautenden Grundformen stellen wir wieder die auf Kehllaute ausgehenden voran: γυναιξί, den Frauen, il. 4, 162; 6, 323; 21, 483; od. 4, 751 ff.; ϝέλιξιν, den schwerwandelnden (?), il. 12, 293; φάλαγξιν, den Reihen, il. 13,

145; σύριγξι, mit Flöten, il. 18, 526; θριξί, mit den Haaren, il. 23, 135; Φαίηξι, den Fäaken, od. 7, 62. Grundformen auf Lippenlaute treten aus hiehergehörigen Bildungen gar nicht heraus, dagegen zahlreiche, die auf Te-laute ausgehen, die selbst natürlich vor dem folgenden Zischlaut immer eingebüsst werden: ἀσπίσι (ἀσπίδ-), den Schilden, il. 3, 135; 7, 62; κορωνίσιν (κορωνίδ-), den geschnäbelten, il. 1, 170; 2, 297; 392 ff.; κληϝῖσιν (κληϝῖδ-), den Ruderbänken, il. 16, 170; 24, 318; od. 2, 419 ff.; πολυκλήϝῖσι (-κληϝῖδ-), vielberuderten, il. 2, 74; 175; 13, 742; παισί, Kindern, il. 2, 337; 4, 28; 6, 283 ff.; ποσσί (aus ποδ-σί oder noch aus vollem πόδεσσι?), Füssen, il. 2, 784; 3, 13; 6, 228 ff., dafür ποσί, il, 5, 745; 6, 505; 8, 339 ff.; κτήμασι (κτῆματ-), dem Besitz, il. 3, 70; 91; 9, 400 ff.; ϝείμασιν, mit Gewändern, il. 3, 392; τάπησι, auf Decken, il. 9, 200; od. 10, 12; ὄρνῖσι (ὄρνῖθ-), Vögeln, il. 7, 59; ἀψῖσι (ἀψίδ-), den Maschen, il, 5, 487; ἅρμασι (ἅρματ-), auf dem Wagen, il. 4, 366; 5, 199; 8, 402 ff.; γούνασι (γόνϝατ-), den Knieen, il. 5, 370; 408; 6, 92 ff.; δούρασιν (δόρϝατ-), mit Speeren, il. 21, 162; δώμασι, im Hause, il. 6, 221; 23, 89; od. 21, 33; ποικίλμασιν, mit Schmucksachen, il. 6, 294; od. 15, 107; προςώπασι (πρόςωπατ-), mit Blicken, il. 7, 212; πελειάσι (πελειάδ-), Tauben, il. 5, 778; κρέϝασιν, mit Fleisch, il. 8, 162; 12, 311; ὄμμασι, den Augen, il. 10, 91; od. 5, 492; κρᾶσίν, den Häuptern, il. 10, 152; ϝειδόσι, wissenden, il. 10, 250; 23, 787; κέρασιν, den Hörnern, il. 10, 294; od. 3, 384; 426 ff.; ἔγκασι, in die Eingeweide, il. 11, 438; κύμασι, in den Wogen, il. 12, 28; od. 3, 91; 5, 54 ff.; οὔασι, mit Ohren, il. 12, 442, dafür ὠσίν (oder οὔασ'?) od. 12, 200; μεμαῶσιν, den strebenden, il. 12, 218; ἱλλάσιν, mit Stricken, il. 13, 572; ἤμασιν, an Tagen, il. 23, 891; νεϝήνισι, Jungfrauen, il. 18, 418; δέρμασιν, in Schläuchen, od. 2, 291; πώμασιν, mit Deckeln, od. 2, 353; ἅλμασιν, im Springen, od. 8, 103; νοήμασι, in Gedanken, od. 6, 183; 8, 548; χάρισι, von Ammuth, od. 6, 237; πείρασι, an den Enden, od. 9, 284; χρήμασι, den Schätzen, od. 12, 258. Dazu stellt sich auch das auffallende ϝανάκτεσιν, den Herren, für das Ahrens ϝανάκτεσσ' vorschlägt; daneben nennen wir auch τοίσδεσι, denen, od. 10, 268; 21, 93. Neben dem Zischlaut wurde ausser dem Te-laut auch noch ein vorhergehender Nasal der Grundform ausgedrängt in *πᾶσι* (*πάντ-*), allen, il. 1. 5; 283; 288; 289; 471 und sonst oft; *ἅπᾶσιν,* allen, il. 12, 271; 16, 291; *ξύμπᾶσιν,* allen, od. 3, 57; *ἱμᾶσιν* (*ἱμάντ-*), mit Riemen. il. 5, 727; 10, 262; 475 ff.; *λείουσι,* Löwen, il. 5, 282; 7, 256, dafür *λέουσι* il. 22, 262; *μητιόωσιν,* den beschliessenden, il. 7, 45; *χατέουσι,* den verlangenden, il. 9, 518; *ὀδοῦσιν,* mit Zähnen, il. 11, 114; 175; *Γίγᾶσιν,* den Giganten, od. 10, 120.

Auch einfaches *ν* im Auslaut der Grundformen wird vor folgendem *σ* ganz eingebüsst: *φρεσί* (*φρέν*), im Sinn, il. 1, 55; 107; 297; 333 ff.; *ἀρείοσιν* (*ἄρειον-*), mit vorzüglicheren, il. 1, 260; *πλείοσιν,* mehreren, il. 10. 106; od. 12, 196; 19. 168; *κρείσσοσι,* mit stärkeren, il. 21, 486; *Μήοσιν,* den Meonen, il. 2, 864; *ποιμέσιν,* den Hirten, il. 3, 11; *δαίμοσιν,* zu den Göttern, il. 6, 115; 23, 595; *ἀπτῆσι,* ungeflügelten, il. 9, 323; *τρήρωσι,* schüchternen, il. 5, 778; *κυσί,* den Hunden, il. 11, 325; 12, 303; 17, 127 ff.; *λιμέσιν,* den Häfen, il. 12, 284; od. 19, 189; *ἄξοσι,* den Achsen, il. 16, 378; *διδυμάοσιν,* den Zwillingen, il. 16, 672; 682; *χιτῶσιν,* Leibröcken, il. 21, 31; *ἀκτῖσιν,* mit Strahlen, od. 5, 479; 19, 441; *ἑρμῖσιν,* den Pfosten, od. 8, 278. Für *ϝίνεσιν,* in den Sehnen, il. 23, 191, ist vielleicht zu lesen *ϝίνεσσ'*. An vorausgehendes *ρ* schloss sich das *σ* in: *χερσί,* den Händen, il. 1, 14; 77; 463; 2, 374 ff.; *φηρσίν,* mit wilden Thieren, il. 1, 268; *θηρσί,* wilden Thieren, od. 24, 292; *θηρητῆρσι,* jagenden, il. 11, 325; 12, 41; *ϝρυτῆρσι,* in den Zugseilen, il. 16, 475; *κρητῆρσι,* in Krügen, od. 1, 110; 20, 253; *μνηστῆρσι,* den Freiern, od. 1, 114; 118; 154; 254 ff.; *ληϝιστῆρσιν,* Räubern, od. 16, 426; 17, 425; *λαμπτῆρσιν,* Leuchtern, od. 18, 343; ein *α* trat durch Lautumstellung vor das *σ* in *ἀνδράσι,* den Männern, il. 1, 151; 261; 2, 122; 3. 6 ff., und *ἀστράσι,* den Sternen, il. 22, 28; 317. Vereinzelt steht die Bildung *χείρεσι,* mit den Händen, il. 20, 468.

Die Grundformen auf *ς* lassen sehr oft das Suffix *σι* einfach antreten und zeigen dann den Ausgang *εσσι:* *λέχεσσι,* Betten, il. 3, 391; od. 1, 440; *βέλεσσιν,* mit Geschossen, il. 1, 42; 13, 555; *στήθεσσιν,* in der Brust, il. 1, 83; 189; 2, 142; 388; 4, 152; 208 ff.; *ὄρεσσι,* im Gebirge, il. 1, 235; 5, 523; 12, 146 ff.; *ϝέπεσσιν,* mit Worten, il. 1, 223; 519; 2, 277; 3, 388 ff.; ψεύδεσσι, Lügen, il. 4, 235; 21, 276; 23, 576; od. 14, 387; τέκεσσι, Kindern, il. 5, 71; 535; 13, 176 ff.; τείχεσσιν, den Mauern, il. 7, 135; μέλεσσιν, in Gliedern, il. 11, 669; 23, 191; 24, 359; od. 11, 394 ff.; νέφεσσιν, Wolken, il. 13, 523; ἀϝεικέσσιν, mit schmählichen, il. 2, 294; καταπρηνέσσι, mit raschen, il. 15. 114; 398; od. 13, 199; 19, 467; σάκεσσι, mit Schilden, il. 17, 354; od. 16, 474; βένθεσσιν, in den Tiefen, il. 1, 358; 18, 36; τεύχεσσιν, in Rüstungen, il. 23, 131; od. 24, 496; πελάγεσσι, in den Fluthen, od. 5, 335; ῥήγεσσι, auf Teppichen, od. 20, 141; δέπασσιν, mit Bechern, il. 15, 86. Sehr häufig ist aber auch vor dem auf die eben betrachtete Weise unmittelbar sich anfügenden σι das auslautende ς der Grundform ganz ausgedrängt und damit der Ausgang εσι (εσιν) gebildet, der im Attischen der gewöhnliche ist. Die homerische Sprache weist ihn auf in ϝέπεσιν (ϝέπες-), mit Worten, il. 1, 77; 150; 211; 2, 73 ff.; ἄνθεσι, auf den Blumen, il. 2, 89; 9, 542; τεύχεσιν, der Rüstung, il. 3, 29; 4, 419; 5, 450 ff.; δυςμενέσιν, übelwollenden, il. 3, 51; ὀνείδεσι, mit Schelten, il, 3, 438; σάκεσι, mit Schilden, il. 4, 282; 17, 268; od. 14, 479; ἔγχεσι, mit Lanzen, il. 4, 282; 7, 62; 13, 147; 14, 26 ff.; ἔντεσι, in Rüstung, il. 5, 220; 6, 418; 11, 731; 13, 331 ff.; στήθεσιν, in der Brust, il. 4, 430; 6, 65; 11, 100 ff.; οὔρεσιν, im Gebirge, il. 4, 455; 5, 52; 11, 479 ff.; dazu ὀρεσί-τροφος, im Gebirge ernährt, il. 12, 299; 17, 61; od. 6, 130; 9, 292; τείχεσι, den Mauern, in τειχεσι-πλῆτα, Mauererstürmer, il. 5, 31; τάρφεσιν, im Dickicht, il. 5, 555; 15, 606; κήδεσι, mit Sorgen, il. 10, 106; od. 15, 399; 19, 378; βέλεσιν, mit Geschossen, il. 11, 657; od. 16, 277; διηνεκέσιν, mit weithinreichenden, il. 12, 297; βένθεσι, in den Tiefen, il. 13, 21; 32; od. 17, 316; ξίφεσιν, mit Schwertern, il. 13, 147; 14, 26; 15, 278; 712 ff.; νεϝήκεσι, mit neugeschärften, il. 13, 391; 16, 484; χείλεσιν, mit den Lippen, il. 15, 102; od. 1, 381; 18, 415; 20, 268; ποδώκεσιν, schnellfüssigen, il. 23, 262; χαλκήρεσιν, mit erzbeschlagenen, il. 17, 268; 18, 534; 20, 258 ff.; κεύθεσι, in den Tiefen, il. 22, 482; od. 24, 204; κέρδεσιν, mit List, il. 23, 515; od. 13, 299; ἄλγεσι, in Schmerzen, il. 24, 568; od. 5, 83; 157 ff.; σπέεσι (alle Ausgaben: σπέσσι), in der Grotte, od. 1, 15; 73;

4, 403; 5, 155; 9, 30; 114; 23, 335; *ἀναιδέσι*, den schamlosen, od. 1, 254; 13, 376; 20, 29 ff.; *ἀϝολλέσιν*, den versammelten, od. 13, 165; *ἄγγεσιν*, in Gefässen, od. 2, 289; 9, 248; *κώεσιν*, in Vliessen, od. 3, 38; 20, 142; *κήτεσιν*, unter die Scheusale, od. 4, 452; *ἀνδραχθέσι*, mit mannbelastenden, od. 10, 121; *ἴχνεσι*, auf Spuren, od. 17, 317; *ϝράκεσιν*, mit Lumpen, od. 18, 66; 22, 488; *ἕρκεσι*, im Gehege, od. 21, 238; 384; *τανυήκεσιν*, mit langgeschärften.

Plural - Instrumental.

Das Altindische bildet seine sämmtlichen Pluralinstrumentale durch das Suffix *bhis*, das mit dem oben schon besprochenen dativen und ablativen *bhyas* und zum Beispiel auch mit dem schon früher genannten *bhyâm*, das Dative, Ablative und Instrumentale des Duals bildet, offenbar eng zusammenhängt, wenn auch der tiefere Grund ihrer Bildung uns noch nicht klar ist, und das sich zum Beispiel findet in *mâyā́bhis*, mit Täuschungen, Rigv. 1, 11, 7; *ûtíbhis*, mit Hülfen, Rigv. 1, 7, 4; *agníbhis*, mit Feuern, Rigv. 1, 26, 10; *mandíbhis*, mit erfreuenden, Rigv. 1, 9, 3; *abhídyubhis*, durch lichtvolle, Rigv. 1, 6, 8; *gaúbhis*, mit Kühen, Rigv. 1, 7, 3; 1, 16, 9; *árvadbhis*, mit Rossen, Rigv. 1, 27, 9; *pravádbhis*, über Abhänge, Rigv. 1, 33, 6; *ástṛbhis*, durch Schleuderer, Rigv. 1, 8, 4; *viçvaibhis*, mit allen, Rigv. 1, 9, 1; 1, 26, 10; *víçvaibhis daivaíbhis*, mit allen Göttern, Rigv. 1, 14, 1; *daivaíbhis*, mit den Göttern, Rigv. 1, 1, 5; *taíbhis*, auf denen, Rigv. 1, 35, 11; *pū́rvaibhis*, von Alten, Rigv. 1, 1, 2; *çū́raibhis*, durch Helden, Rigv. 1, 8, 4; *vā́jaibhis*, durch Opfer, Rigv. 1, 3, 10; *staúmaibhis*, mit Lobgesängen, Rigv. 1, 9, 3. Statt der letztgenannten Formen auf *aibhis*, die alle auf Grundformen mit schliessendem *a* zurückweisen, bilden diese letztern im spätern Altindischen plurale Instrumentale mit dem aus *aibhis* durch Zusammendrängung entstandenen Ausgang *âis: viçvâis* mit allen, *daivā́is*, mit Göttern, *tā́is*, mit denen, bei denen also von einem etwaigen ganz neuen Suffix durchaus nicht die Rede sein darf.

Während Casusbildungen durch das Instrumental-Suffix *bhis* im Lateinischen gar nicht mehr auftreten, ist nicht ganz unmöglich, dass einige griechische Formen ihnen noch genau entsprechen, nämlich die schon unter dem Instrumental des Singulars aus der homerischen Sprache vollständig aufgezählten Bildungen auf *φιν* und *φι*, in so fern sie dem Plural angehören, wie *ναῦφιν*, den Schiffen, von den Schiffen, il. 2, 794; 12, 225; 18, 305 ff., das dann dem altindischen *nâubhis*, mit den Schiffen, genau entsprechen würde, oder *κοτυληδονόφιν*, an den Saugnäpfchen, od. 5, 433. Der schliessende griechische Nasal würde dann dem altindischen Zischlaut ungefähr ebenso gegenüberstehen, wie etwa in Formen wie *φέρομεν*, wir tragen, im Verhältniss zum altindischen *bhárâmas*, wir tragen. Da es nicht ganz wahrscheinlich ist, dass die griechischen obengenannten Bildungen des Singulars auf *φιν* oder *φι* und die ebenso ausgehenden pluralen auch im Grunde ganz übereinstimmen, so liesse sich denken, dass bei der vermutheten Uebereinstimmung der letztern mit den altindischen Pluralinstrumentalen auf *bhis* die singularen bei den auch sonst vielfach sich zeigenden Berührungen zwischen dem Dativ und Instrumental in ihrem Suffix genau übereinstimmten mit altindischen Dativen, wie *túbhyam*, dir, *máhyam* (aus *mábhyam*), mir, *asmábhyam*, uns, *yushmábhyam*, euch. Da würde es auch für das Nebeneinanderhergehn der Formen auf *φιν* und *φι* unter den bestimmten Bedingungen nicht ohne Bedeutung sein, dass auch die eben genannten altindischen Bildungen, wie schon oben angedeutet wurde, in den ältesten Denkmälern sehr oft ohne den schliessenden Nasal auftreten. Es würde im Verhältniss vom griechischen *φιν* zum altindischen *bhyam* völlige lautliche Uebereinstimmung sehr wohl statt finden können, da die alte Silbe *ya* (oder *ia*) auch sonst sehr oft zu blossem *i* geschwächt ist, wie zum Beispiel in dem schon Seite 64 angeführten *πρίν*, früher, das aus *πρίον* (mit altem Vocal *πρίαν*) hervorging. Wäre aber diese Gleichstellung des singularen *φιν* mit dem altindischen dativen *bhyam* die richtige, so möchte dadurch für das pluralische *φιν* wohl die lautlich ebensowohl mögliche mit dem vorhin behandelten dativischen *bhyas* noch als wahrscheinlicher sich ergeben, als die schon für möglich gehaltene mit dem instrumentalen *bhis*.

Vielleicht lassen sich mit der Zeit noch bestimmtere Anhaltspuncte gewinnen, um hier sicher zu entscheiden, was ich jetzt noch nicht wage.

Inhalt.